9 TIPOS DE LIDERANÇA

9 TIPOS DE LIDERANÇA

BEATRICE CHESTNUT

LIDANDO COM AS DIFERENTES PERSONALIDADES NO AMBIENTE DE TRABALHO

TRADUÇÃO

Marcello Borges

goya

NOVE TIPOS DE LIDERANÇA

TÍTULO ORIGINAL:
The Nine Types of Leadership

COPIDESQUE:
Pedro Silva

REVISÃO:
Isabela Talarico
Tatiana Souza
Tamara Sender

CAPA:
Luciana Facchini

DADOS INTERNACIONAIS DE CATALOGAÇÃO NA PUBLICAÇÃO (CIP) DE ACORDO COM ISBD

C525n Chestnut, Beatrice
Nove tipos de liderança: lidando com as diferentes personalidades no ambiente de trabalho / Beatrice Chestnut ; traduzido por Marcello Borges. — São Paulo : Goya, 2025.
400 p. ; 16cm x 23cm.

Tradução de: The Nine Types of Leadership: Mastering the Art of People in the 21st Century Workplace
ISBN: 978-85-7657-742-3

1. Autoajuda. 2. Autoconhecimento. 3. Eneagrama. 4. Desenvolvimento pessoal. 5. Personalidade. I. Borges, Marcello. II. Título.

2025-1979 CDD 158.1
CDU 159.947

ELABORADO POR VAGNER RODOLFO DA SILVA — CRB-8/9410

ÍNDICES PARA CATÁLOGO SISTEMÁTICO:
1. Autoajuda 158.1
2. Autoajuda 159.947

goya
é um selo da Editora Aleph Ltda.

Rua Bento Freitas, 306, cj. 71
01220-000 — São Paulo — SP — Brasil
Tel.: 11 3743-3202

WWW.EDITORAGOYA.COM.BR

@editoragoya

Este livro é dedicado aos líderes que compartilharam aqui suas histórias de desenvolvimento pessoal e profissional e a líderes de todas as partes que trabalham para se tornar mais conscientes. Vocês são a nossa maior esperança para mudanças positivas e um futuro melhor.

SUMÁRIO

9 **CAPÍTULO 1**
A liderança no século 21:
O poder de compreender sua personalidade

31 **CAPÍTULO 2**
Conhecendo o modelo de tipos de personalidades do Eneagrama

51 **CAPÍTULO 3**
Líderes melhores e organizações mais eficazes:
Como usar o Eneagrama para o crescimento pessoal e profissional

67 **CAPÍTULO 4**
Estilo de liderança do Tipo Um:
O certo é fazer o certo

97 **CAPÍTULO 5**
Estilo de liderança do Tipo Dois:
O poder de agradar

129 **CAPÍTULO 6**
Estilo de liderança do Tipo Três:
O produtivo compulsivo, ou Como atingir a meta e ficar bem na foto

165 **CAPÍTULO 7**
Estilo de liderança do Tipo Quatro:
O poder de expressar autenticidade

199 **CAPÍTULO 8**
Estilo de liderança do Tipo Cinco:
O observador perspicaz, ou A autoridade discreta

235 **CAPÍTULO 9**
Estilo de liderança do Tipo Seis:
O faz-tudo cético e vigilante

269 **CAPÍTULO 10**
Estilo de liderança do Tipo Sete:
O visionário otimista, ou Foco no futuro (com espírito festivo)

303 **CAPÍTULO 11**
Estilo de liderança do Tipo Oito:
O impulsionador decidido, ou Avançando com firmeza

337 **CAPÍTULO 12**
Estilo de liderança do Tipo Nove:
Liderando sob consenso e desarmando conflitos

369 **CAPÍTULO 13**
E depois? O Eneagrama como ferramenta
de negócios: Como colocá-lo em ação em sua organização

393 **BIBLIOGRAFIA**

395 **NOTAS**

397 **AGRADECIMENTOS**

399 **SOBRE A AUTORA**

CAPÍTULO 1

A LIDERANÇA NO SÉCULO 21: O PODER DE COMPREENDER SUA PERSONALIDADE

Você já teve um gerente com o qual não conseguia se entender, por mais que se esforçasse? Já sofreu em reuniões de equipe, sentindo-se mal com algum colega por motivos que você nem consegue expressar direito em palavras, muito menos fazer algo a respeito?

Quando estava terminando a pós-graduação, trabalhei num restaurante célebre cuja proprietária era uma mulher que, quando tentava orientar o funcionamento diário de seu negócio, criava mais problemas do que os resolvia. Fosse ao planejar cardápios com a equipe da cozinha, fosse na interação com gerentes, garçons e *bartenders*, ela criava o caos onde quer que estivesse. Criticava injustamente as pessoas, acusava observadores inocentes e causava estresse desnecessário em todos graças às suas críticas e a seu gerenciamento excessivo. Sempre que saía do prédio, todos os seus capacitados funcionários suspiravam aliviados em uníssono, e os negócios do restaurante transcorriam com mais suavidade e paz. Naturalmente, a pior parte é que ela não tinha ideia de que causava um impacto tão negativo nas pessoas ao seu redor, e os funcionários que sofriam sob sua "liderança" achavam até que seria inútil tentar comentar isso com ela.

Por coincidência, durante esse período eu também estava estudando uma abordagem para melhorar a autoconsciência e a comunicação de que trata este livro. Usando um modelo de personalidades, fui capaz de perceber por que minha chefe fazia o que fazia e entendi como poderia lidar com ela. Sabia que não poderia mudá-la, mas, ao identificar determinados padrões em seu comportamento, pude compreender sua personalidade e mudar a forma de interagir com ela, algo que, em última análise, transformou nosso relacionamento profissional.

Quase todos já tiveram algum tipo de "problema com pessoas" em algum momento da vida profissional — um gerente que causou problemas, um subordinado direto com o qual não era possível se comunicar ou um cliente difícil de se fazer entender. Em todas as áreas da vida, esse tipo de confusão nos relacionamentos pode ser frustrante e problemático, mas no ambiente de trabalho causa ainda mais estresse, pois seu sustento e seu bem-estar cotidiano costumam estar em jogo.

Isso é agravado pelo fato de, nas organizações do século 21, todos os funcionários serem estimulados, e com razão, a pensar em si mesmos como líderes — designação que vem acompanhada de desafios aparentemente intermináveis, além do mero "fazer o seu trabalho". Ser líder nesse novo mundo profissional significa lidar com o ritmo rápido de mudanças, com a necessidade de melhorar a comunicação para conseguir maior colaboração e com a necessidade de lidar com uma força de trabalho cada vez mais diversificada. Mais do que nunca, os líderes precisam de ferramentas confiáveis para ajudá-los a decodificar e a resolver mal-entendidos e problemas de relacionamento que acontecem o tempo todo, em empresas grandes e pequenas.

Este livro, e a notável estrutura de personalidade aqui apresentada, é uma dessas ferramentas. Ele proporciona um método bastante útil para compreender a si mesmo e aos outros, favorecendo o domínio da arte de se relacionar com colegas de trabalho de modo a impactar tanto os resultados financeiros quanto sua qualidade de vida.

O problema: A necessidade de uma liderança eficaz que consiga se elevar acima do ego

Na era atual, os líderes se defrontam com mais testes para suas capacidades e resiliência do que antes. Os negócios estão se tornando mais globais; novas tecnologias estão mudando a maneira de trabalhar num ritmo continuamente acelerado; ameaças existenciais como terrorismo, impasses políticos e a saúde do planeta permeiam tudo o que fazemos, sobrecarregando nossa vida com ansiedade, medo e a pressão para "seguir em frente".

Diante desses desafios, precisamos desesperadamente de líderes que possam se erguer acima do foco estreito de preocupações egocêntricas, criando visões ousadas para atingir as metas e mobilizando as pessoas para agir a serviço de agendas ambiciosas. Mas o que, exatamente, significa "elevar-se acima do ego"? E como definimos "ego"?

Tanto a teoria psicológica quanto as tradições ancestrais de "sabedoria" afirmam que nós, humanos, existimos numa espécie de sono acordado, uma consciência limitada. Quando crescemos, adormecemos certos aspectos de nossa experiência vivida como forma de nos proteger das inevitáveis dores infligidas pelo mundo exterior. Proteger a nós mesmos é um reflexo humano natural e, por isso, a partir da infância, evitamos automaticamente tomar conhecimento de experiências que causam emoções difíceis como dor, vergonha, raiva ou medo. Se formos punidos por ficar com raiva, podemos perder o contato com a raiva. Se nos sentirmos inseguros sobre o afeto alheio, podemos cuidar excessivamente dos outros ou compensar o sentimento adotando uma atitude de superioridade.

Adaptando-nos continuamente a nosso ambiente, perdemos aos poucos o contato com certos aspectos de nossa experiência que nos ameaçam ou nos deixam desconfortáveis. Ao mesmo tempo, desenvolvemos uma persona que enfatiza "aquilo que funciona" — as maneiras como pensamos que podemos controlar a nós mesmos e ao mundo ao nosso redor, para conseguir o que queremos e evitar o que nos faz mal. Essa persona, máscara ou falso eu que desenvolvemos é o ego ou personalidade — o "diretor executivo" de nosso "eu em vigília-adormecido". Seu propósito é ajudar a nos sentirmos bem o bastante para tocar a vida. O lado negativo é que ele acaba construindo um muro à nossa volta, um muro que serve de interface defensiva contra a conscientização de certas partes de nós mesmos ou de nossa experiência.

Nesse processo de "ficarmos inconscientes", desenvolvemos pontos cegos, partes de nós mesmos que "colocamos para dormir" a fim de tocar a vida sem nos ferir. Como observou Carl Jung, todos temos nossas sombras, partes de nós mesmos para as quais nos mantemos inconscientes ou que não queremos ver. Por conta disso, sem perceber, deixamos de ver coisas verdadeiras a nosso respeito e com frequência não nos conhecemos tão bem quanto pensamos.

Em vez disso, no que diz respeito a quem somos de fato e por que fazemos o que fazemos, normalmente nos vemos apenas como nossa personalidade (ou ego, ou autoimagem) — a pessoa que queremos que os outros vejam. Por isso, ficamos limitados pelo fato de não conhecermos tudo o que somos e não sabermos o que não sabemos. E se não compreendemos quem somos de fato, em termos daquilo que ocultamos defensivamente tanto de nós mesmos quanto de nossos potenciais superiores, fica difícil crescer e desenvolver as habilidades interpessoais de que precisamos para ter o sucesso que podemos ter em nossa vida pessoal e profissional.

Por sorte, estamos vivendo um momento muito empolgante da história. Cada vez mais, líderes empresariais visionários entendem que a antiga máxima "conhece-te a ti mesmo" é a fórmula secreta para resultados positivos, tanto no trabalho quanto na vida pessoal. Indivíduos estão percebendo em todas as áreas da vida que o sucesso em qualquer espécie de trabalho aparece quando os indivíduos que trabalham juntos são autoconscientes e "emocionalmente inteligentes" — quando identificam seus pontos cegos e gerenciam com mais atenção seus sentimentos e reações, quando têm empatia com os demais e lidam com as situações sociais com habilidade e sensibilidade.

As pessoas têm se mostrado abertas à ideia de que nos conscientizarmos de nossos hábitos e motivações inconscientes é o primeiro passo para chegar muito além de nossas limitações autoimpostas. Se, como humanos, adormecemos para tudo aquilo que somos, também temos a capacidade inata de despertar e viver segundo um sentido mais vívido (e assertivo) de tudo aquilo que podemos ser em nossa vida pessoal e profissional.

Este livro trata desse tipo de liderança consciente: o que ela é, como pode nos ajudar e como desenvolvê-la. Foi escrito para pessoas que estão abertas para a ideia de que o primeiro e maior desafio para quem quer ser um bom líder, um grande líder (ou indivíduo), consiste em despertar para aquilo que está acontecendo neste momento e em conhecer-se de maneira mais profunda e atenta.

Em nível mundial, precisamos de líderes que podem ser conscientes e perspicazes o suficiente para compreender como enfrentar os imensos desafios com que nos defrontamos e como superar os bloqueios — especialmente os humanos — para desenvolver maior atenção, a fim de solucionarmos problemas maiores e encontrarmos soluções inovadoras juntos. Acima de tudo, os líderes precisam (assim como nós) encontrar formas eficazes de aprender a ser mais bondosos e compassivos consigo mesmos e com os demais, e menos defensivos, reativos e inflexíveis nas maneiras de reagir às pessoas e aos eventos ao seu redor.

A solução: Descobrir o que torna um líder bem-sucedido

Bem, se a boa liderança é mais importante do que nunca, como a conseguimos? O que exatamente produz bons líderes? O autor de *Inteligência emocional*, Daniel Goleman, ficou famoso por tratar dessa questão a fundo em seus livros e em seus conhecidos artigos na *Harvard Business Review*.[1] Como se descobriu, graças a pesquisas e ao testemunho de pessoas que estudaram e trabalharam extensivamente com líderes, os principais fatores para a liderança de alta qualidade são a *autopercepção* — a capacidade de se mostrar atento ou "consciente" quanto àquilo que faz, ao modo como faz e por que o faz — e a *inteligência emocional* — a capacidade de identificar, compreender e administrar as próprias emoções, bem como de identificar e compreender as emoções dos outros e de ter empatia por eles.

É cada vez mais evidente que os líderes do século 21 precisam ter excelentes "habilidades com as pessoas" para obter o sucesso. Precisam descobrir maneiras de se compreender e de escutar os outros, não só num nível superficial como também num nível mais profundo, mais emocional e menos visível. Tornando-se mais perceptivos e atentos a mais coisas que estão acontecendo dentro deles e dos outros, os líderes precisam dedicar-se com determinação a desenvolver mais flexibilidade e habilidade para lidar com as formas como as pessoas de visões de mundo distintas interagem. Mais importante ainda, e apoiando tudo isso, precisam ser capazes de desenvolver um tipo de autopercepção instantânea — e de manter o espaço interno para refletirem e compreenderem as próprias premissas, reações, emoções e comportamento.

Por que a autopercepção e a inteligência emocional são fatores vitais para uma liderança excelente?

É interessante saber que se você não trata bem as pessoas, se provoca regularmente sentimentos negativos nos outros, tende a não ser um líder eficaz. Ser desrespeitoso, controlador e insensível é algo que costuma estar relacionado à má gestão de pessoas. Evidente que, ao longo da história, temos visto muitos exemplos de idiotas bem-sucedidos, mas cada vez mais líderes autocentrados, movidos pelo ego, alheios às próprias reações, inábeis na gestão de suas emoções e incapazes de demonstrar simpatia pelas emoções alheias, não têm obtido sucesso no longo prazo.

Afinal, o mundo dos negócios se desenvolve com a interação entre pessoas. Mesmo nesta época tecnológica, a habilidade de compreensão mútua das pessoas para manter uma comunicação clara e trabalhar juntas sem esforço — sem os conflitos de personalidade e tensões interpessoais que podem impedir o progresso — ainda está por trás de boa parte daquilo que torna líderes e suas empresas bem-sucedidos.

No livro *Empresas feitas para vencer: Por que algumas empresas alcançam a excelência e outras não*, o autor Jim Collins explica que "o tipo de liderança necessária para transformar uma boa empresa em excelente... [era] modesto, discreto, reservado [...] uma mistura paradoxal de humildade pessoal e vontade profissional [...] mais como Lincoln e Sócrates do que como Patton ou César".[2] Cada vez mais está ficando claro que a habilidade de obter e manter relacionamentos profissionais harmoniosos e produtivos depende de um fator: *o quanto as pessoas envolvidas têm humildade e vontade de entender e gerenciar a si mesmas além de entender e se relacionar bem com os outros.*

Assim como acontece com todos nós, os líderes podem agir das seguintes maneiras: 1) podem fazer o que fazem de forma inconsciente, automática e habitual; ou 2) podem fazer o que fazem de forma consciente, perceptiva, mais aberta e criativa.

Líderes inconscientes operam segundo um foco estreito e fazem o que parece ser mais seguro, o que "funcionou" antes ou o que protege sua identidade ou autoimagem. Proteger seu senso de identidade (e como você imagina que os outros o veem) é natural, pois todos queremos nos sentir bem com nós mesmos. Mas quando sua principal prioridade é defender uma autoimagem positiva, toda a sua atenção e energia concentram-se em proteger seu ego ou imagem pessoal. É por isso que líderes inconscientes acabam presos a uma espécie de modo defensivo, no qual se alimentam de medo, insegurança e de um senso limitado de interesses pessoais, como a chefe daquele restaurante em que trabalhei quando estava na pós-graduação.

Por outro lado, líderes conscientes operam desde um lugar de percepção ativa, atenta. São capazes de observar as coisas que pensam, sentem e fazem, e agem não só para proteger as necessidades do ego como também para descobrir a estratégia mais efetiva para obter os melhores resultados e criar relacionamentos positivos.

Quando um líder fica mais atento a suas premissas, emoções, motivações e ao impacto de seu comportamento, não só consegue agir com mais habilidade como também consegue falar de pontos de vulnerabilidade desde uma posição de força, o que o torna mais acessível e receptivo aos outros. Quando trabalhei na Stanford Graduate School of Business como facilitadora de grupo, os especialistas em liderança da faculdade costumavam lembrar que uma das principais características de um líder bem-sucedido é a capacidade de "revelar suas vulnerabilidades de forma seletiva". Paradoxalmente, é preciso muita força interior para falar dos próprios pontos fracos, e geralmente essa prática atrai os outros em vez de repeli-los. Quando os líderes são sinceros, tanto sobre seus pontos fortes quanto sobre suas fraquezas, demonstram a capacidade de serem abertos e autênticos, exibindo a verdadeira autopercepção. E essa capacidade lhes dá grande poder para alcançar relacionamentos profissionais mais fortes.

Liderança consciente é liderança de sucesso: O que significa ser um líder consciente

No livro *The 15 Commitments of Conscious Leadership* ("Os 15 compromissos da liderança consciente"), os consultores de liderança Dethmer,

Chapman e Klemp usam um modelo simples para realçar esses dois modos de liderança. Os autores traçam uma linha horizontal na página e defendem que, quando os líderes estão "abaixo da linha", estão "fechados e defensivos" e menos conscientes e quando estão "acima da linha", estão "abertos e curiosos" e mais autoconscientes.[3] E prosseguem: "Importa muito mais se os líderes conseguem determinar com precisão se estão acima ou abaixo da linha num dado instante do que onde estão de fato".[4] Em outras palavras, o elemento mais importante para a boa liderança é a capacidade de observar e de ser sincero sobre agir a partir de uma posição fechada e defensiva — e não manter, o tempo todo, níveis sobre-humanos de percepção consciente.

Portanto, pessoas que estudam o que constitui um bom líder apontam cada vez mais para características que podem ser chamadas de "boas habilidades interpessoais", "poder brando" ou "inteligência emocional ("QE", ou quociente de inteligência emocional) como seu ingrediente secreto. E a principal habilidade é a capacidade de refletir suficiente sobre o que você está fazendo, a ponto de perceber a diferença entre agir a partir de uma postura automática e habitual, destinada a defender seu ego, e estar aberto para perceber como seu ego pode estar impactando a situação naquele momento. Mais uma vez, a defesa do ego é algo natural, pois seu ego ou personalidade reflete a noção cotidiana de quem você é no mundo. É importante lembrar que uma das vantagens de desenvolver a autoconsciência é perceber que somos muito mais do que nossos egos ou personas. Mas, antes de nos esforçarmos conscientemente para nos perceber melhor, também faz parte de nossa humanidade agir a partir do ego sem notar que existe outra opção mais eficaz.

Infelizmente, líderes com pouca percepção podem tornar o trabalho doloroso, monótono e desagradável para todos. Por outro lado, um bom líder inspira as pessoas a dar o melhor de si mesmas, criando um ambiente em que elas desfrutam do que fazem. O líder inconsciente pensa que está sempre com a razão e tem dificuldade para ouvir qualquer coisa que não seja o som da própria voz, enquanto o líder consciente escuta com atenção os outros e dedica algum tempo a analisar plenamente os pontos de vista dos demais. Tanto a "última linha", refletindo a produtividade e a lucratividade de um empreendimento, quanto a saúde e a felicidade das pessoas em um ambiente de trabalho sofrem o impacto direto do nível de consciência e de autopercepção do líder.

Dave Aitken, CEO do FNB Tanzania, permitiu-me generosamente que o entrevistasse para este livro. Aqui, ele fala da própria transformação, passando da liderança inconsciente para a consciente:

> Antes de aprender mais sobre mim mesmo e minhas reações, eu precisava dominar as situações a todo custo, estar no controle. Se não tivesse todos os fatos nas mãos, certamente era porque havia uma conspiração contra mim, algo com que devia me preocupar — minha vida inteira havia sido assim.
>
> Depois, passei a reagir de outro modo e pude ver como poderia ter sido minha carreira corporativa — poderia ter ido mais longe — se tivesse sido uma pessoa mais agradável e menos agressiva quando era mais jovem. Hoje, sinto mais respeito pelas pessoas. Antes, eu me orientava pelo hemisfério cerebral esquerdo e pelas tarefas. Agora, vejo as pessoas como humanos e compreendo que não existe apenas uma história. E quando você admite que sua história não é a única, assume uma perspectiva completamente diferente no modo de lidar com as situações, e especialmente com as pessoas. Agora, também sou mais receptivo a críticas construtivas. Pergunto à minha equipe como posso ser um líder mais eficaz, e a escuto mais.

Bem, se ser consciente e emocionalmente inteligente nos torna líderes melhores e pessoas mais saudáveis, qual é a aparência de um "líder consciente", e como um líder — ou qualquer um — passa de "inconsciente" para "consciente"? Como os líderes tornam-se mais autoperceptivos e elevam seu QE? O que, exatamente, significa isso e por onde começamos?

Num nível bem básico, tornar-se mais consciente significa desenvolver a capacidade de estar "presente" ou "atento" — desenvolver o "músculo" interno que percebe para onde vai a sua atenção e ser capaz de se observar regularmente a certa distância dentro de sua própria mente. Significa desenvolver a capacidade de flagrar-se no ato de se perder naquilo que está fazendo, entrar no piloto automático ou fazer coisas sem questionar, segundo a rotina ou o que é familiar e confortável. E quando você se flagra nessa sonolência, consegue despertar e escolher conscientemente fazer algo de propósito, por um ato da vontade.

Essa capacidade de testemunhar nossa própria mente em ação e de ter espaço para anotar o que pensamos, sentimos e fazemos sem julgamento reflete o que Dan Siegel, professor de psiquiatria e neurobiólogo interpessoal, chama de "visão mental":

> [A visão mental é] uma espécie de atenção focalizada que nos permite ver o funcionamento interno de nossa mente. Ajuda-nos a perceber nossos processos mentais sem nos deixarmos levar por eles, permite-nos sair do piloto automático dos comportamentos arraigados e das reações habituais, levando-nos além dos *loops* emocionais reativos nos quais todos tendemos a ficar presos. Ajuda-nos a "nomear e domar" as emoções que estamos experimentando, em vez de sermos tomados por elas... Como capacidade humana singular, a visão mental permite-nos examinar de perto, com detalhes e em profundidade, os processos segundo os quais pensamos, sentimos e nos comportamos. E permite-nos remodelar e redirecionar nossas experiências internas para termos mais liberdade de escolha em nossas ações cotidianas, mais poder de criar o futuro, de nos tornarmos autores de nossa própria história.[5]

Quando os líderes têm essa capacidade de se observar, de estudar sua experiência interior e de refletir sobre o que e por que estão fazendo algo, tornam-se mais "conscientes" e mais capazes de resolver problemas interpessoais no trabalho, de modo mais eficiente e gratificante. Para isso, precisam desenvolver seus "músculos da atenção" — a capacidade interna de lembrar-se de acordar e prestar atenção naquilo que estão pensando, sentindo e fazendo — para poderem observar melhor o que está acontecendo em seu íntimo de forma contínua, consciente e sem julgamento.

Nem sempre podemos escolher as pessoas com quem temos de nos entender para realizar certa tarefa. Por isso, é natural sofrermos tensões, termos problemas e enfrentarmos conflitos quando trabalhamos com outras pessoas. Mas se pudermos aprender a ter consciência de nossos padrões habituais de pensamento, sentimento e comportamento, daremos um grande passo em direção a uma percepção mais atenta do que ocorre entre nós e os outros e conseguiremos falar sobre isso com mais confiança e abertura. Em particular, ao desenvolvermos uma percepção mais atenta de nosso estilo de personalidade — aquela parte que desenvolvemos para nos ajudar a interagir com o mundo exterior quando éramos jovens, mas que agora comanda o espetáculo na vida cotidiana — e os estilos dos demais, teremos a chave para melhorar nossa experiência com as pessoas com que vivemos e trabalhamos todos os dias.

Como os líderes podem se tornar mais conscientes e ter mais inteligência emocional usando o modelo de personalidades do Eneagrama

A atenção plena e outras abordagens para incrementar a consciência e a autopercepção vêm transformando, cada vez mais, o ambiente de trabalho estadunidense. Muitas empresas de grande porte, como General Mills, Ford, Aetna e Target, elaboraram programas abrangentes para fomentar a prática da atenção plena em seus funcionários como forma de ajudar as pessoas a serem mais conscientes na gestão de sua saúde, em seu trabalho e na interação com os demais. Agora, o Google oferece aulas de meditação e terapeutas na própria empresa. A Genentech proporciona a seus empregados um programa estruturado de coaching de um ano, além de diversos processos de desenvolvimento de liderança. A Stanford Graduate School of Business também oferece cursos de atenção plena, e a cadeira eletiva mais popular de todo o seu programa de MBA é um curso sobre "dinâmica interpessoal", a que todos se referem afetuosamente como "muito meigo".

No entanto, se a ideia de adotar práticas que promovem ativamente a autopercepção, habilidades sociais e a "inteligência emocional" dos líderes como chave para o sucesso é cada vez mais aceita, geralmente a rota mais direta para se chegar a isso é incerta. O mundo empresarial ocidental não dispõe de uma ferramenta efetiva e eficiente para ajudar líderes atarefados a encontrar formas de elevar seu nível de consciência a longo prazo e de modo sustentável em meio aos desafios da vida cotidiana. Com frequência, o esforço para elevar a inteligência emocional fica relegado a eventos semianuais, nos quais um consultor aplica a Classificação Tipológica de Myers-Briggs (MBTI) ou instrumento parecido e a equipe de trabalho adquire algumas ideias novas que não costumam durar mais do que dois dias. As maneiras pelas quais os líderes buscam, de maneira sincera, aumentar a conscientização não costumam funcionar, pura e simplesmente.

O Eneagrama da Personalidade proporciona a peça que faltava — um caminho duradouro para maior autopercepção e habilidade social. É uma ferramenta de crescimento com raízes na filosofia antiga que mapeia os padrões habituais de pensamento, sentimento e comportamento de nove "tipos" ou estilos de personalidade com precisão surpreendente. Como estrutura holística para compreensão da personalidade, o Eneagrama serve de mapa para consulta sempre que você se sentir perdido ou confuso sobre o que está acontecendo entre você e as pessoas à sua volta. Como disse um coach que conheço ao vice-presidente de uma grande empresa que precisava de uma ferramenta eficaz para usar com sua equipe, ao contrário de muitas outras abordagens superficiais para compreender "o que motiva as pessoas", o Eneagrama "tem pernas": ele nos leva mais longe, pois proporciona muito mais informações.

Completamente alinhado com as recentes pesquisas da neurociência e da psicologia cognitiva, o Eneagrama atua como uma ferramenta que os líderes podem usar para ajudar a focalizar a "percepção atenta" em seus principais padrões e hábitos pré-programados. Como mostram os próximos capítulos, ele proporciona um manual que pode ser consultado quando você não entende por que está tendo o mesmo conflito com seu sócio sobre o modo de investir os recursos da empresa. Pode ajudar a descobrir o que está acontecendo se um colega de trabalho nunca responde a tempo, mesmo diante do prazo final. E pode ajudar a ver qual função está faltando em sua equipe quando, depois de trabalhar meses para conseguir aquele grande contrato, você não consegue fechá-lo.

O Eneagrama é similar ao MBTI, uma ferramenta muito usada nos negócios para perceber as diferenças entre as pessoas, além de proporcionar informações sobre as diversas formas como nós, humanos, atuamos no mundo. No entanto, pode ser uma ferramenta mais efetiva que o MBTI em algumas situações, pois oferece descrições mais completas de conjuntos bem definidos de padrões de personalidade distintos, mas interconectados, em três níveis de funcionamento — pensamento, emoção e comportamento. Por isso, permite que as pessoas obtenham, rápida e eficientemente, mais informações sobre seus próprios mecanismos interiores — e a programação interna dos outros. Em suma, o sistema de tipos de personalidade do

Eneagrama é como o MBTI do século 21. Ele oferece mais dados específicos e exequíveis sobre liderança e estilos de trabalho justamente no momento em que uma nova geração de líderes inovadores está reconhecendo o poder de uma percepção com essa profundidade.

E longe de ser uma abordagem de "tamanho único", o Eneagrama concentra-se no aspecto mais importante para compreender os problemas alheios: admitir que as pessoas não são iguais e explicar como diferenças básicas em estilo, perspectiva e foco podem levar a dificuldades. Para verificar por que duas pessoas estão tendo um conflito e resolvê-lo de maneira eficiente, você precisa ser capaz de avaliar rapidamente como ambas se distinguem e que tipo de desentendimento está causando a disputa. O Eneagrama oferece um meio de fazer exatamente esse tipo de avaliação.

Ao fornecer descrições extremamente detalhadas de nove personalidades de fácil identificação, o Eneagrama é um método incomparável para decodificar as misteriosas razões que levam as pessoas a fazerem o que fazem, por que temos conflitos com algumas pessoas, mas não com outras, e como podemos nos tornar conscientes de nossos pontos cegos. E o mais importante: pode ajudar os líderes a se conhecerem mais a fundo, exercerem a liderança com mais eficácia e proporcionarem modelos de comportamento consciente mais poderosos a seus subordinados diretos.

Certa vez, trabalhei com um vice-presidente, Bill, encarregado de uma grande empresa de biotecnologia. Bill adorou usar o Eneagrama para melhorar a autopercepção e para tornar mais clara a comunicação com sua equipe executiva. Funcionou tão bem com sua equipe e com os gerentes abaixo dela que Bill acabou pedindo que ensinássemos o Eneagrama como ferramenta de desenvolvimento para todas as quatrocentas pessoas sob seu comando, a fim de ajudá-las a melhorar a produtividade e a lidar com mudanças.

Sempre que Bill explicava a um novo grupo de gerentes ou de funcionários que a ideia era tornar mais claras as interações e melhorar o trabalho em equipe, ele se usava como exemplo. Como Tipo Sete, dizia, volta e meia criava confusão e estresse em sua equipe sem querer e sem perceber que estava fazendo isso. Pessoas que lideram ao estilo do Tipo Sete gostam de novas ideias e podem demonstrar muito entusiasmo nos primeiros estágios de um projeto. Frequentemente, ele causava problemas para sua equipe porque aparecia com dez ou doze iniciativas novas numa reunião, todo empolgado, e se mostrava excessivamente encantado com cada uma delas. A equipe de Bill saía das reuniões sentindo-se sobrecarregada e desmoralizada, achando que tinham recebido a missão de fazer o acompanhamento de cada uma de suas ideias complicadas e perguntando-se como conseguiriam fazer todas aquelas coisas.

Quando Bill descobriu o Eneagrama e compartilhou-o com sua equipe, porém, eles conseguiram falar abertamente sobre essa dinâmica. Bill percebeu que algumas características de sua personalidade, inclusive a intensa demonstração de interesse e o encanto cativante pelo processo de levantamento de ideias e planejamento, estavam estressando os membros da equipe, justamente o oposto do que ele queria. Compreendendo-se através do modelo do Eneagrama, Bill foi capaz de esclarecer que sua paixão pela busca de possibilidades positivas não significava que sua equipe precisava executar todas as suas ideias — ele estava apenas se divertindo, brincando com possíveis planos. Ao explicar isso, conseguiu ser muito mais claro, mostrando que, embora gostasse de incentivar ideias, não esperava que sua equipe se dedicasse a todas elas.

Com frequência, em situações profissionais, as pessoas não têm as informações necessárias para compreender o que está acontecendo entre elas, a fim de diagnosticar o que há por trás disso e lidar com o problema de maneira objetiva e eficiente. As informações proporcionadas através do Eneagrama são um guia poderoso para melhorar a percepção de nossos próprios padrões e tendências subjacentes, bem como dos outros. Com isso, podemos aprender a gerenciar nossos relacionamentos com as pessoas com que trabalhamos de modo mais eficaz e consciente. Se, por exemplo, alguém com quem você trabalha sempre expressa frustração com o ritmo com que você realiza as tarefas, pode ajudar a descobrir (exatamente) o que motiva a velocidade dela e sua (relativa) lentidão — e que nenhum dos dois está "certo" ou "errado".

Líderes — e pessoas — de todos os tipos podem se beneficiar dessa ferramenta "decodificadora de personalidade"

Este livro pode ajudar qualquer um a encontrar maneiras efetivas de se entender com os demais, para que possam trabalhar juntos de forma produtiva e harmoniosa. Destina-se especialmente a líderes que querem compreender seus pontos fortes e pontos cegos para serem mais preponderantes e eficazes. É para gerentes que desejam entender as necessidades e tendências individuais de seus funcionários e dos membros de sua equipe, para poderem motivá-los e inspirá-los melhor. É para pessoas de todos os setores que desejam saber como influenciar, desenvolver e se relacionar com as diversas pessoas com quem trabalham.

A estrutura do Eneagrama para compreensão da personalidade destina-se a todos que querem ter mais satisfação em seu trabalho, ser mais felizes na vida cotidiana e obter mais sucesso na carreira. É para pessoas de todos os setores que querem saber como podem manter relacionamentos mais ricos, mais agradáveis e menos problemáticos com as pessoas com quem trabalham. É para qualquer um que se interessa por saber o que "agita" as pessoas, para poder decodificar e compreender seu comportamento. E é para todas as pessoas que querem ter mais sucesso, divertir-se mais e estressar-se menos no trabalho em equipe.

Tudo como de costume: somos mais inconscientes do que pensamos

Quer saibamos disso, quer não, todos nós dependemos de algumas estratégias básicas para navegar no mundo social — estratégias que se desenvolvem como parte da estrutura defensiva do ego ou da personalidade discutida antes. Pessoas diferentes adotam estratégias básicas diferentes: algumas pessoas tentam ser úteis e amigáveis, outras tentam ser perfeitas, algumas tentam ser produtivas ou atraentes para terem valor e outras se esforçam para ter conhecimentos. O problema é que temos usado essas estratégias há tanto tempo (geralmente, porque deram certo em algum momento) que nos esquecemos de que percebemos o mundo através de lentes específicas, que formam a base tanto de nossos pontos fortes quanto de nossas limitações. Essas estratégias de adaptação disfarçadas de pontos fortes e de padrões tornam-se uma espécie de "programação" ou "sistema operacional" que repetimos muitas vezes, mesmo quando ele não é adequado à situação em que estamos.

O sistema de personalidades do Eneagrama permite-nos compreender muito melhor essa programação — e os nove tipos que geralmente encontramos nas pessoas. Lendo as características e hábitos dos nove tipos de personalidade, podemos aprender como a adesão inconsciente ao nosso programa interno — na forma de padrões de personalidade — tanto nos ajuda a progredir quanto nos traz problemas. E, depois que vemos como isso acontece, podemos usar essa mesma percepção para aprender a solucionar os problemas causados por ficarmos presos ao modo-padrão ditado por essa programação.

Para isso, teremos de aprender mais sobre a personalidade. Mas o que, exatamente, é a "personalidade"? Ela é a nossa parte que chamamos de ego a que me referi antes — a parte que se desenvolve para lidar com o mundo exterior como uma espécie de estrutura defensiva interna. A personalidade é a soma total das estratégias que desenvolvemos para nos ajudar a descobrir maneiras de acalmar nossas ansiedades, localizar um senso interno de bem-estar e ter alguma sensação de controle no mundo. E a personalidade é um conjunto de padrões adaptativos e inter-relacionados de pensamento, sentimento e comportamento — o modo como costumamos pensar, as emoções que tendemos a sentir ou a evitar e o comportamento que apresentamos ao mundo. Em suma, é nosso modo-padrão — os padrões inquestionados de pensamento, emoção e ação aos quais retornamos quando nosso piloto automático assume a vida cotidiana.

Tornando-se um líder melhor por meio da compreensão da personalidade

Provavelmente, todos nós já ouvimos alguém descrever outra pessoa (em geral alguém de quem não gosta) como tendo um "ego enorme". E todos nós sabemos o que isso significa — essa pessoa exibe um senso desproporcional de si mesma e da própria importância.

Mas o ego — ou a personalidade — não é o vilão dessa história. Ser uma pessoa "inconsciente" ou um líder "inconsciente" é, na verdade, um modo razoavelmente comum de funcionamento: significa apenas que sua personalidade ou ego, ou a programação automática e habitual que você desenvolveu para sobreviver no mundo, acaba conduzindo a maioria das coisas que você faz. As estratégias centrais que moldaram nossa programação no início tornam-se nossa "maneira de fazer as coisas" ou "é assim que somos". E muitas vezes nós não a questionamos, justamente porque nossa programação é nosso sistema operacional e forma a base de nossa visão de mundo, bem como das premissas sobre a maneira como as coisas são e as escolhas que fazemos automaticamente.

Assim, quando atingimos a idade adulta, nossa programação — as estratégias e respostas padronizadas que formam nossa personalidade — é que comandam o espetáculo. E geralmente, quando é esse o caso, estamos agindo principalmente de forma inconsciente para nos proteger de ameaças. É isso que significa ser "defensivo". O que complica esse processo defensivo é o fato de nosso cérebro físico também se envolver nisso. O design de nosso cérebro nos leva a reagir segundo uma programação biológica, física, sobre a qual geralmente não temos controle consciente (a menos que aprendamos a sair dela). Como diz o neuropsicólogo e professor de meditação Rick Hanson em seu livro *O cérebro de Buda: Neurociência prática para a felicidade*, nosso cérebro tem uma "tendência à negatividade" que nos leva a evitar certas experiências, mas que, no fim, acaba nos causando sofrimento de diversas maneiras. Originalmente, essa tendência ajudou na nossa sobrevivência, permitiu que identificássemos ameaças — como leões que nos perseguiam ou a perigosa possibilidade de cair de um penhasco próximo —, mas mesmo quando não estamos diante de um perigo real, ele "gera um desagradável pano de fundo de ansiedade", o que pode "tornar ainda mais difícil voltar nossa atenção para dentro, em direção à autopercepção".[6]

Como as experiências negativas têm maior impacto na sobrevivência, ficamos presos a padrões de resposta que nos ajudaram a evitar situações dolorosas no passado. Essa tendência à negatividade também "fomenta ou intensifica outras emoções desagradáveis, como raiva, tristeza, depressão, culpa e vergonha. Realça perdas e fracassos passados, minimiza as habilidades atuais e exagera futuros obstáculos".[7] Portanto, faz parte da natureza humana sermos defensivos, reagindo impulsivamente por conta de um filtro negativo destinado a detectar ameaças ao nosso bem-estar e a sentirmos alterações emocionais graças a coisas que nos causam ansiedade ou medo. Se nos sentimos ansiosos com o vencimento da prestação da casa, aterrorizados diante do discurso importante que precisamos fazer ou perdemos a cabeça quando alguém nos corta no trânsito, podemos relaxar, sabendo que somos membros normais da espécie humana.

No entanto, embora a reação automática ou pré-programada faça parte da natureza humana, diante de ameaças percebidas elas não costumam ser estratégias eficazes para lidar bem com as situações. Como foram criadas a partir de um evento anterior (que pode parecer ter sido uma emergência), nossas reações podem ser rígidas, fixas e difíceis de se alterar. Portanto, podemos abusar de certa estratégia ou ponto forte simplesmente porque isso funcionou no cenário original.

Considerando a onipresença dessas estratégias, a coisa mais importante que precisamos fazer para controlar mais conscientemente nosso comportamento (e ter a capacidade de nos elevarmos acima dessa atitude defensiva) é desenvolver a capacidade de perceber, observar e refletir sobre nossas respostas automáticas, defensivas e habituais, sem julgamento e de modo compassivo.

De acordo com o modelo do Eneagrama, há um número finito de estilos ou "tipos" de personalidade correspondentes a um número finito de estratégias adaptativas importantes. E quando digo que há um "número finito" de estratégias adaptativas identificáveis, esse número é exatamente... nove. O mapa do Eneagrama para esses nove estilos de personalidade proporciona uma estrutura esclarecedora para compreender por que você (e os outros) faz as coisas que faz, pois destaca os padrões específicos de reação associados aos nove estilos e aquilo que os motiva. Ao estudar seus hábitos e padrões com mais clareza e objetividade — o que o Eneagrama proporciona —, você pode usar sua autopercepção aguçada para decidir quais comportamentos quer continuar a exibir e quais deles pode resolver mudar, se quiser. Também pode conhecer-se melhor e abrir-se com os outros de modo mais autêntico, formando relacionamentos profissionais mais fortes.

Andrew Greenberg, fundador e CEO da Greenberg Strategy, uma empresa de estratégia de marcas e de pesquisa de mercado com base na Baía de São Francisco, trabalhou profundamente com o modelo do Eneagrama para desenvolver sua liderança, sua equipe e sua organização:

> Pode haver escassez de autenticidade numa organização. É como no Ensino Médio: *todo mundo está tentando se encaixar*. O Eneagrama oferece a oportunidade de sermos reais. Se você é do Tipo Dois, conheço alguma coisa pessoal

> a seu respeito. Quando as pessoas conseguem ser vulneráveis o suficiente para dizer "sou isto", para compartilhar algo a seu próprio respeito, criam oportunidades para serem mais queridas, mais conhecidas.
>
> O Eneagrama é o grande organizador, unificador, amaciante. Prende-o ao que você é. Como são nove tipos — e não dezesseis ou quatro —, você tem um belo equilíbrio. Cada tipo é profundo o suficiente, mas não é difícil demais de se entender. É como o arado: tira os pedaços de terra mais duros, premissas intocadas e padrões habituais, e transforma-os numa coisa na qual é possível plantar. Torna as pessoas mais atentas, conscientes e abertas.

Para ser um líder — ou uma pessoa — consciente, você precisa ter uma noção clara de sua programação e ser capaz de perceber quando fica preso a seu piloto automático pessoal. A solução para não operar inadvertidamente nesse modo-padrão está em sua capacidade de ver e assumir aquilo que está fazendo, pensando e sentindo de fato. Isso lhe permite (com o tempo) expandir o repertório de estratégias que usa para lidar com o mundo e funcionar nele — empregando a melhor estratégia em cada situação, em lugar de sempre usar um conjunto limitado, como de costume. Abrir uma janela ampla para sua personalidade e para as suas motivações — como sua programação opera e por que opera desse modo — através do modelo do Eneagrama proporciona-lhe uma forma de acordar e sair de seu "modo de sono" de maneira duradoura.

Por que conhecer os nove tipos de sistema operacional pode ajudar você a ser mais consciente

Este livro proporciona percepções singulares e úteis sobre os "sistemas operacionais" ou "programação" básica dos nove tipos de personalidade que existem no mundo — e nos ambientes de negócios. Oferece respostas práticas e exequíveis para perguntas como: "Por que aquela pessoa parece estar sempre muito preocupada em seguir as regras de um modo que me parece incomodamente rígido?", "Por que esta outra pessoa parece querer dominar todas as conversas e se mostrar acima dos demais?", "Por que aquela pessoa parece estar sempre olhando para o lado positivo ou minimizando as coisas de tal modo que nunca conseguimos lidar com os problemas mais difíceis?" e "O que acontece com aquela outra pessoa que nunca parece ser capaz de tomar uma decisão?".

A estrutura singularmente eficaz apresentada neste livro ajuda você a decodificar o significado desses comportamentos, o que os motiva e o que fazer a respeito deles. Com essas percepções esclarecedoras, você pode enfrentar os percalços da estrada, compreensíveis quando trabalhamos com os outros. Quando você consegue identificar com mais exatidão e facilidade o que acontece nos relacionamentos complicados ou tensos, pode consertar esses problemas humanos mais rapidamente e aproveitar seus colegas de trabalho em vez de se ressentir deles.

Quando temos acesso às estratégias e motivações básicas das pessoas à nossa volta — *informações precisas sobre o que e por que estão fazendo* —, já teremos feito progressos para compreendê-las e aceitá-las, sabendo como lidar melhor com elas. E, mais importante ainda, depois que descobrimos nossos próprios vieses de personalidade, podemos ter mais compaixão por nós mesmos e perceber melhor aquilo que *nós* levamos para a mesa em nossos relacionamentos profissionais.

Quando descobrimos a "programação" subjacente dos diversos tipos de pessoas — os padrões automáticos que formam os nove tipos de personalidade —, obtemos instantaneamente muito mais clareza sobre as razões para que as pessoas pensem, sintam e reajam das maneiras como o fazem. Quando percebemos que existem diversos estilos de personalidade no mundo — e que nem todos veem o mundo do mesmo modo que nós —, podemos ficar mais abertos para perceber os hábitos e as visões de mundo que as pessoas levam para suas interações. E quando conhecemos melhor os pontos de vista baseados em nossa personalidade e na dos outros, podemos ver mais prontamente como separar "o que estou fazendo" e "o que você está fazendo" sem adotar uma postura defensiva para resolver conflitos.

Como exemplo, certa vez tive vários conflitos com uma mulher com quem trabalhei no conselho de uma grande empresa. Conseguimos desvendar o que estava acontecendo e trabalhar bem juntas depois de nos comunicarmos sobre como a interação de nossos diferentes estilos estava causando a tensão entre nós. Eu era presidente do conselho e ela, a vice-presidente. Ela era um Tipo Oito e eu sou um Tipo Dois. Os conflitos surgiram quando ela tomou, contínua e unilateralmente, decisões importantes sem me consultar (ou a qualquer pessoa), especialmente quando aconteceram coisas ruins em virtude dessas decisões.

Depois de um conflito particularmente desagradável, falamos sobre o que estávamos fazendo para que tivéssemos esses problemas mútuos. Disse-lhe que meu estilo do Tipo Dois me levava a ficar incomodada quando achava que minhas necessidades e sentimentos — bem como os das pessoas envolvidas — não estavam sendo respeitados e levados em consideração nas decisões dela. Ela foi capaz de admitir que seu estilo Tipo Oito indicava que se sentia impaciente quando tinha de esperar para ouvir os outros, pois, na verdade, ela queria levar as coisas adiante e se afirmar de maneira rápida e independente. Discutindo a interseção de nossas personalidades diferentes e assumindo a responsabilidade por nossas propensões, criamos uma base para compreensão e confiança mútuas que nos permitiu resolver os problemas e trabalhar bem juntas.

Sendo tanto um "manual do proprietário" para o seu "eu" como um mapa para interações com os outros, eu quis que este livro fosse uma introdução amigável para o Eneagrama da Personalidade. Nas páginas seguintes, apresentarei os tipos e subtipos de personalidade, contarei histórias de líderes da vida real que usaram o modelo do Eneagrama para criar imensas mudanças em suas organizações e apresentarei um guia passo a passo para usar o Eneagrama e incrementar a autopercepção e a inteligência emocional — e, com ambos, aprender muito mais a seu respeito do que você imagina ser possível, aumentando sua capacidade de entender colegas, a dinâmica de equipes e a cultura organizacional.

Espero que encontre no Eneagrama não apenas uma fonte útil de soluções para os problemas interpessoais que pode ter no escritório (e em casa), mas também um modo divertido e revelador de se conhecer e de conhecer os outros de forma mais profunda, rica e gratificante.

O que há neste livro e como você poderá usá-lo

Os dois capítulos seguintes proporcionam algumas informações introdutórias sobre os tipos de personalidade do sistema do Eneagrama e como podem ser usados para orientar e sustentar o desenvolvimento da liderança, estabelecendo melhores relacionamentos no ambiente de trabalho. Os nove capítulos subsequentes apresentam descrições dos nove estilos de personalidade do Eneagrama — de modo geral e como costumam se expressar no trabalho.

O capítulo final ajuda você a compreender o modo de aplicar o Eneagrama como ferramenta em sua organização, proporcionando exemplos de como líderes diferentes o usaram para ter mais sucesso e oferecendo sugestões práticas para colocá-lo em funcionamento em sua empresa. Você pode ler o livro de capa a capa, usá-lo como referência — consultando tipos específicos conforme necessário para obter informações sobre como lidar com desafios específicos (ou pessoas difíceis) — ou simplesmente usá-lo para conhecer melhor seus padrões e a si mesmo.

Acima de tudo, o Eneagrama trata de crescimento. No final de cada capítulo, proponho algumas ideias para cada tipo sobre aquilo que conseguem observar, explorar e ajustar neles mesmos, podendo com isso promover mudanças positivas e trabalhar mais facilmente com os outros. Entretanto, o espaço permite apenas uma quantidade limitada de informações sobre esse tópico tão importante de como trabalhar com os padrões de tipo para ser mais feliz, mais calmo e mais eficaz. Mas você pode ter acesso a muito mais material sobre como usar o Eneagrama para ser o melhor de si e acessar seu potencial superior em meu site: www.beatricechestnut.com.

CAPÍTULO 2

CONHECENDO O MODELO DE TIPOS DE PERSONALIDADES DO ENEAGRAMA

Em vez de certas "tipologias" de personalidade, o Eneagrama proporciona grande quantidade de informações muito precisas que nos ajudam a compreender por que fazemos o que fazemos. Ele não trata apenas do nível mental ou superficial das interações humanas, mas também revela os padrões arquetípicos — ou os hábitos prototípicos — de nove formas de agir no mundo em termos de pensamento, sentimento (emoções) e comportamento.

Como foi dito no capítulo anterior, a personalidade é aquela nossa parte que se desenvolve, a partir da infância, como uma interface com o mundo exterior. Reflete tanto "quem realmente somos" num nível profundo, como uma espécie de "eu falso" ou persona que apresentamos ao mundo exterior como armadura de defesa para proteger o "eu real". Quando podemos estudar com empatia e sem julgamento como nossa personalidade opera na vida cotidiana, como uma forma de nos conhecermos mais plenamente, livramo-nos naturalmente das limitações impostas por nossos padrões de personalidade quando permanecem inconscientes e automáticos.

Como, exatamente, acontece isso? Compreendendo a personalidade, obtemos acesso tanto à nossa programação-padrão — motivos, preferências, superpoderes, dons, pontos fracos e pontos cegos com que lidamos com a vida diária — quanto a uma avenida que nos leva a ver, assumir e expressar nosso eu mais profundo ou essencial, e a nossos potenciais mais elevados.

Em meu primeiro livro, *O Eneagrama completo*, usei a semente do carvalho como metáfora para esse processo de aprendizagem de nossa personalidade como forma de crescimento e desenvolvimento. A semente é um exemplo relevante do que quero dizer sobre a personalidade como cobertura protetora e, ao mesmo tempo, semente daquilo que podemos ser caso nos esforcemos para manifestar todos os nossos talentos latentes.

Toda semente contém um carvalho em potencial, mas, para que chegue a se tornar um carvalho, a semente precisa cair no chão e perder sua casca externa. De forma bem parecida, todos nós podemos crescer e atingir nosso potencial pleno de sucesso e felicidade explorando nosso "território subterrâneo" — nossos padrões inconscientes e pontos cegos — a fim de romper nossa capa protetora e sair dela.

Os líderes (e todos nós) podem crescer e atingir seu potencial pleno com mais eficácia se estiverem dispostos a abrir mão de sua casca limitadora, compreendendo-a — e as vulnerabilidades e sentimentos difíceis que ela visa proteger. Nossas personas nos ajudam a lidar com a vida. No entanto, se não as conhecermos e não aprendermos a deixá-las ir embora, a nos livrar de velhos hábitos que não nos servem e a fazer o trabalho de crescimento além da necessidade de nossas defesas, vamos nos manter limitados e constritos, em lugar de nos libertar e ser livres para expressar tudo aquilo que realmente somos.

Embora o Eneagrama tenha a intenção de nos ajudar a alcançar exatamente esse tipo de liberdade e crescimento, quando algumas pessoas encontram o Eneagrama pela primeira vez temem que ele vá "colocá-las numa caixa". E embora a estereotipagem seja um perigo real do uso do Eneagrama, na maioria das vezes, se bem usado, o modelo de fato mostra realmente as dimensões da caixa em que você já está — sem saber que está — para que possa encontrar a saída.

Na verdade, o Eneagrama é isso. Ele nos mostra como é nossa personalidade para que nossa personalidade possa nos mostrar o que está além dela — os talentos, habilidades e capacidades que expressam quem somos realmente e tudo o que podemos ser quando superamos velhos medos e reações habituais.

Espero que você goste de conhecer o Eneagrama e que ele possa ajudá-lo a se conhecer (e aos outros), permitindo-lhe desenvolver seus dons individuais de liderança, ter sucesso e encontrar sentido e felicidade naquilo que você faz todos os dias.

O que é o Eneagrama?

O Eneagrama da Personalidade detalha nove descrições ou categorias de personalidade e as conexões entre elas. Cada um dos "tipos" ou "estilos" de personalidade representa uma forma distinta de operar no mundo, com base num "foco de atenção" específico: aquilo em que você presta atenção e aquilo em que não presta atenção.

Por exemplo, em que você costuma prestar atenção logo que acorda de manhã? Pessoas diferentes, com tipos de personalidade diferentes, tendem a começar o dia com humores e pensamentos diferentes. Alguns tipos acordam irritados, alguns começam imediatamente a pensar em sua lista mental de "coisas a fazer" e outros se sentem felizes e empolgados diante das possibilidades do novo dia.

A ideia de que pessoas diferentes prestam atenção em coisas diferentes e de maneiras diferentes tem um papel central na definição dos distintos estilos do Eneagrama. Os nove estilos ou tipos podem ser distinguidos em termos de seu foco de atenção ou "tendência perceptiva" — aquilo que ocupa o lugar central no que pensam, veem e priorizam em sua experiência.

Para determinar o estilo de alguém no Eneagrama, fazemos uma pergunta: o que está em sua "tela de visão" e o que não está? Esse é tanto o método para descobrir qual é o seu principal tipo no Eneagrama quanto uma força importante do Eneagrama como modelo de personalidades: realça como os indivíduos diferem de formas específicas e mostra como os nove tipos diferem em diversos níveis. Mostra aquilo em que pensam (e em que não pensam), que emoções costumam sentir (e não sentir), que comportamentos são típicos de seu estilo e que ações raramente tomam.

Por exemplo, um grupo de pessoas pode estar na mesma situação — uma festa de aniversário, digamos — e cada uma pode focalizar aspectos diferentes da reunião, dependendo daquilo para que a programação de sua personalidade dirige sua atenção. Uma pessoa pode se concentrar em encontrar certas pessoas que conhece, outra pode se sentir atraída pela mesa com comida, uma terceira pode ficar preocupada porque se esqueceu de trazer um presente para a anfitriã e outra pode gravitar na direção de quem parece estar se divertindo mais. Assim, o Eneagrama revela uma verdade básica que costuma surpreender: as outras pessoas não veem o mundo da maneira como vemos; pessoas diferentes podem olhar para a mesma situação e ver coisas completamente diferentes.

Cada um dos nove tipos de foco específico do Eneagrama origina-se de uma "estratégia de enfrentamento" central — o método preferido para circularmos, adaptarmo-nos ao ambiente e sobrevivermos no mundo. A estratégia de enfrentamento principal e seu viés de atenção dão origem a uma visão de mundo e a padrões habituais de pensamento, emoção e comportamento correspondentes. Em sua essência, cada um desses nove estilos de personalidade é basicamente uma estrutura "defensiva" — um programa interno que opera automaticamente para nos proteger de ferimentos ou desconfortos. Além disso, os padrões que constituem a personalidade também representam nossos talentos, especialidades e superpoderes particulares.

Orientado em torno de uma figura de nove pontas (*enea* significa "nove" e *grama* significa "coisa desenhada") que serve de estrutura gráfica para essas nove personalidades, o Eneagrama ajuda a resolver boa parte do mistério de pessoas diferentes verem o mundo de maneiras totalmente diferentes. (E não, não se trata de um tipo de signo sinistro ou emblema de culto! É uma estrela de nove pontas absolutamente inocente, inscrita num círculo com profundo significado simbólico sobre a forma como processos naturais são criados e se desenvolvem em certos padrões ou sequências.) Cada uma das nove personalidades pode ser identificada por sua estratégia distinta de adaptação e correspondentes forças, hábitos, desafios e pontos cegos que surgem da forma estratégica que adotam para conseguir aquilo de que precisam na vida.

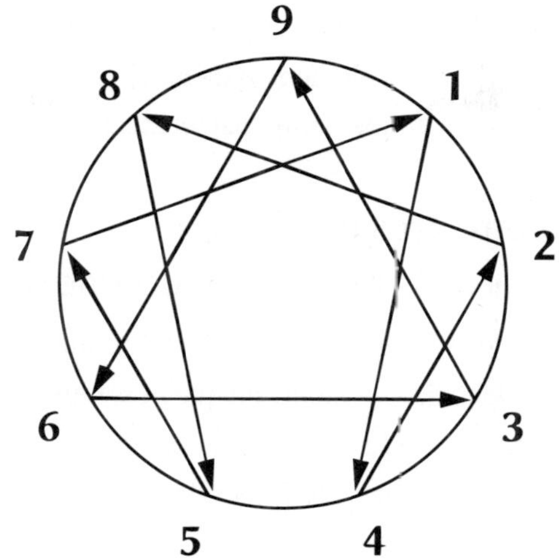

O Eneagrama

A história exata do Eneagrama — de onde veio e quem o "inventou" — é pouco conhecida, mas imagina-se que tenha centenas ou talvez milhares de anos. Podemos recuar aos ensinamentos primordiais de tradições espirituais muito remotas (que também funcionavam como lições de psicologia) e a antigas ideias filosóficas gregas que tratavam de algumas das grandes questões do ser humano, como "Qual é o propósito da vida?", "O que impede o ser humano de desenvolver seus potenciais mais elevados?" e "O que está entre mim e o desejo de uma vida melhor?". Evidências das principais características dos tipos podem ser encontradas nos primeiros ensinamentos do esoterismo (que significa oculto ou secreto, voltado para a compreensão da experiência interior) cristão, bem como na Cabala ou Árvore da Vida, no judaísmo místico, no sufismo (o ramo místico do islamismo) e nos ensinamentos hindus. Também vemos paralelos no estudo da "aritmética sagrada" de Pitágoras.

Porém, o mais espantoso e significativo disso tudo é que também encontramos evidências das personalidades do Eneagrama no poema épico de Homero, *Odisseia*. Um dos primeiros textos escritos da literatura ocidental, *Odisseia* conta a história da jornada metafórica "para casa" em direção ao "verdadeiro eu". Na história, Odisseu (o sujeito que idealizou o Cavalo de Troia) volta da Guerra de Troia para casa, viaja pelas nove "terras" povoadas por criaturas míticas, cujos personagens se encaixam perfeitamente nos nove tipos do Eneagrama — e na mesma ordem do ensinamento moderno![1]

Esse paralelo direto dificilmente seria uma coincidência. Esse tipo de pista histórica sugere por que as descrições dos nove tipos do Eneagrama são tão precisas e poderosas. Como os elementos da história mítica de *Odisseia*, são universais, atemporais, profundamente instrutivas e duradouras.

Somos seres com "três cérebros": Os três "centros de inteligência" do Eneagrama

Os nove tipos ou estilos são agrupados em três conjuntos de três, segundo três "centros de inteligência" — a ideia de que nós, humanos, processamos informações de fora mediante três modos ou formas de inteligência. A maneira mais fácil de começar a compreender o conteúdo dos nove tipos de personalidade do sistema do Eneagrama consiste em ver como (e por que) esses nove tipos estão agrupados em três cestas com três tipos cada.

Segundo o mapa do Eneagrama, cada pessoa tem não um, mas três "cérebros" ou "centros de inteligência": a cabeça, o coração e o corpo. A *cabeça* é o centro do pensamento e da análise, o *coração* é o centro do sentimento e das emoções, e o *corpo* é o centro das sensações físicas, através da intuição ("sensações guturais") e reações instintivas. O corpo também aloja o centro do "movimento", que dirige a ação ou a inação.

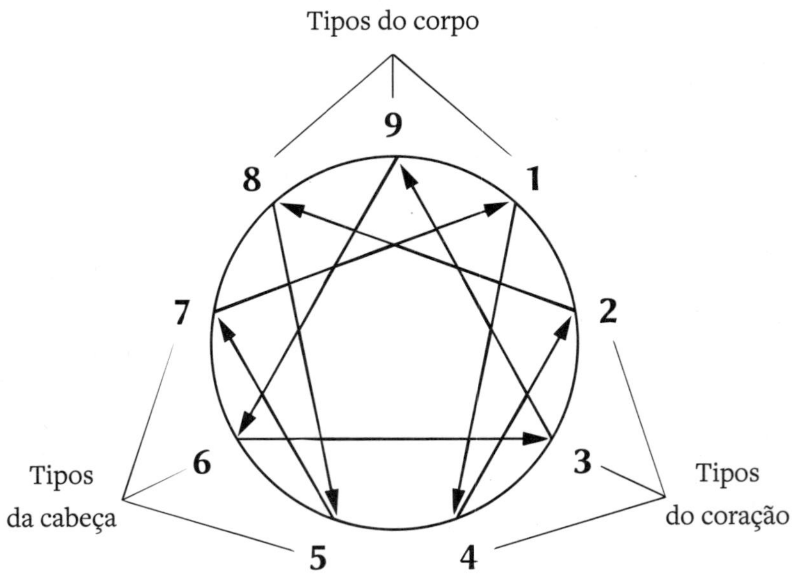

O Eneagrama destacando os três tipos nos três centros

Apesar de todos nós usarmos todos os três centros o tempo todo, três dos nove estilos do Eneagrama (8, 9 e 1) "vivem" no centro do corpo ou "o usam muito", três dos estilos (2, 3 e 4) operam primariamente desde o centro do coração e três dos estilos (5, 6 e 7) baseiam-se ou propendem para o centro da cabeça. Esses três "centros de inteligência" também têm uma relação direta com as três partes do cérebro humano: o tronco encefálico e a amígdala (o cérebro reptiliano ou instintivo), o cérebro límbico (ou emocional) e o neocórtex (o cérebro mental). Todos nós recorremos o tempo todo a essas três funções cerebrais, mas um desses centros tem papel dominante na expressão de nossa personalidade.

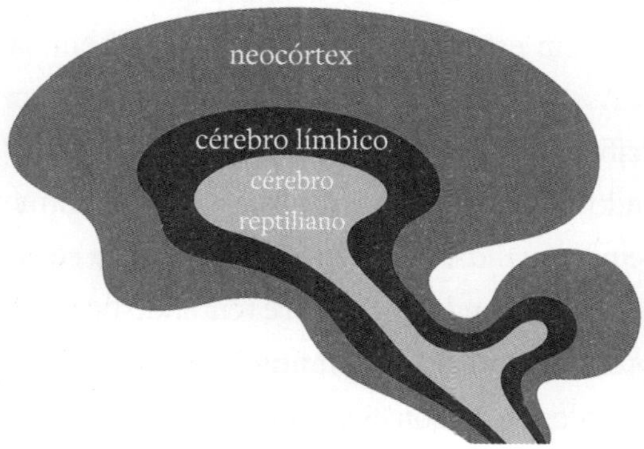

O cérebro com as três partes destacadas

Desse modo, o modelo do Eneagrama incorpora a ideia de que, apesar de todos nós termos o potencial para a "inteireza" — ou seja, que todos temos acesso potencial às nove estratégias para lidar com o mundo —, tendemos a nos "desequilibrar" aprendendo a confiar mais em um determinado modo de relacionamento com o mundo do que em outros. Trabalhar com o Eneagrama inclui a percepção de que temos a tendência a pender mais para um centro de inteligência do que para os demais, tentando intencionalmente atingir um equilíbrio mais consciente entre os três modos de funcionamento.

Na verdade, a própria razão para o Eneagrama é o crescimento, o equilíbrio: percebendo como recorremos a um ponto focal entre nove possibilidades, podemos começar a ver como nos detemos numa fatia estreita dos 360 graus da realidade e aprendemos a expandir nossa perspectiva.

Cada um dos nove tipos descreve um conjunto de maneiras habituais de pensar, sentir e agir, com base numa visão específica da estratégia que funciona melhor para obter aquilo de que você precisa. Há, por exemplo, um tipo (o Tipo Cinco) que presume automaticamente que é melhor focalizar a aquisição de conhecimentos e a proteção dos limites para encontrar o senso de segurança de que ele precisa. Portanto, dá prioridade ao pensamento em relação ao sentimento, mantendo um forte senso de privacidade. Os Cinco têm estilo de relacionamento mais introvertido, o que reforça sua visão de que, para se sentirem seguros, precisam proteger seus recursos internos. Outro tipo (o Tipo Nove) acredita que a melhor estratégia para obter o senso de bem-estar de que precisam é estar em harmonia com as outras pessoas. Assim, os Nove tendem a se preocupar com a manutenção de relações pacíficas com os outros, "indo com a corrente" para não criar atritos e mediando diferentes pontos de vista para criar harmonia e consenso. E outro tipo de personalidade (o Tipo Três) focaliza suas metas e tarefas como um raio laser, buscando o sucesso e tentando ficar bem aos olhos dos outros para obter a aprovação e a admiração de que precisa.

Todos esses estilos de personalidade têm forças e desafios correspondentes — um lado positivo e um lado negativo. Como mostram os diferentes estilos do Eneagrama, quando lidamos com o mundo através de uma lente ou filtro específico, isso nos permite desenvolver áreas particulares de clareza e força para nos tornarmos especialistas naquilo que essa lente focaliza melhor. Entretanto, do lado negativo, cada estilo pode focalizar excessivamente um conjunto relativamente limitado de forças, exagerando-as a tal ponto que elas se tornam onerosas. O foco inconsciente e excessivo da atenção num conjunto muito estreito de forças pode levar você a desenvolver e manter certos pontos cegos.

É aqui que o Eneagrama é mais valioso — ele nos mostra como, por pendermos para nossas capacidades mais desenvolvidas, desenvolvemos pontos cegos relacionados a outras habilidades. O Eneagrama destaca nossos pontos fortes para podermos apreciar e mobilizar nossos recursos, e nos ajuda a enxergar nossos pontos fracos para podermos cultivar nossos aspectos que foram negligenciados, deixados de lado ou evitados. Por exemplo, quando descobri meu tipo no Eneagrama (Tipo Dois), percebi que, embora soubesse fazer amigos, apoiasse os outros e fosse uma pessoa agradável, de modo geral, evitava conflitos o tempo todo (temendo que esses problemas fizessem com que as pessoas não gostassem de mim) e geralmente focalizava as necessidades e sentimentos dos demais (como estratégia para gostarem de mim) à custa dos meus próprios sentimentos. Isso causou problemas em meus relacionamentos, na medida em que as necessidades e sentimentos que evitei admitir fizeram com que me sentisse ressentida quando as pessoas não me davam aquilo de que eu precisava. O Eneagrama me ajudou a ver o problema em minha estratégia básica de vida: tentando me entender com as pessoas sem onerá-las com as minhas necessidades e ficando furiosa porque não liam a minha mente e reagiam às necessidades que eu não havia expressado, acabei afastando as pessoas e garantindo a rejeição que tentei evitar desde o começo!

Toda pessoa pode se beneficiar do conhecimento dos pontos fortes e pontos cegos associados a seu estilo de personalidade. Os Tipos Oito, por exemplo, sabem muito bem se afirmar com vigor, confrontando as pessoas com verdades duras e mantendo-se firmes nos conflitos. Mas seu ponto cego está no valor da vulnerabilidade ou da compreensão de seus pontos fracos: tendem a não manter contato com seus sentimentos mais vulneráveis, o que pode levá-los a compensar demais o medo inconsciente de mostrarem fraqueza expressando-se com muita força. Ao perceberem esse ponto cego em torno da vulnerabilidade e entrando conscientemente em contato com seus sentimentos mais brandos, os Oito se equilibram, conseguindo ser tanto fortes quanto acessíveis, poderosos e empáticos.

Outro exemplo: os Tipos Seis sabem resolver problemas como ninguém, pois conseguem ver muito bem e com antecedência o que pode dar errado e preparam-se para consertar o erro, mas seu ponto cego envolve o impacto e as consequências de estarem sempre procurando problemas. Os Tipos Seis não costumam perceber que podem exagerar na "busca de problemas" em lugar de focalizar soluções construtivas e podem ficar paranoicos, presos numa "paralisia analítica", quando o medo das possíveis ameaças os leva a evitar a ação. Os Seis podem ser mais eficazes e fáceis de trabalhar em equipe quando levam conscientemente em conta o ponto cego em torno de seu medo e os efeitos dele, combinando seu talento para análise cuidadosa com ações ousadas.

Qual é o seu número? Um esboço rápido dos nove tipos de personalidade do Eneagrama

Fiquei fascinada com o Eneagrama quando descobri que eu era um Tipo Dois, há uns 26 anos. A maioria das pessoas quer entender por que faz as coisas que faz, e, quando li uma descrição do meu tipo, foi uma revelação profunda. Senti-me chocada e surpresa por ver que *alguma* tipologia de personalidade podia pintar um retrato tão claro, objetivo e preciso do meu modo de agir no mundo, tanto em termos do que eu sabia que era verdade a meu respeito, quanto aspectos (embaraçosos) de mim mesma que, na verdade, eu não queria admitir.

Conhecer meu estilo de personalidade conforme o perfil do Eneagrama mudou a minha vida. Ajudou-me a ver coisas a meu respeito que eu não tinha querido ver antes — coisas que criaram obstáculos em minha vida porque não as quis admitir. Por exemplo, como Tipo Dois, eu ficava (ironicamente) maluca quando as pessoas me diziam que eu era "sensível demais" ou "emotiva demais". Mas quando pude entender por que eu, como Tipo Dois, ficava emotiva e compreendi as razões por trás dessa sensibilidade, pude valorizar mais facilmente minha natureza emocional, perceber sua força, ter compaixão por mim mesma e aprender a ser menos sensível em certas situações. O Eneagrama ajudou-me a ver — suavemente — que às vezes eu *era* sensível demais, emotiva demais. Mas também me ajudou a ver que eu podia valorizar minha capacidade emocional e minha habilidade empática, controlando conscientemente algumas tendências relacionadas para ser mais eficaz e feliz em minha vida e em meu trabalho. Aprender sobre mim mesma através do Eneagrama me fez muito mais feliz, muito mais fácil de conviver e de trabalhar com os outros.

Eis um esboço rápido dos nove tipos do Eneagrama. Pode levar algum tempo até você encontrar seu tipo correto, pois alguns dos tipos podem ser parecidos e, às vezes, não nos conhecemos tão bem quanto pensamos. No entanto, muita gente identifica imediatamente seu próprio estilo — ou o estilo das pessoas que conhecem — até com essas descrições breves.

Indivíduos com estilo do Tipo Um tendem a ver o mundo em termos de como ele se ajusta (ou não) àquilo que consideram perfeito ou ideal. Concentram-se em saber se as coisas são "certas ou erradas", "boas ou más". Suas maiores preocupações incluem fazer o que é certo e/ou garantir que os outros façam o que é certo, percebendo e corrigindo erros e esforçando-se para melhorar as coisas. Podem ter grande autocrítica e geralmente respeitam as regras. Os líderes do Tipo Um são reformadores idealistas e muito íntegros, focalizando a ética e seguindo elevados padrões de qualidade.

Indivíduos com estilo do Tipo Dois tendem a ser agradáveis, animados, emotivos e generosos (até demais). Focalizam relacionamentos e o que as pessoas pensam e sentem a seu respeito. Uma preocupação central é fazer com que as pessoas gostem deles, e podem ser dadivosos, úteis ou até se sacrificar para obter estrategicamente a aprovação dos demais. Mudam de forma para se apresentarem da maneira como acham que vai ajudá-los a criar uma relação positiva com os outros. Sentem empatia (por vezes, até demais) pelos outros e detectam automaticamente o humor, as necessidades e preferências das pessoas ao seu redor, mas talvez não conheçam bem seus próprios sentimentos e necessidades. Os líderes do Tipo Dois concentram-se no apoio às pessoas para que possam ter o melhor desempenho possível e focalizam a criação de conexões positivas e produtivas com as pessoas ao seu redor.

Indivíduos com estilo do Tipo Três veem o mundo em termos de tarefas, metas, imagem, realização e sucesso. Concentram sua atenção em serem vistos como bem-sucedidos e realizadores. São excelentes quando procuram se ajustar ao modelo ideal de sucesso material e de indicadores culturais de êxito (um belo carro, status elevado, credenciais impressionantes). Geralmente, focalizam o fazer em detrimento do sentir e do ser. Podem ser viciados em trabalho, além de ter dificuldades para reduzir o ritmo e identificar o que estão sentindo, mas fazem muita coisa e do modo mais eficiente. Os líderes do Tipo Três focalizam os resultados, o trabalho duro e a gestão das percepções para garantir o sucesso para sua equipe e organização.

Indivíduos com estilo do Tipo Quatro valorizam a autenticidade e tendem a se sentir à vontade com uma ampla gama de emoções, inclusive a dor. Concentram a atenção em seu próprio mundo interior, na conexão e desconexão com os demais, no que está faltando em determinada situação e nos aspectos estéticos de seu ambiente. Como vivem mais em seus sentimentos do que os outros tipos, às vezes se identificam demais com as emoções. Valorizam a profundidade e a expressão autêntica dos relacionamentos. Idealistas e criativos, volta e meia sentem-se saudosos e melancólicos e às vezes podem se preocupar com o passado. Os líderes do Tipo Quatro promovem o valor da expressão e da comunicação autênticas e apoiam a criatividade e o entendimento mútuo.

Indivíduos com estilo do Tipo Cinco tendem a ser introvertidos, tímidos e menos expressivos emocionalmente do que outros tipos. Concentram sua atenção no pensamento, na aquisição de conhecimentos, em ocupações intelectuais interessantes e na criação de limites para manter a privacidade. Geralmente, têm a impressão de que sua energia é limitada, e por isso são sensíveis à possibilidade de outras pessoas esgotarem recursos ou depósitos finitos de tempo deles. Como prezam o espaço pessoal, podem ter problemas para se abrir com outras pessoas nos relacionamentos. Os líderes do Tipo Cinco focalizam a importância de obter conhecimentos e de gerar e confiar nas melhores informações possíveis, valorizando muito a especialização técnica.

Indivíduos com estilo do Tipo Seis focalizam a atenção na detecção de ameaças à sua segurança, preparando-se para enfrentar perigos ou problemas. Vigilantes por natureza, podem ser ativamente temerosos (fóbicos) ou fortes e intimidadores como medida proativa contra o medo (contrafóbicos). Tendem a ser leais, analíticos, do contra, e desconfiam da autoridade. Sua tendência natural para avaliar ameaças e riscos faz deles bons especialistas na solução de problemas, mas também podem demonstrar paranoia, indecisão e pensamento catastrófico ou propensão ao pior cenário. A maioria dos Tipos Seis tem problemas com autoridades — tanto querem boas autoridades quanto podem pô-las à prova ou se rebelar contra figuras de mando. Os líderes do Tipo Seis são sensíveis à dinâmica do poder e a questões de segurança e proteção. Focalizam preparativos e avaliação de riscos e apoiam seus funcionários em todos os níveis da organização.

Indivíduos com estilo do Tipo Sete tendem a ser enérgicos, rápidos e otimistas. Focalizam sua atenção em coisas divertidas e estimulantes para pensar e fazer, a criação de muitas opções e o planejamento. Normalmente, são pessoas entusiasmadas, orientadas para o futuro e amantes da diversão; não gostam de sentir coisas desconfortáveis como tristeza, ansiedade, tédio ou dor. Sabem transformar o negativo em positivo, têm mente ágil e costumam cultivar muitos interesses e apreciam a interação social com outras pessoas. Os líderes do Tipo Sete são visionários otimistas que gostam de brincar com ideias e inovar como forma de avançar.

Indivíduos com estilo do Tipo Oito tendem a se manter sintonizados com a força e o poder — quem os possui e como lidam com isso. Geralmente, têm mais acesso à sua raiva e toleram melhor os conflitos e confrontos do que outros tipos. Os Oitos concentram sua atenção na criação da ordem, em enxergar o panorama completo e perceber se as coisas estão justas e equilibradas. São assertivos, diretos e fortes. Sua presença é bastante enérgica; podem ser intimidadores e às vezes subestimam seu impacto sobre os demais. Podem ser exagerados, impulsivos, generosos e protetores dos outros. Os líderes do Tipo Oito gostam de exercer o poder, de estabelecer a ordem e fazer o trabalho progredir de forma direta. São destemidos ao enfrentar desafios e se tornam fortes mentores para os subordinados.

Indivíduos com estilo do Tipo Nove são bons mediadores, pois conseguem ver naturalmente todas as facetas de um problema e sentem-se motivados a reduzir conflitos e criar harmonia. Afáveis e tranquilos, "seguem a onda", focalizando sua atenção na mescla com os demais, adaptando-se ao máximo como forma de se manterem confortáveis e evitarem separações e conflitos. Como valorizam a harmonia e não gostam de conflitos, tendem a ser distraídos e a não perceber a própria raiva e seus objetivos pessoais. A falta de conexão com as próprias prioridades dificulta a tomada de decisões, e por isso costumam ficar em cima do muro ou procrastinar. Líderes do Tipo Nove valorizam a inclusão, geralmente não têm ego muito grande, são tranquilos e acessíveis e lideram criando consenso.

Dividindo de novo: Informações adicionais proporcionadas pelos 27 subtipos

Mesmo correndo o risco de sobrecarregá-lo, agora preciso lhe dizer que existe outro nível dos tipos do Eneagrama além dos nove estilos de personalidade. Assim como os três centros de inteligência (cabeça, coração e corpo) "abrigam" três tipos cada, cada um dos nove tipos se subdivide em três versões. Portanto, na verdade são 27 os tipos ou "subtipos". Esse nível adicional de "subtipos" acrescenta mais um grau de especificidade às personalidades que encontramos pelo mundo e que são descritas pelo Eneagrama.[2] Embora a adição de uma nova camada de tipos possa parecer um excesso de informações, é crucial compreender os 27 subtipos, pois as informações adicionais e com mais nuances nos ajudam a encontrar o tipo correto e a compreender mais claramente os nove tipos. Os três subtipos dos nove tipos principais são definidos pelo "instinto" ou "viés instintivo" dominante. Todos nós temos os três instintos animais — para autopreservação, para estabelecer relacionamentos sociais e nos posicionar em relação a grupos e para construir vínculos um a um — que nos ajudam a funcionar no mundo e a nos manter seguros. E, assim como cada pessoa favorece um centro e um tipo dentro desse centro, cada um de nós favorece um desses três instintos como uma espécie de "primeira linha de defesa".

Os Tipos Um

Os Tipos Um procuram fazer as coisas o mais perfeitamente possível de três maneiras:

- Os *Tipos Um Autopreservação* querem fazer tudo o que fazem da maneira mais perfeita. São os verdadeiros perfeccionistas do Eneagrama. Veem-se com muitos defeitos e tentam se aperfeiçoar, cuidando bem de cada detalhe. Essas pessoas são os Tipos Um mais ansiosos e preocupados, mas também são os mais amigáveis e calorosos.
- Os *Tipos Um Sociais* visam fazer as coisas com perfeição num sentido mais amplo — *conhecer* a maneira certa de fazer as coisas — e servir de modelo para como os outros podem fazer as coisas direito. Como pessoas do tipo intelectual, têm a mentalidade de professor, pois consideram que seu papel é ajudar os outros a verem aquilo que já sabem: como serem perfeitos.
- Os *Tipos Um Um a Um* procuram tornar mais perfeitas as outras pessoas e a sociedade como um todo. Mais reformadores que perfeccionistas, tendem a exibir mais raiva e zelo que os outros

Tipos Um. Eles dão menos atenção ao aperfeiçoamento de seu próprio comportamento e preferem ver se os outros estão fazendo tudo direito.

Os Tipos Dois

Os Tipos Dois procuram obter aprovação e criar relacionamentos positivos com os outros de três maneiras:

- Os *Tipos Dois Autopreservação* visam obter aprovação sendo charmosos e joviais. Menos orientados para a doação e mais ocupados com a ajuda, levam os outros a gostarem deles como forma de fazer as pessoas cuidarem deles. Mais autoindulgentes, brincalhões e irresponsáveis do que os outros dois Tipos Dois, são mais temerosos e ambivalentes em se conectar com os demais.
- Os *Tipos Dois Sociais* procuram obter a aprovação dos outros e para isso são poderosos, competentes e influentes. Como pessoas mais poderosas e com pendor para a liderança, assumem as coisas e atuam diante de uma plateia maior como forma de provarem seu valor.
- Os *Tipos Dois Um a Um* ganham aprovação sendo generosos e atraentes. Enfatizam seu encanto pessoal e prometem apoio para que os outros gostem deles e façam-lhes coisas — é um Tipo Dois mais emotivo, passional.

Os Tipos Três

Os Tipos Três procuram parecer bem e esforçam-se para que as coisas sejam feitas de três maneiras:

- Os *Tipos Três Autopreservação* esforçam-se para garantir a segurança material para eles e as pessoas ao seu redor. Orientados para serem bons (e para parecerem bem) segundo o consenso social, querem parecer bem-sucedidos para os outros, mas não querem contar vantagem nem fazer autopromoção de forma óbvia (porque isso não seria bom). São autossuficientes, trabalham muito, orientados para resultados e modestos.

- Os *Tipos Três Sociais* buscam parecer impecáveis aos olhos dos outros. Orientados para competir, vencer e obter os símbolos materiais e de status do sucesso, tratam de fazer as coisas acontecerem e sempre têm a imagem certa para cada contexto social. Gostam de palco, têm mentalidade corporativa e sabem subir a escada social.
- Os *Tipos Três Um a Um* esforçam-se para criar uma imagem atraente para os outros e apoiam e agradam as pessoas à sua volta — especialmente sócios, colegas e familiares. Sua mentalidade é de relacionamentos ou equipe, e podem se esforçar muito para apoiar o sucesso dos outros (em lugar do seu próprio sucesso).

Os Tipos Quatro

Os Tipos Quatro procuram se expressar de modo criativo e autêntico para formar conexões significativas de três maneiras:

- Os *Tipos Quatro Autopreservação* são estoicos e fortes — emocionalmente sensíveis por natureza, guardam seus sentimentos para provar a si mesmos e se conectar com os outros. Embora seus sentimentos sejam profundos, geralmente seu exterior é alegre e otimista. Por dentro, podem se sentir ansiosos, mas mostram-se firmes e toleram muito bem a frustração.
- Os *Tipos Quatro Sociais* focalizam as próprias emoções e o tom emocional por trás das situações em que se encontram. Comparam-se com os outros e tendem a se ver como menos dignos ou incompletos, de alguma forma. Mostram-se emocionalmente mais sensíveis do que a maioria dos outros tipos e conectam-se consigo mesmos através da autenticidade de sua verdade emocional.
- Os *Tipos Quatro Um a Um* são mais assertivos e competitivos. Não têm medo de pedir o que precisam ou de reclamar quando não o conseguem. Podem parecer agressivos para os outros e esforçam-se para ser os melhores.

Os Tipos Cinco

Os Tipos Cinco buscam obter conhecimento e manter limites com relação aos outros para proteger seu espaço pessoal e evitar o esgotamento de sua energia e recursos internos por causa dos outros. Fazem isso de três maneiras:

- Os *Tipos Cinco Autopreservação* visam principalmente manter bons limites com os outros. Amigáveis e calorosos, gostam de ter um espaço particular para onde possam se retirar se quiserem ficar sozinhos.
- Os *Tipos Cinco Sociais* gostam de ser especialistas nas áreas e temas que lhes interessam. Gostam de adquirir conhecimento e de se conectar com outras pessoas com interesses e causas intelectuais em comum.
- Os *Tipos Cinco Um a Um* precisam conectar-se com outros indivíduos sob as condições certas. Mantêm mais contato com suas emoções íntimas, embora nem sempre as exibam exteriormente.

Os Tipos Seis

Os Tipos Seis concentram-se na detecção de ameaças e nos preparativos para enfrentá-las. Buscam segurança e certeza, demoram até confiar em alguém, tentam gerenciar os riscos e são sensíveis à dinâmica do poder. Essas características se manifestam de três maneiras:

- Os *Tipos Seis Autopreservação* são os Tipos Seis que demonstram mais temor (fobias ou reação de "fuga"). Questionam as coisas e duvidam delas no esforço de encontrar um senso de certeza e segurança (o que normalmente não conseguem fazer). Procuram ser calorosos e amigáveis para atrair aliados como forma de obter suporte ou proteção externa num mundo perigoso.
- Os *Tipos Seis Sociais* são tipos mais intelectuais. Encontram um senso de segurança quando seguem os parâmetros de um sistema ou modo de pensar para se sentirem protegidos por uma espécie de autoridade externa e impessoal. Tendem a ser lógicos, racionais e preocupados com pontos de referência e parâmetros.
- Os *Tipos Seis Um a Um* lidam com seus receios íntimos (dos quais nem sempre estão cientes) parecendo fortes e intimidadores para

os outros. Entre as reações de "luta" e "fuga" diante do medo, escolhem a luta e tendem a assumir riscos e a ser rebeldes ou do contra. Seu programa interno lhes diz que a melhor defesa é um bom ataque.

Os Tipos Sete

Os Tipos Sete focalizam aquilo que lhes parece agradável e gostam de pensar em ideias estimulantes e visões positivas do futuro como modo de se afastar inconscientemente daquilo que pode trazer dor ou desconforto. Fazem-no de três maneiras:

- Os *Tipos Sete Autopreservação* são muito práticos. São hábeis para conseguir o que querem, identificam oportunidades prontamente e sabem como fazer as coisas acontecerem, seja mediante um planejamento pragmático, seja por uma rede de aliados. Tendem a um estilo loquaz, amigável e hedonista.
- Os *Tipos Sete Sociais* querem evitar ser vistos como excessivamente oportunistas e autocentrados, e por isso procuram sacrificar seus interesses imediatos para se dedicarem a um ideal de serviço aos outros. Assumem a responsabilidade pelo grupo ou pela família e querem ser vistos como pessoas capazes de amenizar o sofrimento alheio.
- Os *Tipos Sete Um a Um* são sonhadores idealistas que precisam imaginar alguma coisa melhor do que a verdade de sua realidade diária. Extremamente entusiasmados e otimistas, têm paixão por ver as coisas tal como *poderiam* ser ou como imaginam que sejam (em oposição a como são na realidade).

Os Tipos Oito

Os Tipos Oito focalizam poder, controle, justiça e equilíbrio — quem tem o poder e se serão competentes e justos. Assertivos e diretos, sabem enxergar o panorama completo e gostam de exercer sua força para que as coisas aconteçam. Essas características se manifestam de três maneiras:

- Os *Tipos Oito Autopreservação* procuram conseguir o que precisam para sobreviver de maneira direta e pragmática. Têm pouca tolerância à frustração e um forte desejo pela satisfação pontual de suas necessidades materiais. Sabem fazer negócios e levar as coisas a cabo e não precisam falar muito sobre isso.
- Os *Tipos Oito Sociais* focalizam a proteção e a orientação daqueles a quem estão ligados ou quem quer que achem que precisa do seu apoio. Embora possam ser rebeldes e assertivos, parecem menos agressivos, pois quando se trata de cuidar dos outros, mostram-se mais brandos.
- Os *Tipos Oito Um a Um* têm forte tendência rebelde e gostam de ser o centro das coisas. Mais provocadores e passionais que os outros Tipos Oito, gostam de ter poder sobre pessoas e situações.

Os Tipos Nove

Os Tipos Nove procuram criar harmonia e mediar possíveis conflitos quando surgem a fim de manter o senso de paz e chegar a consensos. Geralmente, mostram-se alheios aos próprios desejos ou opiniões e gostam de seguir o fluxo e de se adaptar aos outros como forma de manter sentimentos positivos e evitar conflitos. Isso acontece de três maneiras:

- Os *Tipos Nove Autopreservação* buscam conforto em rotinas familiares e na satisfação de suas necessidades físicas. Seja comendo, dormindo, lendo ou fazendo palavras cruzadas, tendem a se entregar a qualquer atividade que os ajude a se sentir enraizados e confortáveis.
- Os *Tipos Nove Sociais* esforçam-se muito para apoiar os grupos de que participam como forma de buscar conforto no pertencimento. Como pessoas agradáveis que gostam de sentir que participam de tudo, tendem a ser alegres e divertidos, esforçando-se para fazer o que for preciso para serem admitidos no grupo ou comunidade, apoiando-os.
- Os *Tipos Nove Um a Um* tendem a se fundir com os planos e atitudes das pessoas importantes em sua vida. Gentis, calmos

> e menos assertivos do que outros tipos, estes Noves orientados para relacionamentos podem adotar os sentimentos e opiniões das pessoas próximas sem perceber.

Agora que delineamos os principais aspectos dos "tipos" do modelo do Eneagrama como estrutura para compreender tanto a complexidade quanto os padrões de unificação da personalidade humana, podemos ver como fazer o Eneagrama funcionar e ajudar as pessoas a crescer, quer no nível pessoal, quer no profissional.

No próximo capítulo, veremos exatamente como o Eneagrama funciona como ferramenta para melhorar a autocompreensão, a liderança e relacionamentos profissionais. Depois, vamos mergulhar fundo em cada um dos nove tipos — e 27 subtipos — para entender as diversas características da personalidade humana e como essas características aparecem no mundo do trabalho.

CAPÍTULO 3

LÍDERES MELHORES E ORGANIZAÇÕES MAIS EFICAZES: COMO USAR O ENEAGRAMA PARA O CRESCIMENTO PESSOAL E PROFISSIONAL

Historicamente, esta tem sido uma ideia amplamente aceita: quando for trabalhar, deixe suas emoções e seus problemas pessoais do lado de fora. E embora isso ainda faça sentido até certo ponto, em um mundo no qual as pessoas precisam colaborar cada vez mais e o ritmo de mudanças é cada vez mais rápido, tem ficado cada vez mais óbvio que pessoas que trabalham juntas precisam ter meios eficientes de se conhecer e se compreender mutuamente. Com frequência, isso significa compartilhar mais sobre quem são e o que sentem — para que a energia que poderia ser desperdiçada em nossa contenção, na ocultação de nossas reações emocionais e no trato de conflitos subterrâneos de personalidade possa ser usada a serviço da melhoria do trabalho e da criação de um ambiente profissional mais positivo.

O Eneagrama facilita exatamente o tipo de compartilhamento e comunicação aberta no trabalho que ajuda as pessoas a se conhecer melhor, a compreender seus colegas num nível mais profundo, a desenvolver sua capacidade de liderança e a formar relacionamentos, equipes e organizações mais fortes. Como ele faz isso? Ao fornecer às pessoas descrições precisas e profundas da programação de sua personalidade, inclusive seus pontos cegos, ele atua como um guia para o desenvolvimento da autopercepção. Ao destacar os motivos e padrões habituais de todos os nove estilos de personalidade, ele oferece um modo interessante e eficiente de conhecer as pessoas com quem você interage. E, por fim, o Eneagrama proporciona uma linguagem neutra para você falar de si mesmo e ouvir seus colegas, desestimulando julgamentos e minimizando posturas defensivas.

Tony Schwartz, jornalista, autor de livros de negócios, especialista em liderança e agora CEO do The Energy Project, que ajuda as empresas a impulsionarem um desempenho sustentável de alto nível, atendendo melhor às necessidades de seus funcionários, escreveu sobre o Eneagrama e como ele ajuda as pessoas a trabalharem melhor e de forma mais inteligente. Eis o que ele diz sobre a importância dos colegas se conhecerem como forma de melhorar os relacionamentos profissionais — e como ele mesmo usou o Eneagrama para fazer isso acontecer:

> Como CEO de uma empresa pequena, mas que vem crescendo rapidamente, tenho passado cada vez mais tempo concentrado em [...] como as pessoas se sentem e como estamos interagindo uns com os outros [...]. Quando sentimentos fortes não são reconhecidos, eles pioram e afloram, em geral de forma passivo-agressiva. Com o tempo, drenam energia individual e organizacionalmente.
>
> Tendo em mente tudo isso, decidimos fazer um encontro num local externo para dar a nosso pessoal a oportunidade de falar abertamente sobre si mesmo. A meta era melhorar a comunicação, reduzir mal-entendidos e liberar energia positiva.
>
> [...] Para facilitar essa discussão, usamos a ferramenta do Eneagrama — um sistema de mapeamento de personalidade parecido com o Myers-Briggs, mas a meu ver, muito mais rico, mais penetrante e, na prática, mais útil.[1]

Neste capítulo, veremos os elementos específicos para fazer uso do Eneagrama visando ao autodesenvolvimento e ao desenvolvimento da liderança e da coesão da equipe.

O elemento mais básico de trabalho com o Eneagrama: A auto-observação

Quando usamos o Eneagrama como ferramenta de autodesenvolvimento, a primeira e principal tarefa é a auto-observação. Pode parecer simples, e de alguns modos é, mas, de outros, não. É simples porque exige apenas que você procure sempre se lembrar de observar sem julgar e anotar todas as coisas em que pensa, que sente e que faz. Mas também pode ser bem difícil, pois exige que você pratique a observação sem julgamento e anote tudo que pensar, sentir e fizer.

O Eneagrama apoia e auxilia o esforço de auto-observação porque lhe proporciona um mapa do território — descrevendo e destacando hábitos específicos que você deve acompanhar e aos quais deve se manter atento. A "atenção plena" tornou-se um conceito popular do mundo empresarial nos últimos anos. Estarmos "plenamente atentos" a nós mesmos nos ajuda a estar mais presentes e mais sintonizados com o que estamos sentindo, pensando e fazendo, para ficarmos mais conscientes. Embora técnicas simples de meditação possam ajudar imensamente nessa tarefa, a prática da atenção plena ainda pode ser um pouco amorfa: como fazemos isso? O Eneagrama oferece uma estrutura que pode ajudar a guiar a atenção plena, pois lhe diz (exatamente) a que você deve ficar plenamente atento — seus padrões específicos de personalidade.

Embora a auto-observação possa parecer objetiva, o processo de se tornar mais consciente daquilo que de fato acontece em sua experiência pode abrir seus olhos. Oferecendo um mapa ou guia para esse autoestudo, o Eneagrama mostra com detalhes claros o que você deve observar — sua tarefa será lembrar-se de se sintonizar e perceber de fato os padrões que ele mapeia para você. O trabalho da autopercepção se dá quando aprendemos a nos "flagrar no ato" de usar os traços de personalidade destacados. Provavelmente, você vai se surpreender com o que irá encontrar.

Em geral, a auto-observação basta para aumentar sua autopercepção em certas áreas. E pode ser importante fazer apenas isso durante algum tempo — observar, notar, perceber e registrar o que você faz, sem julgamentos. Fique especialmente de olho no autojulgamento e na autocrítica. Se você se julgar pelas coisas que se observar fazendo, pode anular o propósito do exercício, pois terá de se defender de seus próprios ataques internos, bem como de todas as coisas das quais costuma se proteger.

Desenvolver a capacidade de criar um espaço em sua própria mente para ver e refletir sobre aquilo que pensa, sente e faz estabelece a base para fazer escolhas diferentes — escolhas mais conscientes, baseadas no que funciona em cada situação, e não em suas tendências automáticas, pré-programadas.

Aproveitando a autoconsciência para desenvolver a autocompreensão e melhorar os relacionamentos

Após a auto-observação, os passos seguintes envolvem 1) fazer nova autorreflexão e autoexploração sobre as coisas que você percebeu que faz e 2) aproveitar a autopercepção para melhorar seus relacionamentos. Isso inclui conversar com outras pessoas sobre o que observou em si mesmo e aprender a se sentir mais confortável comunicando o que você faz e ouvindo o feedback dos outros.

As etapas seguintes vão lhe permitir aprofundar a autocompreensão graças à reflexão sobre aquilo que você está percebendo, fazendo-se perguntas para se aprofundar em sua observação. Primeiro, você pode se perguntar: Por que estou fazendo isto? E por que continuo a fazer isto, embora não funcione para mim? E por que estou evitando o que estou evitando? Do que tenho medo? Quais são as consequências que imagino? Estou seguro do que vai acontecer ou é apenas meu medo de "me expor"?

Segundo, você pode compartilhar suas observações com pessoas que conhecem você — ou com pessoas que você quer que o conheçam —, assim você vivencia suas novas percepções sob outro ângulo. Verbalizar suas observações e assumir o risco de falar de seus pensamentos, sentimentos e ações auxilia a expandir sua interpretação e compreensão daquilo que percebe em si mesmo através das reações de outra pessoa. Isso permite tanto sua própria exploração sob outro ângulo quanto o potencial fortalecimento de seus relacionamentos. Além disso, se puder se manter aberto às respostas dos outros, poderá obter uma percepção adicional, vendo-se através dos olhos de outra pessoa, permitindo-lhe aprender mais sobre o que talvez não esteja vendo: seus pontos cegos.

As observações de Tony Schwartz reforçam a reunião externa de sua equipe, na qual as pessoas usaram o Eneagrama como ferramenta para discutir os padrões de personalidade que observaram nelas mesmas:

> [A reunião externa] foi extraordinária por diversas razões. Primeiro, a própria percepção já abre portas. Compreendendo os padrões previsíveis de cada tipo, cada um de nós teve diversos momentos "a-há!", como perceber, por exemplo, a grande sensibilidade dos Tipos Seis ao perigo ou a necessidade dos Tipos Sete de manter tudo leve e positivo.[2]

Observando o que pensa, sente e faz sem julgar, você pode se tornar mais objetivo sobre o que vivencia no mundo e não ser movido apenas por vieses inconscientes e hábitos automáticos. Isso resulta numa capacidade ampliada de fazer escolhas conscientes e de reagir com criatividade em cada situação em vez de ficar passivamente sujeito a reações defensivas pré-programadas e impensadas. E quando consegue discutir isso com as pessoas com quem trabalha — seja você líder ou colaborador individual —, ambos ganham importantes percepções a seu respeito, aprendendo como podem se entender num nível mais profundo.

Mapeando a trajetória de crescimento de seu estilo de personalidade

Observando seu "ponto baixo" — o que acontece quando você está sob estresse — e mirando seu "ponto alto" — quando está no seu melhor

Uma das melhores coisas sobre o Eneagrama é a maneira como os tipos de personalidade revelam que a maior parte das coisas que observamos em nós mesmos têm dois lados: a maioria de nossas características tem um lado positivo e um lado negativo. Temos dons e talentos especiais, mas se confiarmos demais num conjunto limitado de pontos fortes ou preferências, esse conjunto se torna um problema. Quando fazemos alguma coisa porque ela nos traz algo que desejamos, geralmente existe uma consequência associada e involuntária que traz uma coisa que não queremos.

Podemos ver que cada um dos nove tipos de personalidade tem um "ponto baixo" e um "ponto alto", comportamentos e padrões associados que podem ser mais "fixos" e rígidos e menos saudáveis e maduros, e um ponto alto (aspectos mais flexíveis, criativos, saudáveis e maduros). A beleza desse espectro de desenvolvimento é que ele nos ajuda a identificar e refletir se nossos comportamentos estão nos ferindo ou nos ajudando, se estamos presos a hábitos inconscientes ou aprendendo a nos esforçar conscientemente para crescer.

Com a ajuda do mapa do Eneagrama, você pode observar a possível trajetória de crescimento de seu estilo de personalidade e perceber imediatamente se está tendo comportamentos do "ponto baixo" ou do "ponto alto". Isso lhe proporciona um modo de observar e estudar quão consciente, saudável e eficaz (ou quão inconsciente, insalubre e ineficaz) é o que você está fazendo.

Um de meus padrões de tipo de personalidade, por exemplo, consiste em evitar pedir ajuda, mesmo quando preciso realmente dela. Quando me vejo recusando ativamente ofertas de ajuda que sei que poderia usar (como daquela vez que eu não sabia como comprar uma passagem de trem na Alemanha e alguém se ofereceu para me ajudar, mas eu quase disse "não", apesar de estar em pânico, pois o trem já ia sair), sei que estou sendo limitada pelo padrão de minha personalidade. Quando peço ajuda ativamente, embora me sinta vulnerável, envergonhada e correndo riscos, sei que estou fazendo algo que é bom para mim, mesmo que me sinta pouco à vontade. O mapa do Eneagrama nos mostra que, quando nos estendemos de maneiras específicas para além de nossas zonas de conforto, nosso crescimento passa a progredir e nos tornamos mais livres.

Portanto, as descrições do Eneagrama destacam com muita clareza o ponto onde estamos numa espécie de "mapa de crescimento". Nos próximos capítulos, para cada um dos nove tipos, vou apresentar informações sobre a aparência do tipo quando o indivíduo está em seu melhor momento, ou mais saudável e maduro, bem como quando se acha estressado e levado ao "ponto baixo". Isso vai ajudá-lo a mapear o progresso de seu desenvolvimento, para cima e para baixo, num tipo de espectro vertical de "autodomínio" ou autopercepção consciente.

Logo, além de se observar e de se estudar para desenvolver sua capacidade de se conhecer e de perceber o que está realmente fazendo naquele momento, você também pode usar o Eneagrama para avaliar se está vivendo num nível inferior ou superior de percepção e de escolha consciente.

Usando o Eneagrama como ferramenta de crescimento profissional

A chave de tudo: Conhecer-se

Antes de usar bem o Eneagrama como líder num ambiente de trabalho, o primeiro passo será necessariamente usá-lo para se conhecer. Refletindo a antiga ideia grega de que a chave da vida consiste em "conhecer-te a ti mesmo", a ideia fundamental por trás do Eneagrama é que, se cada um de nós conseguir se conhecer plenamente, essa mudança de consciência, por si só, terá efeito sobre as coisas que fazemos e a maneira de interagirmos com os outros. Quando ficamos mais atentos e conscientes de nossas tendências inconscientes, isso não só diminui naturalmente nosso nível de reatividade e defensividade, como também, em geral, faz que os outros se sintam inspirados a examinar o próprio funcionamento interno.

Para que você possa se compreender melhor, o Eneagrama ajuda a:

- identificar seus pontos fortes, hábitos automáticos, motivações e pontos cegos de forma mais consciente;
- pensar em seus hábitos, motivações, reações e tendências automáticas de modo mais consciente;
- comunicar suas tendências habituais para esclarecer as interações com os outros — quando você compreende melhor o que faz, e por que faz o que faz, pode compartilhar essa percepção com os demais como forma de tornar isso mais conhecido e de criar empatia;
- ter mais flexibilidade para fazer ajustes na maneira como interage (caso deseje fazê-lo).

Em suma, o Eneagrama apoia-o no processo crucial de aprender a se conhecer, ajudando-o na auto-observação, autorreflexão, autoaceitação, autopercepção e comunicação, para fazer escolhas mais conscientes. E esse trabalho forma a base para qualquer tipo de mudança positiva que você queira fazer em sua vida e no seu trabalho.

Outro ponto-chave: Conhecer as pessoas à sua volta

Quando você se esforça mais para compreender seu mundo interior com a ajuda do modelo do Eneagrama, você também chega à importante compreensão de que nem todas as outras pessoas veem o mundo tal como você vê. Geralmente, por si só, essa é uma grande mudança de percepção. Antes de conhecer o Eneagrama, tendemos a acreditar que todos veem o mundo tal como nós. É uma suposição natural, posto que estamos dentro de nossa mente e a maioria de nós não sabe ler a dos outros. Simplesmente não temos acesso aos pensamentos e às perspectivas subjetivas alheias.

No entanto, quando conhecemos todos os nove tipos de personalidade aqui propostos, obtemos de imediato uma grande percepção sobre a maneira como as pessoas à nossa volta veem o mundo — e como suas visões podem ser radicalmente diferentes das nossas. Quando usamos o mapa do Eneagrama para vislumbrar a realidade por meio de suas lentes, fica claro por que entramos em conflito com algumas pessoas e não com outras, por que as pessoas nem sempre agem da maneira como esperávamos e como elas podem ter visões completamente diferentes do mesmo cenário.

Portanto, o modelo do Eneagrama nos ajuda a nos conhecer melhor e a aceitar que as perspectivas dos outros podem diferir muito da nossa. Além disso, proporciona uma janela para o modo como os outros oito tipos de pessoas pensam, sentem e se comportam. Quando passamos a ver o mundo através dessas lentes diferentes, e quando entendemos que nenhum ponto de vista é melhor ou pior do que os outros — são todos normais e naturais —, isso nos permite ter muito mais compreensão e compaixão pelas outras pessoas. E, quando percebemos melhor e sentimos mais empatia, podemos aceitá-las tal como são com mais facilidade, gerenciando nossas expectativas e reações.

Compreendendo suas interações

Proporcionando esse mapa para compreendermos a nós mesmos e aos demais de maneira mais profunda, o Eneagrama nos permite melhorar nossas relações de trabalho. Ele nos ajuda a nos comunicar de forma mais efetiva, a compreender os estilos e as preferências dos outros e a fazer ajustes em nossa apresentação para nos adaptarmos com mais flexibilidade a situações e a indivíduos diferentes. Fornece uma estrutura mais rica para aprendermos a nos relacionar com mais eficácia com a variada gama de pessoas — e de estilos de personalidade — que encontramos na vida cotidiana, e assim adotar conscientemente uma gama mais ampla de estratégias para interagir com pessoas diferentes.

Mais do que tudo, as descrições de tipos do Eneagrama fornecem uma linguagem neutra para falar de pontos de conflito que surgem pelo fato de pessoas diferentes verem o mesmo problema de maneiras diferentes e através de lentes diferentes. Tony Schwartz ilustra isso quando descreve como o Eneagrama permitiu que sua equipe mantivesse uma discussão aberta na qual aprenderam os estilos uns dos outros de maneira segura e reveladora:

> O uso do Eneagrama possibilitou operar em igualdade de condições, sem julgamentos. Nenhum tipo é superior aos outros, e isso ajudou cada um de nós a se sentir mais à vontade para explorar pontos cegos e limitações, bem como dons e talentos. Nosso aprendizado foi comunitário, e todos participaram de algum modo.
>
> Compreender as lutas dos outros torna mais fácil sentir empatia por eles e manter seu valor, mesmo quando interpretam o mundo de maneira muito diferente da nossa. Para mim, foi muito útil perceber que um colega — um Três — sente-se seguro quando tem sucesso em cada etapa de qualquer processo. Assim como entender por que outro colega — um Oito — tem tanta necessidade de cuidar de cada detalhe, enquanto para mim os detalhes são atenuados.[3]

Depois de compreender as diversas lentes, filtros ou vieses perceptivos, podemos falar deles abertamente, sem culpa ou sem estar na defensiva. Depois de compreender melhor por que outras pessoas pensam, sentem e agem tal como o fazem — quais são suas estratégias e padrões de comportamento básicos e de onde vêm —, temos mais informações com as quais podemos criar a compreensão mútua de forma mais ativa e efetiva.

Compreender seus respectivos estilos no Eneagrama facilita muito a comunicação sobre aquilo que está acontecendo: você e seu chefe não discordam porque você tem sempre razão e ele não, ou vice-versa, ou porque você é sincero e ele é dissimulado — é porque você é um Tipo Um e ele é um Tipo Três, e assim vocês interpretarão os elementos essenciais da mesma situação de modo diferente. É natural perceber a realidade através de lentes diferentes. E o Eneagrama lhe dá essa compreensão e uma linguagem com a qual você pode discutir a divergência entre suas abordagens de modo a respeitar suas perspectivas singulares e esclarecer a questão.

Ferramenta ética e poderosa

Não use o Eneagrama como acusação ou desculpa

Quando eu dizia aos líderes com quem trabalho que estava escrevendo um livro sobre o uso do Eneagrama no desenvolvimento de lideranças e no ambiente laboral, muitos me pediam para não me esquecer de falar sobre a "ética do Eneagrama". Não raro, depois que os membros de uma equipe ou organização descobrem essa metodologia de análise, começam a exibir alguns maus hábitos. Pode ser divertido brincar com o grande poder descritivo do Eneagrama, mas corremos o risco de ter o desejo de "evangelizar". Depois de perceber a extraordinária precisão com que os estilos nos refletem para nós mesmos, pode ser difícil lembrar que ele não é um brinquedo.

Qualquer coisa que tenha poder para o bem também pode ser usada de forma poderosa para causar o mal. Essa é uma verdade definitiva no caso do Eneagrama. Se não tomarmos cuidado, podemos começar a usá-lo como "jogo de salão" ou como meio de estereotipar as pessoas, ou como forma de justificar quaisquer resistências que tenhamos para sermos mais perceptivos e nos esforçarmos ativamente para lutar contra nossos maus hábitos. Portanto, é importante, neste momento, falar da necessidade de usar o Eneagrama de forma ética, pois é uma ferramenta muito profunda que, se usada sem a sensibilidade adequada, pode criar mais problemas do que soluções. (Além disso, quando o usamos de forma ética, também o usamos com mais eficácia.)

Com a mesma facilidade, o Eneagrama pode ser usado como *arma* ou *desculpa*, e ambas são muito ruins. Embora possa ser divertido contar às pessoas qual é o tipo delas depois de descobrir com que clareza ele se mostra, isso pode causar um impacto muito negativo. Podemos achar que somos especialistas quando, na verdade, conhecemos muito pouco sobre os tipos.

Podemos dizer às pessoas quais são os seus tipos — e insistir que estamos certos —, mas estar completamente enganados. Na melhor das hipóteses, isso pode confundir as pessoas; na pior, pode afastá-las do Eneagrama e da ideia de se esforçarem para ter mais autopercepção.

Também tenho visto pessoas usando a metodologia com efeitos negativos, lançando-a sobre alguém como insulto. Ou agindo como se conhecessem totalmente a pessoa e não apenas sua personalidade, depois de descobrirem seu tipo. Dizem coisas como: "Você não pode fazer isso porque você é um Cinco", ou "Você sempre faz isso porque é um Quatro". São exemplos de como o Eneagrama pode ser usado como forma de estereotipar. Isso está errado e é o abuso total do modelo.

Por fim, o Eneagrama e seus tipos também podem ser usados como desculpa para um comportamento negativo (ou inconsciente). De forma diametralmente oposta ao modo como deveria ser usado, as pessoas podem usá-lo para racionalizar ou justificar um comportamento fixo e pouco saudável: "Eu faço isto porque sou um Sete", ou "Não posso fazer aquilo porque sou um Nove". O Eneagrama visa ao crescimento, ao desenvolvimento e à mudança — e nunca à justificativa de hábitos inconscientes como meio de evitar o trabalho que precisa ser feito.

Logo, eis algumas regras éticas que devem ser lembradas sempre que for usar o Eneagrama:

- Nunca diga a alguém qual é o tipo dele nem insista em conhecê-lo melhor do que a pessoa. (Em particular, não faça isso com raiva, arrogância ou insensibilidade.) Não importa quão bem você acha que a conhece, ela é a especialista em sua própria experiência interior. Além disso, mesmo que você tenha razão, a pessoa precisa compreender isso sozinha e à sua própria maneira, caso seja bom para ela — não cabe a você forçá-la a fazer esse trabalho ou empurrá-la nessa direção.
- Nunca use seu estilo como desculpa para justificar sua indisposição para crescer e superar sua personalidade. Não é "assim que eu sou", e certamente não é todo o seu eu — é apenas sua personalidade. Há muito mais de "você" a ser descoberto com a ajuda dessa personalidade.

- Nunca se refira ao Eneagrama com raiva, não o use contra alguém como um insulto nem enquadre a pessoa num estereótipo daquilo que você acha que um tipo específico deve ser. Até pessoas com o mesmo tipo podem parecer diferentes, e, apesar das características unificadoras de nossos tipos, somos únicos; portanto, não presuma que conhece melhor o sistema e os tipos do que de fato conhece.
- Mantenha-se humilde. Não seja um "especialista instantâneo" nem aja como se conhecesse mais do que conhece. Só ensine ou fale do sistema do Eneagrama com autoridade se tiver a experiência necessária para fazê-lo (treinamento formal e especialização em algo como psicologia ou desenvolvimento organizacional). O Eneagrama foi desenvolvido há pouco tempo e inspira muita empolgação nas pessoas que compreendem a percepção que ele tem a oferecer; por isso, há um problema de superabundância de "especialistas instantâneos".

Em lugar disso, trate o Eneagrama e suas percepções com respeito e cuidado. Perceba que não é possível forçá-lo sobre as pessoas; elas devem ser capazes de decidir sozinhas se estão se sentindo motivadas para crescer e se é essa a ferramenta que querem usar para seu autodesenvolvimento. Se você se entusiasmou pelo Eneagrama porque ele o ajudou, sinta-se à vontade para compartilhá-lo com os outros, mas faça-o de maneira atenciosa, percebendo que, em última análise, cada indivíduo é o maior especialista no que diz respeito ao próprio território interior.

Embora possamos querer contar às pessoas qual é o seu tipo porque ele nos parece muito claro visto do exterior, não raro isso tem efeito contrário, levando-as a se desinteressarem do assunto. Em lugar disso, compartilhe o que você aprendeu em sua própria experiência e convide-as a fazerem sua própria exploração, mostrando-lhes recursos do Eneagrama de alta qualidade (como este livro!), para poderem fazer sua própria escolha.

O problema da "caixa": Entrar numa ou já estar nela sem saber (e como sair dela!)

Quando falo do Eneagrama com as pessoas, algumas reagem com ceticismo ou dúvida. Como disse no começo do capítulo anterior, uma percepção inicial errônea muito comum é que saber que você tem um tipo específico de personalidade coloca-o em caixas ou compartimentos, tornando-o menos singular ou menos autêntico aos olhos das pessoas à sua volta. Essa é uma preocupação válida e compreensível. Ninguém quer ser incompreendido, visto de maneira limitada ou negativa, ou sujeito a uma definição limitada daquilo que é — especialmente no trabalho, onde pode ser muito importante ser visto com precisão e sob luzes favoráveis.

Felizmente, embora o Eneagrama não seja necessariamente para todos — você precisa estar motivado para crescer, ver seus pontos cegos e aumentar seu nível de autopercepção —, ele, se bem utilizado, faz o contrário de "colocar-nos numa caixa". Em lugar disso, nos mostra a caixa invisível na qual já estamos, na forma de hábitos familiares, automáticos e autolimitadores, ajudando-nos a ver como, sem querer, acabamos dentro de uma! Revela as dimensões exatas da caixa em que já estamos (mas sem saber que estamos) para podermos nos libertar das limitações que acompanham os padrões inconscientes que constituem nossa personalidade.

Como mencionei antes, nossos hábitos e padrões automáticos — nosso foco de atenção e o modo autorrestritivo com que vemos o mundo — prendem-nos a certo modo de ver e de reagir. Ficamos limitados por nossos padrões habituais, e mais limitados ainda por não vermos as maneiras com que nos contemos inconscientemente. Ficamos presos a padrões que nem sempre nos servem e aos quais ficamos acostumados, à vontade no que não sabemos que não sabemos.

O Eneagrama descreve as maneiras como nos colocamos numa caixa (em grandes detalhes) para podermos encontrar uma saída. Quando somos capazes de identificar nossos pontos cegos, falar sobre eles com colegas e aprender a tomar consciência dessas partes, criamos muitas possibilidades novas, tanto para nosso próprio crescimento quanto para nossa capacidade de desfrutar da companhia das pessoas com quem trabalhamos.

Em seu artigo "Seeing Through Your Blind Spots" ("Olhando através de seus pontos cegos"), Tony Schwartz descreve o poder do Eneagrama para ajudar na autodescoberta, facilitar conversas abertas que levam a maior compreensão e criar mais empatia no ambiente de trabalho. Ele comenta que o processo de abertura pessoal no ambiente de trabalho pode ser desafiador, mas enfatiza suas recompensas por criar segurança para aprender mais sobre nossos colegas como equipe:

> Não é um trabalho fácil. Tivemos a vantagem de uma equipe que inclui muitas pessoas que já haviam passado por consideráveis autoexplorações. Mesmo assim, aceitar algum grau de vulnerabilidade é um desafio. No fim do dia, todos nós nos sentimos esgotados — mas também felizes por termos nos conhecido muito melhor e termos podido aceitar e até apreciar mais facilmente nossas diferenças. Até o mais cético do grupo achou que foi um uso gratificante do tempo.
>
> O objetivo de levar as pessoas a falarem sobre o que as faz se sentirem seguras — ou inseguras — não é forçá-las a compartilhar sentimentos dos quais *não se sentem à vontade para falar*. Na verdade, é convidá-las a aprenderem mais a respeito delas mesmas, desenvolver habilidades emocionais críticas para o desempenho — entre as quais autopercepção, empatia e resiliência. Como estamos travando uma batalha difícil, por que não fazer isso juntos?[4]

Como lembra Schwartz com sabedoria, o Eneagrama introduz um método igualitário para falarmos de nossos pontos fortes e de nossos desafios, bem como de nossas similaridades e nossas diferenças. Quando podemos manter um diálogo aberto desse tipo com os colegas, reforçamos tanto nossa autoaceitação quanto nossa colaboração e senso de comunidade. Permitimo-nos manifestar intencionalmente nossos potenciais superiores e crescer em conjunto com as pessoas à nossa volta. Quando conseguimos fazer isso, todos ganham, e criamos uma base para aquilo de que mais precisamos hoje no mundo — lideranças mais efetivas.

E prosseguimos...

Agora que apresentei o Eneagrama e seus componentes e revisei alguns pontos da ética que devem ser lembrados quando ele for usado, estamos prontos para explorar mais a fundo e com detalhes os nove tipos de personalidade. Em cada um dos nove capítulos seguintes, vou descrever as características de um só estilo de personalidade, incluindo a principal estratégia, os pontos fortes, os desafios, pontos cegos, "ponto baixo" e "ponto alto", estilo de comunicação e comportamentos típicos no ambiente de trabalho. Vou explicar como determinar se você é de um tipo específico, qual a aparência externa de líderes com tipos particulares e como os líderes com tipos específicos podem parecer externamente para nós. Vou falar das três versões de cada tipo e mostrar como o conhecimento desses "subtipos" pode lhe proporcionar informações mais sutis, ajudando-o a identificar os tipos com mais precisão.

Também vou compartilhar dicas sobre como se entender com as pessoas depois de conhecer seu tipo e apresentar algumas percepções sobre como pessoas de determinado tipo agem quando são líderes e quando não são líderes. Mostrarei trechos de entrevistas com líderes da vida real que têm usado o Eneagrama para seu próprio crescimento e em suas equipes e organizações, para ilustrar como você pode usar a metodologia para crescer pessoal e profissionalmente. Por fim, para cada tipo, oferecerei tarefas e sugestões para ajudá-lo a se tornar mais autoconsciente e emocionalmente inteligente no ambiente de trabalho do século 21.

Como você já deve ter percebido, usar a abordagem do Eneagrama para autodesenvolvimento exige certo investimento inicial de tempo e energia. No entanto, posso garantir que, se você se esforçar um pouco para entender o mapa do Eneagrama, será ricamente recompensado com muitas novas percepções sobre si mesmo e os outros. Como disse um dos líderes que entrevistei para este livro, "as lições úteis que o Eneagrama pode lhe dar e que podem ajudar você a melhorar sua experiência de vida são amplas, profundas e infindáveis". Compreender as personalidades e suas interconexões, e perceber como as peças se encaixam, ajuda a entender as variações na personalidade das pessoas ao seu redor de um modo que você nunca poderia imaginar.

O capítulo final conta algumas histórias convincentes de líderes e empresas do mundo real que conseguiram crescer profundamente graças ao Eneagrama — e mostra como você também pode fazer isso.

CAPÍTULO 4

ESTILO DE LIDERANÇA DO TIPO UM: O CERTO É FAZER O CERTO

O arquétipo do Tipo Um é pessoa prototípica que valoriza estruturas, conduta ética e elevados padrões de qualidade acima de qualquer coisa. Chamados às vezes de "o Perfeccionista" ou de "o Reformador", os Tipos Um têm um senso interno — uma sensação cinestésica cu "conhecimento" — que lhes indica se uma coisa parece "boa" ou "certa", e como seria essa coisa caso se encaixasse em seu ideal de perfeição. A atenção dos Tipos Um dirige-se automaticamente para essa lacuna entre o que a coisa é e o que poderia ser, bem como para o que seria necessário para cobrir essa lacuna.

A meta primária dos Tipos Um em qualquer situação é obter um resultado de alta qualidade. Sua programação sugere que a melhor maneira de fazer isso é posicionar corretamente os processos "certos" e as pessoas "certas" — e depois trabalhar muito, de maneira ética, para produzir um resultado que reflete os padrões mais elevados. Os Tipos Um tendem a ser lógicos e orientados para resultados, geralmente são racionais e metódicos, respeitam as regras que norteiam o comportamento adequado e preocupam-se com os erros.

Os Tipos Um esforçam-se para se comunicar de maneira efetiva e apropriada, com um estilo de fala que tende a ser preciso, detalhista, lógico e baseado em fatos ou tarefas. Costumam ir rapidamente ao ponto e evitam incluir seus sentimentos pessoais, que podem considerar inadequados ou improdutivos.[1] Diretamente ou por implicação, tendem a falar usando imposições — "deveria", "poderia" e "precisaria" —, o que pode dar um tom de urgência às coisas que dizem e também traduzir a afirmação subjacente de que conhecem a maneira certa (ou melhor) de fazer as coisas. Embora os Tipos Um costumem se comunicar com a intenção consciente de ajudar ou apoiar o que quer que esteja acontecendo da maneira mais direta possível, outros podem ouvir o que dizem como críticas ou julgamentos implícitos. Sua tendência a controlar demais os próprios impulsos e sentimentos, sobretudo a raiva ou o ressentimento, pode fazer com que os outros detectem um indício de impaciência ou avaliação em suas mensagens.

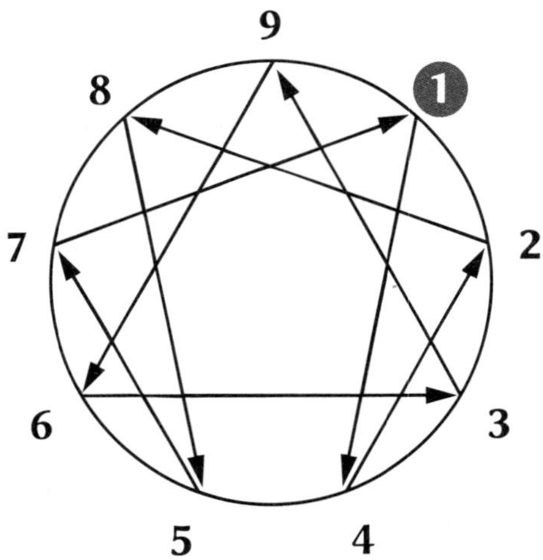

O Eneagrama do Tipo Um

Líderes cujo estilo é o Tipo Um tendem a ser responsáveis, honestos, confiáveis, diligentes e éticos. Alguns lideram dando exemplo e outros procuram reformar ativamente a sociedade, incentivando as pessoas a fazerem as coisas de maneira melhor e corrigindo grandes problemas sociais. No ambiente de trabalho, os líderes do Tipo Um focalizam naturalmente o "nível do processo", pois estrutura, regras e rotina os ajudam a se sentir enraizados nos processos básicos necessários para criar um produto de qualidade. Responsáveis e orientados naturalmente para os detalhes, sua motivação central é almejar a excelência e a virtude em tudo aquilo que fazem.

Como saber se você é um Tipo Um: A visão de dentro

Se a maioria ou todas as características a seguir se aplicarem a você, é provável que seu estilo de personalidade seja o Tipo Um.

- *Você tem um crítico interno ou "treinador" que fica quase sempre em ação.* Essa voz (ou senso) interior monitora continuamente o que você faz e fornece pareceres permanentes sobre seu desempenho ou o fato de ter errado, podendo fazer melhor.
- *Você é sensível a críticas.* Embora receba bem respostas honestas (pois valoriza muito a atenção constante ao aprimoramento), você se mostra sensível a críticas externas porque já é seu mais severo crítico.
- *Pensa naturalmente em termos de "bom e mau" e "certo e errado".* Você se esforça para ser "bom" e valoriza muito fazer o que é certo. Normalmente, não consegue deixar de ver as coisas em preto e branco, embora possa ter aprendido, com o tempo e a experiência, a ver mais tons de cinza.
- *Você percebe erros e quer corrigi-los.* Detecta facilmente erros de digitação e de ortografia, bem como fotos tortas e desalinhamentos parecidos, e sente-se compelido a corrigir tudo.
- *Você segue as regras sempre ou na maior parte do tempo.* Você acha que as regras dão sustento ao funcionamento organizado da vida social e profissional e por isso devem ser respeitadas.
- *Você vive a vida com muitos "deveria" e "precisaria" na mente.* Isso proporciona um conjunto claro de princípios e ideais para orientar suas escolhas e ações (e evitar enganos).
- *Você valoriza muito ser ético, honesto e confiável.* Para você, a integridade é muito importante, e você busca sempre o melhor em tudo que faz. Em segredo, pode julgar outros que não aspiram ao mesmo nível de qualidade ou de bom comportamento, embora também possa se julgar por julgá-los.

- *Você controla demais suas emoções e impulsos*. Provavelmente pelo desejo de ser responsável e apropriado, você se controla muito. Busca comportar-se "bem" e (talvez inconscientemente) teme que a liberação espontânea de suas emoções e impulsos resulte em mau comportamento.
- *Às vezes, você pode parecer dogmático ou presunçoso*. Quando tem uma opinião forte sobre alguma coisa, tende a se expressar de uma maneira que os outros podem entender como inflexível ou dogmática, mas não consegue deixar de pensar que está apenas dizendo a verdade ou verbalizando o que sabe que está certo.
- *O trabalho precisa vir antes da diversão*. Parece difícil relaxar e distrair-se se você ainda não cumpriu com todos os seus deveres e responsabilidades.
- *Você acredita em autoaperfeiçoamento*. Você considera importante tentar fazer sempre o melhor e tornar as coisas mais perfeitas (inclusive você mesmo, possivelmente).
- *Geralmente, acredita que existe um modo certo de fazer alguma coisa, que é o seu modo*. Gosta do desafio de descobrir a melhor maneira de fazer algo. Depois que você descobre a melhor maneira, quer torná-la a sua maneira, pois é a melhor, e pode ficar irritado se os outros não concordarem.
- *É maravilhoso quando tudo está perfeito*. Você tem uma adorável sensação de paz e de bem-estar — mais visceral do que emocional — nessas raras ocasiões em que alguma coisa que você fez parece absolutamente perfeita.

A principal estratégia adaptativa do estilo de personalidade do Tipo Um

Desde cedo, muitos Tipos Um sentem a pressão para serem bons ou responsáveis ou a fazer "o que é certo" segundo uma autoridade externa, seguida de críticas quando não são "suficientemente bons" ou não fazem "certo". Em resposta, adotam inconscientemente uma estratégia de enfrentamento que internaliza essa voz externa crítica e depois monitoram-se e se criticam para estabelecer o bom comportamento. Pessoas com estilo do Tipo Um são aquelas que tentaram ser "bons meninos" e "boas meninas", que quase sempre seguiram as regras, que querem que as coisas sejam perfeitas e que sempre se esforçam para "fazer o que é certo".

Os Tipos Um adaptam-se ao seu ambiente assegurando-se de que estão se esforçando para fazer as coisas "da maneira certa", sendo bons (no sentido moral) e tentando ser perfeitos (para reduzir a possibilidade de novas críticas). Por fora, desarmam preventivamente críticos em potencial; por dentro, criticam a si mesmos proativamente. Ao sair na frente quando o assunto é encontrar defeitos em seu próprio comportamento, os Tipos Um conseguem relaxar um pouco, pois acreditam que seu autocontrole proativo vai protegê-los do ataque surpresa (em geral, doloroso) das críticas alheias.

Os Tipos Um dizem que experimentam uma sensação de profundo bem-estar quando alguma coisa que fazem corresponde a seus elevados padrões de qualidade ou perfeição. Embora isso muitas vezes os iluda, buscam sempre essa sensação de satisfação interior, esforçando-se constantemente para serem "perfeitos". Quando essa meta elevada não pode ser atingida, precisam pelo menos saber que fizeram o melhor e tentaram o máximo que podiam. Em virtude desse incansável foco na perfeição, em geral é difícil para eles reconhecer que fazem bem as coisas, compreender que poucas coisas são de fato perfeitas e ver que seus esforços consideráveis foram "bons o suficiente".

O radar do Tipo Um: O que chama sua atenção?

A estratégia de se monitorarem para ser responsáveis, fazer o que é "certo" e aprimorar as coisas dirige a atenção dos Tipos Um para determinar o que é o certo e como podem fazer aquilo que é certo. Os Tipos Um imaginam naturalmente o que é "perfeito" e percebem como o que está acontecendo corresponde (ou não) a seu ideal de qualidade. Desse modo, sua atenção costuma se voltar para a detecção de erros e como corrigi-los, conhecer as regras e seguir os parâmetros de comportamento adequado, e evitar mau comportamento e equívocos. Os Tipos Um dão muita atenção a julgar se estão fazendo bem ou mal alguma coisa, bem como se as pessoas à sua volta estão fazendo o que é certo e como essas coisas podem ser refinadas ou aprimoradas.

No trabalho, os Tipos Um são muito orientados para resultados, racionais e lógicos. Procuram se esforçar para fazer um bom trabalho e garantir que os outros estão fazendo a sua parte. Podem se preocupar com as falhas dos demais e responsabilizar as pessoas para garantir que estejam seguindo as diretrizes adequadas, fazendo o trabalho pelo qual são responsáveis.

Os Tipos Um também prestam atenção nos detalhes e nos processos que estruturam o trabalho, para que todos os pequenos pontos saiam bem-feitos e de acordo com os procedimentos corretos. Gostam de regras e estruturas, pois regras e estruturas proporcionam informações sobre a maneira como o trabalho deve ser feito e como as pessoas são responsabilizáveis. E, como líderes, têm talento para ver quais estruturas são necessárias e sabem como fornecer a estrutura para ajudar as coisas a fluírem de forma mais suave.

A visão do "Planeta Um": Como os Tipos Um veem o mundo

Em geral, indivíduos do estilo do Tipo Um querem muito melhorar o mundo e costumam se dedicar a causas ou movimentos sociais. Os Tipos Um podem ser como "cavaleiros da moral", agindo altruisticamente para melhorar a vida de diversas maneiras, não raro envolvendo-se em esforços como a cura de doenças, a proteção do meio ambiente e a educação dos pobres. Percebem o que está errado no mundo e sentem-se compelidos a corrigir isso — tanto como consequência natural de verem automaticamente os erros no modo como as coisas são feitas quanto por se sentirem responsáveis por fazer o bem (e ficarem felizes por isso).

Os Tipos Um acreditam no pacto social: pensam que, se todos seguissem as regras da sociedade civilizada, tudo funcionaria sem problemas. Quando percebem que os outros não estão fazendo a coisa certa — não estão trabalhando como deveriam ou estão deixando de seguir as regras ou os procedimentos adequados —, podem se mostrar críticos e até punitivos. É que para os Tipos Um, se você não está fazendo o que deveria fazer, está fazendo alguma coisa errada. E se está fazendo algo errado deve admitir ou ser chamado e repreendido para que possa corrigir seu mau comportamento. Porém, quando as pessoas admitem suas falhas, os Tipos Um perdoam rapidamente, acreditando que aqueles que estão dispostos a admitir seus erros merecem compaixão.

Seu claro senso interno do que é certo ou errado, bom ou mau, pode significar que os Tipos Um veem as coisas em termos de categorias absolutas, preto e branco. Tendem a pensar que é bom ser bom — ou tentam ao máximo ser bons — e que é mau ser mau, cometer erros ou agir de maneira imoral. Acreditam que certos comportamentos são categoricamente errados, como mentir, enganar, agir de forma egoísta ou envolver-se em alguma forma de corrupção. Embora, com o tempo, muitos Tipos Um aprendam a ver tons de cinza, perdoando as falhas morais dos outros, eles tendem a avaliar se alguém é íntegro e podem julgar as pessoas que consideram "moralmente flexíveis".

O líder do Tipo Um: Características principais

Os traços de personalidade a seguir ajudam a definir o estilo de liderança do Tipo Um.

- *Conscienciosos e preocupados com a integridade.* Os Tipos Um são metódicos, detalhistas e éticos. Tendem a ser pessoas morais que seguem as regras.
- *Tendência a julgar.* Os Tipos Um não apenas julgam quase tudo que fazem em termos de quão perfeito aquilo é, *de acordo com um ideal interno de qualidade*, como também podem criticar e julgar os outros.
- *"Um modo certo" de pensar.* Geralmente, os Tipos Um pensam que sabem "*o* modo certo" de fazer alguma coisa, e, se você acredita que sabe *o* modo certo, vai querer fazer do seu jeito. Portanto, pode ser difícil para os Tipos Um adaptarem-se ao modo como os outros realizam tarefas.
- *Controle excessivo (e microgerenciamento).* Como os Tipos Um pensam que conhecem a melhor maneira de fazer uma tarefa, querem controlar a forma de *fazer* o trabalho. Isso pode ajudar todo mundo a atingir elevados padrões de qualidade, mas também faz com que as pessoas se sintam microgerenciadas, mesmo quando o Tipo Um deseja sinceramente ser útil e dar apoio.
- *Voltados para resultados.* Resultados de alta qualidade parecem um "dever" pessoal para os Tipos Um — um reflexo de sua integridade ou caráter pessoal. Tendem a observar se os seus esforços produzem

o tipo de resultados que almejam criar e podem trabalhar muito para garantir que o fruto de seu esforço esteja de acordo com seus padrões elevados.

- *Difíceis de agradar.* Os Tipos Um querem que tudo aquilo que fazem ou tocam seja o melhor — o que pode ser tanto um ponto forte quanto uma fonte de estresse. Sua visão clara sobre a qualidade pode inspirar, mas para eles pode ser difícil perceber que manter padrões tão elevados talvez seja irrealista ou estressante. Também significa que podem ter dificuldade para delegar (quando percebem que os outros não farão algo tão bem quanto eles mesmos).
- *Virtuosidade (ser bom e evitar a culpa).* "Ser bom" e focar o que é virtuoso ou moral fornece aos Tipos Um um conjunto de diretrizes em que confiam para lidar bem com o mundo. Acreditam que, se estiverem fazendo a coisa certa e seguindo as regras, ninguém poderá criticá-los ou culpá-los por nada.
- *Perfeccionismo e criticidade.* Tentar tornar as coisas perfeitas é uma maneira de os Tipos Um provarem seu valor enquanto melhoram tudo para todos. Se conseguem ver algo, querem alcançá-lo. No entanto, às vezes esse foco na perfeição leva-os a serem hipercríticos, e muitas vezes a perfeição não é possível, desejável ou fácil de alcançar.

Padrões mentais, emocionais e comportamentais: Como o Tipo Um pensa, sente e age?

Mental

Como a atitude do Tipo Um baseia-se na necessidade de ser bom, correto ou perfeito, os Tipos Um acreditam que cabe a eles tornar o mundo um lugar melhor, almejando a perfeição e comportando-se de modo virtuoso. Apesar de serem tipos "corporais", cuja personalidade é moldada por uma importante conexão com seu senso cinestésico ou seu "saber intuitivo", geralmente parecem bastante intelectuais. Aplicam automaticamente os próprios padrões elevados aos demais e à maneira como se conduzem, e por isso volta e meia pensam em termos de "deveria" e "precisaria" e podem ter ideias rígidas sobre o que constitui um bom ou mau comportamento. Pessoas do estilo do Tipo Um também acreditam que o trabalho deve vir antes do prazer; portanto, é difícil relaxarem antes de terminar todo o seu trabalho.

Emocional

A personalidade do Um é modelada fundamentalmente pela experiência da raiva, tanto como resultado de sua reação precoce e natural diante da pressão externa para "ser bom" quanto pela percepção de que o resto do mundo não age sob a mesma pressão. Mas como acham que expressar raiva (e outras emoções) é "ruim", tendem a se segurar e a controlar demais o sentimento da ira. Tendem a experimentar um conflito íntimo em relação à própria raiva. Como resultado, às vezes esses sentimentos vazam de maneira pressurizada, como irritação, frustração, ressentimento ou superioridade. Noutras vezes, a crença dos Tipos Um na virtude do "comportamento certo" pode levá-los a expressar emoções que são o oposto daquilo que estão sentindo de fato — portanto, ainda que um Tipo Um esteja furioso com você, ele pode parecer excessivamente polido. Em termos psicológicos, isso se chama "formação reativa", um mecanismo de defesa que ajuda a pessoa a evitar de modo automático o sentimento de certa emoção, transformando-a, como por mágica, no seu oposto. Essa tendência a reprimir ou a controlar excessivamente seus sentimentos também significa que os Tipos Um podem, sem perceber, evitar boas emoções quando reprimem as emoções "negativas" que sentem.

Comportamental

A busca interminável para fazer as coisas certas ou perfeitas pode levar os Tipos Um a ter hábitos de trabalho que os tornam eficazes e bem-sucedidos. No entanto, também pode resultar em procrastinação, pois podem adiar o término ou a entrega de um trabalho porque não está suficientemente perfeito. Eles podem ter comportamento passivo-agressivo, refletindo o fato de sentirem raiva por dentro, algo que não querem admitir ou expressar. Podem parecer rígidos e inflexíveis, ficar em silêncio ou se afastar, mas comunicando implicitamente um estado de tensão, ressentimento ou irritação. Apesar de poderem achar que estão conseguindo conter e ocultar seu aborrecimento, este se mostra em seu comportamento não verbal, como tensão no rosto e corpo e tom de frustração na voz.

Pontos fortes e superpoderes: O que o Tipo Um faz de melhor

- *Fazer o que é certo.* Os Tipos Um concentram-se quase sempre em fazer o que é certo. Tomam o caminho mais difícil. Isso os torna responsáveis, consistentes, íntegros e confiáveis.
- *Ser ético e responsável.* Os Tipos Um acreditam que todos deveriam agir de acordo com padrões socialmente aceitos.
- *Trabalhar muito e orientar-se por melhoramentos e detalhes.* Os Tipos Um são motivados pelo desejo profundo de atingir a perfeição neles mesmos e em tudo o que fazem.
- *Controle de qualidade.* Para os Tipos Um, uma premissa básica e um valor central é que as coisas devem ser feitas corretamente. São muito bons em fornecer roteiro para alcançar a excelência.
- *Criar processos e estruturas (que apoiam o trabalho e a produtividade).* Os Tipos Um são bastante claros. Pensam com clareza, veem quando existe necessidade de estruturas e as apresentam com habilidade. Essa qualidade ajuda a assegurar que as coisas sejam feitas da maneira correta, de acordo com expectativas claras e planos precisos.
- *Fazer esforços significativos e bem-intencionados.* Meu irmão é um Tipo Um e, embora sua esposa possa ter algumas queixas sobre alguns de seus comportamentos, ela costuma dizer, com grande afeto, que "ninguém se esforça mais do que ele".

Quando algo bom demais fica ruim: Como os Tipos Um podem errar quando se esforçam demais para acertar

Como todas as pessoas de todos os tipos, quando os líderes do Tipo Um abusam de seus pontos fortes (e não desenvolvem conscientemente uma gama mais ampla de especialidades), esses mesmos pontos podem se tornar seu calcanhar de aquiles.

- *Fazer o que é certo.* Os Tipos Um podem ser rígidos e inflexíveis por considerarem que seu modo de fazer as coisas *é* o único modo correto, e talvez não vejam que pode haver outras maneiras de fazer as coisas que são tão boas ou até melhores.
- *Ser ético e responsável.* Os Tipos Um podem se estressar por trabalharem demais e ficar magoados com colegas que, a seu ver, não se esforçam tanto.
- *Trabalhar muito e orientar-se por melhoramentos e detalhes.* Os Tipos Um podem pensar que precisam manter a pressão para conseguir melhorar — que, se não criticarem constantemente, tudo vai desmoronar —, mas essas críticas incessantes podem criar um ambiente de trabalho negativo, no qual as pessoas se sentem controladas.
- *Controle de qualidade.* Os Tipos Um almejam um ideal de perfeição que não é realista e visam padrões impossíveis ou indesejáveis, o que pode resultar em prazos não cumpridos, excesso de estresse pessoal e pressão irracional sobre os colegas.
- *Criar processos e estruturas (que apoiam o trabalho e a produtividade).* Por mais que esses parâmetros sejam úteis, também podem levar os Tipos Um a priorizar a rotina sobre a espontaneidade, engessando inadvertidamente a inovação, o entusiasmo e a criatividade.
- *Fazer esforços significativos e bem-intencionados.* Embora meu irmão do Tipo Um aja quase sempre com a intenção sincera de ajudar os outros e fazer o que é certo, às vezes ele força a mão, discute, mostra-se impaciente ou julga os outros quando se pressiona demais para fazer tudo direito ou quando fala aos outros de seus erros e imperfeições.

Felizmente, o interesse pelo autoaperfeiçoamento demonstrado pelos Tipos Um pode sugerir que estão abertos para perceber o lado negativo de algumas tendências de sua personalidade. Geralmente, fazem bom uso das reações construtivas para se corrigirem, mesmo que a correção de curso necessária implique admitir que o problema consiste em focalizar demais aquilo que é correto.

"Quando estou sob estresse..." e "Na minha melhor versão...": Entendendo o "ponto baixo" e o "ponto alto" do estilo de personalidade do Tipo Um

Quando estão estressados a ponto de atingir seu "ponto baixo", os Tipos Um são menos capazes de gerenciar suas reações habituais e podem parecer críticos, ásperos e julgadores. Talvez não percebam sua raiva e o impacto causado por esses sentimentos, e às vezes são rígidos e inflexíveis. Como são naturalmente detalhistas e perfeccionistas, quando estão sob pressão tendem a se preocupar com o fato de que talvez não possam confiar nas outras pessoas para fazerem as coisas direito. Podem ter dificuldade em colaborar, delegar e confiar na capacidade de os colegas corresponderem a seus padrões elevados. E podem ficar ressentidos porque assumem mais responsabilidades do que os outros para fazerem o trabalho da maneira certa. Enquanto isso, seus colegas podem vê-los como maníacos por controle que querem microgerenciar tudo.

Quando atuam em seu "ponto baixo" do espectro da consciência, os Tipos Um podem se sentir moralmente superiores, insistindo que os outros devem corresponder ao que consideram como bom comportamento e supondo que todos "deveriam" ser julgados (ou punidos) por seu mau comportamento. Alinhados com isso, os Tipos Um estressados e excessivamente defensivos podem ficar vendo se os outros estão fazendo o que deveriam e culpá-los com rigor excessivo por aquilo que consideram errado ou imperfeito.

Do "ponto alto", quando os líderes do Tipo Um fazem seu trabalho e são autoconscientes e perceptivos, podem proporcionar apoio e ser admiráveis, inspiradores, engraçados e até heroicos. Esforçam-se para ser virtuosos e geralmente são pessoas muito boas, com as melhores intenções e o menor "ego"; querem fazer um bom trabalho em nome de fazer um bom trabalho e não ligam se recebem o crédito ou "parecem bons". (Embora fosse bom se as pessoas reconhecessem quando eles estão certos ou fazem algo com perfeição.)

Emocionalmente inteligentes, os Tipos Um temperam com humor e leveza sua seriedade sobre qualidade e padrões. Dedicam-se plenamente às coisas que fazem e mostram comprometimento com o trabalho duro e o sucesso da equipe ou da organização, mas podem moderar a necessidade de ter razão e ouvem atentamente os outros. O trabalho de crescimento pessoal ensina os Tipos Um a manterem o contato com sua raiva, a não se julgarem por ela e a canalizá-la de modo construtivo. Quando os Tipos Um estão mais conscientes de suas tendências e vivem do lado elevado de seu estilo de personalidade, conseguem rir de si mesmos, tranquilizam seu crítico interno e sentem compaixão por si mesmos e pelos outros.

Os três perfis de líderes do Tipo Um: Como os três instintos moldam os subtipos de personalidade

Segundo o modelo do Eneagrama, todos nós temos três impulsos instintivos principais que nos ajudam a sobreviver, mas um deles tende a dominar nosso comportamento. O estilo do Tipo Um se expressa de maneira diferente dependendo se a pessoa tem inclinação para a *autopreservação*, para estabelecer *relacionamentos sociais* e posicionar-se em relação a grupos ou para vínculos *um a um*.

O Tipo Um Autopreservação (ou Autofocado)

Embora de modo geral o Tipo Um seja descrito como "perfeccionista", o Tipo Um Autopreservação é o verdadeiro perfeccionista entre os três. Motivado pelo medo relacionado com a estabilidade e a segurança, o Tipo Um Autopreservação é o mais preocupado e aflito. Normalmente, são as pessoas mais responsáveis de suas famílias, mesmo quando jovens, e desenvolvem o hábito de querer controlar tudo, geralmente porque sentem que sua sobrevivência ou bem-estar está em jogo. Podem ser ultrarresponsáveis e supercompetentes, mas também tendem a se sentir ansiosos com relação a tudo sair direito. Podem trabalhar demais, prestar atenção em demasia a cada detalhe de tudo que fazem e tentam consertar coisas que não precisam de conserto.

Embora os Tipos Um Autopreservação sejam os mais autocríticos dos três Tipos Um, tendem a ser calorosos, amigáveis e gentis com os outros. Controlam mais sua raiva do que os outros Tipos Um e podem nem ter muita consciência de quando sentem raiva. Porém, tendem a senti-la por dentro, e essa raiva pode vazar como ressentimento, irritação ou presunção ou ser mantida no corpo como tensão. Os Tipos Um Autopreservação se veem como muito imperfeitos e carentes de melhorias, são menos críticos com os outros e perdoam mais os erros e enganos alheios.

Como líderes, os Tipos Um Autopreservação tendem a ser gentis, benevolentes e engraçados e apreciam os esforços dos outros. Quando não são tão autoconscientes, podem querer controlar tudo e se desgastam internamente com sua dura e incessante autocrítica. Também podem criticar de forma excessiva os outros, achando que as pessoas erram as coisas de propósito e que, portanto, devem ser punidas (afinal, como não sabem o que é melhor?). Quando saudáveis, os Tipos Um Autopreservação lideram usando como exemplo seu ideal elevado de trabalho duro e de dedicação. Tendem a ser incansáveis em seus esforços para produzir os melhores resultados possíveis, para dar o melhor que podem em tudo que fazem e para apoiar os outros de forma atenciosa.

O Tipo Um Social (ou Focado no Grupo)

Em contraste com o Tipo Um Autopreservação, que se sente muito imperfeito e por isso procura ser mais perfeito, os Tipos Um Sociais agem como se já fossem perfeitos, como se tivessem estudado como fazer as coisas da maneira certa e pudessem relaxar um pouco porque encontraram a maneira melhor, a "mais certa" de fazer aquilo que fazem.

Esses Tipos Um não só tentam aprender e fazer coisas da maneira certa ou perfeita, como assumem automaticamente o papel de mostrar aos outros o que aprenderam. Isso dá aos Tipos Um Sociais a mentalidade de professor, e, embora isso possa levar as pessoas à sua volta a vê-los como quem adota uma posição superior à dos outros (o que eles fazem, de certa forma), geralmente esse motivo se mantém inconsciente, pois os Tipos Um Sociais querem ser vistos como boas pessoas e não gostariam de afirmar intencionalmente que são melhores que os demais.

Os Tipos Um Sociais são intelectuais e, em geral, muito bem-informados. Eles também reprimem sua raiva, mas em vez de parecerem calorosos, como o Tipo Um Autopreservação, podem se mostrar frios, em linha com seu modo mais intelectual de se relacionar. Embora a maioria dos Tipos Um Sociais tente não expressar a raiva, eles expressam uma espécie de raiva porque precisam ser os "donos da verdade" (como se conhecessem o caminho certo ou perfeito) e podem explodir periodicamente se provocados.

Como líderes, os Tipos Um Sociais podem desfrutar e se orgulhar de ajudar os outros servindo de modelos de bom comportamento e da melhor maneira de fazer as coisas. Tendem a gostar de pesquisar a forma perfeita de fazer uma coisa e a orientar os outros para que tenham o melhor desempenho. Porém, quando são menos autoconscientes, podem ficar irritados ou frustrados se as pessoas não estão fazendo as coisas "direito" ou estão ignorando ou rejeitando seus esforços para instruí-los. Os outros podem achar que os Tipos Um Sociais desinformados agem de forma superior, vendo-os como "sabichões" condescendentes ou que discutem com aqueles que não reconhecem seus atributos. Quando saudáveis, podem ser humildes, atenciosos, responsáveis e inteligentes. Geralmente, atuam como mentores inspiradores e apoiadores que orientam os outros com as melhores intenções para fazer o melhor trabalho da melhor maneira possível.

O Tipo Um Um a Um (ou Focado no Relacionamento)

Os Tipos Um Um a Um concentram sua energia e atenção no aperfeiçoamento de outras pessoas — são menos críticos a seu próprio respeito e mais críticos em relação aos outros. Mais reformadores do que perfeccionistas, geralmente tentam melhorar zelosamente a sociedade e as pessoas ao seu redor, desde a comunidade até colegas e pessoas significativas.

Esse Tipo Um é o que mais mostra sua raiva, embora ela costume se manifestar como paixão, zelo ou apoio enérgico a uma causa. Os Tipos Um Um a Um podem exigir mais das pessoas do que os outros Tipos Um — podem insistir na satisfação de suas necessidades, como se tivessem direito a um tratamento especial porque estão alinhados com um chamado ou uma posição moral superior. Também podem ser bons lobistas ou evangelizadores das coisas em que acreditam.

Como líderes, levam muita energia para uma causa ou esforço profissional. Podem trabalhar incansavelmente para realizar reformas, criar mudanças ou se dedicar a alguma campanha que acreditam melhorar os outros ou o ambiente social. Quando menos conscientes, os Tipos Um Um a Um podem se mostrar arrogantes, autoritários e severos. Embora reivindiquem superioridade moral, podem culpar os demais por aquilo que está errado, absolvendo-se (inconscientemente) de culpas e ignorando seus próprios erros. Alguns deles, na verdade, focalizam tanto o que os outros precisam fazer para modificar seu comportamento que se envolvem em mau comportamento às escondidas — como forma de atender às suas necessidades e aliviar-se do ônus de sua própria e excessiva pressão moral (interna). Os especialistas no Eneagrama chamam-no de "Tipo Um do Alçapão".

Quando saudáveis, porém, podem dar energia aos outros graças às suas fortes crenças, a seu zelo interminável e às suas ambições morais. Como Gandhi, podem literalmente mudar o mundo por meio de sua visão, de seus princípios e seus esforços. Podem colocar em prática um plano de ação e inspirar os outros de forma poderosa a aderirem a uma causa em que acreditem ou que atenda a uma necessidade social.

O Tipo Um no trabalho

Às vezes, os Tipos Um sentem dificuldade para trabalhar com os outros porque:

- "Talvez não façam isso tão bem quanto eu desejo que façam. Talvez não compartilhem meus padrões elevados. Pode ser difícil acreditar que os outros farão o trabalho da maneira certa."
- "Às vezes, presumo que alguém não vai fazer a tarefa do jeito certo e por isso é mais fácil eu mesmo fazer. Isso pode me levar a trabalhar mais (e por mais tempo) do que os outros e fico indignado com isso."
- "Talvez os outros não gostem tanto de estruturas ou de respeitar regras, rotinas e processos quanto eu. Quando isso acontece, os outros começam a se 'comportar mal', segundo vejo, o que pode me levar a julgá-los."
- "Para mim, é difícil não julgar meus colegas se vejo tão claramente que tudo seria melhor para todos caso seguíssemos as regras e nos esforçássemos mais pela qualidade."
- "Às vezes, quando tento ajudar os outros oferecendo feedbacks construtivos, eles tomam como críticas. Minha intenção é apenas a de ajudar, mas às vezes é vista como um julgamento severo."

- "Tenho tendência a acreditar que deveríamos lidar com os problemas de maneira lógica, racional, e que é improdutivo compartilhar minhas emoções. No entanto, às vezes isso pode fazer com que minhas intenções sejam mal compreendidas."

As principais implicâncias do Tipo Um no local de trabalho podem ser:

- "Quando as pessoas desobedecem às regras."
- "Quando fazem sujeira e não limpam depois."
- "Quando violam o que considero um comportamento cortês, chegam (habitualmente) tarde nas reuniões, entregam tarefas após o prazo final ou não dizem 'por favor', 'obrigado' ou 'desculpe'."
- "Quando se comportam de uma maneira que demonstra pouca consideração pelos outros."
- "Quando não seguem processos e procedimentos estabelecidos."
- "Quando dão desculpas em vez de assumir a responsabilidade por seus erros."
- "Quando os erros não são corrigidos e por isso são repetidos várias vezes."
- "Quando agem sem ética ou de forma irresponsável."
- "Quando as pessoas não estacionam corretamente entre as faixas — quando se comportam de modo a causar impacto negativo sobre os outros, não percebem o que estão fazendo e não corrigem seu comportamento."
- "Quando não reconhecem minha competência ou capacidade."

Como os Tipos Um podem se tornar melhores colegas de trabalho

Como líderes, os Tipos Um podem determinar claramente os padrões que aplicam para avaliar as pessoas com quem trabalham, tomando o cuidado de lembrar que seus padrões podem ser mais elevados do que a média. Podem comunicar suas expectativas com clareza e oferecer processos claros para que as pessoas possam ser responsáveis e para celebrar o sucesso ao medirem o que deve ser aprimorado. Podem ter compaixão pelas pessoas, entendem que pessoas diferentes têm maneiras diferentes de fazer as coisas e tentam perdoá-las por pequenas indiscrições.

Acima de tudo, os líderes do Tipo Um podem se beneficiar quando levam em conta suas preferências e vieses, percebendo que nem todos os tipos de pessoa têm seu olho crítico para detalhes ou sua tendência a fazer tudo direito (ou perfeito). Também vai ajudá-los muito perceber melhor sua própria raiva e suas reações, aprendendo a assumir e a expressar seus sentimentos de maneira mais consciente.

Como subordinados, será útil aos Tipos Um entender que os outros não valorizam necessariamente regras e processos como eles. Pode ajudá-los perceber o ressentimento que pode aflorar e dar-se algum espaço para compreender a fonte desses sentimentos e como canalizá-los melhor. Aprender a comunicar abertamente as coisas que os incomodam, fazer um esforço para levar as coisas com mais leveza e ser mais flexíveis quando participarem de equipes também são coisas que tornarão muito mais fácil a vida dos Tipos Um.

Trabalhando com os Tipos Um

Comportamentos típicos dos Tipos Um no ambiente de trabalho

Você provavelmente está trabalhando com um Tipo Um do Eneagrama se notar que essa pessoa apresenta vários dos comportamentos a seguir.

- Insiste que todos devem cumprir regras e procedimentos.
- Expressa irritação ou ressentimento quando as pessoas não se guiam pelos ideais de bom comportamento, como pontualidade, cumprimento de prazos ou ética.
- Esforça-se para que expectativas, comunicações e instruções sejam precisas e planejadas.

- Às vezes, microgerencia e nem sempre acha que as pessoas podem fazer o trabalho tão bem quanto ela.
- Quer se assegurar de que o trabalho será feito da melhor maneira possível, segundo padrões éticos claros e precisos. Manifesta-se contra práticas que parecem fraudulentas, fingidas ou desonestas.
- Pode parecer tensa ou irritada, mas não se abre facilmente sobre o que a incomoda.
- Pode se concentrar demais (na sua opinião) nos detalhes.
- Pode ser muito crítica e, às vezes, até severa, embora possa não perceber o efeito de suas críticas.
- Em seus melhores momentos, pode ser engraçada, mas geralmente é séria, especialmente quando se trata de fazer as coisas direito.
- Em seus melhores momentos, inspira a equipe a atingir elevados padrões de qualidade graças a seu desejo sincero de aprimorar o produto, a empresa ou o mundo.

Por que é ótimo trabalhar com líderes conscientes do Tipo Um

- Possuem ótima ética profissional e se esforçam para fazer o melhor em tudo.
- Querem contribuir com seu melhor esforço, mas geralmente não têm grande ego e por isso não precisam levar todo o crédito.
- Podem trabalhar de forma independente e procuram ser autossuficientes.
- Podem solucionar problemas com objetividade e dedicação.
- Na maior parte do tempo, têm boas intenções e querem sinceramente fazer um bom trabalho.
- Quando os outros admitem seus erros, sabem perdoar e ser compreensivos (especialmente se sabem que o outro fez o melhor possível).
- Possuem forte senso de moralidade e ética e por isso (na maior parte do tempo) respeitam a autoridade e fazem o que é certo. Não são presas fáceis para as tentações do interesse pessoal e da corrupção.

Desafios típicos para pessoas que trabalham com Tipos Um

- Parecem furiosos, mas não dizem nada.
- Quando ficam furiosos, podem ser presunçosos e inflexíveis.
- Recolhem-se e não se comunicam — é o silêncio punitivo.
- Ficam tensos e parecem estressados quando discutem algum ponto de discórdia.
- Criticam ou julgam (e muito) você, seu trabalho ou as coisas que você está fazendo.
- De vez em quando, não admitem a possibilidade de você ter mais razão do que eles.
- Dizem que você deve fazer algo à maneira deles e não se mostram abertos a opções melhores ou múltiplas.
- Não acreditam que você pode fazer um trabalho tão bom quanto eles acham que podem.
- Podem ser rígidos e inflexíveis no que se refere a seguir regras e a aderir aos procedimentos adequados.
- Adotam posição moral de superioridade nas discussões e por isso presumem que têm a razão.

Os Tipos Um e a liderança

Um líder do Tipo Um conta como conhecer seu tipo no Eneagrama ajuda no trabalho

Chris Holder é diretor de segurança da informação da Autodesk Inc., empresa sediada em São Francisco que produz softwares para indústrias das áreas de arquitetura, engenharia, construção, manufatura, mídia e entretenimento.

> Logo que me apresentaram o Eneagrama, imaginei que fosse outro Myers-Briggs. Mas quando ouvi a descrição do meu tipo [Tipo Um] foi como se alguém tivesse me acompanhado pela vida toda, registrando-a. Não só um registro de minhas ações, mas algo capaz de compreender de fato os "porquês" por trás daquilo que eu faço. Para mim, foi uma experiência profunda.

As impressões que obtive a meu respeito e do meu tipo foram valiosas, e as impressões que obtive sobre os outros foram igualmente valiosas — ou mais valiosas ainda.

Uma das impressões específicas que obtive a meu respeito como Tipo Um foi compreender melhor o meu crítico interno. Eu achava que todos tinham isso. Achava que seria uma coisa normal e natural para todo mundo. Não entendia muito bem que o crítico interno era um processo contínuo e que não era eu, pois usa a mesma voz. Ele está na minha cabeça, mas não sou eu, não *é* meu verdadeiro eu. Passar algum tempo compreendendo a motivação do crítico interno foi importante — o que ele está realmente querendo fazer.

Minha postura original foi querer invalidar o meu crítico interno. Mas percebi que essa não é a postura correta — isso dá ainda mais força ao mecanismo. Trata-se mais de tentar compreendê-lo e de ver o seu valor, perguntando como posso fazer uma parceria com ele sem me deixar influenciar demais por aquilo que ele está tentando conseguir para seus propósitos.

Do ponto de vista do desenvolvimento de habilidades, trabalhei na questão da delegação. No começo, adotei uma abordagem centrada na cabeça: vou aprender a delegar. Como acompanho isso? O que devo delegar? Por que devo delegar? E isso não funcionou. Por isso, sentei-me com uma coach e ela perguntou se eu poderia fazer isso com oitenta por cento das coisas. Entendi a pergunta, mas não entendi como alguém poderia respondê-la, pois minha resposta foi "Por que você entregaria algo com vinte por cento a menos?".

Isso me abriu o olho com relação a meu próprio trabalho. Sempre disse que eu "busco" a perfeição. Não espero a perfeição, mas a busca da perfeição resulta na excelência. Como líder, isso se traduzia assim: "Se essa é a minha expectativa para mim mesmo, é claro que será a expectativa que tenho para os outros, e, se eu achar que não conseguem fazer isso, meu nível de confiança se reduzirá".

Hoje, meu maior desafio como Tipo Um é a "raiva virtuosa". É a questão de controlar a "raiva virtuosa", pois se acho que estou realmente do lado do que é certo e não estou sendo ouvido, minha raiva se justifica.

Quando você é gerente e é um Tipo Um

Pessoas com estilo de personalidade do Tipo Um são grandes líderes naturais quando conseguem manter conscientemente padrões elevados e produzir resultados de alta qualidade sem ser excessivamente críticas ou controladoras em excesso.

Se você é do Tipo Um, pode se sentir pouco à vontade em papéis de liderança, pois em geral não é movido pela necessidade de poder ou de reconhecimento. Seu estilo de liderança tende a se basear na criação de bons planos, designar as responsabilidades para cada etapa e posicionar processos para garantir que os padrões de qualidade sejam atingidos ou excedidos. Para você, pode ser difícil ignorar ou aceitar quando as pessoas não fazem o certo ou agem de forma irresponsável ou pouco ética, mas você tenta não expressar diretamente sua raiva ou insatisfação. Como líder do Tipo Um, pode ter dificuldade para enfrentar situações nas quais as pessoas não estão mostrando bom desempenho e pode criticá-las de tal modo que as desmoraliza em lugar de motivá-las, embora sua intenção consciente seja ajudá-las. Em geral, você controla seu desejo de fazer a tarefa pessoalmente e estabelece um padrão elevado para o trabalho e o empenho que espera dos outros.

Quando seu gerente é do Tipo Um

O lado bom de ter um chefe do Tipo Um é ter a certeza de que suas intenções são boas — geralmente, eles vão tentar fazer o que é certo e tratar você com respeito e consideração, sobretudo se forem emocionalmente saudáveis. Podem se dedicar a boas causas, ter elevado nível de integridade pessoal, esforçar-se para apoiar os outros e agir como bons exemplos. São excelentes professores naturais, pois costumam ter o desejo sincero de informar e de ajudar as pessoas a terem sucesso, compreendendo as melhores maneiras de fazer as coisas.

Se o seu chefe é um Tipo Um menos autoperceptivo, pode fazer a maior parte do trabalho pessoalmente, ao mesmo tempo que fica furioso com você por não fazer a sua parte. Podem ser críticos e julgam muito, mas não percebem o efeito desmoralizador que isso exerce em você. E às vezes podem ficar em silêncio, sem dizer o que estão pensando e sentindo, se acharem que você não consegue fazer alguma coisa direito. Finalmente, talvez não dediquem tempo e energia suficientes para delegar ou planejar sua sucessão, pois podem não se sentir à vontade entregando o comando e transferindo a responsabilidade pela orientação dos processos de trabalho. Para eles, pode ser difícil acreditar que os outros são capazes de fazer tudo direito e ser tão responsáveis quanto eles próprios, e isso pode prejudicar os esforços dos demais.

Se o seu chefe do Tipo Um é um líder mais consciente, encontra maneiras de fazer comentários construtivos e apoia melhorias sem concentrar a maior parte da atenção em enganos e imperfeições. Pode canalizar seu desejo de qualidade de forma a inspirar as pessoas a fazerem o melhor que podem. E serve de modelo do bom comportamento que espera de seus funcionários, procurando sempre ser justo, humilde, atencioso e responsável.

Quando seu subordinado é do Tipo Um

Quando seus subordinados diretos têm o estilo do Tipo Um, podem projetar seus próprios críticos internos em você (seu superior) e imaginar que você os critica, mesmo quando não está fazendo isso. Se lhes der feedbacks tanto positivos quanto negativos, talvez ouçam apenas o negativo e ignorem o positivo, até esqueçam que o receberam.

Podem se esforçar muito para agradá-lo com um bom trabalho, mas sentirem-se magoados em silêncio caso você não reconheça suficientemente seus esforços e boas intenções. Podem trabalhar demais (mesmo que você não tenha pedido a eles ou tenha dito para não fazerem isso) e depois ficam irritados ou furiosos se os outros não trabalharem tanto quanto eles.

Podem prestar atenção demasiada nos detalhes e não em fazer as coisas a tempo, mas têm dificuldade para perceber que isso é um problema, uma vez que consideram que a principal prioridade é fazer direito ou com perfeição — por mais tempo que leve. Para eles, pode ser difícil ver ou aceitar que algo "está bom assim".

Do lado positivo, respeitam a cadeia de comando e obedecem prontamente a boa autoridade, reconhecendo-a. Valorizam muito o trabalho duro, a solução de problemas difíceis e a dedicação ao que fazem. Tendem a ser confiáveis, íntegros e responsáveis. Podem ser muito leais e dedicados, especialmente se seus esforços e ideais elevados forem reconhecidos.

Convivendo com o Tipo Um: O que fazer para trabalhar bem com ele

- *Seja claro e preciso.* Os Tipos Um acreditam que trabalhar em conjunto para fazer algo direito significa ter clareza sobre metas e processos, sobre quem será responsável por cada coisa e sobre como deverão prestar contas.

- *Se cometer um erro, admita-o e assuma a responsabilidade.* Isso inspira confiança e revela que você vai assumir e consertar o que tiver feito de errado. Os Tipos Um não gostam de erros, mas sabem perdoar as pessoas que assumem a responsabilidade por eles.
- *Demonstre que você valoriza a qualidade.* Os Tipos Um se sentem mais à vontade para colaborar com você se ambos estiverem alinhados em torno de um objetivo central.
- *Mostre compaixão por sua busca pela perfeição.* Compreender a necessidade dos Tipos Um de fazer tudo direito e a pressão que se impõem para serem perfeitos pode ajudar você a perceber o que os motiva a buscar padrões elevados neles mesmos e nos outros. Também pode ajudá-los a ser pacientes com eles caso fiquem tensos ou ressentidos.
- *Compreenda sua tendência a criticar e mostre empatia pelo modo como se cobram tanto.* Se precisar dar um feedback crítico a um Tipo Um, lembre-se de que procuram fazer um trabalho de qualidade e que já são muito exigentes consigo mesmos.
- *Enfatize o feedback positivo (e transmita críticas construtivas suavemente).* Os Tipos Um se sentirão apoiados caso possa ajudá-los a entender que você achou que fizeram algo muito bem. Ao oferecer críticas construtivas, você ameniza o golpe se mencionar também seus pontos fortes.

Sugestões de crescimento: Como os Tipos Um podem ser mais autoconscientes, eficazes e felizes no trabalho

Todos os tipos podem aprender a ser menos reativos e a colaborar melhor com os demais, *observando* primeiro seus padrões habituais e refletindo sobre o que pensam, sentem e fazem para obter mais *autopercepção*. Depois, devem esforçar-se para *gerenciar* ou moderar suas reações automáticas diante de alguns gatilhos.

De modo geral, os Tipos Um crescem observando e aprendendo a moderar suas reações habituais diante de gatilhos importantes, como erros (próprios e alheios), “mau” comportamento e os obstáculos que encontram enquanto tentam atingir seus próprios ideais elevados. Aqui estão algumas ideias para ajudar os Tipos Um a serem mais autoconscientes, emocionalmente mais inteligentes e mais satisfeitos no trabalho.

Auto-observação: Aspectos que os Tipos Um devem considerar

- Tente perceber quando você está sendo muito severo consigo mesmo. Perceba quando os custos superam os benefícios da autocrítica.
- Tente assumir sua raiva. Perceba se a sua raiva aflora, se você a julga, a impede de se manifestar ou a racionaliza para não ficar irritado. Perceba o que acontece com a raiva se você tenta eliminá-la ou se convence de que não a sente.
- Observe se você está racionalizando sua raiva como uma “raiva virtuosa”. Sob quais condições você se torna arrogante ou se apega à raiva quando está com a razão?
- Observe como você reage diante de feedback positivo. É difícil recebê-lo? Como você lida com elogios?
- Perceba como lida com o fato de as coisas não serem perfeitas. Como você pressiona os outros e a si mesmo para fazer tudo direito o tempo todo — mesmo quando está claro que é impossível chegar à perfeição?
- Como líder, observe o que o impede de delegar. Você confia na capacidade dos outros para atender aos seus altos padrões?
- Como você lida com regras, processos e estruturas? É capaz de romper com as regras? O que acontece quando outras pessoas rompem com as regras ou não agem conforme os procedimentos estabelecidos? Como você reage? Consegue amenizar isso?

Pontos cegos: O que você não sabe que pode machucar

Tornar-se atento e consciente de seus pontos cegos pode ajudar os Tipos Um a serem menos defensivos e mais abertos ao feedback dos outros, se sentirem mais satisfeitos e em paz, graças à percepção plena de tudo aquilo que pensam, sentem e fazem.

Os pontos cegos dos Tipos Um são:

- *A presença e o impacto da raiva.* Os Tipos Um costumam pensar "não estou com raiva", ao mesmo tempo que falam com o queixo cerrado, contraem todos os músculos do corpo ou usam um tom de voz que indica claramente o aborrecimento. Quando percebem como podem se defender da sensação, podem aprender a se mostrar mais abertos para compreendê-la e canalizá-la conscientemente de maneiras produtivas, para não deixá-la prejudicar sua eficiência ou sua felicidade.
- *O excesso de crítica e o impacto que isso exerce sobre os outros.* Perceber e moderar seu crítico interno ajuda os Tipos Um a serem menos sensíveis a críticas alheias (o que pode dar a sensação de "acúmulo") e a perceber e ajustar seu foco sobre o negativo (aquilo que acham que é preciso melhorar) enquanto evitam aceitar o que é positivo. Quando os Tipos Um criticam os outros (o que geralmente tem como objetivo apenas ajudá-los e apoiá-los), às vezes deixam de perceber que estão retendo a raiva ou magoando e prejudicando as pessoas que eles querem ajudar.
- *O lado negativo da autocrítica.* Os Tipos Um costumam acreditar que precisam ser rigorosos consigo mesmos para se assegurarem de que se comportarão bem e evitarão enganos ou culpa. No entanto, talvez não percebam o dano à sua autoconfiança causado por sua autocrítica. Em vez de se "manterem na linha", podem estar minando o senso de sua própria bondade inerente.
- *A repressão de sentimentos e impulsos.* Pessoas do Tipo Um costumam alegar que não sentem muito as emoções — tendem a ser práticas, pragmáticas e sensíveis. No entanto, o fato de reprimirem emoções e impulsos que ocorrem naturalmente pode impedi-las de obter informações importantes sobre o que sentem e querem.
- *Pensamento rígido, "um só jeito certo".* Talvez os Tipos Um não percebam que os outros consideram rígida sua insistência em aderir a

certas "maneiras corretas" de fazer as coisas. Para os Tipos Um, é importante lembrar que cada pessoa vê regras e procedimentos de maneira diferente, que pode haver mais de um modo "certo" de completar uma tarefa e que se manter aberto, adaptando-se aos outros, pode criar relacionamentos profissionais mais positivos e frutíferos.

- *A necessidade de relaxar, ter prazer, divertir-se e brincar.* O hábito de não admitir o valor do repouso e do relaxamento pode ser muito perigoso para os Tipos Um. Seu impulso para serem bons e provarem seu valor pelo trabalho duro pode levá-los a trabalhar e a se pressionar demais.

Autopercepção: Coisas para pensar, compreender e explorar

- O que o leva ao exagero quando critica a si mesmo ou aos outros? O que o leva a isso?
- Que tipo de coisa o deixa irritado? Por que você reage desse modo? Há ocasiões em que você sente raiva, mas *não percebe isso?*
- Por que você valoriza estrutura e processos? O que isso faz para você?
- De onde vêm seus padrões elevados? Por que são tão elevados?
- Por que o trabalho precisa vir antes da diversão? De onde vem esse senso de responsabilidade? Você consegue diminuir essa sensação?
- Por que estar certo é tão importante? Por que é tão importante evitar erros? O que acontece quando você está errado?
- O que parece desafiador quando o assunto é delegação e planejamento sucessório? Por quê?
- Como você pode desenvolver mais compaixão por si mesmo?

Pontos fortes para alavancar

Será útil se os Tipos Um perceberem, prestarem atenção de forma ativa, assumirem e alavancarem:

- *Sua dedicação ao trabalho duro para fazer o bem no mundo.* Provoco meu pai, que é do Tipo Um, dizendo que ele é o suprassumo do "benfeitor". Embora tenham tendência à autocrítica, os Tipos Um se sentem motivados e confiantes quando podem assumir conscientemente os efeitos positivos do bem que fazem no mundo e as pessoas boas que são.

- *Seu elevado nível de integridade pessoal.* Os Tipos Um são pessoas com as quais os outros podem contar para fazer a coisa certa e que geralmente contribuem para um empreendimento na qualidade de consciência da organização.
- *Seus elevados padrões de qualidade.* Isso pode ajudar os Tipos Um a perceber que têm um papel importante em defesa da excelência.
- *Seu forte senso de responsabilidade.* Os Tipos Um raramente saem cedo, fogem de seus deveres ou tentam fazer menos do que um trabalho muito bom.
- *Suas boas intenções e esforços extremos.* Os Tipos Um podem se defender de seus críticos internos lembrando-se de que tendem a se esforçar ao máximo em praticamente tudo o que fazem.
- *Pensam com clareza e proporcionam estruturas claras de apoio.* Os Tipos Um são ótimos para comunicar ideias complexas em linguagem simples, vendo onde é necessária uma estrutura e como elaborá-la.

Autogestão: Tendências desafiadoras que os Tipos Um devem moderar

- *Necessidade de estar certo.* Para você, será vital perguntar-se se é realmente tão importante estar sempre certo. Pode ser útil lembrar-se desta pergunta: "Para você, é mais importante estar certo ou ser feliz?". Perceba quando você prefere estar certo a ser feliz.
- *Ver as coisas em preto e branco.* Intelectualmente, muitos Tipos Um sabem que a realidade se manifesta em tons de cinza. Na prática e no calor do momento, porém, às vezes se esquecem — e pode ser bom se lembrarem disso para reduzirem a rigidez e a impaciência.
- *Ser excessivamente crítico consigo mesmo ou com os outros.* Perceba quando o crítico interno ou externo fica descontrolado. Pode ser doloroso

observar os Tipos Um punindo-se, pois são muito esforçados e fazem tudo muito bem. Quando conseguem abrandar a autocrítica, demonstrando compaixão por si mesmos, liberam muita energia.

- *Esforçar-se demais para fazer as coisas com perfeição.* A verdade é que a maioria das coisas é imperfeita, e "bom o suficiente" costuma ser exatamente isso. Para os Tipos Um, pode ser libertador descobrir que não precisam ficar malucos (ou deixar os outros malucos) buscando padrões impossíveis se isso não for necessário.
- *Rigidez em relação a regras e processos.* Os Tipos Um podem tender a pensar que todos conhecem as regras e que as consideram do mesmo modo como eles o fazem — a única maneira de ver as regras, como parâmetros que definem exatamente o que fazer! Mas é útil lembrarem-se de que na verdade as pessoas não veem regras e procedimentos como eles, e por isso os outros não estão se comportando mal quando não as seguem — apenas têm perspectivas diferentes e provavelmente se concentram em outras coisas.
- *Raiva e ressentimento justos.* Permita-se sentir, compreender e lidar mais com sua raiva. A raiva não se dissipa só porque você não a admite — e a raiva não admitida causa certo impacto. É útil para os Tipos Um aprenderem a ser amigos de sua raiva como sinal de que alguma coisa importante está sendo acionada e requer sua atenção.

Manifeste conscientemente seu potencial superior: Cuide do "ponto baixo" e almeje o "ponto alto"

Os Tipos Um também crescem quando se tornam conscientes de hábitos e padrões autolimitantes associados a seu estilo de personalidade e aprendem a incorporar os aspectos mais elevados ou as capacidades mais expansivas da personalidade do Tipo Um.

- Aprenda a aceitar e a trabalhar a raiva para poder encontrar mais paz e serenidade no dia a dia.
- Observe como você se limita quando se concentra numa única maneira correta ou no resultado "perfeito" e pratique a abertura para diversas maneiras corretas e para a beleza no imperfeito ou inesperado.

- Perceba se você está vendo as coisas em preto e branco e abra-se para mais tons de cinza.
- Observe quando o mecanismo de defesa da formação de reação aparece — quando você age e fala de maneira contrária a como realmente se sente. E pratique manter contato com a verdade de sua emoção, encontrando maneiras de expressá-la honestamente.
- Veja como seu humor muda e fica sério quando você critica o que está acontecendo e abra-se conscientemente para ter mais leveza e descontração. Encontre formas de usar mais o humor para se elevar acima daquilo que o incomoda.
- Identifique o tipo de experiência que o deixa tenso e pratique o relaxamento físico, buscando oportunidades para o prazer e para a diversão.
- Note como você fica rígido com rotinas, estrutura e processos, e pratique a espontaneidade e criatividade.

De modo geral, os Tipos Um podem atingir seus potenciais mais elevados observando e lutando contra o hábito de focar como não estão atendendo a um padrão ideal de perfeição. Eles podem aprender a ficar mais à vontade com a perfeição de sua imperfeição, ter mais compaixão por si mesmos e permitir que seu senso de leveza e de humor tenha um papel maior em sua experiência cotidiana. Quando se valem de sua capacidade para se divertir e abrandam a necessidade de "serem bons", podem enriquecer sua vida e sua forma de liderar com confiança, criatividade e um senso profundo de integridade que é tão natural para eles.

CAPÍTULO 5

ESTILO DE LIDERANÇA DO TIPO DOIS: O PODER DE AGRADAR

O arquétipo do Tipo Dois é aquela pessoa prototípica que nada mais quer do que ser querida e parecer amável. Embora seja chamado ocasionalmente de "o Ajudante" ou "o Doador", essas expressões podem ser enganosas, pois o estilo do Tipo Dois não é tanto a "doação" altruísta ou universal, mas o apoio estratégico a serviço do estabelecimento de alianças e conexões amigáveis. A atenção dos Tipos Dois dirige-se automaticamente para as pessoas ao seu redor a fim de forjar relacionamentos positivos gerindo melhor impressões e interações.

A programação dos Tipos Dois sugere que a maneira de satisfazer suas necessidades ou de atingir o sucesso consiste em serem queridos pelo maior número possível de pessoas, e por isso seu estilo é moldado pelo foco primário no número de pessoas que gostam deles e como podem se ajustar, acionar seu charme ou oferecer ajuda para criar relacionamento e agradar aos outros. Podem ter um poder sutil graças à generosidade como meio de se posicionarem junto a pessoas importantes, embora a origem desse poder seja inconsciente, de modo geral. Os Tipos Dois tendem a ser voltados para o serviço, a ponto de se tornarem indispensáveis para os demais — e o fato de sua ajuda ser considerada "indispensável" pode ser um poder muito grande.

Em tudo que fazem, os Tipos Dois tentam se comunicar de modo a torná-los queridos pelos outros. Sua maneira de falar tende a ser calorosa, pessoal e amigável. Podem se concentrar na outra pessoa a ponto de se excluírem e fazem muitas perguntas para mostrar interesse por aqueles com quem interagem.[1] Elogiam e cumprimentam os outros como meio de conquistá-los, descobrem aquilo de que gostam e lhes dão — seja atenção, privacidade ou alguma forma de apoio. Estendem sua influência e se sentem bem por saber que estão agradando as pessoas ao seu redor.

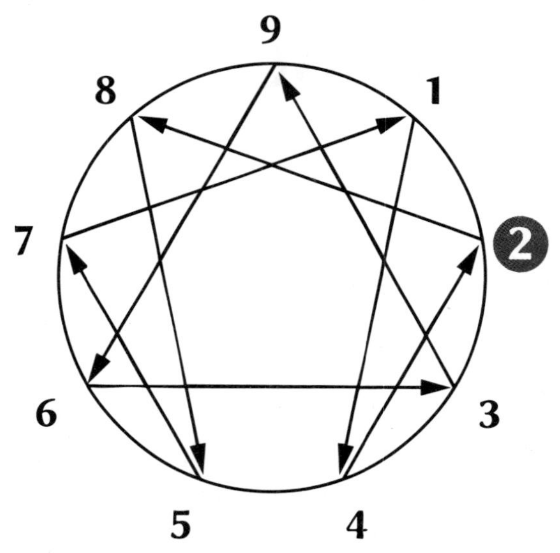

O Eneagrama do Tipo Dois

Líderes com estilo do Tipo Dois tendem a mostrar empatia, preocupando-se com o aspecto humano ou "pessoal" do trabalho, mostrando-se sensíveis às necessidades e aos sentimentos das pessoas.

Podem se especializar em serem charmosos e bondosos, poderosos e competentes ou atraentes e empolgantes. Mas, quer consigam influência graças à generosidade e ao charme, quer atraiam os outros por seu desejo de conexão, tendem a combinar o foco nas pessoas com a capacidade de serem produtivos a serviço daquilo que é mais necessário para a equipe, a organização ou a sociedade. Procuram causar impacto sobre tarefas, frutos do trabalho e equipes apoiando os demais, cultivando relacionamentos, capacitando as pessoas de que gostam e inspirando colegas de trabalho por meio de bajulação, cordialidade e consideração positiva.

Como saber se você é um Tipo Dois: A visão de dentro

Se a maioria ou todas as características a seguir se aplicarem a você, é provável que seu estilo de personalidade seja o Tipo Dois.

- *Você vê o trabalho que faz do ponto de vista dos relacionamentos.* Você pensa no trabalho como algo baseado em boas relações (e que acontece por meio delas) e busca influência fazendo coisas para ganhar consideração, admiração e aprovação.
- *Você se sente motivado agradando, impressionando ou querendo apoiar os outros.* Você trabalha muito e quer retornos positivos, que validem seus esforços e garantam que você está fazendo um bom trabalho. Ajudar parece ser o caminho mais rápido para ser querido e valorizado.
- *Você procura se destacar para que as pessoas importantes de sua vida pensem bem de você.* Para você, é crucial ser apreciado pelos outros — especialmente aqueles de quem gosta ou que considera importantes, mas também por pessoas de quem não gosta.
- *Acredita que pode fazer os outros gostarem de você.* Você faz amigos facilmente, sabe como atrair os outros e se orgulha do fato de poder conquistar qualquer um.
- *Você consegue se relacionar bem com pessoas de diferentes perfis.* Está confiante de que pode estabelecer relacionamentos com qualquer pessoa a quem procure impressionar ou se conectar, independentemente de posição ou cargo.
- *Você sente satisfação quando é solidário e útil para os outros e às vezes pode usar isso como forma indireta de conseguir o que deseja ou precisa.* Ao ler isso, talvez pense "eu nunca faria isso!". No entanto, você acha que a doação deve ser mútua e recíproca. Para você, é mais fácil dar do que receber, e, embora receber possa ser estranho, muitas vezes você faz coisas para os outros na esperança de que gostem de você ou ofereçam algo em troca.

- *Você valoriza muito a atenção, a empatia e o altruísmo*. Você acredita que as pessoas gostam de quem é fácil de conviver. Fazer os outros se sentirem à vontade parece natural e importante, e você se incomoda quando os outros agem de maneira egoísta ou tratam mal as pessoas.
- *Você pode ser emotivo ou muito sensível e tenta esconder essas emoções no trabalho*. Embora possa tentar escondê-las (até de si mesmo) para manter a consideração positiva dos outros, às vezes fica tão emocionado que não consegue evitar sua expressão. (No entanto, os homens podem se mostrar mais reservados emocionalmente.)
- *Você tem talento para sentir as emoções, necessidades e preferências dos outros, mas talvez não tenha certeza do que precisa ou sente medo de pedir para não se impor aos outros ou correr o risco de rejeição*. Isso pode fazer com que as pessoas se sintam apoiadas por você e o apreciem, mas também pode fazer com que se doe demais e se esgote a ponto de se ressentir dos outros, especialmente daqueles que não retribuem.
- *Para você, pode ser difícil oferecer feedback franco (e especialmente crítico)*. Você sente tanta empatia pelos outros que se preocupa com a possibilidade de fazer com que se sintam mal caso faça críticas objetivas e construtivas.
- *Você se incomoda (muito) quando alguém não gosta de você*. Você considera importante tentar sempre fazer o melhor e tornar as coisas (e quem sabe você mesmo) mais perfeitas, visando uma avaliação positiva dos outros.
- *Você evita conflitos porque receia que possam prejudicar seus relacionamentos, mas às vezes pode se sentir aliviado por colocar um problema na mesa para poder corrigi-lo*. Você também pode ter dificuldade para expressar opiniões contrárias, pois teme que elas alienem os outros. Pode evitar confrontar as pessoas ou abordar ativamente o conflito para que todos possam ser felizes novamente.
- *Você tem a capacidade natural de ver o lado bom dos outros e pode realmente gostar de ajudar as pessoas a manifestarem seu potencial*.

Você adora quando alguém diz: "Não teríamos conseguido fazer isso sem você". Em geral, isso surge do desejo altruísta de ajudar e produzir resultados positivos, mas também pode ser um meio de garantir seu valor aos olhos dos outros para que você se sinta bem consigo mesmo.

A principal estratégia adaptativa do estilo de personalidade do Tipo Dois

Desde cedo, os Tipos Dois acreditam que amor e aprovação dependem de fazer coisas pelas pessoas, agir bem ou ser quem os outros querem que eles sejam. Às vezes, escutam que são "sensíveis demais", "exagerados" ou "emotivos demais", o que prova para eles que suas necessidades são excessivas para os outros ou que eles precisam suprimir suas necessidades e emoções para serem aceitos.

Motivados pelo desejo de criar conexões positivas com as pessoas, os indivíduos do Tipo Dois adotam uma estratégia de enfrentamento que inclui perceber e atender às necessidades dos outros, buscando satisfazê-las, além de se apresentarem de maneira agradável para conquistar o afeto e a aprovação dos demais. Tornam-se hábeis em enfatizar partes deles mesmos que, segundo acreditam, vão agradar as pessoas que querem impressionar, minimizando as partes que acham que vão interferir na formação de uma conexão. Preocupam-se com a possível desaprovação dos outros e, assim, tentam parecer atraentes e agradáveis para que as pessoas queiram estar ao seu redor.

Os Tipos Dois se sentem mais descontraídos e felizes quando sabem que os outros gostam deles, aprovam o que estão fazendo ou querem se conectar com eles. Leem as pessoas com quem interagem para sentir do que gostam e depois tentam se tornar isso para criar uma impressão positiva e uma relação amigável. Evitam a rejeição (que parece intolerável) sendo agradáveis e de fácil convívio, sem pedir demais das pessoas. Tendem a gravitar em torno de pessoas que consideram importantes e tornam-se indispensáveis para esses indivíduos, na esperança de que retribuam o favor e atendam às suas necessidades de maneira recíproca. Essa estratégia os ajuda a terem suas necessidades atendidas sem precisar pedir diretamente por elas (o que abriria para eles o risco da rejeição).

O radar do Tipo Dois: O que chama sua atenção?

A estratégia de se apresentar de modo a agradar os outros concentra a atenção dos Tipos Dois em outras pessoas. Eles possuem um radar automático e finamente ajustado para captar sinais sutis que revelam o humor e as preferências das pessoas, e usam essa habilidade para decidir como gerenciar a impressão que estão causando, garantindo que sejam queridos. Em geral, mesmo sem pensar nisso, ajustam sua apresentação para se adequar àquilo que acham que os outros querem ou precisam que eles sejam. Esse foco na maleabilidade da forma para orquestrar relacionamentos positivos pode estar tão enraizado no seu modo de ser que talvez nem percebam que agem dessa forma.

No trabalho, os Tipos Dois focam a atenção nos aspectos "pessoais" de sua atividade — como podem colaborar, apoiar e contribuir melhor para quais pessoas na organização. Seja qual for seu cargo ou posição, focam não apenas na tarefa imediata como também na forma como tarefas e processos do trabalho afetam as pessoas, e têm talento para fazer o possível para assegurar que os aspectos relacionais do trabalho funcionem suavemente.

Como resultado, os Tipos Dois podem ser extremamente produtivos, especialmente se gostam das pessoas com quem trabalham. Mas o fato de concentrarem tanta atenção nas outras pessoas e de se sintonizarem tão completamente naquilo que os outros sentem e querem ou de que precisam significa que talvez os Tipos Dois não tenham ideia do que eles próprios sentem, querem ou precisam.

A visão do "Planeta Dois": Como os Tipos Dois veem o mundo

Com frequência, indivíduos com estilo do Tipo Dois querem deixar as outras pessoas felizes e melhorar a experiência de seus colegas humanos. Gostam sinceramente das pessoas e normalmente querem ver o melhor nos outros (a menos que tenham uma razão para não o fazer), e quando não querem, são muito bons em agir como se quisessem. Na maior parte do tempo, gostam de interagir com os demais — são as "pessoas das pessoas" do Eneagrama.

Normalmente, pensam que precisam fazer com que todos gostem deles (se necessário, até pela força). Acham que existem dois tipos de pessoas no mundo: aquelas que gostam deles e aquelas que ainda não os conhecem bem o suficiente para saber que gostam deles. Acreditam que estão a apenas uma ofensiva charmosa de distância de conquistarem todo mundo. Os Tipos Dois têm muitas ferramentas à sua disposição para criar uma impressão positiva; no entanto, quando não conseguem forjar uma aliança ou irritam alguém sem querer, sentem-se extremamente incomodados, tornando-se autocríticos e obcecados por questionar as próprias ações. Tendem a buscar elementos fora de si mesmos para decidir como devem se sentir em relação às coisas (e a si mesmos) e podem pensar: "Se você gosta de mim, sinto-me bem, mas se não gosta de mim, tem alguma coisa errada comigo". No campo da psicologia, poderíamos descrever isso como um "*locus* de controle externo".

Os Tipos Dois acreditam na doação recíproca — toma lá, dá cá —, mesmo que isso nem sempre seja consciente. Eles acham que todos deveriam ajudar os outros e têm dificuldade para dizer "não", até para coisas que não querem fazer. Concentram-se mais nas pessoas ao seu redor do que neles mesmos e depois esperam que os outros se concentrem em apoiá-los. Às vezes, isso funciona bem, como nas ocasiões em que são companhias generosas, altruístas e divertidas e esse tratamento é mútuo. Às vezes, isso dá errado, como nas vezes em que se negligenciam e depois culpam o outro porque dedicaram tempo e atenção e não receberam nada em troca (embora ninguém pedisse — ou quisesse — que eles dessem tanto de si).

O líder do Tipo Dois: Características principais

Os traços de personalidade a seguir ajudam a definir o estilo de liderança do Tipo Dois.

- *Ajuda estratégica para criar indispensabilidade.* Para os Tipos Dois, dar algo nem sempre é altruísmo (embora eles possam querer pensar que seja). Pode ser uma estratégia para assegurar posição, poder ou influência. Quanto mais precisamos deles, mais se sentem seguros sabendo que não seremos capazes de excluí-los.
- *Charme e calor.* Na maior parte do tempo, os Tipos Dois serão extremamente agradáveis, pois desejam ser queridos e aceitos — e evitar qualquer tipo de rejeição. Sua apresentação encantadora

costuma ser sincera e autêntica, e quando não é, talvez não percebam que estão sendo falsos, pois são programados para acreditar que ser legal é bom.

- *Empatia e sensibilidade emocional.* Não raro, os Tipos Dois percebem rapidamente o que os outros estão sentindo e mostram-se dispostos a ouvi-los e a oferecer apoio emocional sem que lhes seja pedido. Porém, a sensibilidade emocional que os torna bons amigos e parceiros também pode fazê-los levar as coisas para o lado pessoal ou a se sentir ofendidos quando não há intenção de ofender.
- *Orientação para os relacionamentos.* Os relacionamentos estão em destaque na perspectiva dos Tipos Dois, e fomentar isso é sua maior prioridade. O ditado "Não é o que você sabe, é quem você conhece" traduz sua crença de que o trabalho é feito com base nas conexões entre as pessoas.
- *Orientado para os outros.* Os Tipos Dois prestam mais atenção no que está acontecendo com as outras pessoas do que no que pode estar acontecendo dentro deles. Isso significa que podem entender melhor o que você está sentindo e do que você precisa do que as próprias emoções e necessidades.
- *Autoelevação e autodeflação.* Acreditar que precisam ser tudo para todas as pessoas significa que os Tipos Dois podem, sem saber, andar por aí com um senso inflado de quem são e do que podem fazer. Se esse senso elevado for prejudicado por um feedback negativo, eles podem se sentir muito magoados, achando que não conseguiram transmitir um senso positivo de si mesmos e podem até ir para o outro extremo do espectro, sentindo-se desanimados e mal consigo mesmos.
- *Dar com a expectativa de reciprocidade.* Em geral, os Tipos Dois acham que dão aos outros sem esperar nada em troca; na verdade, às vezes isso é verdade e, às vezes, não. Como são sensíveis à rejeição, pedir que alguém satisfaça suas necessidades pode ser humilhante, e por isso, às vezes (e inconscientemente), os Tipos Dois "dão algo para receber algo". Ficam generosos na esperança que os outros retribuam e ofereçam o que eles precisam sem terem de pedir diretamente.

Padrões mentais, emocionais e comportamentais: Como o Tipo Dois pensa, sente e age?

Mental

Como a perspectiva do Tipo Dois diz respeito a formar e desfrutar de relacionamentos de apoio mútuo, eles passam o tempo pensando e formando estratégias sobre o gerenciamento de impressões, a conquista de conexões positivas e questionando se as pessoas gostam deles. Embora possam aplicar o mesmo foco intelectual nas tarefas profissionais que os demais, as pessoas ao seu redor e as pessoas importantes em sua vida estão regularmente em seus pensamentos. Quando concentram a atenção em fazer um bom (ou ótimo) trabalho, em geral estão motivados pelo desejo de aparecerem bem para certas pessoas que eles gostariam de impressionar ou inspirar.

Emocional

Embora às vezes reprimam seus sentimentos para que suas emoções não afastem as pessoas que desejam atrair, os Tipos Dois são essencialmente emotivos. Um dos três tipos "baseados no coração" do sistema do Eneagrama, tendem a reagir emocionalmente às coisas, mesmo que não demonstrem isso no momento. Pessoas com o estilo de personalidade do Tipo Dois tendem a ser pessoas felizes que podem reprimir seus sentimentos negativos para se relacionar melhor com os outros. Podem pensar que, se compartilharem seus sentimentos reais de raiva ou de tristeza, vão afastar pessoas que não se sentem à vontade diante de exibições emocionais, e por isso podem sentir mais emoções no íntimo do que revelam no exterior. E embora tendam a ser pessoas autenticamente positivas, que procuram melhorar o humor geral, não raro sentem-se tristes por dentro, pois podem estar cientes de que seus esforços para serem aceitos ou apreciados pelos outros não deram certo. Também podem sentir raiva e mágoa, sobretudo quando as pessoas que apoiaram não os apoiam de volta.

Comportamental

Os Tipos Dois esforçam-se para provar seu valor e obter aceitação e aprovação. Podem ser motivados a apoiar o sucesso dos outros, a realizar e alcançar o próprio senso de satisfação e a ter boa aparência para as pessoas que importam.

Os Tipos Dois tendem a se fundir com os outros e podem se sentir tão conectados ou alinhados com as pessoas de quem gostam que chegam a compartilhar sua experiência emocional (ou ter empatia excessiva por elas). Podem se esforçar para agradar o superior ou apoiar um colega favorito, seu melhor amigo, o cônjuge ou os filhos. Como têm dificuldade para dizer não, geralmente trabalham demais, esforçando-se para atender às necessidades das pessoas à sua volta. Também podem orquestrar experiências para os outros, seja para conectar pessoas de que gostam, proporcionar experiências positivas a outras pessoas ou (e este é um grande ponto cego para os Tipos Dois) manipular alguém para receber algo que desejam, mas que não querem pedir diretamente (pois temem a rejeição).

Pontos fortes e superpoderes: O que o Tipo Dois faz de melhor

- *Apoio enérgico aos esforços dos outros.* Os Tipos Dois podem mover montanhas para ajudar seus aliados a terem sucesso no que fazem.
- *Empatia com sentimentos, necessidades e experiências dos outros.* Os Tipos Dois são ótimos para estar presentes e oferecer exatamente aquilo de que o outro precisa, quando precisa. Sentem de verdade a dor e os triunfos dos outros.
- *Foco no atendimento.* Os Tipos Dois sintonizam-se automaticamente com sua plateia e têm uma ética muito forte com relação ao valor do serviço altruísta. Uma equipe que não tem um Dois pode ter um ponto cego quanto a levar em conta as necessidades de seus clientes.
- *Diversão e humor.* Os Dois pensam: "Tem jeito melhor de se divertir com as pessoas e fazê-las querer estar perto de você do que ser alguém agradável?".
- *Esforço para criar experiências e conexões positivas.* Os Tipos Dois gostam de ser aqueles que conectam as pessoas, os anfitriões de uma grande festa ou os apoiadores de alguém que não teria sucesso se não fosse por eles. Gostam de fazer coisas poderosas

por trás dos bastidores — desse modo, não levarão a culpa se as coisas não saírem bem e podem expressar seu poder de maneiras sutis e menos arriscadas.

- *Valorização do que os outros têm de melhor.* Os Tipos Dois sentem-se animados quando são chamados a ajudar as pessoas a manifestarem seus dons e alavancarem seus pontos fortes para serem mais felizes e bem-sucedidas.

Quando algo bom demais fica ruim: Como os Tipos Dois podem errar quando se esforçam demais para serem queridos

Como todas as pessoas de todos os tipos, quando os líderes do Tipo Dois abusam de seus pontos mais fortes (e não desenvolvem conscientemente uma gama maior de especialidades), esses mesmos pontos podem se tornar seu calcanhar de aquiles.

- *Apoio enérgico aos esforços dos outros.* Fazer demais pode deixar os Tipos Dois exaustos, sobrecarregados e magoados com as pessoas que eles apoiam porque consomem todo o seu tempo, energia e atenção.
- *Empatia com os sentimentos, necessidades e experiências dos outros.* Para os Tipos Dois, é tão fácil "sentir a dor do outro" que eles podem senti-la mais do que a dor deles mesmos.
- *Foco no atendimento.* A atenção excessiva em atender às necessidades dos outros pode levar os Tipos Dois a negligenciar elementos importantes do panorama completo ou suas próprias necessidades e opiniões. Quando são menos autoconscientes, seu "serviço altruísta" pode levá-los a bancar o mártir caso não recebam de volta o apoio que desejam.
- *Diversão e humor.* Sentir que precisam manter uma aparência feliz para que os outros se sintam bem, mesmo quando *não* se sentem particularmente bem, é uma receita para o autoabandono e o ressentimento.
- *Esforço para criar experiências e conexões positivas.* Os Tipos Dois podem ir longe demais para melhorar as experiências dos outros,

sem atentar para a qualidade das suas próprias — ou a de outras pessoas que não consideram importantes.

- *Valorização do que os outros têm de melhor.* A tendência dos Tipos Dois a apoiar ou apreciar o que os outros fazem muito bem pode tornar difícil para eles dar feedbacks honestos sobre aquilo que precisa melhorar — eles podem adoçar a verdade a ponto de não poderem apresentar nenhum feedback crítico.

Felizmente, o interesse sincero dos Tipos Dois pelos outros (e por fazer uma conexão através da qual se pode expressar o interesse por eles) significa que, em algum momento, eles vão perceber que, para poderem se conectar realmente, vão precisar conectar-se mais com eles mesmos. Quando isso acontece, eles ficam mais motivados a perguntar "Mas do que eu preciso?" e "Como estou me sentindo?" com mais frequência, equilibrando sua inclinação natural a se concentrar nos outros como forma de criar alinhamento e vínculo.

"Quando estou sob estresse..." e "Na minha melhor versão...": Entendendo o "ponto baixo" e o "ponto alto" do estilo de personalidade do Tipo Dois

Quando estão estressados a ponto de atingir seu "ponto baixo", finalmente os Tipos Dois podem ficar com raiva por terem gastado tanto tempo, atenção e energia dando aos outros aquilo de que precisam, a ponto de não conseguirem nada do que eles mesmos precisam. Talvez tenham esperado (inconscientemente) que mais cedo ou mais tarde o foco sobre as necessidades dos outros fosse, de algum modo, levar esses outros a olharem para suas necessidades, mas a experiência amarga acaba mostrando que isso não costuma acontecer. E nesse ponto surgem rachaduras na máscara ultra-amigável dos Tipos Dois — enquanto as pessoas em torno deles ficam intrigadas com sua perturbação, pois eles nunca pediram aquilo de que precisavam. Em vez disso, estão muito acostumados a "ler" os outros em busca de pistas sobre o que precisam e a sair correndo para providenciar isso, já que esse tipo presume que as outras pessoas farão a mesma coisa por eles.

Em seu "ponto baixo", os Tipos Dois podem expressar ressentimento ("Depois de tudo que fiz por você, é assim que você me trata?"), podem se mostrar controladores e mandões (em vez de darem pistas, podem ser educados e indiretos em excesso sobre o que acham que você deveria fazer) ou podem punir os outros retirando completamente o seu apoio ("Vamos ver o que você vai fazer sem a minha ajuda!"). Podem achar que sabem o que é bom para você melhor do que você mesmo e ficar irritados se você não aceita seu conselho ou não reconhece e agradece seus esforços. Também podem se tornar muito manipuladores, forçando as coisas para seguirem o caminho desejado sem admitir que estão fazendo manipulação.

Do "ponto alto", quando os líderes do Tipo Dois se esforçam para se tornar mais autoperceptivos e conscientes de seus padrões habituais, podem ser diplomáticos e autenticamente generosos, proporcionando apoio sem esperar nada em troca. Em seu aspecto mais saudável, fazem isso pelos outros apenas porque é o certo ou porque se sentem bem proporcionando o apoio adequado ou porque é disso que a pessoa, a equipe ou a organização precisa para ter sucesso.

Os Tipos Dois emocionalmente inteligentes sabem quem são e se sentem bem consigo mesmos, e por isso não dependem tanto da afirmação dos outros. Quando param de negar as próprias necessidades no esforço para conquistar os outros, podem cuidar deles mesmos em vez de esperar subconscientemente que os outros o façam. Os Tipos Dois autoconscientes aprendem a satisfazer suas necessidades, compreendem como podem manter limites saudáveis com os outros e não precisam deixar as pessoas felizes como forma indireta de sugerir reciprocidade. Os Tipos Dois saudáveis preservam sua sensibilidade emocional e seu profundo compromisso com os outros, mas não se abandonam no esforço de criar vínculos com os outros. Quando dão algo, fazem isso de coração.

Os três perfis de líderes do Tipo Dois: Como os três instintos moldam os subtipos de personalidade

Segundo o modelo do Eneagrama, todos nós temos três impulsos instintivos principais que nos ajudam a sobreviver, mas um deles tende a dominar nosso comportamento. O estilo do Tipo Dois se expressa de maneira diferente dependendo se a pessoa tem uma inclinação para a *autopreservação*, para estabelecer *relacionamentos sociais* e posicionar-se em relação a grupos, ou para vínculos *um a um*.

O Tipo Dois Autopreservação (ou Autofocado)

Os Tipos Dois Autopreservação lideram com charme e brandura. Podem ser mais temerosos e desconfiados do que os outros Tipos Dois, o que os torna mais hesitantes para assumirem seu poder, mais cautelosos com os outros, mais tímidos e adaptáveis. Parecem joviais, brincalhões e calorosos, tendem a gostar da diversão e da autoindulgência; também podem ser mais ambivalentes para se conectarem com os outros e mais irresponsáveis caso se sintam incapazes ou sobrecarregados. Esses Tipos Dois podem ser bastante emotivos (embora tentem não expressar sentimentos no trabalho) e muito sensíveis, levando tudo para o lado pessoal. E embora possam ser muito capazes e competentes, mostram-se menos dispostos a "assumir o comando" e menos confortáveis em ser o líder ou "a autoridade".

Embora todos os Tipos Dois se sintam compelidos a cuidar dos outros como forma de inspirar vínculos afetivos mútuos, em geral o Tipo Dois Autopreservação expressa uma necessidade maior (que vai contra o foco nos outros) — às vezes de maneira oculta ou indireta — de ser cuidado por outras pessoas. Isso faz deles o subtipo "do contra" dos três Tipos Dois. Esse desejo (geralmente inconsciente) de ser apoiado pelos outros pode assumir uma forma mais benigna, como a necessidade de ajuda para descobrir como fazer alguma coisa, ou uma maneira mais séria, como negligenciar seu próprio bem-estar — tudo derivado da esperança inconsciente de que outra pessoa vai aparecer e oferecer recursos ou apoio material (para que eles não tenham de fazê-lo). E embora esses Tipos Dois queiram ser vistos como fortes, independentes e esforçados, eles também podem se mostrar mais hesitantes quando é preciso "assumir o comando" ou ter um papel ativo na liderança de projetos e exercer o poder de maneira decisiva para que as coisas se concretizem.

Como líderes, os Tipos Dois Autopreservação orgulham-se de serem capazes de se relacionar com pessoas em todos os níveis da organização. Destacam-se na elaboração do planejamento e das estratégias necessárias para que o trabalho seja feito de maneira estruturada e bem-sucedida e são humildes quando se trata de obter o crédito por suas contribuições e liderança. Contudo, estes Dois podem se sentir mais à vontade em papéis de apoio e mostrar menos orgulho de estar no topo de uma empresa. Em geral, precisam aprender a acessar e exercer poder e liderança de forma concreta, e podem ter sentimentos contraditórios quando estão no centro do palco, recebendo atenção. Provavelmente, vão se sentir muito agradecidos por feedbacks positivos, mas podem ter dificuldade para aceitá-los e permitir que alimentem seu senso de competência e de poder. Em seu melhor, vão procurar apoiar as pessoas mediante expressões sinceras de amizade e prestatividade, tentando tornar o trabalho divertido e agradável.

O Tipo Dois Social (ou Focado no Grupo)

Em contraste com o Tipo Dois Autopreservação, o Tipo Dois Social tem mais o tipo do líder. Este é o "Dois do Poder", que gravita na direção de papéis de liderança e gosta de estar encarregado de fazer as coisas acontecerem. Geralmente, são encontrados em cargos executivos de alto escalão, como proprietários de pequenas empresas ou empreendedores.

Os Tipos Dois Sociais tendem a ser ambiciosos e gostam de ser influentes. Procuram ser vistos como supercompetentes e capazes de assumir qualquer tarefa ou projeto com sucesso. Gostam de sentir seu poder em grupos, de assumir a liderança para que as coisas saiam da maneira como deveriam sair e para garantir que as pessoas certas estejam recebendo apoio. Pensadores altamente estratégicos, destacam-se em fazer as coisas acontecerem por meio de suas relações de troca com as pessoas. Os outros podem vê-los como controladores e manipuladores, mas, em sua visão, podem acreditar que estão apenas "sendo estratégicos" ou "fazendo tudo acontecer por trás dos bastidores", quando trocam favores para ganhar apoio ou manobram em segredo para obter uma posição de poder. Podem acreditar que sabem, melhor do que as outras pessoas, como as coisas devem ser feitas; por isso assumem muito trabalho e produzem muito — e querem dizer aos outros o que fazer e como fazer.

Como líderes, os Tipos Dois Sociais tendem a ser decididos, visionários e comprometidos com a organização e seu pessoal. Sentem-se à vontade em cargos de liderança e trabalham diligentemente para conquistar a multidão. Experientes e estratégicos quando se trata de resolver problemas aproveitando-se dos relacionamentos certos, desfrutam do poder de serem chefes e dão muito apoio às pessoas que os apoiam ou fornecem algo de que precisam. Por fora, podem parecer magnânimos e calorosos, mas podem ser mais focados em seu sucesso individual do que parecem. E embora possam mostrar vulnerabilidade como forma de se conectarem com os outros, na verdade podem não ser tão vulneráveis quanto parecem (ou querem parecer). Na melhor das hipóteses, os Tipos Dois Sociais atuam de forma ousada para fazer coisas ambiciosas, mesclando a leitura clara do que é necessário na situação com a compreensão profunda das pessoas envolvidas.

O Tipo Dois Um a Um (ou Focado no Relacionamento)

Os Tipos Dois Um a Um concentram sua energia e atenção em serem atraentes para os outros e criar relacionamentos de apoio mútuo, um de cada vez. Geram muito impulso para a frente ao se moverem em direção às pessoas e se apresentarem de maneira atraente para os outros, para que estes queiram estar conectados a eles. Também podem ser muito emotivos, mas isso pode assumir a forma de expressar suas opiniões com vigor, a liderança da diversão ou da organização de eventos sociais ou a defesa apaixonada de outras pessoas importantes.

Como são naturalmente emotivos e vibrantes, os Tipos Dois Um a Um levam muita energia e senso de diversão e empolgação às interações interpessoais. Quando querem a amizade de alguém, acionam seu charme e impressionam a outra pessoa com sua generosidade e sua atenção. Bons em ler pessoas, captam as pistas sobre o que alguém gosta e "se transformam naquilo" como maneira de gerar um vínculo ou uma aliança positiva. Entretanto, quando o alvo dessa atenção não reage da maneira que o Tipo Dois Um a Um esperava, ele se sente frustrado, pode aumentar o volume da ofensiva de charme ou pode ficar irritado e insistente.

Como líderes, os Dois Um a Um concentram-se em se alinhar com colegas importantes, assegurando-se de que terão o apoio das pessoas de que gostam e respeitam. Tendem a dar prioridade aos relacionamentos em geral e focalizam uma parcela considerável de sua atenção nas pessoas que consideram como as mais importantes para seu sucesso ou para o sucesso da equipe ou da organização. Entretanto, embora os Tipos Dois Um a Um possam ter seus favoritos dentro da organização, levarão paixão e intensidade emocional a tudo aquilo que fazem. Procuram encantar certos indivíduos para que saibam que poderão contar com eles quando for preciso. Também podem agir por impulso e se empolgar caso se sintam estimulados por uma ideia ou plano em particular. Quando são conscientes e autoperceptivos, podem fazer com que grandes coisas aconteçam, motivados por seu profundo interesse pelos outros e pelo compromisso vigoroso com o trabalho coletivo em benefício das pessoas com quem estão conectados.

O Tipo Dois no trabalho

Às vezes, os Tipos Dois sentem dificuldade para trabalhar com os outros porque:

- "Se não recebo nenhum feedback ou afirmação, posso me sentir ansioso e inseguro porque não conheço minha situação."
- "Eles não tentam me ler, descobrir aquilo de que preciso ou atender às minhas necessidades (sem que eu precise pedir) tal como eu faço pelos outros."
- "Quando acontece alguma coisa que me irrita ou me abala, pode ser difícil conter meus sentimentos ou apenas superá-los, mas eu também me preocupo que me julguem emotivo demais."
- "Posso me sentir sobrecarregado quando atendo às necessidades dos outros, mas, ao mesmo tempo, tenho dificuldade para criar limites ou dizer 'não'. Geralmente, assumo mais coisas do que consigo lidar, pois é mais fácil fazer tudo pessoalmente do que ter de me esforçar para dizer 'não'."
- "Eu me incomodo quando as pessoas não têm consideração e não levam em conta os sentimentos dos outros ou quando a cultura corporativa não valoriza a coesão e a lealdade da equipe ou não põe as pessoas em primeiro lugar."
- "Às vezes, não me sinto à vontade para fazer o que quero porque me preocupo demais com o que os outros vão pensar."
- "Posso me sentir muito magoado quando as pessoas não reconhecem meus esforços ou não me incluem em atividades sociais."

As principais implicâncias do Tipo Dois no local de trabalho podem ser:

- "Quando as pessoas colocam seu interesse pessoal acima do interesse dos outros."
- "Quando as pessoas fazem coisas sem levar em conta o impacto sobre os demais."
- "Quando as pessoas dão feedback negativo sem oferecer um feedback positivo."
- "Quando as pessoas não retribuem tudo que fiz por elas."
- "Quando as pessoas retêm informações e não me deixam saber sobre minha situação."
- "Quando as pessoas me deixam de fora de reuniões ou de encontros sociais dos quais eu gostaria de participar."
- "Quando os gerentes tratam as pessoas com condescendência ou desrespeito."
- "Quando as pessoas não trabalham tanto quanto eu — ou quando os outros pedem ou tiram férias que não merecem."
- "Quando as pessoas não me ouvem ou não seguem meus conselhos."
- "Quando as pessoas insultam ou atacam pessoalmente a mim ou a outras pessoas."
- "Quando as pessoas não fizeram sua parte ou foram displicentes em seu trabalho e eu preciso trabalhar mais para fazer o que elas deveriam ter feito."
- "Quando as pessoas tiram proveito de minha flexibilidade e generosidade."

Como os Tipos Dois podem se tornar melhores colegas de trabalho

Como líderes, os Tipos Dois podem reservar algum tempo para compreender suas emoções e processá-las conscientemente (parando para pensar ou conversar com amigos de confiança) a fim de que possam moderar suas reações. O mundo dos negócios está ficando cada vez mais atento à importância da inteligência emocional; porém, de modo geral, as emoções fortes ainda são malvistas no ambiente de trabalho. Por isso, é importante os Tipos Dois se manterem atentos, aceitando suas emoções e os gatilhos emocionais, para ficarem conscientes de quando e como expressam esses sentimentos. Também será útil se os líderes Tipos Dois se lembrarem de que outros tipos de pessoas não priorizam os relacionamentos como eles. Outros tipos podem priorizar informações e dados, o cumprimento de metas ou a capacidade de exercer o poder. Embora para um Tipo Dois exercer essas outras preferências pareça insensível ou duro, na verdade eles estão apenas concentrados em coisas diferentes. Quando os Tipos Dois conseguem reconhecer sua preferência por ver o trabalho da perspectiva dos relacionamentos, podem valorizar isso como um ponto forte, mantendo a empatia por outros que veem o mundo de outro modo.

Acima de tudo, os Dois se darão melhor com os outros se fizerem o trabalho necessário para perceber e expressar suas próprias necessidades e as expectativas que possam ter dos outros no que diz respeito a atender a essas necessidades. As necessidades pessoais dos Tipos Dois tendem a ser um ponto cego para eles — e quando sabem do que precisam, pode ser difícil para eles priorizar essas necessidades ou fazer pedidos diretos para os outros. O esforço para perceber o que precisam e para transmitir isso aos demais de maneira clara pode ajudar os Tipos Dois a evitarem cenários nos quais se sentem magoados.

Como funcionários de qualquer nível, também será importante que os Tipos Dois aprendam a dar feedbacks honestos — incluindo tanto as más notícias quanto as boas, em vez de se concentrarem no positivo por medo de magoar a outra pessoa (e depois ficarem em silêncio remoendo o que não está funcionando).

Trabalhando com os Tipos Dois

Comportamentos típicos dos Tipos Dois no ambiente de trabalho

Você provavelmente está trabalhando com um Tipo Dois do Eneagrama se notar que essa pessoa apresenta vários dos comportamentos a seguir:

- Sempre faz questão de saber como você está e de fazer um comentário para conectar-se com você como pessoa e não apenas como colega.

- Parece ser muito legal e extremamente amigável, o que pode ser bem agradável ou um tanto suspeito.
- Entra em cena para oferecer seu tempo se alguém precisa de ajuda com alguma coisa.
- Sempre diz "sim" aos pedidos e tem dificuldade para dizer "não", mesmo quando você sabe que ela quer fazer isso.
- Geralmente, toma a dianteira e planeja o *happy hour* ou evento social do escritório.
- Tem muita dificuldade para pedir ajuda e pode ficar irritada quando está sobrecarregada e não é reconhecida.
- Tem dificuldade para se sentir motivada se não conhece sua posição com relação às pessoas acima dela.
- Tem dificuldade para ser direta e tende a adoçar suas opiniões para evitar conflitos com pessoas de que gosta ou quer impressionar.
- Reage muito bem a aprovações e fica arrasada com desaprovações, pode ser autocrítica e questionar-se mesmo quando acha que desagradou alguém.
- Em sua melhor versão, é altruísta e generosa, fazendo o possível para capacitar as pessoas e orientá-las da maneira certa para ajudá-las a se desenvolver.
- Em sua melhor versão, é animada, positiva e solidária, disposta a trabalhar muito para ajudar a equipe a ter sucesso.

Por que é ótimo trabalhar com líderes conscientes do Tipo Dois

- São amigáveis e positivos, tendem a ser pessoas divertidas para se ter por perto.
- Podem ser muito inspiradores, pois levam entusiasmo e paixão ao trabalho, se o consideram significativo.
- Fazem as pessoas se sentirem valorizadas e querem sinceramente que os outros desfrutem do seu trabalho e uns dos outros.
- Tentam estabelecer um tom positivo no escritório e descobrir uma forma estratégica de afastar alguém que crie problemas ou prejudique a equipe.

- Valorizam o equilíbrio entre vida profissional e vida pessoal e dão alta prioridade para tornar o ambiente de trabalho mais humano e compassivo.
- Querem fomentar a colaboração e o apoio mútuo dentro das equipes.
- Quando gostam mesmo de você, são excelentes amigos e colegas. Têm interesse por aquilo que motiva as pessoas, gostam de ouvir seus problemas e querem fazer você se sentir melhor (mesmo que você não queira).
- Podem trazer muita dedicação e energia para apoiar a empresa, a equipe ou os colegas e experimentar muita satisfação quando seu apoio tem um impacto positivo no projeto, em seu gerente ou nos colegas.

Desafios típicos para pessoas que trabalham com Tipos Dois

- Podem parecer loucas, mas não falam nada.
- Trabalham muito e depois agem como mártires, magoadas porque os outros não se esforçaram tanto quanto elas.
- Acreditam que podem fazer tudo sozinhas — e depois se ressentem por fazerem tanta coisa e os outros não ajudarem (embora tenham rejeitado ativamente ofertas de ajuda).
- Ficam obcecadas por conquistar a única pessoa do escritório que não gosta delas (porque não gosta de ninguém).
- Não conseguem dar feedback negativo e frequentemente toleram mau comportamento.
- É muito difícil ser franca e direta sobre algo que não está funcionando bem, mas desabafam sobre isso com outras pessoas.
- Podem agir amigavelmente e acreditar que são abertas e receptivas às pessoas, mas têm muros à sua volta por medo de não serem queridas.

Os Tipos Dois e a liderança

Um líder do Tipo Dois conta como conhecer seu tipo no Eneagrama ajuda no trabalho

Teresa Roche é diretora de recursos humanos na cidade de Fort Collins, no Colorado, e ex-vice-presidente e diretora de desenvolvimento de talentos da Agilent Technologies:

> Algumas das desvantagens de ser do Tipo Dois: posso querer bancar a salvadora e perder equilíbrio, presumindo que os outros têm necessidades que não têm. Além disso, se não estiver totalmente presente, posso supor que TODAS as necessidades do mundo estão sob meu encargo. Às vezes, posso me sentir sobrecarregada porque me sinto extremamente sintonizada com o domínio emocional dos outros e posso ficar desorientada captando informações conscientes ou inconscientes sobre os sentimentos dos outros. Se não consigo atingir os resultados ou atender às necessidades dos demais, posso ficar exausta e perder a autoconfiança. Posso ficar magoada se acham que só fiz o que devia ou se não reconhecem minha atividade durante um longo período.
>
> Além disso, posso passar muito tempo pensando que meu trabalho consiste em "ajudar" o outro; não consigo evitar isso. Posso até me esforçar para dizer não para as pessoas e dizer sim às solicitações dos clientes quando minha equipe não tem capacidade para atendê-las. Mas saber que sou um Dois também me ajuda a assumir os dons e o poder do meu tipo. Posso analisar uma situação desafiadora e ver o que ela tem de bom e por que vai melhorar. Consigo avaliar imediatamente como as pessoas se sentem num nível visceral, incluindo sua bondade, seus talentos e oportunidades inerentes. Isso impulsiona minha capacidade de inspirar e liderar os outros a entregar resultados significativos, onde aprendizagem e crescimento são acelerados. Meu talento para sentir e transmitir o poder da emoção e apoio cria um ambiente atraente para mim, e os outros celebram o que há de melhor em nós mesmos e em nosso trabalho. Posso liderar equipes para alcançar resultados que tendem a exceder as expectativas de todos.
>
> Também sou respeitada por minha capacidade de enxergar as pessoas em profundidade. Graças a meu estilo amável, intenso e forte, posso ser um poderoso agente de mudança, fornecendo feedbacks precisos para capacitar os outros a assumirem o risco de crescer, aprender e contribuir em seus níveis mais elevados. E sou muito resiliente e adaptável. Posso reagir rapidamente, conforme a demanda, e liderar os outros muito bem, proporcionando contexto e um amplo sistema de apoio.

Quando você é gerente e é um Tipo Dois

Pessoas com a personalidade do Tipo Dois dão líderes entusiasmados, que podem impressionar clientes e inspirar suas equipes porque se interessam por seu trabalho e seu pessoal. Elas sabem ler o ambiente, se apresentar e se relacionar com os outros no nível pessoal e fazem sua lição de casa para não ficarem mal quando for preciso causar boa impressão.

Se você é um Tipo Dois, pode achar que não é um líder natural, sentindo-se mais à vontade como "o poder por trás do trono". (Mas se você for um Dois Social, pode achar fácil e gratificante ser o líder.) Entretanto, seria um erro estereotipar os Tipos Dois como se sempre quisessem ser o "número dois", pois você pode ser um líder enérgico que gosta de usar sua influência para criar um produto ou uma experiência de qualidade. Como líder do Tipo Dois, você pode se sentir desafiado quando não tem tempo para formar conexões pessoais, quando acumula compromissos demais ou quando precisa dar um feedback difícil. Às vezes, pode se esgotar e se ressentir das pessoas ao seu redor por não o apoiarem o suficiente ou da maneira correta. No seu melhor momento, porém, você é sensível às necessidades e preferências dos outros, pode ouvir atentamente seus colegas e concentrar-se em desenvolver as pessoas para criar uma comunidade coesa e próspera de pessoas boas.

Quando seu gerente é do Tipo Dois

A maior vantagem de ter um chefe do Tipo Dois é ter a certeza de que ele vai querer manter um bom relacionamento com você. Os líderes Dois valorizam muito o trabalho com as pessoas certas e o cultivo de relacionamentos. Provavelmente, serão calorosos, amigáveis e nada intimidantes, preocupados em ter uma boa aparência e fazer um bom trabalho (para dar uma boa impressão). Os chefes do Tipo Dois podem atrasar ou evitar conflitos e ter dificuldade em dar feedbacks não tão positivos e podem até adoçar as comunicações por medo de ofender você. Alguns líderes do Tipo Dois podem se sentir desconfortáveis com o próprio poder, mas os Dois Sociais podem gostar dele.

Quando estão estressados ou menos autoconscientes, os líderes do Tipo Dois podem ter um senso inflado de si mesmos, mas é para mascarar o medo e a insegurança que sentem por dentro. Podem não ter um senso de identidade — a sensação de que sabem de verdade quem são e se sentem bem com quem são. Isso pode significar que não conseguem tomar decisões ou que não estão em contato com o que sentem. Também pode levar seus sentimentos a aflorarem periodicamente em acessos de culpa ou ressentimento.

Na melhor das hipóteses, os líderes Dois mais conscientes são atenciosos e calorosos, sinceramente interessados em capacitá-lo e apoiar seu sucesso. Gostam muito do aspecto pessoal do trabalho e procuram inspirar os outros a fazerem grandes coisas. Apesar de serem generosos com seu tempo, também sabem manter bons limites (os autoconscientes sabem dizer "não" e deixam claro quem é responsável pelo quê) e sabem cuidar de si mesmos.

Quando seu subordinado é do Tipo Dois

Quando seus subordinados diretos têm estilo do Tipo Dois, você pode contar com eles para apoiá-lo em tudo que você faz, da maneira mais forte possível. Sentem-se muito à vontade na maioria dos papéis de apoio, e vão tentar fazer as coisas da maneira certa para garantir que você goste deles e aprove o trabalho que estão fazendo. Embora os Tipos Dois possam ser estereotipados como auxiliares extremos, a ponto de serem excessivamente subservientes, na verdade podem ser bem estratégicos na maneira como apoiam os outros. Podem se sintonizar com os outros de forma impecável e, quando sabem o que querem e estão em contato com o que sentem, podem ser generosos, fortes, diplomáticos e orientados para o sucesso.

De fato, os Tipos Dois evitam conflitos e podem ser indiretos, especialmente se estão em papéis subordinados, pois talvez não queiram ser francos sobre como se sentem e o que pensam, com medo de ofender ou afastar você. Para eles, pode ser difícil pedir aquilo de que precisam, e por isso podem acabar parecendo carentes. (Mas, se soubessem que você os percebe como carentes, se sentiriam humilhados.) Pode ser difícil para eles expressar seus sentimentos, pois receiam parecer muito emotivos; por isso, controlam suas emoções, trabalham demais e ficam com raiva, tristes ou agindo de maneira inconveniente. Caso não se sintam valorizados ou respeitados, podem se rebelar, ficar passivo-agressivos ou sair do emprego.

Do lado bom, porém, os Tipos Dois saudáveis são extremamente dedicados e comprometidos com o apoio ao seu sucesso. Farão tudo que puderem para que você pareça bem e garanta a aprovação do trabalho que estão fazendo. Terão dificuldade em receber feedbacks negativos, mas se você fizer isso com sensibilidade e for claro sobre suas expectativas, vão se esforçar para melhorar.

Convivendo com o Tipo Dois: O que fazer para trabalhar bem com ele

- *Ofereça apoio.* Os Tipos Dois querem saber que você está do lado deles e que os apoia — que podem confiar em seu apoio quando precisam de alguma coisa. Se um Tipo Dois souber que pode confiar em sua generosidade, estará disposto a fazer qualquer coisa por você.
- *Dê a eles o espaço para fazerem o seu melhor.* Se você quer que um Dois faça alguma coisa muito bem, não o apresse. Eles querem fazer o melhor que podem e agregar valor sem desapontar ninguém, mas precisam de tempo para se preparar e ver como podem fazer isso.
- *Ajuste o nível de paixão e dedicação deles ao trabalho e à equipe.* Mostre tanto comprometimento quanto entusiasmo e eles vão ver que não estão sozinhos pondo o coração no trabalho que fazem.
- *Seja otimista e positivo.* Os Tipos Dois querem desfrutar das pessoas e se divertir no trabalho; por isso, apreciam colegas que se unem a eles para levar o fardo de manter o ânimo das pessoas.
- *Manuseie com cuidado.* Aprenda a fornecer feedback negativo entre dois feedbacks positivos. Resista ao impulso de pedir demais deles e estimule-os a dizerem "não" se for necessário. Seja direto e apoie-os a serem da mesma maneira com você e com os demais. Acima de tudo, deixe-os saber que você gosta deles e se preocupa com eles.
- *Reconheça-os, bem como seus esforços.* Deixe os Tipos Dois saberem que o que estão fazendo está dando certo. Eles são muito receptivos a incentivos e feedbacks positivos. Precisam saber qual é a percepção dos outros sobre eles e podem se sentir perdidos se as pessoas não lhes disserem como estão indo e como podem melhorar.

Sugestões de crescimento: Como os Tipos Dois podem ser mais autoconscientes, eficazes e felizes no trabalho

Todos os tipos podem aprender a ser menos reativos e a colaborar melhor com os demais, observando primeiro seus padrões habituais e refletindo sobre o que pensam, sentem e fazem para obter mais autopercepção. Depois, devem esforçar-se para gerenciar ou moderar suas reações automáticas diante de alguns gatilhos.

Os Tipos Dois se desenvolvem primeiro observando e depois aprendendo a moderar suas reações habituais diante de alguns gatilhos, como não serem (suficientemente) queridos, seus sentimentos não serem considerados ou não serem notados e reconhecidos por suas contribuições.

Quando os Tipos Dois conseguem observar suas ações a ponto de se surpreenderem fazendo as coisas que lhes causam problemas, e então param para refletir sobre as próprias atitudes e sobre a razão para isso, podem aprender aos poucos a moderar sua programação e suas reações automáticas. Eis algumas ideias para ajudar os Tipos Dois a se tornarem mais autoconscientes, emocionalmente mais inteligentes e mais satisfeitos no trabalho (e em casa).

Auto-observação: Aspectos que os Tipos Dois devem considerar

- Perceba quando o hábito de atender às necessidades dos outros pode ultrapassar a mera generosidade e tornar-se excessivo — ou mesmo inconveniente. Como e por que você se sintoniza com as necessidades e sentimentos alheios? Está consciente de seus próprios sentimentos e necessidades?
- Observe sua conexão com suas emoções: quando você percebe mais ou percebe menos o que está sentindo? Que tipo de emoção tende a sentir mais e a sentir menos?
- Perceba quando está tendo excesso de empatia pelos outros, sem levar em conta seus próprios sentimentos e suas necessidades.
- Você se sente à vontade quando pede ajuda? O que acontece quando precisa de ajuda mas não pede?

- Perceba quando precisa que todos gostem de você e as consequências disso. Note o que faz para se assegurar de que os outros gostarão de você. O que acontece quando não tem certeza se alguém gosta de você ou quando recebe a mensagem de que alguém não está contente com você?
- Observe quando você se modifica para se adaptar aos outros e perde contato com quem você é e com aquilo que deseja e precisa.
- Observe o que acontece quando você quer dizer "não" mas diz "sim". O que há por trás desses pensamentos e sentimentos? Você se sente à vontade para dizer não?

Pontos cegos: O que você não sabe que pode machucar

Os pontos cegos dos Tipos Dois são:

- *"Dar para receber" (e como a doação pode significar controle)*. Com frequência, os tipos Dois pensam que dão de si mesmos de maneira generosa e altruísta, sem esperar nada em troca. Embora isso em geral seja verdade, às vezes eles se doam como estratégia para fazer com que as pessoas gostem deles, para conseguir alguma coisa de que precisam ou para exercer o controle. Mas talvez muitos Dois não percebam que suas próprias necessidades negadas podem motivar suas ofertas de ajuda ou apoio — especialmente porque receber pode parecer estranho e desconfortável. É muito importante se conscientizarem de seus motivos potencialmente ocultos para dar e ajudar a fim de aprender a pedir diretamente aquilo de que precisam.
- *Manipular as coisas para conseguir o que quer sem precisar pedir.* Quando trabalho com Tipos Dois, em geral eles concordam com boa parte da descrição da personalidade do Tipo Dois — até dizer que são manipuladores. Mas se pensarmos na definição de "manipular" como uma forma mais benigna de movimentar as coisas por trás dos bastidores com um propósito específico, a palavra descreve de fato aquilo que os Dois costumam fazer. Como desejam evitar a rejeição, tentam obter indiretamente o que

querem orquestrando o que acontece em segredo para atender às suas necessidades de maneira velada.

- *O que está sentindo e do que está precisando no momento?* Não raro, os Dois perdem contato com aquilo que sentem de fato porque os sentimentos dos outros parecem mais importantes. Embora possam ser muito emotivos, são capazes de evitar inconscientemente seus sentimentos como forma de se alinhar com os demais. Quando negam as próprias necessidades para provar seu valor atendendo às necessidades dos outros, é inevitável que suas necessidades não reconhecidas vazem em seu comportamento de maneiras que eles não percebem. Isso pode levar os outros a ver os Dois como carentes — absolutamente a última coisa que um Dois quer ser! Por isso, será bom focalizarem de modo consciente suas próprias necessidades para evitar esse cenário problemático.
- *A presença e as causas da tristeza ou da raiva.* Talvez os Tipos Dois não percebam o que sentem na verdade, pois tendem naturalmente a se manter com bom humor. A maioria das pessoas quer estar perto de outras que são otimistas e agradáveis, e por isso os Dois se esforçam para ser exatamente isso. No entanto, por trás do exterior alegre, em geral os Tipos Dois abrigam sentimentos de tristeza (e podem até se sentir deprimidos) porque as pessoas podem não considerá-los tanto quanto gostariam ou porque eles podem acreditar que as pessoas os apreciam pelo que dão e não pelo que são. Além disso, podem se esgotar doando-se demais e ficar magoados porque os outros não cuidam deles tal como eles cuidam dos outros.
- *Dependência dos outros.* Os Tipos Dois gostam de acreditar que não precisam ou dependem dos outros da mesma forma que os outros confiam neles. E embora isso possa ser verdade, até certo ponto, também representa uma maneira pela qual os Dois tendem a mentir para si mesmos. Todos nós precisamos das pessoas, mas como os Dois podem ter tido um histórico de mágoa com pessoas das quais dependiam, querem acreditar que não precisam de ninguém.
- *Ponto cego: autoelevação e autodeflação.* Em geral, os Tipos Dois não percebem que precisam se ver como melhores do que são para

impressionar e atrair os outros ou como se sentem mal consigo mesmos quando não conseguem impressionar e atrair os demais. Têm uma espécie de falso orgulho acerca de tudo que podem fazer e ser pelos outros, o que leva a uma autoimagem inflada e a se sentirem humilhados quando a bolha estoura.

Autopercepção: Coisas para pensar, compreender e explorar

- Como e por que você perde o contato consigo mesmo quando está tentando agradar pessoas importantes?
- Por que é tão importante ser aceito? O que você faz para garantir que os outros pensem bem de você? O que acontece quando alguém não gosta de você?
- Por que é difícil dar um feedback honesto para os outros sem abrandar as possíveis críticas que você possa ter? O que receia quando evita apresentar aos colegas de trabalho uma avaliação franca sobre como as coisas estão indo?
- Como e por que você "muda de forma" para se alinhar com os demais? O que o motiva a alterar sua apresentação dependendo das pessoas com quem está?
- Por que é difícil pedir ajuda? O que você receia que possa acontecer?

Pontos fortes para alavancar

Será útil se os Tipos Dois perceberem, prestarem bastante atenção, assumirem e alavancarem:

- *Sua capacidade natural de ter empatia com os sentimentos dos outros.* Compreender como os outros se sentem e focalizar o impacto emocional das coisas sobre as pessoas permite que os Tipos Dois sejam defensores poderosos, colaboradores atenciosos e seres humanos amáveis. Como "ser emotivo" ainda pode causar má reputação no ambiente de trabalho, é importante que os Dois reconheçam sua sensibilidade como um ponto forte.

- *Sua dedicação à formação de relacionamentos e a levar em conta o impacto sobre as pessoas.* Geralmente, os Tipos Dois desempenham um papel desconhecido no trabalho: eles compreendem a importância de saber como relacionar-se com os outros e de fomentar relacionamentos profissionais. Em muitos ambientes corporativos, as tarefas profissionais costumam receber prioridade acima dos relacionamentos, e por isso será útil se os Dois reconhecerem e valorizarem o trabalho que fazem para formar, manter e melhorar os relacionamentos.
- *Sua vontade de trabalhar muito.* Normalmente, os Tipos Três recebem a maior parte do crédito por serem "trabalhadores dedicados", mas também se esforçam para fazer o trabalho. A diferença é que, se os Tipos Três são motivados por parecerem bem-sucedidos, vencedores e cumpridores das metas, os Tipos Dois querem que seus esforços tenham um impacto positivo sobre os outros.
- *Seu interesse e sua habilidade para colaborar com os outros.* Os Tipos Dois gostam de verdade do processo de formar equipes com outras pessoas e sentem prazer em trabalhar com elas para alcançar objetivos comuns. Têm muito entusiasmo, energia positiva e compromisso com as coisas que fazem em equipe.
- *Sua generosidade em dar aos outros.* Na maior parte do tempo, quando dão algo, os Tipos Dois têm a melhor das intenções de apoiar e elevar os demais. Tendem a ser altruístas, atenciosos e cuidadosos.

Autogestão: Tendências desafiadoras que os Tipos Dois devem moderar

- *Responsabilidade.* Assuma menos responsabilidade pela gestão dos sentimentos dos outros e mais responsabilidade por suas próprias necessidades e sentimentos.
- *Limites.* Gerencie os limites de forma mais consciente. Aprenda que não há mal em dizer "não" e gaste mais energia em suas prioridades — e menos nas dos outros.
- *Acolha, mas modere as emoções.* Aceite sua natureza emocional como um ponto forte, mas saiba o que precisa fazer por você mesmo para

ter seus sentimentos, processá-los, canalizá-los com consciência, controlá-los quando for preciso, expressá-los de forma prudente e deixá-los ir quando for apropriado.

- *Renuncie à necessidade de ser indispensável.* Desenvolva seu senso de autoestima para não precisar ser necessário para os outros a fim de provar seu valor.
- *Aumente a confiança em si mesmo.* Aprenda a se valorizar mais a fim de não precisar de tanta confirmação e aprovação externa para saber que você está indo bem (ou sendo fantástico). Assuma seu poder e sua autoridade de maneira consciente.

Manifeste conscientemente seu potencial superior: Cuide do "ponto baixo" e almeje o "ponto alto"

Os Tipos Dois também crescem quando se tornam conscientes de hábitos e padrões autolimitantes associados a seu estilo de personalidade e aprendem a incorporar os aspectos mais elevados ou as capacidades mais expansivas da personalidade do Tipo Dois.

- Aprenda a se tornar consciente do falso orgulho (quando você acha que para ser apreciado precisa ser melhor do que é) e busque a humildade, sabendo e sentindo-se bem sobre quem você é na verdade, em vez de se ver como alguém que é mais ou menos do que você é em essência.
- Aprenda a perceber quando você dá demais, para poder oferecer suporte adequado e dar mais para si mesmo.
- Aprenda a perceber quando você está se esgotando com seus esforços para provar seu valor para os outros e desenvolva uma percepção mais profunda de seu valor e de suas qualidades pessoais, além do que você faz pelos demais.
- Aprenda a estar ciente de qualquer medo de dependência que possa sentir e desenvolva a capacidade de receber (e realmente absorver!) amor, apoio, reconhecimento e aceitação.
- Aprenda a perceber e a evitar certas emoções e desenvolva a capacidade de acolher sua natureza emocional, empregando-a para o bem.

- Aprenda a se conscientizar de quaisquer crenças negativas que possa ter a seu respeito e assuma sua competência, beleza e poder, tentando abraçar aquilo que é realmente verdadeiro.

De modo geral, os Tipos Dois podem realizar seus potenciais mais elevados observando e trabalhando contra seu hábito de concentrar tanta atenção nos outros e aprendendo a sintonizar os próprios sentimentos, necessidades e desejos. Quando começam a valorizar mais conscientemente suas próprias contribuições, eles podem equilibrar seu cuidado sincero com os outros e maior grau de apoio a si mesmos.

Quando podem se apoiar em sua maior capacidade de validar quem são por dentro — por se valorizarem por quem são e não pelo modo como agradam aos outros —, eles podem expressar mais de si mesmos no mundo e levar mais confiança, determinação e produtividade a seu trabalho como líderes. Quando conseguem equilibrar sua preocupação com o bem-estar dos demais e o reconhecimento profundo daquilo que trazem para a mesa, podem liderar a partir do senso fundamentado de sua sensibilidade e inteligência emocional e de seu poder pessoal.

CAPÍTULO 6

ESTILO DE LIDERANÇA DO TIPO TRÊS: O PRODUTIVO COMPULSIVO, OU COMO ATINGIR A META E FICAR BEM NA FOTO

O arquétipo do Tipo Três é a pessoa prototípica que quer fazer o melhor trabalho possível para atingir certo objetivo e parecer bem fazendo isso (e por causa disso). Ora chamado de "o Artista", ora de "o Realizador", o estilo do Tipo Três está relacionado com a criação de uma imagem de sucesso por meio de trabalho árduo para alcançar os melhores resultados, competindo para vencer e cumprindo tarefas para ganhar status. A atenção dos Tipos Três vai automaticamente para tarefas e projetos de trabalho e o modo de realizá-los da maneira mais rápida, mais eficiente e mais direta possível, para parecerem bons aos olhos dos outros.

A programação dos Tipos Três sugere que a maneira de se sentirem bem consiste em terem tanto sucesso quanto puderem de acordo com a definição de "sucesso" da cultura ao seu redor — e serem vistos fazendo isso. Seu estilo é moldado pelo foco primário em fazer e trabalhar para ter sucesso, para que os outros os vejam como vencedores. Concentrando firmemente sua atenção em metas e tarefas, realizam muito, o que permite a eles obter posses, títulos e outros indicadores de sucesso material que farão com que as pessoas saibam que eles têm valor. Geralmente, os Tipos Três se identificam muito com sua persona profissional, dizem que gostam de trabalhar e são, de fato, os maiores viciados em trabalho do Eneagrama. São muito motivados a fazer o que podem para ter sucesso em tudo o que se propõem, pois acreditam que ser o melhor faz com que pareçam atraentes e admiráveis.

Não surpreende o fato de o estilo de comunicação dos Tipos Três combinar com seu estilo de trabalho: seu modo de falar tende a ser objetivo, direto, pontual e em tópicos. Os Tipos Três concentram a comunicação no trabalho e em tarefas, geralmente sem muito bate-papo estranho que poderia atrasar as coisas e distrair seu progresso em direção ao objetivo. Artistas natos, sintonizam-se o suficiente com seu público para impressioná-los e para colaborar se a situação assim o exigir, mas não a ponto de despertarem emoções ou de ficarem mergulhados em conversas desnecessárias.

Líderes com estilo do Tipo Três tendem a ser realizadores focados no trabalho, orientados por tarefas e movidos por objetivos. Você vai encontrá-los (em grande quantidade) nos níveis mais elevados da maioria das organizações, pois o que os motiva é exatamente trabalhar para galgar os escalões corporativos ou para serem os melhores no que fazem. Os Estados Unidos são um país do Tipo Três, e por isso não deve surpreender o sucesso dos Três na sua cultura empresarial. Ideais como sucesso, lucro, trabalhar muito para realizar as coisas e competir para vencer (e poder comprar as coisas que refletem o status de vencedor) é o que identifica os Estados Unidos — e o estilo do Tipo Três.

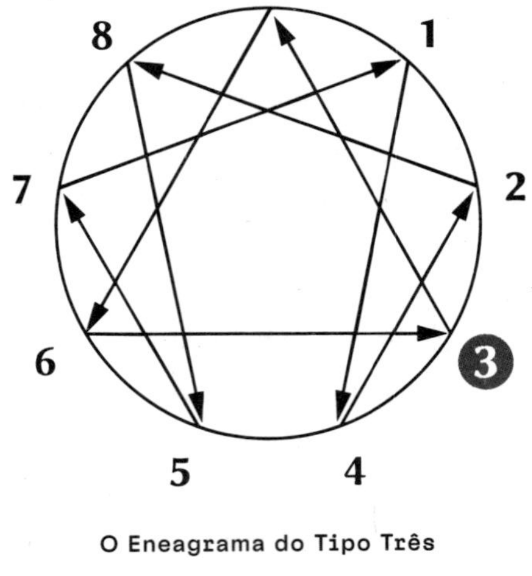

O Eneagrama do Tipo Três

Em geral, os líderes do Tipo Três gostam de ser os líderes e apreciam os benefícios associados ao cargo — em especial a possibilidade de dizer como o trabalho deve ser feito. Especializam-se em executar planos para fazer as coisas e obter resultados e podem se concentrar em produzir resultados de qualidade mediante trabalho árduo e implacável, parecendo modestos e humildes ou competindo para vencer a todo custo ou se tornando o ideal de atração e carisma pessoal. Mas se querem ser bons ao extremo no que fazem, parecer bons em tudo o que fazem ou ter uma boa aparência enquanto apoiam os outros a serem bem-sucedidos no que fazem, geralmente os Três conseguem atingir qualquer meta na qual decidam concentrar sua considerável energia.

Como saber se você é um Tipo Três: A visão de dentro

Se a maioria ou todas as características a seguir se aplicarem a você, é provável que seu estilo de personalidade seja o Tipo Três.

- *Você vê sua atividade da perspectiva de como fazer o melhor trabalho possível da maneira mais eficiente.* Você se esforça para ser produtivo, eficaz, rápido e eficiente. É levado a trabalhar muito para alcançar o sucesso em tudo que faz.
- *Você se concentra como um raio laser nas metas — sempre pensa em termos de "qual é a meta e como podemos atingi-la da maneira mais direta?".* Você vê naturalmente o trabalho em termos de metas específicas a serem atingidas e as etapas e tarefas que precisam ser realizadas para que isso aconteça. E, se alguém ou alguma coisa ficar no caminho, você contorna o obstáculo (sem se preocupar com o custo).
- *Você sabe ler bem a plateia.* Você capta o que as pessoas à sua volta consideram admirável, eficaz e atraente e avalia automaticamente o que os outros consideram como a melhor maneira de ser, parecer ou fazer as coisas.
- *Você é hábil em discernir o que as pessoas em cada contexto consideram um sucesso e então torna-se aquilo.* Você tem talento para ajustar-se a qualquer imagem na qual decide se transformar. Uma das maneiras

pelas quais procura ser bem-sucedido é parecer bem-sucedido. Você é parecido com um camaleão, pois pode alterar sua imagem para ajustá-la ao ambiente.

- *Um de seus motivadores no trabalho é querer parecer bem-sucedido aos olhos dos outros de acordo com a forma como eles medem o sucesso.* Você sente automaticamente o que as pessoas à sua volta consideram um sucesso em todos os contextos da vida e (muitas vezes, de forma automática) procura adequar-se a esse ideal.
- *Você quer vencer e ser o melhor.* O segundo lugar é inaceitável. Se não puder vencer, provavelmente não fará nada.
- *Você se identifica com seu trabalho — você acha que é aquilo que faz.* Você encontra valor em fazer as coisas e em alcançar as recompensas e o status que acompanham o poder de fazer tantas coisas.
- *Você trabalha muito mesmo e tem dificuldade para desacelerar.* Você diz a si mesmo que gosta do seu trabalho (e gosta mesmo, na maior parte do tempo) e, assim, quando trabalha 24 horas por dia, 7 dias por semana, não parece haver nada de errado nisso.
- *Você fica impaciente com pessoas que retardam seu progresso na direção de sua meta.* Você tem dificuldade para lidar com pessoas que considera incompetentes, indecisas ou não confiáveis quando se trata de cumprirem seus compromissos dentro do prazo.
- *Você é uma pessoa de alto desempenho ou que ultrapassa os limites.* Você tem um currículo extenso repleto de grandes realizações, mas ainda se preocupa com a possibilidade de alguém que fez mais do que você parecer melhor que você.
- *Você adora marcar itens de sua "lista de tarefas" como concluídos.* Você faz listas, e uma das razões para se mover tão rapidamente é que concluir tarefas dá uma sensação muito boa, e você se deleita com sua produtividade.
- *Você pode estar desconectado de suas emoções ou considerá-las uma perda de tempo.* Você acredita que "não é produtivo" sentir todas essas emoções incômodas que o retardam, então geralmente as evita.
- *Você gosta de ocupar posições de liderança e de ter voz ativa na maneira como o trabalho é realizado.* Você se destaca por atingir metas,

executar o trabalho de forma rápida e eficiente e alinhar-se à cultura e à visão da empresa — e, por isso, gravita naturalmente em direção a papéis de liderança. Gosta de comandar a maneira como o trabalho é feito e de garantir que será concluído, e como você é muito bom nisso, as pessoas querem que você assuma a liderança.

A principal estratégia adaptativa do estilo de personalidade do Tipo Três

Desde cedo, os Tipos Três recebem a mensagem de que são aceitos ou amados por aquilo que fazem, não por quem são. Talvez tenham tido pais bem-intencionados que os elogiavam por suas realizações, ensinando-lhes que "fazer" e "realizar" significam recompensas. Ou podem ter tido um progenitor ausente ou ineficaz — geralmente, o pai ou outro protetor e provedor arquetípico —, por isso devem ter aprendido a ser "fazedores" para sobreviver. Na cultura estadunidense, os Três também podem ter recebido um reforço para esse hábito de tentar provar seu valor através do fazer, pois "conquistar" e "parecer bem-sucedido" são comportamentos incentivados pelas normas e valores dos Estados Unidos.

Motivados pela necessidade de serem vistos como bem-sucedidos, atraentes e competentes, os Três passam a acreditar que são capazes de atingir qualquer meta que estabeleçam e de vencer qualquer concurso de que participem. São hábeis para concluir tarefas e atingir o "sucesso" conforme define a mentalidade do sonho americano: possuir uma casa, ter recursos e ser atraente para os outros. E como desempenho, status e boa aparência parecem garantir tanto a segurança material quanto o reconhecimento dos outros, os Tipos Três desenvolvem a capacidade de se esforçar muito para atingirem qualquer meta em que se concentrem. Mesmo sem pensar, identificam-se com (e tornam-se) a imagem de uma pessoa que impressiona a maioria das pessoas na maior parte do tempo.

Como os Tipos Três acreditam que ser o melhor é a maneira de obter aceitação, reconhecimento positivo e respeito dos outros, o fracasso é algo a ser evitado a todo custo — a ponto de alguns Três dizerem que, se acharem que não terão sucesso em algo, simplesmente não o farão. O fracasso deve ser evitado a todo custo, e por isso os Tipos Três se afastam rápido de qualquer sinal de derrota, tanto enquadrando-a como um sucesso quanto desviando seu foco para alguma coisa em que são bons. É como se o valor essencial dos Tipos Três como pessoas dependesse de sua capacidade de superação, e por isso sentem-se compelidos a provar que são valiosos, destacando-se e tendo um desempenho impecável em tudo o que fazem.

O radar do Tipo Três: O que chama sua atenção?

A estratégia de apresentar a si mesmos e as coisas que fazem de maneira a garantir que os outros os vejam como bem-sucedidos leva os Tipos Três a concentrar sua atenção em interpretar as pessoas. Assim como os Tipos Dois, os Tipos Três prestam muita atenção nas outras pessoas; mas, ao interpretá-las, concentram-se no sucesso e não na simpatia, ajustando-se àquilo que os outros consideram atraente em termos de conquistas, apresentação e status social ou profissional.

Os Tipos Três buscam pistas sobre o que os outros consideram prova de "sucesso" e são muito habilidosos na calibração de sua apresentação para se ajustarem àquela imagem. Transformam-se no que quer que intuam que as pessoas de um contexto social específico consideram prova de sucesso, como forma de serem vistos de maneira positiva pelos outros. São hábeis em determinar exatamente as roupas certas para usar em ambientes específicos, como se comportar e o que fazer ou não fazer para se encaixarem e ficarem bem em qualquer ambiente em que se encontrem.

Depois que os Três detectam aquilo que as pessoas valorizam, procuram tornar-se aquilo, com um foco preciso em tarefas, metas e ações, trabalhando incansavelmente para alcançar as conquistas que se traduzem na imagem de sucesso que desejam criar. Esse foco poderoso e abrangente no fazer lhes permite cumprir com sucesso qualquer meta que estabeleçam, evitando emoções, necessidades e desejos pessoais mais profundos que podem atrapalhar tudo que precisam fazer para ter a aparência que querem aos olhos dos outros.

A visão do "Planeta Três": Como os Tipos Três veem o mundo

Geralmente, indivíduos com estilo do Tipo Três veem o mundo em termos de tarefas a cumprir, de metas a atingir e de aparência das coisas. Alinham-se automaticamente com marcadores externos de sucesso, inclusive as posses materiais e sinais de status que significam prosperidade. Os Três se destacam por sua habilidade para mudar de apresentação e parecerem apropriados, "parte do grupo" e competentes em todos os momentos e em todas as realidades culturais. Como camaleões, adaptam sua aparência externa para se integrar (de forma positiva) a todos os ambientes sociais e de trabalho.

Os Tipos Três também veem a vida através de sua "lista de tarefas". Amam a sensação de marcar que uma tarefa foi concluída, e por isso sua experiência cotidiana é modelada por aquilo que precisa ser feito, e sua percepção é estruturada pelas tarefas que precisam ser feitas (na ordem de prioridade) e por aquilo que precisam fazer para operar com produtividade máxima. Às vezes, são chamados de "fazedores humanos" em vez de "seres humanos", pois os Três se empolgam tanto com o "fazer" que mal deixam espaço para "ser" (ou sentir), pura e simplesmente.

Como acreditam que o mundo adora os vencedores, os Tipos Três trabalham para garantir que serão vistos como pessoas que podem atingir qualquer objetivo, sempre saírem por cima e sempre parecerem bem fazendo o que quer que façam. Embora alguns Três sejam extremamente competentes e motivados pela vitória, outros preferem se comparar com os próprios níveis anteriores de produtividade. Nos dois casos, a perspectiva do Tipo Três é moldada pela compreensão aguçada do que precisa ser feito — e como precisam parecer — para criar a imagem de serem os melhores em tudo o que fazem, em qualquer cenário em que estejam. Buscam obter o que for preciso — título, diploma, roupas, carro, casa de praia ou realização — para que o mundo saiba que eles personificam a definição de sucesso, qualquer que seja o meio em que vivam ou trabalhem.

O líder do Tipo Três: Características principais

Os traços de personalidade a seguir ajudam a definir o estilo de liderança do Tipo Três.

- *Capacidade de ler seu público.* Geralmente, mesmo sem saber que estão fazendo isto, os Tipos Três "leem" as pessoas à sua volta para saber como ajustar sua apresentação e obter o maior impacto possível para impressionar as pessoas com sua competência e atratividade.

- *Orientados para metas.* Os Três querem ser produtivos, e saber qual é a meta ajuda-os a concentrar seus esforços na direção certa para realizar o que desejam alcançar.
- *Foco na ação/mentalidade voltada para a realização.* Os Três compreendem que as pessoas avaliam os demais em termos de suas realizações e conquistas e mostram-se mais do que dispostos a fazer qualquer trabalho duro que seja necessário para serem bem-sucedidos e cumprirem suas metas.
- *Gerenciamento da imagem.* Certa vez, tive uma conversa longa e séria com um grupo de Tipos Três sobre o processo de escolha da roupa pela manhã. Eles ajustam continuamente sua apresentação para ser o que os outros valorizam como bem-sucedido e profissional — e ter a aparência certa em termos do traje e dos sapatos certos é uma parte muito importante disso.
- *Competitividade e vontade de vencer.* Os Três querem ser vistos como os melhores, e por isso tendem a se comparar com o sucesso de outras pessoas ou com seu histórico pessoal. O desejo de vencer e de sair por cima em tudo que fazem os impulsiona a fazer todo esse trabalho duro.
- *Evitar sentimentos.* Apesar de estarem na tríade dos tipos "centrados no coração" do Eneagrama, conectados ao centro emocional da inteligência, na maior parte do tempo os Tipos Três tendem a estar desconectados de suas emoções. Diminuem conscientemente o volume das emoções porque os sentimentos atrapalham o fazer, e as emoções se transformam num território desconfortável e pouco familiar para os Tipos Três atarefados, acelerados e orientados para a ação. Claro que, sob a superfície, como descobrem quando fazem algum trabalho interno, têm grande coração e podem ser muito emotivos. No decorrer do dia de trabalho, porém, sua tendência é desligá-los.

Padrões mentais, emocionais e comportamentais: Como o Tipo Três pensa, sente e age?

Mental

Não é surpresa saber que o pensamento dos Tipos Três se concentra principalmente na atividade e no trabalho. Pensam em suas "listas de tarefas" (alguns têm diversas listas com referências cruzadas) e em como ser produtivos e eficientes para o que precisam fazer. Em geral, gostam do seu trabalho e encontram identidade no que fazem, a ponto de seu espaço mental ser ocupado por pensamentos profissionais e pela maneira mais rápida de fazer alguma coisa. Também podem pensar nas pessoas ao seu redor, especialmente em termos de como atrair ou apoiar essas pessoas ou de como os outros podem apoiá-los na realização de seu trabalho. Entretanto, tendem a priorizar o trabalho em vez das pessoas, o que pode deixá-los em apuros quando não ouvem os outros ou não levam em conta os sentimentos enquanto estão realizando algo.

Emocional

Um de meus amigos do Tipo Três diz que "as emoções não são aerodinâmicas" — retardam-nos ou nos detêm. Como os Três não gostam de desacelerar ou parar, não se apegam às suas emoções. Usam sua inteligência emocional para ler as pessoas e criar relacionamentos com base na identificação com aquilo que os outros consideram bom ou admiram e tornam-se isso, mas tendem a não sentir suas emoções mais profundas, especialmente a dor ou a tristeza. As emoções que os Tipos Três vivenciam com mais frequência são a impaciência e a frustração, em geral porque são atrasados pelos outros quando estão fazendo alguma coisa. Por dentro, porém, sentem-se tristes de vez em quando, caso o permitam, sobretudo quando pensam que precisam ser alguém diferente de quem de fato são para garantir que as pessoas os valorizem ou os admirem.

Comportamental

Como você já deve ter percebido, os Tipos Três fazem muita coisa. Trabalham duro e em geral gostam do seu trabalho — ou conseguem deixar de lado a necessidade de gostar o suficiente para fazer o trabalho de qualquer maneira. Motivados pelo desejo de conquistar a admiração dos outros, acumulam conquistas e galgam a escada social para serem reconhecidos como pessoas supercompetentes e capazes. Gostam de se movimentar rapidamente e podem ficar entediados ou impacientes se não puderem passar para a próxima atividade. Evitam o fracasso, conseguem farejá-lo a quilômetros de distância e, se necessário, mudam o curso para terem certeza de que isso não acontecerá. Nas organizações, os Três sobem a níveis elevados e muitas vezes ocupam cargos de liderança, porque sua capacidade de estabelecer metas e obter resultados encaixa-se bem com o ambiente corporativo que valoriza a produtividade, o trabalho árduo e a motivação pela realização.

Pontos fortes e superpoderes: O que o Tipo Três faz de melhor

- *Estabelecer e atingir metas.* Os Tipos Três se destacam em fazer as coisas acontecerem e produzir resultados.
- *Execução: trabalham duro para concluir a demanda.* Geralmente, os Tipos Três gostam de trabalhar intensamente e colocam essa atividade no centro de sua vida.
- *Orientação para o marketing.* Os Tipos Três sabem vender — entendem o que significa estar em sintonia com seu público e moldam sua mensagem para se ajustar aos interesses e às preferências de seu "mercado-alvo", que pode ser composto por seus amigos, familiares e colegas.
- *Parecer bem em todos os contextos: imagem de sucesso e competência.* Os Tipos Três são especialistas em dar a impressão de que sabem o que estão fazendo e dedicam considerável atenção e energia para se encaixar nesse papel, apresentando uma imagem que as pessoas vão admirar. O Tipo Três é o protótipo da prática de adoção de uma persona — ou máscara social — para parecer apropriado no mundo social.
- *Competir para vencer/Esforçar-se para ser o melhor.* Os Tipos Três tendem a querer ser os melhores no que quer que façam e se esforçam tanto que tendem a se tornar os melhores onde quer que procurem ser realmente bons.
- *Inspirar os outros na busca de resultados.* Seja moldando uma ética de trabalho duro, seja incentivando as pessoas a fazerem o que for necessário para executar um plano, os Três são líderes inspiradores e eficazes.

Quando algo bom demais fica ruim: Como os Tipos Três podem errar quando se esforçam demais para fazer tudo

Como todas as pessoas de todos os tipos, quando os líderes do Tipo Três abusam de seus pontos mais fortes (e não desenvolvem conscientemente uma gama mais ampla de especialidades), esses mesmos pontos podem se tornar seu calcanhar de aquiles.

- *Estabelecer e atingir metas.* Os Tipos Três podem ficar agressivos e atropelar as pessoas a caminho de uma meta caso se concentrem demais em atingir seu destino a qualquer custo.
- *Execução: trabalham duro para concluir a demanda.* Os Três podem ficar tão focados no trabalho e tão motivados a executarem tudo o tempo todo que trabalham demais, a ponto de sofrerem esgotamento físico ou psicológico.
- *Orientação para o marketing.* Os Três são tão focados na leitura habilidosa de sua plateia e na apresentação do produto para fecharem o negócio que às vezes podem exagerar a verdade, negligenciar padrões ou criar uma apresentação falsa nesse processo.
- *Parecer bem em todos os contextos: imagem de sucesso e competência.* O talento dos Tipos Três para ajustar sua imagem a qualquer circunstância pode levá-los a priorizar estilo em vez de substância (ou de conhecer sua verdadeira identidade).
- *Competir para vencer/Esforçar-se para ser o melhor.* Os Três podem se concentrar tanto em vencer que recorrem a práticas antiéticas ou agressivas, ou então se esgotam, para vencer a concorrência. Podem ficar tão focados em ser os melhores que farão qualquer coisa para evitar o fracasso, mesmo quando aceitar o fracasso e aprender com ele pode, na verdade, ajudá-los a crescer.
- *Inspirar os outros na busca de resultados.* Os Tipos Três podem ficar tão envolvidos na busca do objetivo que podem não ouvir informações preciosas de outras pessoas sobre possíveis problemas e podem prejudicar seus relacionamentos ao pressionar demais os outros.

Felizmente, o interesse sincero dos Tipos Três em colaborar com outras pessoas (quando possível e desejável) para realizar tarefas motiva-os a avaliar como estão se saindo. Quando conseguem desacelerar e conversar com os colegas, podem combinar sua eficácia com uma avaliação mais racional e ampla sobre como as coisas estão indo de fato. Aprendendo a moderar seu desejo de sucesso com uma abertura para as lições do fracasso (ou, no mínimo, com dúvida sobre si mesmo ou autoexame), os Três conseguem usar seu foco natural na execução da tarefa e apoiar a realização de uma visão pessoal ou organizacional que valha a pena.

"Quando estou sob estresse..." e "Na minha melhor versão...": Entendendo o "ponto baixo" e o "ponto alto" do estilo de personalidade do Tipo Três

Quando estão estressados a ponto de atingir seu "ponto baixo", os Tipos Três podem ficar agressivos, impacientes e (verbalmente) intolerantes com (aquilo que consideram) incompetência. Podem se recolher e achar que precisam trabalhar sozinhos, pois ninguém consegue fazer o trabalho tão bem ou tão rápido quanto eles. Quando operam desde o "ponto baixo" de seu estilo de personalidade, seu vício pelo trabalho pode ainda ficar mais intenso e difícil de administrar. Talvez não se deem tempo para descansar, relaxar ou recarregar, o que pode levar à incapacidade de gerenciar o estresse e, em última análise, a uma crise física ou emocional. Muitos Três têm histórias de trabalhar tanto que ficam doentes ou machucados — a única maneira de se verem forçados a parar de trabalhar.

Quando visitam o "ponto baixo", os Tipos Três podem se sentir cada vez mais emotivos, pois tristeza, dor e outros sentimentos que habitualmente são afastados começam a aflorar quando suas defesas — "basta trabalhar mais" — começam a enfraquecer. O desconforto de sentir as emoções pode levá-los a trabalhar ainda mais, o que pode torná-los perigosamente insensíveis tanto a seus próprios sentimentos quanto às emoções dos outros. Eles podem se esforçar com mais agressividade para cumprir suas metas ou adotar uma face profissional "apropriada" ou feliz para esconder o estresse e não parecer que estão mal, o que aumenta ainda mais o estresse e a ansiedade. Quando vivem no "ponto baixo", os Três podem desenvolver a visão em túnel, concentrando-se tão intensamente nas metas que não conseguem ouvir ninguém nem aceitar apoio.

Do "ponto alto", quando os líderes do Tipo Três são mais autoperceptivos e conscientes de seus padrões habituais, reservam algum tempo para desacelerar, refletir sobre o que estão sentindo e manter contato mais profundo com as pessoas ao seu redor. Equilibrando seus esforços profissionais com uma autoanálise intencional, suavizam o foco obstinado no "fazer", o que permite que não precisem trabalhar tanto para evitar seus sentimentos. Tornam-se mais empáticos com os outros, mais compassivos consigo mesmos e (ironicamente) mais eficazes em seu trabalho.

Os Tipos Três emocionalmente inteligentes sentem-se bem consigo mesmos por serem quem são, e não quem acham que precisam ser para impressionar as pessoas. Podem trabalhar de maneira produtiva, concentram-se em tarefas e, consultando seus sentimentos, aprofundam sua percepção no trabalho que fazem. Os Tipos Três saudáveis colaboram habilmente com os outros porque sabem quando liderar as pessoas para cumprir as metas e quando focalizar com mais profundidade a comunicação com a equipe, ouvindo a opinião dos outros.

Os três perfis de líderes do Tipo Três: Como os três instintos moldam os subtipos de personalidade

Segundo o modelo do Eneagrama, todos nós temos três impulsos instintivos principais que nos ajudam a sobreviver, mas um deles tende a dominar nosso comportamento. O estilo do Tipo Três se expressa de maneira diferente dependendo se a pessoa tem uma inclinação para a *autopreservação*, para estabelecer *relacionamentos sociais* e posicionar-se em relação a grupos ou para vínculos *um a um*.

O Tipo Três Autopreservação (ou Autofocado)

Os Três Autopreservação querem ser tanto produtivos quanto voltados para a qualidade; preocupam-se em ser tanto eficazes quanto profundamente competentes no que fazem. Isso os torna os trabalhadores mais esforçados entre os Tipos Três, notáveis por seu trabalho árduo, pois se sentem motivados para fazer o trabalho e o fazem bem em prol da segurança. Em geral, os subtipos Autopreservação preocupam-se em obter os recursos que apoiam a sobrevivência, e por isso a ansiedade em torno da segurança material turbina a tendência desses Tipos Três a serem viciados em trabalho. Os Três Autopreservação também acreditam que precisam ser um bom modelo, fazendo as coisas direito no sentido moral — além do padrão já elevado de realização —, e que isso precisa acontecer para garantir sua sobrevivência.

Querer *ser* bom além de parecer bom faz com que o Tipo Três Autopreservação seja mais modesto do que os outros Tipos Três, sobretudo os Três Sociais. Eles se sentem "vaidosos por não terem vaidade" — ou seja, querem ser vistos positivamente pelos outros, mas sem parecer que querem. Querem ser reconhecidos por suas conquistas, mas não querem ser vistos se gabando ou praticando uma evidente autopromoção.

Além disso, os Três Autopreservação podem ser mais autossuficientes do que os outros Tipos Três — eles têm dificuldade para depender dos outros e podem trabalhar mais independentemente para proporcionar um senso de segurança para si mesmos e para as pessoas que dependem deles. Esses Tipos Três tendem a parecer muito bem resolvidos, embora se sintam ansiosos, pois colocam muita pressão em si mesmos para fazer várias coisas sozinhos, cuidando de si e dos outros.

Como líderes, os Três Autopreservação dão exemplo trabalhando com mais afinco do que qualquer um e sendo humildes quando recebem o crédito pelas coisas. Provavelmente, são as primeiras pessoas a chegar no escritório de manhã e os últimos a sair. Tendem a ser pessoas boas, sólidas e seguras de si, que os outros procuram para obter conselhos. Porém, os Três Autopreservação podem trabalhar tanto e sentir tanta pressão para fazerem um bom trabalho que acabam se privando do apoio que os relacionamentos podem proporcionar quando decidem "seguir sozinhos". Desse modo, evitam a vulnerabilidade que poderiam sentir ao pedir ajuda e concentram-se demais naquilo que precisa ser feito apenas por conta própria. Quando os Três Autopreservação aprendem a desacelerar, a se cobrar menos e a receber mais apoio dos outros, podem ser líderes particularmente poderosos, que procuram fazer o trabalho da melhor maneira sem ter um grande ego ou precisar ser o centro das atenções.

O Tipo Três Social (ou Focado no Grupo)

Em contraste com o Tipo Três Autopreservação, os Três Sociais gostam de estar no palco e de receber reconhecimento e aplauso pelo trabalho que fazem. Preocupam-se muito em "vencer" e são os Tipos Três mais agressivamente competitivos, embora costumem afirmar que não competem tanto com os outros quanto com seu próprio desempenho histórico. Estes Três sentem-se mais à vontade exibindo sinais de status e de sucesso, como roupas de grife e carros caros. (Se um Três Autopreservação tem um carro bonito, geralmente fica envergonhado quando é visto nele. Ouvi mais de um Tipo Três Autopreservação dizer que se sentiu tão estranho dirigindo uma Mercedes que a trocou por um Prius. Esse tipo de autoconsciência não é problema para os Três Sociais.)

Os Três Sociais brilham em toda espécie de situação pública e sabem subir a escada corporativa. Têm um senso aguçado para conseguir concluir uma tarefa e parecem impecáveis executando-a, mesmo que, de vez em quando, usem atalhos aqui e ali. São excelentes pessoas de vendas e gostam de ter poder e influência; apreciam o reconhecimento por suas conquistas e sabem como formular o que dizem para obter o maior benefício.

Os Três Sociais costumam ser encontrados nas mais elevadas posições de liderança. São líderes naturais, pois gostam de ter um título de prestígio, dirigir os processos de trabalho e exercer o poder. Possuem mentalidade corporativa, pois para eles é fácil representar os interesses da empresa para fazer com que as coisas saiam da maneira mais eficaz e eficiente, competindo para ser os melhores e maximizar os lucros — para eles e para a organização. Alinham-se intuitivamente com aquilo que é melhor para a empresa ou equipe, e sentem-se fortemente motivados para levar as coisas adiante com decisão e sucesso, de modo que todos acabam parecendo bem e sendo recompensados — com fama e riqueza. Esses Tipos Três podem ter dificuldade para mostrar vulnerabilidade, pois é muito importante parecerem bem e não mostrarem falha alguma; mas em seu melhor, são líderes fortes que vão querer encontrar uma maneira de dominar qualquer tarefa e gerar resultados.

O Tipo Três Um a Um (ou Focado no Relacionamento)

Os Tipos Três Um a Um podem ser líderes fortes e trabalhadores produtivos como os outros Três, mas sua prioridade recai mais sobre os relacionamentos com os outros. Querem parecer bem para os outros, mais em termos de apelo pessoal do que da moralidade, como o Tipo Três Autopreservação, ou vencendo, como o Tipo Três Social. O Tipo Três Um a Um também se esforça para alcançar mais em benefício dos outros, concentrando-se em atrair pessoas e, em seguida, apoiando energicamente o sucesso delas (em vez de buscar apenas seu sucesso pessoal). Eles sentem que venceram quando as pessoas que eles apoiam vencem. E podem se sentir frustrados quando as pessoas que apoiam fracassam, pois sentem os fracassos como seus.

Os Três Um a Um também são competitivos e esforçados, mas são mais tímidos com relação a ser o centro das atenções e a obter reconhecimento pelo trabalho que fazem. Prefeririam promover as pessoas de que gostam, com quem trabalham e de quem se sentem próximas. Têm mentalidade de equipe e podem torcer com entusiasmo pelas pessoas que procuram apoiar, seja no trabalho, seja em casa. Querem parecer bem e têm consciência de sua imagem, mas para eles é mais importante ser atraente para um parceiro afetivo ou usar seu encanto e carisma para formar facilmente vínculos de apoio com as pessoas que eles procuram agradar. Podem dedicar muita energia e trabalhar muito pelas causas ou pessoas que apoiam. Os Tipos Três Um a Um podem ser mais emotivos do que os outros Tipos Três, embora, como os outros Três, tenham tendência a abaixar o volume das emoções de modo geral.

Como líderes, os Três Um a Um costumam ser atraentes, simpáticos e prestativos. Tentam colocar o foco nos outros em vez de estar no centro das atenções e demonstram grande preocupação com o bem-estar das pessoas com quem trabalham. Promovem e apoiam incansavelmente os membros de sua equipe ou da organização que acham que merecem crédito. Com uma presença mais suave do que a dos outros dois Tipos Três, os líderes com estilo do Tipo Três Um a Um fazem as coisas avançarem graças à força de seus relacionamentos pessoais e vínculos com os colegas. Sentem-se felizes assumindo um lugar secundário quando os prêmios por um bom trabalho são distribuídos e gostam de se esforçar para fazer os outros parecerem bem — e ver o sucesso das pessoas de que gostam e apoiam pode ser a maior de todas as recompensas.

O Tipo Três no trabalho

Às vezes, os Tipos Três sentem dificuldade para trabalhar com os outros porque:

- "Gosto de me mover depressa e às vezes os outros não me acompanham. Para mim, pode ser muito difícil desacelerar e esperar que cheguem aonde estou."
- "Posso ficar entediado e parar de ouvir (em reuniões e conversas) se as pessoas falam demais, levam muito tempo até chegarem ao ponto ou se a discussão fica repetitiva ou atolada."
- "Sei que é importante pesquisar antes de decidirmos qual será o melhor curso de ação, mas posso ficar irritado se ficarmos presos à 'paralisia da análise'."
- "Quando estou trabalhando para cumprir um objetivo, posso ficar impaciente quando as pessoas fazem um monte de perguntas, apresentam objeções ou discordam de mim."
- "Para mim, pode ser difícil se a meta para a qual estamos trabalhando não foi definida com clareza."
- "Para mim, é importante parecer bem e que a equipe pareça bem, por isso não gosto nem um pouco quando alguém faz alguma coisa que nos deixe evidenciar uma impressão negativa."
- "Posso ficar zangado quando as pessoas não cumprem seus compromissos, especialmente se isso se reflete mal em mim ou se elas não são responsabilizadas por sua incompetência."
- "Detesto falhar; por isso, se algum membro da equipe frustra meus esforços e falhamos, pode ser difícil lidar com isso. Gosto de controlar a aquisição do sucesso — para mim e para a equipe —, e por isso é frustrante quando não tenho autonomia suficiente para controlar as coisas e conquistar a vitória."

As principais implicâncias do Tipo Três no local de trabalho podem ser:

- "Reuniões conduzidas com ineficiência."
- "Reuniões que se arrastam e não chegam a lugar nenhum."
- "Quando as pessoas bloqueiam o caminho até minha meta."

- "Pessoas que não entregam o que disseram que entregariam."
- "Quando as pessoas se movem lentamente (sobretudo se estão no meu caminho ou se eu preciso de alguma coisa delas para poder ir em frente)."
- "Peso morto: membros da equipe que não demonstram habilidade ou comprometimento necessários para contribuir para o progresso e a implementação do nosso plano."
- "Quando as pessoas desperdiçam meu tempo."
- "Quando as pessoas não reconhecem meus esforços e meu trabalho duro."
- "Quando as pessoas falam demais sem apresentar tópicos objetivos."
- "Quando as pessoas assumem o crédito pelo trabalho alheio."
- "Pessoas que ficam conversando sobre assuntos triviais e inconsequentes quando deveriam estar trabalhando como eu."
- "Pessoas que me distraem quando estou trabalhando."
- "Pessoas que perdem prazos (especialmente se isso afeta o meu trabalho)."
- "Pessoas que fazem um trabalho de má qualidade."
- "Ter de administrar os sentimentos das pessoas em vez de me concentrar na tarefa imediata."
- "Pessoas para quem preciso explicar várias vezes a mesma coisa."

Como os Tipos Três podem se tornar melhores colegas de trabalho

Como líderes, os Tipos Três podem entender que nem todos veem as tarefas, metas e sucesso no trabalho como eles. São excelentes num ambiente de trabalho porque dão duro, concentram-se em entregar resultados e priorizam a produtividade, mas esses mesmos hábitos de trabalho podem deixá-los encrencados quando se movem depressa demais e deixam os outros para trás, não reservam algum tempo para comunicar seus planos e param de ouvir se acham que a pessoa não está agregando valor. Se os Três puderem aprender a tolerar um ritmo mais lento, suficiente para explicar mais as coisas para os outros, poderão fazer com que as pessoas os acompanhem deliberadamente enquanto trabalham para atingir seus objetivos.

Pode ser útil para os Tipos Três perceber quando não estão ouvindo os outros, quando estão tendo dificuldade para se manter presentes. Em geral, é um desafio para eles ouvir atentamente as pessoas, pois estão prestando mais atenção na "lista de tarefas" que está em sua cabeça. Os Três também podem deixar de ouvir as pessoas porque já têm um plano firme em mente e não querem mudar o caminho só porque alguém tem outras ideias. Contudo, seria bom se os Três aprendessem que às vezes o projeto geral tem mais sucesso quando desaceleram o suficiente para levar em conta as preocupações, percepções e contribuições dos outros. Se os Três disparam depressa demais ou ignoram problemas em sua corrida até a meta, na verdade poderão ser menos eficazes do que se moderassem o ritmo e se abrissem para ouvir outras perspectivas.

Também pode ser mais fácil (e mais agradável) trabalhar com os Três quando eles reservam algum tempo para se conectarem com os outros num nível pessoal. Eles podem se concentrar tanto no trabalho que esquecem que é bom para eles abrir espaço para as amenidades sociais que fortalecem os relacionamentos profissionais (e outros). Se puderem fazer uma pausa no começo da conversa sobre um fornecedor ou a papelada de que precisam para perguntar como vai a pessoa ou o que está acontecendo na vida de alguém, poderão estabelecer um contato mais profundo que talvez seja um apoio importante para o trabalho que fazem com os outros.

Trabalhando com os Tipos Três

Comportamentos típicos dos Tipos Três no ambiente de trabalho

Você provavelmente está trabalhando com um Tipo Três do Eneagrama se notar que essa pessoa apresenta vários dos comportamentos a seguir.

- Parece impaciente durante a reunião semanal da equipe e é a primeira pessoa a olhar para o relógio ou espiar o telefone.
- Já está em sua mesa há uma hora quando você chega de manhã (e não reclama por trabalhar tanto).

- Parece impaciente quando você a lembra dos processos que precisam ser completados antes que ela possa seguir em frente em seu plano.
- Sorri educadamente quando você conta sobre a viagem que fez com as crianças na semana anterior, mas parece estar em alguma coisa completamente diferente.
- Pede para acelerar a apresentação e chegar na "parte boa" e frequentemente pede "um resumo" ou "uma versão concisa" quando vocês estão tendo uma discussão.
- Não encontra tempo em sua agenda para a sessão de integração da equipe e pensa que "entrar em contato com os sentimentos é perda de tempo". (A menos que ela esteja no departamento de desenvolvimento organizacional.)
- Sente dificuldade para se manter motivada e engajada quando as metas e atribuições de tarefas não estão definidas com clareza.
- Reformula rapidamente um fracasso da equipe como um sucesso para evitar o constrangimento de não atingir o objetivo (o que faz lembrar que ela se apresentou a você dizendo "Concluí dois casamentos com sucesso").
- Não para de fazer horas extras, mesmo depois de passar um susto com a saúde.
- Jamais perde o horário marcado na academia.
- Em sua melhor versão, sabe exatamente o que dizer para motivar a equipe a trabalhar em conjunto para ter sucesso.
- Em sua melhor versão, assume a liderança com entusiasmo ao formular etapas de ação quando a equipe se sente travada ou não sabe bem o que fazer.

Por que é ótimo trabalhar com líderes conscientes do Tipo Três

- Eles realmente gostam de trabalhar, e seu entusiasmo pode ser contagiante.
- Sentem-se sempre seguros de que sabem atingir a meta e ter sucesso (o que deixa você mais confiante).

- Sempre farão mais do que sua própria parte do trabalho.
- Movem as coisas e aceleram o ritmo quando há lentidão.
- Ajudam a manter todos focados na tarefa.
- Comunicam-se de maneira concisa, eficiente e sucinta.
- Não desperdiçam o seu tempo.
- Sabem entender o público e podem ajudar a esclarecer o que vai vender e o que não vai.
- Quando conseguem desacelerar e encontrar tempo para se conectar, sabem como se envolver com as pessoas.
- Eles intervirão facilmente quando for necessário e assumirão a liderança para fornecer uma direção.
- Permanecem engajados com seu trabalho como um ponto central da vida, e por isso, de modo geral, ficam disponíveis e acessíveis se você precisar deles.

Desafios típicos para pessoas que trabalham com Tipos Três

- Parecem impacientes quando você está falando com eles — como se preferissem estar fazendo outra coisa (e provavelmente preferem).
- Podem ficar frustrados e desinteressados em reuniões se acharem que seu tempo está sendo desperdiçado.
- Não conseguem parar de trabalhar ou desacelerar, o que pode levar a enganos quando trabalham demais e não reservam algum tempo para relaxar ou desestressar.
- Podem ficar tão competitivos que o desejo de vencer interfere em seu julgamento.
- Podem abandonar ou sair de um projeto se acharem que não vão conseguir fazê-lo direito ou que não será um grande sucesso.
- Podem fazer coisas para proteger sua imagem que não serão boas para a equipe ou o projeto.
- Talvez não se mostrem abertos a aprender com os erros, pois precisam seguir rapidamente em frente (pois para eles é muito difícil experimentar o fracasso).

Os Tipos Três e a liderança

Líderes do Tipo Três contam como conhecer seu tipo no Eneagrama ajuda no trabalho

Jean Halloran é a principal executiva da Halloran Consulting LLC e ex-vice-presidente sênior de recursos humanos da Agilent Technologies.

> Creio que a coisa mais útil que aconteceu comigo como líder foi compreender como minha ansiedade prejudicava a liderança. Foi imenso. Quando compreendi que era um Tipo Três Autopreservação e percebi que me identificava completamente com meu sucesso pessoal e que qualquer coisa que me levasse a acreditar que minha imagem de pessoa bem-sucedida estava ameaçada me deixava muito ansiosa, me dei conta de como minha ansiedade em relação à imagem afetava minha liderança.
>
> Por isso, agora, no meu melhor, estou à vontade assumindo a liderança. Posso inspirar as pessoas dizendo "vamos lá", "isto será muito bom", "o que vamos conseguir é fenomenal", "vejam como vai ser — vocês estão dentro?", "se não estão, nem venham, sério, mas será fantástico", "vai funcionar porque eu digo que vai funcionar". Tenho a capacidade de incutir nas pessoas a crença de que teremos sucesso, de que podemos fazer algo difícil ou enfrentar o poder. Tudo se resume a fazer as coisas acontecerem — essa é a força disso.
>
> Bem, mas se eu estivesse na reunião mensal da equipe e ficassem falando muito sobre coisas como "Este programa de desenvolvimento deve incluir um feedback 360 para todos ou só para algumas pessoas?" e as pessoas ficassem falando, falando, mencionando prós e contras —, eu ficava realmente entediada e ansiosa. O que eu costumava fazer era agir e começar a ficar impaciente, interrompendo as pessoas dizendo coisas desrespeitosas como "Vamos lá, vamos voltar ao ponto principal".
>
> Depois de conhecer o meu tipo e compartilhá-lo com minha equipe, tive a percepção para dizer coisas como "Sinto muito, mas minha ansiedade de desempenho está prestes a entrar em ação e eu não posso ouvir muito mais disso nesta reunião. Se alguém puder resumir onde estamos, gostaria muito de ouvir. Primeiro, porém, vou perguntar: alguém tem algo realmente novo a acrescentar?". Eu ainda estava impaciente, ainda dizia que já tinha aguentado o suficiente, mas estava chamando as coisas pelo nome.

Steve Jurvetson é sócio da Draper Fisher Jurvetson, empresa de capital de risco e participação no crescimento.

O Eneagrama me ajudou principalmente por me permitir compreender e respeitar a diversidade cognitiva no ambiente de trabalho. Hoje, gosto mesmo de ver que uma equipe pode ter diversos estilos. Ver os diversos tipos é como ter um prisma perceptivo que me ajudou a compreender diferenças de um modo que eu desconhecia antes. Eu achava que traços de personalidade eram corretos ou incorretos, saudáveis ou ardilosos. Agora, entendo que pode existir uma paleta mista de pontos de vista muito consistentes e perfeitamente razoáveis e que são muito diferentes dos meus.

Quanto a mim, fui capaz de entender algumas das obsessões que tinha como Tipo Três, desde a preocupação com a realização até minha obsessão pela mídia social e por conseguir feedback positivo das pessoas em geral. Talvez antes eu tenha sido indiferente a isso antes [conhecer meu estilo do Eneagrama] sem perceber que "isso não é realmente o nível normal de engajamento que as pessoas têm com esse tipo de coisa", pensando apenas na próxima afirmação e na próxima conquista.

Agora eu percebo, e há mais ocasiões em que eu posso escolher não me comportar da maneira habitual. Vejo mais "é isso que costumo fazer" ou "essa é a maneira como costumo reagir às coisas". Percebo, como Tipo Três, que dou mais prioridade às coisas fáceis, que posso fazer para marcar como concluídas as tarefas da minha lista, do que às coisas importantes. Preciso me forçar a recuar e me concentrar naquilo que é mais útil para o equilíbrio geral entre vida e trabalho.

Também descobri que me ajuda fazer — e no começo resisti muito a isso, pois me conheço — coisas como meditação e treinamento de atenção plena. Antes, eu nunca teria imaginado que valeria a pena, pois é totalmente oposto àquilo a que eu dedicaria o meu tempo. Mas parte do que me ajudou foi insistir um pouco mais do que normalmente faria, e pensei: "Está certo. Isso me ajuda mesmo a entrar no pensamento do cérebro direito e a focar mais as tarefas de autopercepção, coisas às quais eu não costumo dedicar tempo algum". Em suma, me ajudou a ter uma vida mais saudável, não só no ambiente de trabalho, mas no equilíbrio geral da vida.

Richard Stone é fundador e presidente da Private Ocean, uma empresa de serviços financeiros e gestão de patrimônio com sede em San Rafael, Califórnia.

Fui apresentado ao Eneagrama num período tardio da minha carreira. Portanto, foi uma oportunidade para refletir sobre como cheguei aonde estou. E quando analisei minha trajetória, vi os padrões do Tipo Três, o que me ajudou a observar algumas características de que não gostei. Depois, fui trabalhar tentando aplicar imediatamente essas coisas, reduzindo-as — os pontos negativos, claro.

Uma das coisas sobre nós, Tipos Três, é que temos mesmo necessidade de ser aceitos. As palavras que às vezes se usam para descrever os Três são "realizadores competitivos". Percebi que eu era muito competitivo — até demais. Havia algumas situações em que eu pensava "hora de largar isso e ir em frente", mas eu não fazia isso. Ficava na luta porque queria vencer. E uma das outras coisas que vi e de que não gostei foi que os Três tendem a exagerar as coisas para parecerem mais importantes.

Logo que saí da faculdade, comecei a trabalhar na área de planejamento financeiro, que naquela época estava em sua infância. Nem tinha sido desenvolvida direito. E quando a credencial de "planejador financeiro certificado" foi desenvolvida, formei-me na primeira turma de CFP. E obtive mais algumas designações profissionais, além de me formar em Administração. Com o desenvolvimento dessa indústria ao longo dos anos, ela começou a ser cada vez mais aceita como profissão, e os padrões foram se elevando. Eu não tinha as credenciais plenas para ficar sozinho na empresa que eu queria criar. Por isso, fui trabalhar com pessoas que tinham essas credenciais. Vivi quase que por tabela as experiências das pessoas com quem eu trabalhava. Hoje em dia é uma loucura, tal o ponto a que chegamos. Sobre empresa do nosso porte — gerimos pouco menos do que 1 bilhão em ativos —, não conheço nenhuma outra que tenha o currículo acadêmico que temos. Temos uma equipe com três PhDs e oito engenheiros, inclusive um com mestrado em Engenharia Nuclear. Só pessoas do mais alto nível. E percebi que falava e me gabava muito disso. Por isso, meus colegas disseram "Richard, diminua o tom". E agora percebo que não era bom mesmo. Não estava sendo bom para mim. Por isso, trabalhei conscientemente para diminuir o tom.

Conhecer meu tipo no Eneagrama é uma história com "boas notícias" e "más notícias". Às vezes, o lado competitivo dos Três pode ser negativo — competindo quando não preciso competir. O outro lado é que minha natureza competitiva me ajudou de fato a atingir muitas metas. Quando focava a mente em alguma coisa, acabava realizando aquilo. Bastava ficar nisso.

Quando você é gerente e é um Tipo Três

Pessoas com a personalidade do Tipo Três são líderes naturais que gostam de estar em posição de impulsionar o trabalho e atingir grandes objetivos de maneira que funcione para todos. Se você é um líder Três, provavelmente ascenderá aos mais altos níveis das empresas porque sua mentalidade habitual alinha-se perfeitamente com as práticas empresariais convencionais. Os Três são programados para se concentrar numa meta, encontrar o plano eficaz para atingi-la e fazer o que for preciso para executar o plano. Como Tipo Três, você tende a ver as emoções como improdutivas e pode se concentrar mais no trabalho do que nas pessoas. Por dentro, você pode ser profundamente emotivo, mas pode evitar seus sentimentos como parte do esforço para fazer as coisas.

A tendência dos Tipos Três em priorizar o trabalho acima de tudo pode se amplificar quando eles estão no comando. Líderes do Tipo Três tendem a se certificar de que estão trabalhando mais do que qualquer um e geralmente têm grandes expectativas em relação às pessoas que trabalham sob suas ordens — tanto em termos de nível de produtividade quanto de dedicação ao trabalho — e podem ser pouco tolerantes com pessoas que não correspondem a essas expectativas. Na sua melhor versão, você leva em conta o panorama completo e compreende tudo sobre o modo de motivar as pessoas a fazerem o melhor para atingir suas metas.

Quando seu gerente é do Tipo Três

A melhor parte de ter um chefe do Tipo Três é que ele será muito dedicado ao trabalho e às metas da organização — e a você, se fizer um bom trabalho. Ele vai definir uma visão clara e moldará uma forte ética profissional, mesmo que exagere às vezes (e queira que você também exagere). Se você atingir as metas e contribuir para o sucesso da organização, seu chefe do Tipo Três ficará muito contente com você. Se você retardar as coisas ou fizer algo que seu chefe considere uma perda de tempo, talvez as coisas não fiquem tão bem.

Quando estão estressados ou menos autoconscientes, os Três podem ser insensíveis aos sentimentos das pessoas e aos problemas humanos que às vezes interferem no trabalho. Podem se concentrar tanto em atingir as metas que acabam atropelando as pessoas ou deixando de prestar atenção aos feedbacks. Se perceberem que alguma coisa não está funcionando ou que você não está fazendo o que eles acham que deveria estar fazendo, podem questioná-lo. Quem tem desempenho fraco será observado de perto.

Na sua melhor versão, os chefes do Tipo Três podem ser realmente incríveis — podem ser solidários, prestativos e deixar a equipe fazer seu trabalho sem interferência. Os Três Um a Um, em particular, querem manter fortes relações profissionais para estimular as pessoas a desenvolver seu potencial. Os Três Autopreservação fazem questão de conversar com as pessoas para entender os problemas quando eles surgem. Ainda serão movidos pelas tarefas, mas vão levar mais tempo para serem amigáveis.

Quando seu subordinado é do Tipo Três

Quando seus subordinados diretos têm o estilo do Tipo Três, você pode contar com eles para se concentrar na implementação de seus planos e objetivos e, se você comunicar claramente seus objetivos, vão desfrutar do desafio de trabalhar para que aconteçam. Os Três crescem sendo ou não os chefes; se acreditam no sucesso e compreendem como ele é definido, vão se dedicar a conquistá-lo.

Um Tipo Três que não respeita seu chefe pode ter dificuldade para esconder isso, e o chefe pode se sentir desrespeitado. Os Três têm ideias claras sobre como as coisas devem ser feitas e, se não concordarem com a maneira como seu chefe está fazendo as coisas, podem questioná-lo. É provável que surjam conflitos se os Três se sentirem controlados excessivamente ou se sua opinião não for levada em conta. Eles também podem se movimentar rapidamente e pode ser estranho se o chefe não puder acompanhar seu ritmo.

Se você mantém um bom relacionamento com seus funcionários Tipo Três, eles vão tentar fazer de tudo para que você pareça bem, tal como gostariam que fizessem por eles caso fossem os chefes. Os Três gostam muito de líderes que ouvem suas ideias e deixam-nos fazer o que querem fazer, e as coisas funcionam bem quando o chefe confia que seus subordinados diretos do Tipo Três farão corretamente o trabalho, com pouca supervisão.

Convivendo com o Tipo Três: O que fazer para trabalhar bem com ele

- *Seja competente e faça acontecer.* Os Tipos Três gostam de colegas nos quais podem confiar para fazer um trabalho competente e que fazem o que prometem. Cumpra os prazos, faça um trabalho de qualidade no ritmo adequado e assuma a responsabilidade quando o trabalho não estiver à altura.

- *Deixe-os sozinhos para fazerem o que estão fazendo.* Os Três gostam de ter liberdade para fazer as coisas rapidamente e segundo sua agenda. É melhor não importuná-los com coisas que eles não consideram importantes ou relevantes para o trabalho que precisa ser feito.
- *Leve em conta o ritmo preferido deles.* Os Três movem-se depressa. Talvez seu ritmo de trabalho não seja rápido como o deles, e às vezes haverá lentidões inevitáveis, mas vai ajudá-los se você compreender o quanto eles gostam que as coisas progridam rapidamente.
- *Não desperdice seu tempo.* Seja pontual nas reuniões, não faça reuniões mais longas do que o necessário, não se envolva em conversa fiada e não passe muito tempo explicando-lhes coisas de que não precisam para fazerem seu trabalho. Comunique-se por tópicos.
- *Admita que os relacionamentos podem ser secundários no trabalho.* Os Tipos Três de seu escritório podem ou não precisar ser seus amigos. Os relacionamentos são importantes para os Três, mas eles se mostram mais abertos a interações quando não têm muito trabalho a fazer. Se você for amigo de um colega do Tipo Três, não se ofenda se ele der prioridade ao trabalho e não ao relacionamento (ou se tiver dificuldade para ouvir o que você fez no fim de semana).
- *Se quiser a atenção deles, entre em sua agenda.* Geralmente, os Três têm o dia e a semana planejados e programados, da academia matinal à hora social do meio da semana. Se quiser ter toda a atenção deles, certifique-se de ter reservado algum tempo na agenda deles para que possam se esforçar ao máximo para estar presentes.
- *Não espere que gastem tempo lidando com seus sentimentos.* Habitualmente, os Três evitam sentir e gerenciar as próprias emoções, e certamente não vão querer lidar com as suas. Caso você se sinta magoado, zangado ou desapontado com alguma coisa no trabalho, os Tipos Três desejarão que você engula em seco, aja como adulto e siga em frente, fazendo o que precisa ser feito.

- *Ajude-os a evitar a "palavra com F".* Os Três têm muita dificuldade para lidar com o fracasso. (Alguns deles têm dificuldade até para levar em conta essa possibilidade.) Por isso, vão agradecer se você fizer tudo que estiver ao seu alcance para ajudá-los a ter sucesso — ou ser generosos quando as coisas não derem certo, ajudando-os a reduzir o ritmo por tempo suficiente para aprenderem com o fato.
- *Reconheça seus esforços e conquistas.* Embora alguns possam mostrar mais isso do que outros, os Três fazem todo o possível para conquistar o respeito e a admiração dos demais. Vão se sentir apoiados e apreciados caso você faça questão de reconhecer suas principais vitórias e todo seu trabalho árduo.

Sugestões de crescimento: Como os Tipos Três podem ser mais autoconscientes, eficazes e felizes no trabalho

Todos os tipos podem aprender a ser menos reativos e a colaborar melhor com os demais, *observando* primeiro seus padrões habituais e refletindo sobre o que pensam, sentem e fazem para obter mais *autopercepção*. Depois, devem esforçar-se para *gerenciar* ou moderar suas reações automáticas diante de alguns gatilhos.

Os Três crescem quando observam primeiro e depois aprendem a moderar suas reações habituais diante dos principais gatilhos, como serem atrasados pela "incompetência" dos outros, terem de lidar com as emoções alheias e verem seus esforços prejudicados pela agenda ou pelas necessidades de outras pessoas.

Quando os Tipos Três conseguem observar suas ações a ponto de se surpreenderem fazendo as coisas que lhes causam problemas, e então param para refletir sobre o que estão fazendo e a razão para isso, podem aos poucos aprender a moderar seus padrões e suas reações mais instintivas.

Eis algumas ideias para ajudar os Tipos Três a serem mais autoconscientes, emocionalmente mais inteligentes e mais satisfeitos no trabalho (e em casa).

Auto-observação:
Aspectos que os Tipos Três devem considerar

- Observe sua necessidade de fazer as coisas com rapidez. O que acontece se você diminuir o ritmo? Perceba como você evita desacelerar ou parar. O que está por trás da necessidade de rapidez?
- Perceba como você gosta de marcar as coisas como "concluídas" em sua "lista de tarefas". Por que você sente tanta satisfação quando conclui alguma coisa? O que você faz para priorizar a eliminação das coisas nessa lista?
- Observe como você se mantém atarefado o tempo todo. Observe o que motiva sua necessidade de se manter em movimento e de trabalhar tanto. Perceba particularmente o que você pode estar evitando.
- Observe como você se relaciona com suas próprias emoções. O que acontece quando você faz tanta coisa que não deixa espaço para elas? Sob que condições você sente mais e menos?
- Observe seu desejo de reconhecimento. Até que ponto isso o motiva a ter um bom desempenho e sucesso? O que isso significa para você? Quando recebe reconhecimento, consegue assimilá-lo?
- Perceba como você interpreta o contexto social e as pessoas ao seu redor em busca de pistas sobre como se apresentar para obter o benefício máximo. Veja como você muda sua apresentação para adequar-se ao seu público e o que está por trás disso.
- Observe o que você faz para evitar o fracasso. Por que o fracasso é tão ruim?
- Note o que acontece quando alguém atrapalha o caminho até o seu objetivo. Que sentimentos surgem? Por quê?
- Perceba como você tende a priorizar o trabalho e não os relacionamentos. Por quê? Quais são as consequências?

Pontos cegos: O que você não sabe que pode machucar

Os pontos cegos dos Tipos Três são:

- *As emoções e o valor das emoções.* Como parte de seu desejo de realizar as coisas, os Tipos Três costumam evitar, ignorar ou minimizar suas emoções. Contudo, como tipos baseados no coração, usam sua capacidade emocional, às vezes negligenciada, para ler as pessoas e determinar, em parte, como devem se apresentar. Será útil para o desenvolvimento dos Tipos Três se conectar mais com seus sentimentos não reconhecidos, pois suas emoções os ajudam a saber quem realmente são, o que querem e o que vale a pena fazer.

- *O valor de desacelerar (e às vezes parar)*. Os Três arriscam sua saúde, seu bem-estar psicológico e muitas vezes seus relacionamentos se não percebem como e por que se movem tanto e fazem tantas coisas. Isso os ajuda a reconhecer o valor de desacelerarem conscientemente e de cuidarem melhor de si mesmos.
- *Seu verdadeiro eu — quem você é na verdade, além de sua imagem.* O que em geral se perde em meio a tudo que os Três fazem são eles mesmos. Os Três se concentram tanto na imagem que desejam criar e nas realizações que os ajudam a ter uma boa imagem que geralmente não sabem quem são, o que de fato desejam e como querem viver. Descobrir quem são pode salvar sua vida.
- *A importância dos relacionamentos.* Em geral sem querer, os Três sacrificam relacionamentos — ou a qualidade deles — direcionando toda a sua energia para o trabalho. Para eles, pode ser difícil estar presente o suficiente para ver que não estão presentes. Quando os Três trabalham para se tornar autoconscientes, é importante que examinem o estado de seus relacionamentos e criem espaço suficiente para escolher conscientemente priorizar estar presente, em vez de sacrificar inconscientemente sua vida pessoal.
- *A necessidade de amor — o que há por trás do gerenciamento da imagem e da necessidade de reconhecimento.* Os Três fazem o possível para serem amados e apreciados por quem são de verdade. Então, é um pouco irônico ver que se esforçam para serem reconhecidos e valorizados, mas depois ficam tão ocupados e focados

em viver a partir de uma imagem que não estarão "em casa" internamente para receberem o verdadeiro calor e a apreciação dos outros. Para os Três que trilham o caminho do crescimento, será benéfico perceber que aquilo que realmente os motiva é a necessidade de afeto e de fazer o que for preciso para se abrir e recebê-lo de verdade.

Autopercepção:
Coisas para pensar, compreender e explorar

- Como e por que você evita tanto desacelerar? O que você teme acontecer caso pare ou reduza o ritmo?
- Por que você é tão motivado a executar tarefas e atingir objetivos? O que motiva esse desejo e o que aconteceria se você resistisse a ele?
- Por que você evita sentir suas emoções? Por que parece ameaçador abrir-se para uma percepção mais clara daquilo que você está sentindo?
- De que maneira você cria uma imagem diferente de quem você é na realidade? Reflita sobre ocasiões em que você se apresentou de um modo que não reflete como você se sente, o que pensa na verdade ou quem realmente você é. Como e por que acontece isso? Explore as diferenças entre as imagens que você cria e quem realmente é.
- O que o impede de estar presente na vida das pessoas que o rodeiam? Por que parece difícil envolver-se mais profundamente e com mais frequência com as pessoas com quem você mantém relacionamentos? Está perdendo alguma coisa quando trabalha tanto?

Pontos fortes para alavancar

Será útil se os Tipos Três perceberem, prestarem atenção de forma ativa, assumirem e alavancarem:

- *Sua capacidade de realizar rapidamente um trabalho bem-feito.* O mundo já o recompensa por isso, e isso dá muito poder a você.

Crescer não significa mudar o que dá certo; significa apenas conseguir moderar-se quando for apropriado.

- *Sua confiança e sua determinação ao trabalhar para um objetivo.* Outros tipos sofrem porque não podem agir para fazer as coisas acontecerem — portanto, comemore isso como um ponto muito positivo e encontre maneiras criativas e interessantes de colocá-lo em prática para tornar o mundo um lugar melhor.
- *Sua capacidade de analisar as pessoas e se relacionar com elas.* Talvez você não esteja se dando crédito suficiente pela forma como se relaciona com as pessoas. Peça feedback sobre como andam os seus relacionamentos — e sobre o que valorizam em você — e observe se encontra alguma pista sobre o que há de extraordinário em seu verdadeiro eu e que você precisa acolher.
- *Sua desenvoltura e sua tenacidade.* Uma das vantagens associadas a ser alguém que faz as coisas acontecerem é que quase sempre você consegue encontrar um modo de fazer com que algo importante aconteça. O mundo precisa dessa qualidade — reconheça-a e ensine os outros a fazer isso.
- *Sua sensibilidade emocional.* Provavelmente, você não se dá crédito suficiente pelo modo como pode ser sensível aos conflitos emocionais dos outros quando quer sê-lo. Permita-se comover-se com mais frequência e veja como isso abre para você a beleza e riqueza de suas capacidades emocionais. Superar seus medos nessa área vai melhorar sua vida.

Autogestão: Tendências desafiadoras que os Tipos Três devem moderar

- *Ritmo rápido.* Parte do que leva os Três a se mover tão depressa e a fazer tanta coisa é o desejo inconsciente de evitar se sentirem inadequados ou não aceitos. Subconscientemente, os Três podem temer que, ao parar ou desacelerar, surjam sentimentos como esses, que eles não querem sentir. Mas é crucial que os Três aprendam a moderar o ritmo para poderem estar mais presentes em sua vida e em quem são.

- *Impulso pela competição.* Geralmente, a necessidade de vencer a todo custo vem com um preço alto. Os Três se desenvolvem quando aprendem que nem sempre precisam vencer para terem valor. Equilibrar o desejo do sucesso com o esforço consciente para acolher as lições do fracasso os ajuda a crescer e a aceitar tudo de si mesmos.
- *Fazer.* De modo análogo, os Tipos Três se beneficiam quando conseguem moderar sua compulsão para estarem sempre fazendo alguma coisa. Ficam mais inteiros e felizes quando equilibram o fazer com uma abertura maior para sentir e apenas ser.
- *Gestão da imagem.* Em um nível mais profundo, os Três podem acreditar que é a sua imagem que as pessoas amam, e não quem realmente são como indivíduos únicos. Quanto mais se esforçam para que os outros os admirem, mais eles potencialmente deixam de ser eles mesmos.
- *Excesso de trabalho/manter-se ocupado.* Em algum momento, quando não puder desacelerar ou parar de trabalhar — mesmo nas férias (!) —, você pode se dar conta de que isso é um problema. Desenvolva a capacidade de moderar sua tendência a ser viciado em trabalho para que uma doença ou algum outro tipo de colapso não tenha de fazer isso para você.
- *Identificação excessiva com seu trabalho ou com sua imagem.* Se você é um Tipo Três, pode pensar que é aquilo que faz — mas você é muito mais do que isso! Se tem a ideia de que não é ninguém sem o seu emprego, já é hora de se conhecer! Você é muito mais do que a sua imagem ou o trabalho que faz.

Manifeste conscientemente seu potencial superior: Cuide do "ponto baixo" e almeje o "ponto alto"

Os Tipos Três também crescem quando se tornam conscientes de hábitos e padrões autolimitantes associados a seu estilo de personalidade e aprendem a incorporar os aspectos mais elevados ou as capacidades mais expansivas e equilibradas da personalidade do Tipo Três.

- Aprenda a perceber a necessidade de parecer bem para impressionar os outros e tente se apresentar mais como você realmente é. Perceba que o verdadeiro "você" é melhor do que qualquer imagem que possa criar.
- Aprenda a perceber por que você se esforça tanto e trabalha tanto e saiba que não precisa fazer tudo ou ser bem-sucedido para ser a pessoa valiosa, amável, incrível e competente que você já é.
- Aprenda a perceber quando não está presente e a tirar sua atenção da lista de tarefas, colocando-a no que está acontecendo no momento.
- Aprenda a estar mais consciente daquilo que o obriga a fazer, fazer, fazer e trabalhar tanto, e depois tente interromper essa compulsão reduzindo a velocidade, relaxando mais e deleitando-se apenas em sentir e ser.
- Aprenda a observar a maneira como valoriza (ou supervaloriza) o sucesso como a medida de quem você é e desenvolva a capacidade de utilizar outros parâmetros, como o que sente, o que deseja, o que tem significado e como as pessoas reagem quando você se mostra sincero sobre quem é.
- Aprenda a perceber quando você se identifica demais com o seu trabalho ou com sua imagem e faça o que for preciso para manter contato com o verdadeiro "você" — quem realmente é, como se sente e o que quer de verdade.

De modo geral, os Tipos Três podem alcançar seu potencial ao perceber e desafiar seu habitual foco no fazer e no realizar para criar a imagem de vencedor, aprendendo a se concentrar mais profundamente no que sentem, no que querem de verdade e em quem realmente são. Quando puderem moderar a tendência a avançar muito rápido para atingir o objetivo e se esforçarem para desacelerar, poderão obter mais apoio de seu ser interior e das pessoas ao seu redor. Quando puderem se apoiar em sua grande — e nem sempre explorada — capacidade de sentir a riqueza de sua experiência interior, poderão melhorar as coisas que fazem e produzir de maneira que talvez nunca tenham imaginado, colocando mais de seus dons singulares e da verdade emocional de seu verdadeiro eu na mistura. Quando conseguirem combinar a espantosa capacidade de agir com a profundidade de quem são como indivíduos, poderão ser líderes poderosos que farão bem grandes coisas, beneficiando a todos.

CAPÍTULO 7

ESTILO DE LIDERANÇA DO TIPO QUATRO: O PODER DE EXPRESSAR AUTENTICIDADE

O arquétipo do Tipo Quatro é a pessoa prototípica que quer ser vista como única e especial nas coisas que faz e na maneira como se relaciona com os outros.

A atenção dos Tipos Quatro dirige-se automaticamente para sua conexão (ou a falta dela) com os outros, percebendo e às vezes idealizando o que está faltando (ou reclamando do que falta), avaliando a autenticidade e a estética das coisas e fazendo comparações com outras pessoas. Chamados ora de "os Artistas", ora de "os Românticos", os Tipos Quatro são um dos mais emotivos do modelo do Eneagrama, sendo tão sensíveis ao seu mundo interior quanto ao seu ambiente exterior. O Quatro entende que traduzir sua profundidade emocional em atos criativos de autoexpressão é uma maneira de ser compreendido pelos outros e de formar conexões significativas.

A programação do Tipo Quatro diz que a maneira de ter valor no mundo consiste em ser reconhecido e afirmado como indivíduo único e especial. Por isso, seu estilo é moldado por um foco em sua autoexpressão — através de sua criatividade ou de seus sentimentos — e por ser visto e apreciado por sua autêntica "natureza especial". Os Tipos Quatro procuram comunicar sua experiência interior por meio das coisas que fazem, de formas significativas e esteticamente agradáveis, e são muito sintonizados com o modo como são recebidos e validados (ou não) pelo mundo exterior. Embora tenham um talento especial para acessar e se identificar com emoções profundas, podem sofrer quando não recebem a compreensão e a afirmação que buscam nos outros, pois podem ter dificuldade para fornecê-las a si mesmos.

Os Tipos Quatro tentam se comunicar de forma a gerar conexão e compreensão, mas com frequência experimentam também a dor da desconexão e da incompreensão quando os outros não os veem como querem ser vistos. Pode haver muito "eu" e "mim" em suas comunicações — seu estilo de fala tende a ser autorreferencial, pois procuram ser compreendidos com base em como estão se sentindo e no que estão pensando.[1] Gostam de formar conexões mais profundas com conversas baseadas na troca de emoções e de experiências pessoais, e normalmente não gostam de diálogos superficiais.

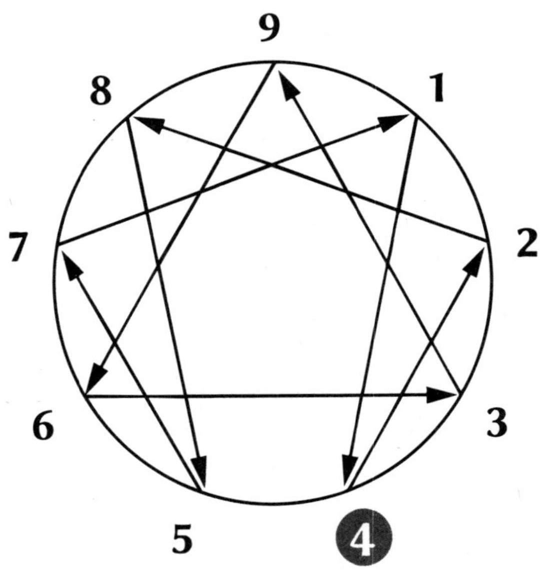

O Eneagrama do Tipo Quatro

Líderes com estilo do Tipo Quatro tendem a se sintonizar nas emoções das pessoas, são apaixonados pelas coisas que fazem e dedicam-se a formar um ambiente onde as pessoas se sentem à vontade para se expressar com autenticidade. Podem ser humanitários dedicados, artistas com alma ou visionários apaixonados. Mas, quer inspirem os outros por sua dedicação a importantes causas humanas, quer o façam por seu temperamento romântico e idealista, combinam a sensibilidade à experiência emocional com o desejo de causar impacto pela profundidade, criatividade e sentido que criam e promovem no mundo.

Como saber se você é um Tipo Quatro: A visão de dentro

Se a maioria ou todas as características a seguir se aplicarem a você, é provável que seu estilo de personalidade seja o Tipo Quatro.

- *Você vê o trabalho que faz através das lentes de sua experiência interna.* Seu trabalho se baseia em (e acontece por meio de) sua conexão com sua vida emocional e sua experiência interna das coisas que você faz e das pessoas com quem interage.
- *Você quer ser visto e compreendido como quem você sente que é: único.* Para você, é crucial ser apreciado pelos outros como quem você acha que é por dentro, não como quem os outros podem (ou não) ver que você é.
- *Você procura se conectar com os outros de maneiras significativas e despreza a superficialidade.* Você tem dificuldade em manter conversas superficiais porque busca profundidade e significado.
- *Você não consegue deixar de se comparar com os outros e pensar que é carente ou especial em relação aos demais.* Pode sentir inveja das pessoas que você acredita que têm algo que você não tem (e deseja) e se sentir superior a pessoas que não têm o que você tem. Ou pode se esforçar para conseguir o que quer para não ter de afastar sentimentos de inveja.
- *Você é sensível à experiência de não estar conectado quando gostaria de estar.* Às vezes, você pode sentir que não se encaixa, como se estivesse do lado de fora e olhasse para dentro.
- *Sente satisfação em se expressar de uma maneira que comunica sua experiência singular do mundo.* Para você, a autoexpressão

é muito importante; você desfruta a riqueza do desafio de traduzir sua experiência interior em arte ou em outros projetos de trabalho criativos.

- *Você valoriza muito a autenticidade.* Embora algumas pessoas evitem expressar as emoções, especialmente no trabalho, você acredita que, se a emoção for autêntica, não há nada de errado em ter seus sentimentos.
- *Você pode ser emocional, excessivamente sensível ou ter humor instável, e às vezes suas fortes emoções causam problemas nos seus relacionamentos.* Embora você possa se sentir pouco à vontade ao expressar suas emoções, experimentar seus sentimentos é uma das principais formas de se conectar consigo mesmo e entender sua experiência.
- *Você gosta de se conectar com as pessoas com base na troca de pensamentos e emoções — e é importante que se sinta compreendido.* Você considera importante se expressar com autenticidade e espera que os outros também o façam. Pode ter dificuldade para fingir e, se alguém não consegue entendê-lo, você pode ter dificuldade para se relacionar com essa pessoa.
- *Às vezes, você pode se sentir inadequado ou deficiente porque não consegue deixar de se comparar com os outros e perceber o que está faltando.* De vez em quando, você se sente "menos que" quando acha que outras pessoas têm coisas que você não tem ou que, de algum modo, estão numa posição melhor do que a sua.
- *É fácil para você ver o que está faltando em determinada situação.* Sua atenção se volta naturalmente para o que está faltando, mas quando você mostra isso para as pessoas, às vezes podem considerá-lo uma pessoa negativa.
- *Você tem talento para sentir o que está acontecendo no nível emocional entre as pessoas, na sua família, sua equipe ou sua organização.* Você costuma desempenhar o papel de contador da verdade, o que pode levar as pessoas a se sentirem apoiadas quando você mostra algo importante que está acontecendo sob a superfície, mas também pode levar as pessoas a desconsiderarem-no quando não querem enfrentar o que realmente está acontecendo.

- *Seu conforto diante de emoções profundas significa que as pessoas o procuram quando precisam falar sobre o que estão sentindo ou quando estão com alguma dor.* Sua capacidade de sentir uma variedade de emoções e sua familiaridade e conforto diante das dores significam que você pode estar presente quando as pessoas manifestam seus sentimentos.

A principal estratégia adaptativa do estilo de personalidade do Tipo Quatro

Frequentemente, os Tipos Quatro dizem que sofreram algum tipo de perda de conexão na infância, o que moldou a maneira como lidam com o mundo. Muitas vezes, recordam-se de serem amados ou de desfrutarem um contato importante com um progenitor ou cuidador, e então aconteceu alguma coisa que mudou essa conexão importante. Pode ter aparecido um irmão mais novo ou um evento da vida que tornou o progenitor indisponível ou menos presente, e a criança Quatro sentiu isso como a perda do amor ou uma mudança dolorosa num relacionamento de suporte de vida.

Motivados a tentar recuperar o que foi perdido, os Tipos Quatro se esforçam para provar que são dignos, para comunicar seu sofrimento ou afirmar sua natureza especial. Desenvolvem uma estratégia adaptativa para lidar com os sentimentos de perda e de anseio como forma de lidar com o que acontece em suas conexões, expressando-se de maneiras singulares para atrair a conexão com as pessoas certas e se identificando com um senso deficiente ou superior de si mesmos como forma de evitar reviver a experiência precoce de abandono.

Esse foco no sentimento e na emoção torna o estilo de enfrentamento dos Tipos Quatro menos adequado às convenções do ambiente de trabalho ocidental que os dos outros tipos, e o estilo de liderança do Tipo Quatro menos obviamente compatível com o ambiente corporativo típico. Para os Tipos Quatro, pode ser difícil obter a compreensão que buscam nos colegas de outros estilos e pode ser duro para os demais tipos ver como ter sentimentos "ruins" ou identificar-se com emoções sombrias como dor e tristeza pode servir de estratégia de autoproteção. Mas as pessoas com estilo do Tipo Quatro dão aos negócios qualidades e valores muito necessários: veem naturalmente o que está faltando e é necessário para tornar as coisas mais inteiras, mais belas, mais funcionais ou mais equilibradas. Além disso, sua capacidade de se sintonizar com os outros e sentir empatia por suas experiências emocionais torna-os singularmente adequados para compreender elementos importantes do trabalho e de relacionamentos profissionais, incluindo aquilo de que as pessoas precisam para se relacionar de forma produtiva e como a autoexpressão autêntica pode levar a criações visionárias e inovadoras.

O radar do Tipo Quatro: O que chama sua atenção?

A estratégia de apresentar a si mesmo e as coisas que faz de modo a permitir sua autoexpressão e a conexão com os outros para ser compreendido concentra a atenção do Tipo Quatro no que está acontecendo em seu interior. Os Tipos Quatro procuram se conectar consigo (e com os demais) por meio da experiência contínua de seu território emocional íntimo. Veem automaticamente o que está faltando, inclusive o que falta a eles e que os torna indignos ou inadequados — e concentram automaticamente a atenção das pessoas naquilo que é necessário e que está sendo deixado de fora.

No trabalho, os Tipos Quatro tendem a focalizar a interação humana e os aspectos criativos das tarefas. Em geral, têm uma opinião sobre como alguma coisa funciona em termos estéticos e como isso pode ser melhorado, oferecendo percepções sobre como as pessoas estão se entendendo e o que está acontecendo (sobretudo em termos emocionais) num nível mais profundo entre colegas. Sua tendência perceptiva dá prioridade a significado, profundidade e autenticidade — por isso, podem se preocupar em abordar ou consertar pessoas ou relacionamentos que não parecem suficientemente conectados, efetivos ou significativos.

Pessoas com o estilo de personalidade do Tipo Quatro são "autorreferenciadas", o que significa que sua atenção se volta imediatamente para a própria experiência interior e não para o que os outros estão sentindo, fazendo e precisando. Podem perceber melhor o que está acontecendo em sua paisagem interna do que aquilo que está acontecendo com as pessoas ao redor. Não que não se interessem pelos outros — prestam muita atenção em seus relacionamentos e podem se sintonizar bem com os outros quando querem. É que seu foco primário está naquilo que estão vivenciando.

A visão do "Planeta Quatro": Como os Tipos Quatro veem o mundo

Em geral, indivíduos com o estilo do Tipo Quatro veem o que está acontecendo em comparação com um ideal. Assim como os Tipos Um, fazem mentalmente comparações automáticas sobre si mesmos e suas circunstâncias. No entanto, enquanto os Tipos Um se concentram em detectar e corrigir erros de forma objetiva, os Tipos Quatro tendem a fazer julgamentos de valor com base em quão significativo (ou não) algo parece ser. Sentem-se atraídos pelo extraordinário e desdenham o mundano, o que pode cair na ideia de que "a grama do vizinho é sempre mais verde". Para os Tipos Quatro, aquilo que está distante e indisponível costuma ser mais interessante e valioso do que o que está presente aqui e agora.

Os Tipos Quatro querem que o mundo veja e afirme seu valor como indivíduos únicos. Entretanto, a experiência vivida por eles costuma mostrar que as pessoas não os compreendem bem (e nem umas às outras) ou deixam de validar seu valor. Às vezes, sentem que sua sensibilidade às emoções que a maioria das pessoas preferiria não sentir, como dor e tristeza, torna-os desajustados, especialmente no mundo do trabalho, onde as emoções não são valorizadas como fonte significativa de dados. Os Tipos Quatro compreendem que a informação trazida pelas emoções tem grande valor, especialmente quando se trata de avaliar o que funciona e o que não funciona, o que faz sentido e o que não faz, ou quem está (ou não) conectado com quem.

O Tipo Quatro não consegue deixar de ser aberto e sensível ao nível emocional das coisas, mesmo no trabalho, o que às vezes pode levá-lo a se sentir desvalorizado ou subavaliado. Quando o Tipo Quatro, com sua intuição naturalmente emocional, recebe a mensagem de que seu senso de coisas não é apreciado, é provável que os outros queiram afastar a ameaça de sua própria percepção emocional. Isso pode confirmar o senso íntimo de inadequação dos Tipos Quatro. Embora muitos deles desenvolvam uma força interior em torno da defesa de sua verdade emocional, também podem ser sensíveis aos juízos e às avaliações das pessoas ao seu redor, até duvidando de seu valor em ambientes de trabalho dominados por pessoas que acreditam que as emoções não têm lugar no mundo dos negócios. Por outro lado, quando significados assim fazem parte do trabalho, os Tipos Quatro podem se sentir bem por saberem que contribuem de forma significativa e que sua contribuição é valorizada.

O líder do Tipo Quatro: Características principais

Os traços de personalidade a seguir ajudam a definir o estilo de liderança do Tipo Quatro.

- *Valorizam muito a expressão autêntica.* Os líderes do Tipo Quatro tendem a estar muito sintonizados com a pergunta "O que estamos fazendo comunica de verdade o que somos?". Eles querem que as coisas que fazem e produzem sejam um reflexo preciso dos valores da equipe ou da organização.
- *Emocionalmente intuitivos e empáticos.* Os Tipos Quatro têm um dom especial para explorar o nível emocional daquilo que está acontecendo entre as pessoas. Tendem a estar em contato com o que estão sentindo, com as emoções dos outros e com o que está acontecendo emocionalmente entre as pessoas à sua volta.
- *Desejam se destacar como especiais, únicos ou extraordinários.* Motivados pelo forte desejo de serem reconhecidos pelas valiosas qualidades que os fazem singulares como são, os Tipos Quatro podem dar prioridade ao projeto de serviços ou produtos que os ajudam a expressar sua identidade e chamam atenção por serem particularmente belos ou eficazes. Podem se mostrar competitivos por quererem brilhar mais do que os concorrentes.
- *Atenção para o que está acontecendo nos relacionamentos em termos de conexão emocional.* Os líderes do Tipo Quatro sintonizam o "canal do relacionamento" — prestam atenção no estado de suas conexões e orientam energia para formar e manter relacionamentos significativos, embora nem sempre se mantenham conectados se isso significar ser inautêntico.
- *Temperamental/dramático.* Os Tipos Quatro podem expressar suas emoções sem culpa, e às vezes isso leva as outras pessoas a vê-los como mal-humorados, dramáticos ou supersensíveis.

- *Ênfase em trabalhos com significado*. Os Tipos Quatro podem ter dificuldade para se manter motivados caso seu trabalho não tenha significado. E podem agregar valor a uma organização quando insistem em fazer o que parece significativo para as pessoas que trabalham lá.

Padrões mentais, emocionais e comportamentais: Como o Tipo Quatro pensa, sente e age?

Mental

Os Tipos Quatro pensam em termos de comparações e relacionamentos; como os outros avaliarão o que estão produzindo, como se comparam com os outros e como podem incutir significado às coisas que fazem. Profundamente conectados com a própria vida interior, os Quatros fantasiam muito sobre o que poderia ou deveria acontecer e os cenários ideais que gostariam de manifestar, e podem se concentrar na diferença entre o que imaginam e o que realmente está acontecendo. Pensam muito no que acontece entre as pessoas e no modo como se comunicam com os outros para expressar quem são e o que estão pensando. Os Tipos Quatro podem ser perspicazes e intelectualmente criativos, e quando equilibram a sensibilidade emocional com um pensamento claro e objetivo, podem ser particularmente eficazes naquilo que fazem.

Emocional

Os Tipos Quatro se sentem mais confortáveis com a emoção do que qualquer outro tipo do Eneagrama — convivem mais com suas emoções, têm mais altos e baixos emocionais e acreditam no valor das emoções e das conexões emocionais. Em geral, têm acesso a uma ampla gama de sentimentos, que vivenciam intensamente, e podem se entregar a sentimentos mais sombrios, como melancolia, saudade, vergonha e inadequação, medo (de abandono) e ansiedade, raiva e frustração. Entretanto, podem evitar também certos sentimentos, focalizando às vezes outros mais confortáveis ou familiares. Por exemplo, às vezes se refugiam em sentimentos como tristeza ou melancolia (ou falsa felicidade) como meio de se defenderem da dor da vergonha ou do medo do fracasso.

Os Tipos Quatro também podem “preferir” algumas emoções a outras, pois são mais habituais e mais alinhadas com sua autoimagem preferida ou mais úteis como proteção contra outras emoções. Eles sintonizam particularmente a beleza que pode ser encontrada na dor, na poesia e na riqueza das experiências emocionais profundas, podendo sentir de imediato o outro lado de sentimentos difíceis, pois experimentam profundamente toda uma gama de emoções, inclusive empolgação, alegria e felicidade.

Comportamental

O comportamento dos Tipos Quatro varia muito, de acordo com qual dos três subtipos (descritos a seguir) estamos falando. Alguns tendem a ser trabalhadores concentrados em ser durões e em realizar tarefas para provar seu valor. Outros podem se identificar demais com as emoções, tendo dificuldade para sair dos sentimentos e entrar em ação — podem ficar presos ao que não têm ou a um senso de inferioridade que pode ser paralisador. E outros podem competir ativamente para vencer ou se mostrar superiores como meio de se afirmarem e de comunicarem seu valor. Em geral, alguns Tipos Quatro podem se mostrar mais depressivos e retraídos, e outros podem ser mais ativos ou até hiperativos. Quando estão excessivamente apegados a sentimentos como inadequação e baixa autoestima, podem ter problemas para agir; mas, quando se sentem bem consigo mesmos, podem ficar motivados a atingir altos níveis de excelência.

Pontos fortes e superpoderes: O que o Tipo Quatro faz de melhor

- *Impulso artístico/Sensibilidade estética.* Os Tipos Quatro veem e procuram destacar o que é belo ou poético na realidade cotidiana. Sintonizam-se naturalmente com a estética e o que pode ser feito para tornar as coisas mais agradáveis.

- *Intuição emocional.* Os Tipos Quatro percebem como as pessoas estão se sentindo, quais tensões e conflitos podem existir entre elas e o estado de suas conexões emocionais invisíveis.
- *Grande capacidade para sentimentos profundos.* Os Tipos Quatro são bons conselheiros, ouvintes e amigos, pois não têm medo de se colocar no lugar do outro, mesmo que isso signifique acompanhá-lo em um espaço emocional doloroso ou perturbador.
- *Coragem de ser autêntico.* Os Tipos Quatro valorizam a sinceridade e tendem a narrar a verdade, preferindo desagradar alguém a se comunicar de modo que pareça falso.
- *Sensibilidade ao estado das conexões humanas.* Os Tipos Quatro têm a capacidade de ver e de compreender quão bem (ou não) as pessoas estão conectadas umas às outras, os obstáculos e desafios no caminho dos relacionamentos e quão abertas ou não as pessoas estão para se relacionar de forma autêntica.

Quando algo bom demais fica ruim: Como os Tipos Quatro podem errar quando levam demasiadamente a sério "serem reais" e procuram viver uma vida menos comum

Como todas as pessoas de todos os tipos, quando os líderes do Tipo Quatro abusam de seus pontos fortes (e não desenvolvem conscientemente uma gama mais ampla de especialidades), esses mesmos pontos podem se tornar seu calcanhar de aquiles.

- *Impulso artístico/Sensibilidade estética.* Os Tipos Quatro podem insistir em obter uma estética perfeita, o que pode retardar o processo de conclusão de alguma coisa. Podem ficar frustrados quando a realidade daquilo que criaram não corresponde ao ideal que imaginaram.
- *Intuição emocional.* Os Tipos Quatro podem sobrecarregar pessoas que não se sentem tão à vontade trilhando territórios emocionais quando insistem em fazer aflorar sentimentos que os outros não estão prontos a enfrentar.

- *Grande capacidade para sentimentos profundos.* Os Tipos Quatro podem expressar emoção demais para os outros lidarem, atrasar os processos de trabalho quando insistem que seus sentimentos devem ser validados e compreendidos, e podem julgar aqueles que não conseguem acessar suas emoções tal como eles conseguem.
- *Coragem de ser autêntico.* Os Tipos Quatro podem forçar os outros a serem sinceros, o que talvez não estejam prontos para fazer, e podem expressar emoções mais autênticas do que a situação exige. Podem considerar inautênticos aqueles que não são capazes de aderir a seus elevados padrões de verdade emocional.
- *Sensibilidade ao estado das conexões humanas.* Quando os Tipos Quatro se concentram demais na maneira como as pessoas estão se relacionando, podem ficar obcecados por querer consertar questões de relacionamento e negligenciar prioridades do trabalho. Podem ter problemas para aceitar as limitações reais de algumas conexões ou indivíduos.

Felizmente, o interesse sincero dos Quatros pelas pessoas e por estabelecer conexões significativas indica que, para trabalharem bem juntos, podem precisar temperar alguns de seus requisitos de compreensão emocional mútua. Quando conseguem equilibrar as próprias necessidades e os próprios sentimentos com a compreensão realista do que é possível em seu ambiente de trabalho, são capazes de oferecer seus dons e talentos de uma maneira que os outros podem apreciar.

"Quando estou sob estresse..." e "Na minha melhor versão...": Entendendo o "ponto baixo" e o "ponto alto" do estilo de personalidade do Tipo Quatro

Quando estão estressados a ponto de atingir seu "ponto baixo", os Tipos Quatro podem ficar mal-humorados e temperamentais, tendendo a se concentrar neles mesmos e no que estão sentindo, pensando e precisando. Alguns punem-se mais quando estressados, enquanto outros punem (em geral, de maneira inconsciente) outras pessoas. Podem reclamar mais aberta ou furiosamente do que não está funcionando para eles e que não estão conseguindo o que querem, ou podem ficar de mau humor e parar de colaborar como forma de assinalar que alguma coisa está errada e que precisam de mais atenção.

Quando estão no "ponto baixo", alguns Tipos Quatro podem ficar mais retraídos e melancólicos, depressivos ou fechados, e outros podem ficar agitados, ansiosos e trabalhar mais. Podem parecer mais reativos e reagir de forma mais emocional às coisas, com dificuldade para moderar as emoções que expressam. Alguns podem tentar se controlar, sabendo que suas reações emocionais podem afastar as pessoas; outros abrem mão de qualquer preocupação com a gestão das impressões e ficam alucinados; outros controlam seus sentimentos no início, e depois explodem se ficarem muito zangados ou magoados. No seu pior, podem ser como Ió, o burrinho do Tipo Quatro do desenho *Ursinho Pooh* — depressivos que se concentram apenas no que é negativo ou no que não está funcionando, a ponto de serem vistos como pessimistas ou obstrucionistas.

No "ponto alto", quando os líderes do Tipo Quatro se tornam mais autoperceptivos e conscientes de sua programação, podem ser sábios, criativos e compassivos. Valem-se de sua profunda capacidade de empatia para criar uma visão ousada do trabalho que precisa ser realizado de modo a poder inspirar seu pessoal. No seu ponto mais saudável, os Tipos Quatro equilibram o contato claro com sua experiência interior — o senso consciente de suas necessidades e emoções — e o senso de generosidade e gratidão na compreensão e apoio aos demais. Aprendem a envolver suas emoções, receber as informações que elas trazem, processá-las ou comunicá-las com autoconhecimento e deixá-las ir.

Os Tipos Quatro saudáveis demonstram como a inteligência emocional e a sensibilidade podem ser pontos fortes no ambiente de trabalho. Usam a sabedoria desenvolvida ao aprenderem a trilhar seu próprio terreno emocional para guiar e orientar os outros, e podem unir as pessoas, mediar conflitos com sensatez e nomear problemas emocionais que precisam ser enfrentados para que as equipes possam se tornar mais coesas. Sem recear sentimentos intensos ou estresse interpessoal, apoiam os outros para que se comuniquem mais honestamente como forma de acolher melhor o "verdadeiro eu" das pessoas no trabalho, criando uma atmosfera de autenticidade e de apoio na qual os indivíduos podem prosperar e aproveitar o que fazem.

Os três perfis de líderes do Tipo Quatro: Como os três instintos moldam os subtipos de personalidade

Segundo o modelo do Eneagrama, todos nós temos três impulsos instintivos principais que nos ajudam a sobreviver, mas um deles tende a dominar nosso comportamento. O estilo do Tipo Quatro se expressa de maneira diferente dependendo se a pessoa tem uma inclinação para a *autopreservação*, para estabelecer *relacionamentos sociais* e posicionar-se em relação a grupos, ou para vínculos *um a um*.

O Tipo Quatro Autopreservação (ou Autofocado)

Os Tipos Quatro Autopreservação são os que menos externam as emoções. Tendo recebido a mensagem de que suas emoções eram excessivas para as pessoas (geralmente, de um progenitor na infância), tentam manter uma tampa sobre sentimentos mais sombrios como tristeza, desapontamento, mágoa e raiva, levando algumas pessoas a pensar que eles não podem ser Tipos Quatro, de modo algum. Na verdade, eles conectam-se profundamente com suas emoções, só que mantêm seus sentimentos negativos para si mesmos e não afastam as pessoas com as quais querem estar conectadas. Em vez disso, lideram com simpatia e uma apresentação exterior otimista e feliz.

Os Tipos Quatro Autopreservação tendem a ser mais ansiosos do que os outros dois subtipos embora sejam tipicamente estoicos e fortes e aprendam a suportar a dor sem demonstrá-la. Por fora, são mais "ensolarados" e úteis e trabalham muito para provar seu valor. Em vez de se prenderem à inveja ou à insatisfação por não terem o suficiente ou não serem suficientemente bons, procuram conseguir aquilo que querem e esperam conquistar o respeito e o afeto dos outros fazendo coisas para eles e não sobrecarregando as pessoas com sua dor. Podem ser tenazes quando trabalham com uma meta, mas também insensatos, atirando-se no esforço de realizar algo ou de ajudar os outros, sacrificando-se ou desconsiderando sua própria segurança. Procuram conquistar a admiração dos outros mostrando que podem fazer muita coisa, assumindo, às vezes em silêncio, mais do que sua cota de trabalho e suportando um fardo maior.

Como líderes, os Tipos Quatro Autopreservação proporcionam aos outros um modelo heroico de trabalho duro em apoio a uma causa ou à melhoria das condições para os outros. Podem lembrar os Tipos Três em sua dedicação ao trabalho, mas também vão se manter sintonizados com o que estiver acontecendo com o grupo no nível emocional. Os Tipos Quatro Autopreservação tendem a ser humanitários, comprometidos em aliviar a dor dos outros e geralmente mergulham naquilo que fazem. Como me disse um líder do Tipo Quatro Autopreservação: "Se alguém me diz que não posso fazer alguma coisa, não sossego enquanto não faço isso". Isso reflete a determinação e a tenacidade que movem o estilo de liderança do Tipo Quatro de modo geral, mesclando a profunda compaixão e preocupação com a experiência emocional com um estilo de trabalho motivado pelo desejo de provar que podem fazer o que quer que decidam fazer. Os Tipos Quatro Autopreservação temperam essa intensidade com a leveza e o senso de diversão que os ajudam a transcender a dor e a se conectar com os outros.

O Tipo Quatro Social (ou Focado no Grupo)

Em contraste com o Tipo Quatro Autopreservação, o Tipo Social é mais melancólico e mais emocionalmente expressivo. Demonstra suas emoções abertamente, esperando ganhar atenção e apoio comunicando seus sentimentos difíceis. São pessoas sensíveis que se sentem profundamente conectadas com suas emoções — e conectam-se consigo mesmas de forma intensa ao vivenciar essas emoções.

Mais do que os outros dois subtipos, os Tipos Quatro Sociais têm o hábito de se comparar com os outros e acabam por baixo, vendo-se de algum modo como inferiores ou inadequados. Isso pode parecer intrigante para as pessoas próximas a eles, pois em geral mostram-se (objetivamente) como competentes, atraentes e bem-sucedidos. Mas podem ser tão teimosos em insistir que há algo de errado com eles que as outras pessoas querem perguntar: "O que há de errado em você para achar que há algo de errado com você?".[2] Como dito antes, podemos entender isso como o modo de os Tipos Quatro Sociais se esconderem numa autoimagem negativa para se protegerem do sentimento ainda pior que podem ter, caso se deem ao trabalho de ter de agir para conseguir o que desejam — e acabem fracassando.

Como líderes, os Tipos Quatro Sociais têm talento para lembrar as pessoas da necessidade de serem mais autênticas e eficazes, explorando sentimentos profundos — mesmo que isso implique enfrentar alguma dor. Eles não evitam assumir uma postura forte sobre o valor das emoções e da inteligência emocional em informar o trabalho das pessoas, e seu próprio destemor diante da dor e da tristeza permite que sejam corajosos e ousados quando agem para se expressar criativamente. Embora, às vezes, possam dar atenção demais ao que parece desafiador, na sua melhor versão eles fornecem segurança para os demais enfrentarem suas vulnerabilidades como forma de desenvolver mais força como indivíduos ou em equipe.

O Tipo Quatro Um a Um (ou Focado no Relacionamento)

Os Tipos Quatro Um a Um são os mais competitivos dos três subtipos. Comparam-se automaticamente com os outros e querem sair por cima, e podem se concentrar tanto em obter o que precisam e provar sua superioridade que deixam para trás a gestão da impressão. E embora adotem essa atitude superior como compensação por um senso subjacente de inadequação (do qual nem sempre estão cientes), os outros podem considerar o Tipo Quatro Um a Um arrogante ou difícil. Esses Quatros podem projetar a dor para fora, agindo com inveja através da competição ou expressando raiva porque os outros não estão atendendo às suas necessidades. Tendem a acreditar que a "roda barulhenta recebe óleo", o que pode resultar em um círculo vicioso: o Tipo Quatro Um a Um torna-se exigente, as pessoas reagem negativamente, e ele fica mais assertivo ou insistente, o que intensifica as reações dos outros.

A motivação mais profunda dos Tipos Quatro Um a Um é a recusa em sofrer a dor de se sentirem inferiores aos outros. Podem se concentrar no fato de o mundo exterior não corresponder ou não afirmar o seu valor e podem tentar minimizar as realizações dos demais para elevar as suas próprias. Mais desavergonhados do que vergonhosos, não têm problemas em expressar raiva, e é por isso que às vezes são confundidos com os Tipos Oito, que também não receiam o confronto com alguém, caso seja preciso. Podem expressar uma atitude elitista e podem ter uma visão radical do sucesso, tudo ou nada — se não vencerem de forma decisiva, ficarão sem nada.

Como líderes, os Tipos Quatro Um a Um podem ser visionários ousados, dispostos a lutar para serem ouvidos e para fazer o que for preciso para atingirem o sucesso. Tendem a ter uma energia otimista e ativa que os leva a trabalhar muito para provar seu valor e demonstrar suas habilidades superiores. Quando são menos autoconscientes, pode ser difícil trabalhar com eles — vão reclamar se não gostam do que os outros estão fazendo, protestam quando não conseguem o que precisam e, quando se sentem inferiores, podem expressar a raiva como forma de afirmar o poder e manipular as situações. No entanto, quando são mais conscientes e perceptivos, podem ser interessantes e atraentes, dedicados a seu trabalho e a seus relacionamentos e apaixonadamente comprometidos em fazer o que for preciso para terem sucesso no que quer que façam. Podem ser visionários inovadores e artísticos (como Steve Jobs) que trabalham energicamente com os outros para realizar grandes coisas.

O Tipo Quatro no trabalho

Às vezes, os Tipos Quatro sentem dificuldade para trabalhar com os outros porque:

- "Geralmente, não me sinto compreendido pelas pessoas com quem trabalho."
- "Pode ser difícil saber como colaborar com pessoas que não compartilham da minha visão."
- "Meus colegas não valorizam tanto a expressão emocional quanto eu."
- "Sinto que sou deixado de lado quando os outros não têm tempo para me ouvir e fazer um esforço para compreender como estou me sentindo."
- "Às vezes, me comparo com os outros e posso ficar preso às emoções provocadas por me sentir inferior (ou superior) às outras pessoas."
- "Meus superiores ou colegas não lidam com as tensões subjacentes dentro da equipe — e não querem ouvir falar disso quando tento aflorá-las para levar as pessoas a tratarem delas."

- “Para mim, é difícil trabalhar bem com alguém que não reservou um tempo para se conectar comigo e compreender quem sou num nível pessoal.”
- “Posso ter dificuldade para me relacionar com pessoas que considero falsas ou inautênticas.”
- “Para mim, é difícil me envolver em conversas fiadas ou superficiais, e por isso às vezes sinto-me pouco à vontade comunicando-me com colegas que não conheço direito ou que julgo superficiais.”

As principais implicâncias do Tipo Quatro no local de trabalho podem ser:

- “Quando as pessoas não desaceleram por tempo suficiente para me conhecer.”
- “Quando as pessoas não valorizam minha contribuição ou não apreciam o trabalho que faço.”
- “Quando as pessoas me veem como negativo ou pessimista quando estou tentando ajudá-las, chamando a atenção para o que está faltando.”
- “Quando as pessoas não entendem o que estou dizendo ou como estou me sentindo, mas continuam insistindo que entendem.”
- “Quando os outros priorizam velocidade e eficiência em vez da estética correta.”
- “Quando meus superiores me fazem gastar muito tempo trabalhando em tarefas mundanas que não têm significado para mim.”
- “Quando não sou recompensado ou compensado de forma condizente com meu talento ou habilidades.”
- “Quando as pessoas me dizem para ‘deixar para lá’ ou para ‘ver o lado bom disso’ quando estou tendo sentimentos difíceis sobre o que está acontecendo.”
- “Quando não sou ouvido ou as pessoas não valorizam meus sentimentos ou minha intuição.”
- “Quando os outros não ligam para a estética do ambiente físico ou criam uma atmosfera de trabalho negativa.”

Como os Tipos Quatro podem se tornar melhores colegas de trabalho

Como líderes, os Tipos Quatro podem tentar ser pacientes com as pessoas quando elas não valorizam ou não tratam as emoções da mesma maneira que eles. Podem experimentar conscientemente seus sentimentos e processá-los como for preciso e, em seguida, apoiar-se (ou obter apoio) para encontrar maneiras de comunicar o que está acontecendo a fim de que os outros possam compreender mais rápido. Será benéfico para os Tipos Quatro desenvolver mais recursos internos para enfrentar os momentos em que se sentem incompreendidos e encontrar maneiras criativas de comunicar suas percepções sem ficar reativos. Será útil lembrar de valorizar sua profundidade e sua inteligência emocional, mesmo que os outros não o façam.

Também é útil para os Quatros em todos os níveis de uma organização lembrar de ter compaixão pelas pessoas que têm dificuldade para vivenciar e comunicar as emoções. Isso pode ser difícil no mundo dos negócios, onde os Tipos Quatro podem se sentir desvalorizados por sua força e sensibilidade emocional, mas é por isso que é crucial que eles não se rendam à tendência cultural de tornar "ruim" qualquer coisa relacionada com emoções por conta do medo e do desconforto.

Como a maioria dos Tipos Quatro tem tendência a dizer a verdade, mesmo quando dói, pode lhes ser útil lembrar que os outros podem tender a projetar coisas negativas neles. Quando as pessoas querem evitar ouvir coisas que não desejam ouvir ou evitar sentimentos que não querem admitir, ressentem-se de qualquer um que os lembre de enfrentar essas dificuldades e lidar com as emoções presentes. Quanto mais os Tipos Quatro puderem aceitar que provavelmente serão malvistos por chamarem a atenção para realidades desconfortáveis, mais poderão cuidar de si mesmos quando as pessoas os entenderem mal ou não quiserem ouvir sua perspectiva. Como um Tipo Quatro, é natural reagir na defensiva quando as pessoas não querem ouvir o que você tem a dizer ou negam seus sentimentos, mas se puder aprender a esperar essa reação e desenvolver maneiras saudáveis de interagir quando isso acontece, pode acabar sendo mais apreciado e compreendido.

Trabalhando com os Tipos Quatro

Comportamentos típicos dos Tipos Quatro no ambiente de trabalho

Você provavelmente está trabalhando com um Tipo Quatro do Eneagrama se notar que essa pessoa apresenta vários dos comportamentos a seguir.

- Parece mais intensa do que o profissional típico do ambiente de trabalho.
- Fica sensível e defensiva se você não gosta de suas ideias criativas.
- Pode ter humor instável e temperamental.
- Sempre tem muitas ideias sobre como melhorar os elementos estéticos do trabalho que estiverem fazendo juntos.
- Fala de suas emoções e sentimentos de um modo que parece meio deslocado no trabalho.
- Sempre chama a atenção da equipe para aquilo que está faltando num plano ou projeto de uma maneira que pode parecer um tanto negativa.
- Tende a olhar para o lado sombrio e nem sempre reconhece o que está indo bem.
- Pode ser exigente e não tem medo de expressar a raiva.
- Às vezes, dá a impressão de que tudo diz respeito a si mesma.
- Às vezes, parece arrogante, especialmente se todos não reconhecerem sua contribuição e habilidade. Age como se fosse a melhor (embora não seja).
- Esforça-se para provar seu valor e trabalha mais ainda quando está ansiosa.
- Coloca senso artístico e pensamento criativo em tudo que fazemos.
- Diz sentir que não se encaixa com as pessoas e que não é compreendida.

Por que é ótimo trabalhar com líderes conscientes do Tipo Quatro

- Trazem muita paixão e dedicação ao trabalho que consideram significativo ou importante.
- São ótimas pessoas para conversar caso você tenha alguma emoção difícil ou dolorosa (o que pode ser difícil de encontrar no trabalho).
- Dão apoio quando você está passando por alguma situação difícil.
- Adoram o processo criativo, apresentam muitas ideias inovadoras e ajudam as pessoas a acessar a própria criatividade.
- São realmente bons em tarefas que requerem olhar artístico, talento para o design ou sensibilidade estética.
- Têm muita profundidade e intensidade, e por isso pode ser divertido conversar com eles, especialmente sobre assuntos mais substanciais e significativos.
- Esforçam-se para compreender e se conectar com você.
- Podem ser grandes colaboradores quando você está alinhado com eles em torno de uma visão criativa em comum.
- Preocupam-se com o que está acontecendo entre as pessoas e têm coragem de se manifestar quando alguma coisa precisa ser feita para melhorar a coesão da equipe.
- Não têm medo de conversas difíceis ou de dar feedbacks sinceros.

Desafios típicos para pessoas que trabalham com Tipos Quatro

- Quando algo não estiver dando certo, provavelmente vão questionar as pessoas e expressar abertamente seu descontentamento.
- Podem parecer temperamentais, e por isso é difícil saber como lidar com eles; podem retardar processos de trabalho quando estão incomodados com alguma coisa.
- Podem ficar abalados quando não se sentem compreendidos ou apoiados. (E pode ser difícil saber como compreendê-los e apoiá-los.)

- Podem se ressentir de você se não conseguirem ter o seu sucesso.
- Podem menosprezar pessoas que consideram superficiais demais ou emocionalmente fracas.
- Podem guardar rancor caso se sintam enganados por alguém.
- Podem parecer autocentrados e egocêntricos.
- Podem insistir em suscitar questões com as quais as pessoas não querem lidar.
- Podem ficar bravos se acharem que sua contribuição não foi valorizada o suficiente.

Os Tipos Quatro e a liderança

Um líder do Tipo Quatro conta como conhecer seu tipo no Eneagrama ajuda no trabalho

Arash Ferdowsi é cofundador e CTO da Dropbox Inc., empresa de serviços de hospedagem de arquivos sediada em São Francisco que oferece armazenamento em nuvem, sincronização de arquivos, nuvem pessoal e software para clientes.

> Para mim, aquilo com que me identifiquei na descrição do Tipo Quatro foi a tendência ocasional a me sentir meio diferente ou defeituoso, mas diferente tanto para o bem quanto para o mal — sentindo-me às vezes como forasteiro, mas também tendo o desejo de ser especial, distinto ou único. Essa coisa ressoou mesmo em mim. Quanto mais eu mergulhava nisso, mais compreendia alguns dos padrões de pensamento que eu tinha e sabia que estavam lá. Isso me fez perceber que não há nada de errado comigo por pensar dessa maneira; é apenas uma tendência que tenho e que preciso equilibrar com objetividade.
>
> Isso me ajudou muito a compreender, cada vez mais, quando tenho reações emocionais realmente fortes. Também mostrou como desmontá-las e ser um pouco mais racional a respeito delas, sabendo que tenho essas tendências em certas direções.
>
> Definitivamente, creio que conhecer meu estilo me ajudou a ser um líder melhor. Acho que me ajudou a melhorar a gestão de minhas reações emocionais e a entender no que sou bom e a me inclinar para isso.

Quando você é gerente e é um Tipo Quatro

Ser um chefe do Tipo Quatro significa que você costuma levar em conta não só a qualidade do trabalho sendo feito, como também os elementos estéticos (a aparência das coisas) e o fator humano (como as pessoas se sentem) envolvidos nesse trabalho. Provavelmente, você tem muita empatia e sensibilidade pela dinâmica humana interna de sua equipe e/ou organização e quer conhecer o seu pessoal, envolver-se em decisões de contratação e sentir-se conectado com os principais funcionários.

Talvez você não se sinta completamente à vontade no papel de líder. Sua tendência a encontrar defeitos em você mesmo pode deixá-lo relutante para colocar-se à frente das coisas, liderando-as num cenário maior. E boa parte de sua experiência como líder vai depender do seu subtipo. Os Tipos Quatro Autopreservação vão trabalhar muito em papéis de liderança, tanto para se provarem quanto para afastarem a ansiedade que podem sentir por não terem ou não serem o suficiente. Os Tipos Quatro Sociais podem duvidar de si mesmos e apegar-se a sentimentos de inadequação, o que pode prejudicar sua capacidade de liderar, ou podem incutir em sua organização seus valores profundos de autenticidade, seguindo seu modelo de integridade pessoal. Os Tipos Quatro Um a Um podem gostar de liderar, sendo competidores naturais que procuram demonstrar que são os melhores em qualquer coisa que fazem.

Quando você se sente inseguro, pode ter uma sensação interior de inadequação, o que pode levá-lo a questionar suas decisões e a duvidar de suas ações. Você pode contar com colegas próximos para dizer como está se saindo e o que está indo bem. Na sua melhor versão, você pode ser um líder inspirador — sensível a como as pessoas estão se sentindo e, ao mesmo tempo, motivado a trabalhar muito para criar produtos de trabalho com os quais as pessoas podem se sentir bem e dos quais podem se orgulhar.

Quando seu gerente é do Tipo Quatro

O bom de ter um chefe do Tipo Quatro é que você pode ter certeza de que ele se interessará em formar uma conexão pessoal com você. É provável que ele pense muito no processo de contratação (caso esteja envolvido) e queira ver o seu sucesso. Ele também pode estar mais disponível emocionalmente do que você espera (ou do que chefes de outros estilos de personalidade), e é provável que seja alguém com quem você pode conversar se estiver com dificuldades. E se tiver algum problema com você, provavelmente ele o mencionará, especialmente se estiver confiante de que vocês formaram uma boa conexão.

Quando estão sob pressão ou são menos autoconscientes, os chefes do Tipo Quatro podem ficar presos às suas reações emocionais, tendo dificuldade para focalizar o trabalho ou para superar seus sentimentos. Esse comportamento varia em função do subtipo — podem se desconectar de você e trabalhar mais de maneira abnegada, tornando-se retraídos e autodepreciativos, vendo as coisas por uma lente negativa, ou ficando irritados e exigentes com os erros que veem que as pessoas estão cometendo e que estão prejudicando seu sucesso.

Na sua melhor versão, os chefes Tipos Quatro são abertos a comentários sinceros dos outros e apreciam profundamente suas contribuições. Gostam da maneira como as equipes interagem para comunicar-se sobre o trabalho e fazer o que é preciso. Embora duvidem de si mesmos de vez em quando, criam uma rede de associados de confiança que podem apoiá-los em decisões difíceis, produzindo um trabalho que tem significado e celebrando o sucesso das pessoas.

Quando seu subordinado é do Tipo Quatro

Quando seus subordinados diretos têm um estilo do Tipo Quatro, será útil manter abertas as linhas de comunicação para vocês terem certeza de que estarão conectados e irão comentando as coisas à medida que acontecem. Os Tipos Quatro têm bom desempenho quando se sentem compreendidos e apoiados e são sensíveis quando acham que não estão se encaixando. Caso se sintam compreendidos e conectados com você, podem ter ótimo desempenho e proporcionar valiosas contribuições criativas para a equipe.

Dependendo do Tipo Quatro que forem, podem evitar conflitos e se retrair quando estressados ou expressar seus sentimentos de maneira apologética ou agressiva, e até insistir para que você entenda e valide como se sentem antes que o trabalho possa progredir. Caso liderem com o estilo do Quatro Social, podem ter dificuldade para deixar de lado sentimentos ou desapontamentos. Se o estilo for do Tipo Quatro Um a Um, podem exibir um comportamento competitivo ou reclamar de coisas de que não gostam, pedindo que suas necessidades sejam atendidas. Caso seu estilo seja o Quatro Autopreservação, podem se parecer com os Tipos Três no ambiente de trabalho. Quando os Tipos Quatro não se sentem apreciados ou acham que seus sentimentos não estão sendo levados em conta, pode ficar difícil lidar com eles.

Do lado bom, se você trabalha com um Quatro saudável, ele será sensível às suas necessidades e sentimentos — e dos demais — e vai se esforçar muito para provar seu valor e fazer uma contribuição de alta qualidade. Está aberto para conversar sobre problemas e pontos de discordância e gosta de se expressar criativamente em seu trabalho. E provavelmente vai demonstrar um alto nível de inteligência emocional, desejando apoiar o trabalho e as pessoas à sua volta de maneira significativa.

Convivendo com o Tipo Quatro: O que fazer para trabalhar bem com ele

- *Compreenda-os.* Os Tipos Quatro são sensíveis quando acham que não são compreendidos; por isso, se fizer um esforço sincero para compreendê-los, terá dado um passo imenso para se entender com eles. (Entretanto, é bom repetir: eles é que vão julgar se você os compreendeu ou não.)
- *Deixe-os expressar emoções sem reagir ou "consertá-las".* Se permitir que desabafem suas emoções e fizer um esforço sincero para ouvi-los, essas emoções podem diminuir, e o problema por trás delas pode se resolver. Caso contrário, isso não vai acontecer.
- *Deixe-os saber que você valoriza a eles e sua contribuição singular para o trabalho.* Os Quatros desejam ser reconhecidos pelo que fazem e por seus talentos únicos. Reserve um tempo para lhes dizer que os aprecia e especifique a razão.
- *Quando tiverem um problema, não lhes diga para "ver o lado bom disso".* Se os seus colegas do Tipo Quatro tiverem problemas com alguma coisa ou apontarem o que está faltando, trate seriamente

daquilo que estão mostrando ou diga com clareza por que não resolverá o caso.

- *Seja autêntico. Reafirme o desejo de autenticidade dos Tipos Quatro.* Eles têm um sexto sentido quando se trata de detectar inautenticidade e insinceridade. Seja realista e honesto, tal como eles, e isso fortalecerá seu relacionamento de trabalho.
- *Conecte-se com eles de maneira significativa e pessoal.* Mostre-lhes que você se importa em saber quem eles são e forme uma conexão significativa ouvindo-os e assumindo o risco de compartilhar algumas de suas próprias informações pessoais.
- *Ajude-os a ver além do nível emocional sem desvalorizar suas emoções.* Você pode apoiar os Tipos Quatro em sua vida validando suas expressões emocionais, mas também dizendo quando achar que estão exagerando. E lembre-se: eles vão ouvir você com mais clareza (sem ficar tanto na defensiva) se antes você respeitar os sentimentos deles.

Sugestões de crescimento: Como os Tipos Quatro podem ser mais autoconscientes, eficazes e felizes no trabalho

Todos os tipos podem aprender a ser menos reativos e a colaborar melhor com os demais, *observando* primeiro seus padrões habituais e refletindo sobre o que pensam, sentem e fazem para obter mais *autopercepção*. Depois, devem esforçar-se para *gerenciar* ou moderar suas reações automáticas diante de alguns gatilhos.

Os Quatros crescem quando observam primeiro e depois aprendem a moderar suas reações habituais diante dos principais gatilhos, como serem incompreendidos, serem rejeitados por seu humor difícil ou não se sentirem valorizados por serem o que são e por suas contribuições.

Quando os Tipos Quatro conseguem observar suas ações a ponto de se surpreenderem fazendo as coisas que lhes causam problemas, e então param para refletir sobre as próprias atitudes e sobre a razão para isso, podem aprender gradualmente a moderar sua programação e suas reações automáticas.

Eis algumas ideias para ajudar os Tipos Quatro a serem mais autoconscientes, emocionalmente mais inteligentes e mais satisfeitos no trabalho (e em casa).

Auto-observação: Aspectos que os Tipos Quatro devem considerar

- Perceba a diferença entre pensar com seus sentimentos e pensar simplesmente de maneira mais objetiva.
- Desenvolva a percepção contínua de sua relação com as emoções: você as elimina? Demora-se demais nelas? Amplia-as para criar um drama como forma de evitar alguma coisa ou de se defender do vazio do cotidiano? Fica preso e apegado a elas? Usa-as para causar impacto sobre os outros ou influenciá-los?
- Fique atento a qualquer tendência a se apegar a sentimentos após a data de validade e ter dificuldade para superar as emoções ou ir em frente.
- Observe como você se compara com os outros. Como é seu processo de pensamento quando faz isso? Como você se sente com isso? O que motiva isso? Quais são as consequências?
- Observe sua tendência a se concentrar no que está faltando ou não está funcionando. Perceba o que motiva isso e o impacto que causa nos outros.
- Perceba se você tem dificuldade para se concentrar no que há de positivo no trabalho que está fazendo. Fique atento a formas com que você desvaloriza o que está acontecendo, que é bom ou ótimo, *só porque está desejando algo melhor* — algo que você pode estar idealizando porque está distante ou indisponível.
- Observe qualquer tendência a competir com os outros como forma de provar seu valor ou de combater algum sentimento subjacente de falta de valor.
- Perceba qualquer desejo de fazer com que os outros vejam você como alguém especial ou extraordinário para se defender do medo de ser alguém comum ou inadequado. Observe se consegue detectar o que há por trás disso. O que motiva isso?
- Observe a tendência a se concentrar no passado, em velhas mágoas ou desapontamentos.

Pontos cegos: O que você não sabe que pode machucar

Os pontos cegos dos Tipos Quatro são:

- *O que está funcionando bem ou é positivo na situação atual, aqui e agora.* Pessoas que lideram com o estilo do Tipo Quatro costumam exibir aquilo que Carl Jung chamou de "sombra positiva". Ou seja, concentram-se mais naquilo que não está funcionando ou parece estar mal, para que sua "sombra" ou os elementos do "lado sombrio", que não desejam admitir, relacione-se com *aspectos positivos* de quem são ou do que fazem.
- *O que há de bom em você — seus dons, pontos fortes e qualidades positivas.* Os Tipos Quatro tendem a focalizar sua atenção naquilo de que sentem falta, e por isso seus pontos fortes e capacidades positivas — aquilo que fazem realmente bem — podem ser pontos cegos. Se não veem o que há de bom no que fazem, correm o risco de prejudicar seus esforços ou de se sabotarem por não perceber o que têm de bom.
- *A tendência a ser "autorreferencial" em excesso.* Os Tipos Quatro sintonizam-se com seus sentimentos e pensamentos — sua própria experiência interior — como foco principal. Às vezes, podem não perceber que os outros os veem como muito autocentrados, fazendo com que tudo pareça relacionado a eles sem que isso seja verdade.
- *Os sentimentos mais profundos de dor, medo e inadequação por trás das emoções nas quais você se concentra como distração.* Os Quatros sentem mais conforto e força quando o assunto são emoções difíceis, como melancolia ou dor, do que outros tipos. Por isso, nem sempre veem como se refugiaram num sentimento específico (como tristeza ou dor) como maneira de se distraírem de um sentimento mais profundo e doloroso, como o medo do fracasso ou da rejeição.
- *Todas as coisas pelas quais você tem de ser grato — e o poder de se lembrar ativamente de sentir gratidão por coisas específicas.* A gratidão pode ser uma maneira relativamente fácil para os Tipos Quatro se

lembrarem de ver o que sua vida têm de bom. Quando não assumem suas qualidades positivas (veja o segundo tópico), também podem se esquecer de pensar em como alguma coisa como a expressão intencional da gratidão pode ser edificante e rejuvenescedora.

Autopercepção: Coisas para pensar, compreender e explorar

- Por que às vezes é difícil abrir mão de emoções específicas e elevar-se acima de suas reações emocionais para seguir em frente?
- O que você consegue quando se concentra no que está faltando? Quais as consequências de se deter nos sentimentos relativos ao que falta ou não está bom?
- Perceba sua tendência a se comparar com os outros e a se sentir "menos do que" ou "mais do que" as outras pessoas e tente compreender o que motiva isso.
- Como e por que você se concentra em sentimentos como melancolia ou raiva? O que está por trás de seu foco nesses sentimentos?
- O que acontece quando você dá muita atenção à necessidade de ser compreendido e apoiado pelos outros?
- O que acontece quando você amplifica seus sentimentos para criar drama ou (se você é um Quatro Autopreservação) assume uma postura masoquista, concentrando-se em resistir às coisas sozinho ou em precisar provar algo a si mesmo?

Pontos fortes para alavancar

Será útil se os Tipos Quatro perceberem, prestarem atenção de forma ativa, assumirem e alavancarem:

- *Sua capacidade natural para compreender o nível emocional das interações.* Como Deanna, a conselheira "empática" (sensitiva) da série de TV *Star Trek: a nova geração,* a capacidade dos Quatros de compreender o que acontece entre as pessoas num nível mais profundo e emocional pode proporcionar percepções úteis, que podem ajudar as pessoas a reconhecerem o que acontece nos relacionamentos e entre as equipes. Em vez de desvalorizar essa atenção às emoções, valha-se dessa sabedoria para melhorar a dinâmica da equipe.

- *Sua dedicação para criar um ambiente de trabalho agradável e confortável.* Pessoas com estilo do Tipo Quatro valorizam muito a aparência e a sensação das coisas — elas compreendem que a estética de seu ambiente físico pode causar um impacto positivo sobre as pessoas. Além disso, os Tipos Quatro sintonizam-se naturalmente com as pessoas e se sentem motivados a garantir que terão o que for preciso para se sentirem apoiados na realização do trabalho. Concentrando-se no conteúdo emocional das coisas, tentam remover quaisquer obstáculos emocionais para que as pessoas façam o que é necessário para realizar seu trabalho.
- *Sua valorização e defesa da importância da formação de conexões.* Os Quatros entendem que pessoas que se sentem conectadas umas às outras provavelmente vão trabalhar melhor juntas, e que pessoas que compartilham experiências significativas terão mais facilidade para produzir um trabalho significativo.
- *Seu destemor diante de emoções que muitas pessoas não querem enfrentar.* Os Tipos Quatro tendem a expressar mais disposição para lidar com quaisquer emoções que possam surgir. Um de seus grandes valores é a disposição para enfrentar situações difíceis — e as emoções que as acompanham — e trabalhar com elas.
- *Sua intensidade, paixão e audácia de suas convicções.* Como pessoas apaixonadas, os Tipos Quatro trazem verdadeira profundidade a tudo que fazem. Quando sentimentos autênticos e o desejo por um significado profundo podem ser canalizados para o trabalho que está sendo feito, isso é um bom presságio para a qualidade dos resultados.

Autogestão: Tendências desafiadoras que os Tipos Quatro devem moderar

- *Acolha as emoções, mas com moderação.* Aceite sua natureza emocional como um ponto forte, mas aprenda também o que é preciso fazer para ter seus sentimentos, processá-los, direcioná-los com consciência, controlá-los quando necessário, expressá-los de forma consciente e superá-los ou deixá-los ir quando for adequado. Para os Quatros, este último trecho é particularmente importante.

- *Construa confiança num senso positivo de si mesmo.* Aprenda a se valorizar mais para não precisar de tanta validação, compreensão e afirmação externa para saber que é alguém valioso e bom.
- *Modere suas reações emocionais às coisas.* Embora sua intuição emocional seja um de seus pontos fortes, aprenda a se dar o espaço necessário para ficar a sós com suas reações emocionais antes de expressá-las no ambiente de trabalho. Combinar conscientemente suas reações com a percepção intelectual e a compreensão do contexto e das outras pessoas envolvidas (e sua capacidade de discernimento emocional) vai ajudá-lo a ser mais eficaz quando for expressar tanto seus pensamentos quanto suas emoções.
- *Perceba o que está faltando.* Embora a capacidade de discernir entre o que é necessário e o que está faltando seja um ponto forte, concentrar-se demais nisso também pode levar os outros a vê-lo como alguém excessivamente negativo ou desanimador.
- *Buscando profundidade, significado e intensidade.* Pessoas que lideram com o estilo do Tipo Quatro valorizam o que consideram significativo e podem desdenhar do que parece superficial ou ligeiro. Se exagerarem nessa tendência, podem julgar os outros por não serem tão profundos e intensos quanto eles. Embora o significado seja importante, também pode ser vital permitir a leveza — e reconhecer a realidade de que pessoas diferentes têm capacidades de engajamento diferentes, havendo valor na diversidade de abordagens e tons.

Manifeste conscientemente seu potencial superior: Cuide do "ponto baixo" e almeje o "ponto alto"

Os Tipos Quatro também crescem quando se tornam conscientes de hábitos e padrões autolimitantes associados a seu estilo de personalidade e aprendem a incorporar os aspectos mais elevados ou as capacidades mais expansivas da personalidade do Tipo Quatro.

- Aprenda a perceber que você se compara (ou compete) com os outros e procure elevar-se acima da mentalidade da medição. Permita-se se sentir bem com quem você é de fato, sem levar em conta como se compara com outras pessoas e se lembrando de que todos têm talentos e desafios.
- Aprenda a se tornar consciente de quando você se identifica ou se envolve demais com determinado estado emocional e se eleve intencionalmente acima dele. Almeje a equanimidade como estado superior no qual todos os sentimentos são igualmente importantes, mas todos eles vêm e vão. Como diz o ditado, se as emoções são como nuvens que passam e vão embora, identifique-se com o céu, não com as nuvens.
- Aprenda a perceber quando você está focalizando demais o que está faltando ou o que parece decepcionante e preste atenção naquilo que está indo bem e que lhe faz bem.
- Aprenda a estar ciente de qualquer medo de perda, rejeição ou mal-entendido que possa experimentar e tente não levar as coisas para o nível pessoal. Aprenda a abrir mão das coisas (ou das pessoas) quando elas não lhe servem mais.
- Aprenda a perceber quando evita certas emoções concentrando-se em outras emoções. Perceba quando demorar-se sobre determinada dor, tristeza ou frustração pode ser um modo de distrair-se de algo mais profundo e permita-se acolher o que for verdadeiro, sabendo que encontrará uma maneira de lidar com isso.
- Aprenda a se mostrar mais consciente de quaisquer crenças negativas a que se apega como forma de evitar o medo daquilo que significará acolher o que você tem de bom e sua competência. Questione velhos pensamentos automáticos sobre a carência e substitua-os pela crença em sua própria abundância.

De modo geral, os Tipos Quatro podem realizar seus potenciais mais elevados observando e trabalhando contra o hábito de se concentrar demais naquilo de que carecem ou no que pode estar faltando em seu ambiente, e aprendendo a equilibrar a necessidade de conexão profunda e de expressão emocional com o senso do que é certo ou apropriado para a situação ou a equipe. Quando conseguem valorizar a si mesmos e suas contribuições de maneira mais consciente, vão precisar de menos compreensão e afirmação do exterior. Quando conseguem ter compaixão por si mesmos e aprendem a valorizar seus verdadeiros talentos, podem comunicar melhor quem são na verdade e causar maior impacto sem precisar ser validados pelos outros ou avaliados segundo as realizações alheias. E quando conseguem combinar sua dedicação ao significado e à criatividade com a aceitação da capacidade real dos outros e da sua própria, sem precisar se ver como maiores ou menores, podem liderar os outros, inspirando-os através de uma espécie de reconhecimento profundo, respeito e coração aberto.

CAPÍTULO 8

ESTILO DE LIDERANÇA DO TIPO CINCO: O OBSERVADOR PERSPICAZ, OU A AUTORIDADE DISCRETA

O arquétipo do Tipo Cinco é a pessoa prototípica que "mora em sua cabeça". Chamados às vezes de "o Observador" ou "o Especialista Discreto", os Tipos Cinco concentram-se em informações e dados e se sentem mais à vontade lidando com pessoas no nível intelectual ou mental. A atenção de um Tipo Cinco vai automaticamente para dados e fatos e para como produzir resultados com a coleta e análise das melhores informações, enquanto o estilo do Tipo Cinco trata de examinar a interação humana a uma distância segura, mantendo limites e se relacionando com as pessoas através do conhecimento e não de emoções ou ações.

Talvez os mais introvertidos de todos os tipos do Eneagrama, a programação dos Tipos Cinco diz que a maneira de ficarem seguros no mundo é manter certa distância das pessoas — criar, manter e proteger um senso de espaço privado para que a energia não se esgote através da interação com os outros. Seu estilo é moldado pelo foco primário na conservação da energia e de outros recursos importantes (como tempo e espaço), limitando seu nível de engajamento com os outros de maneiras específicas. Concentrar sua atenção no nível mental daquilo que está acontecendo e desapegar-se (de modo automático) das emoções ajuda-os a evitar o estresse, o desconforto e o esgotamento potencial associado a um contato excessivamente emocional com outras pessoas. Os Tipos Cinco sentem-se pouco à vontade para compartilhar sentimentos pessoais, concentrando-se em fatos e informações e tentando manter limites em torno de seu espaço pessoal.

O estilo de comunicação do Tipo Cinco consiste em manter limites e focalizar o lado intelectual das coisas. Seu estilo de fala pode parecer sucinto e conciso, ou então nem falam muito — e quando o fazem, concentram-se nos fatos e números mais relevantes para a tarefa diante deles. Quando se sentem pouco à vontade ou perto de pessoas que não conhecem bem, podem ficar simplesmente em silêncio, a ponto de as pessoas considerarem-nos anormalmente reservados e interpretar seu silêncio como arrogância ou desinteresse. Contudo, quando lhes pedem para comentar alguma coisa pela qual tenham profundo interesse intelectual, podem falar muito e têm imenso prazer em compartilhar informações.

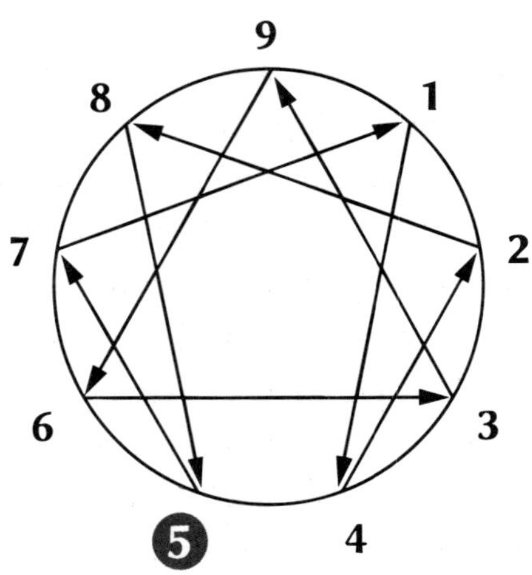

O Eneagrama do Tipo Cinco

Os líderes do Tipo Cinco podem ser os verdadeiros "líderes pensantes" do Eneagrama — adoram reunir e avaliar dados e dominam as áreas do conhecimento relacionadas com o trabalho que fazem. Porém, quando o assunto é o lado humano e emocional da liderança, podem se sentir mais desafiados. Muitas vezes, são autodepreciativos e tímidos e costumam evitar os holofotes, sentindo-se mais felizes com as recompensas intrínsecas da liderança do que com o reconhecimento advindo dela. Podem ser os maiores especialistas em sua área, fazer contribuições inovadoras para novas tecnologias ou combinar conhecimentos profundos com uma visão original da vida. Qualquer que seja o seu foco, os líderes do Tipo Cinco dedicam-se prontamente a usar sua percepção intelectual para ajudar a si mesmos e aos demais a entender o mundo.

Como saber se você é um Tipo Cinco: A visão de dentro

Se a maioria ou todas as características a seguir se aplicarem a você, é provável que seu estilo de personalidade seja o Tipo Cinco.

- *Você vê o trabalho que faz da perspectiva das informações que precisam ser dominadas para que o trabalho seja feito.* Você gosta de pesquisar os assuntos que lhe interessam ou que o ajudam a esclarecer ou a fazer o trabalho que precisa ser feito.
- *Você se sente mais à vontade com dados e fatos do que com pessoas e emoções.* Você se sintoniza de modo automático com o nível mental daquilo que está acontecendo e se desliga do que for excessivamente emocional.
- *Você gosta de ficar sozinho e precisa passar um bom tempo assim.* Você não precisa estar perto de outras pessoas para ser feliz. Na maior parte do tempo, você prefere estar sozinho a estar com outras pessoas.
- *Você tem capacidade para observar as coisas com objetividade.* Você analisa as coisas intelectualmente, sem qualquer apego ou reação emocional.
- *Você gosta de trabalhar de forma independente.* Sente-se muito à vontade quando está sozinho e gosta de trabalhar assim.
- *Gosta de se tornar especialista nas coisas que lhe interessam intelectualmente.* Atividades como ler e pesquisar parecem menos

complicadas do que interagir com pessoas e lidar com seus sentimentos.

- *Gosta mais do trabalho que estimula seu intelecto e leva-o a estudar algo que lhe interessa.* Você se sente satisfeito e contente quando pode aprender coisas novas e adquirir conhecimentos.
- *Você valoriza (e muito) sua privacidade.* Interrupções, surpresas e pessoas que ficam no seu escritório por muito tempo, falando de coisas pelas quais você não se interessa, parecem invasivas e desconfortáveis.
- *Você se sente pouco à vontade em situações nas quais precisa participar de conversas inconsequentes ou compartilhar informações a seu respeito, como festas e entrevistas de emprego.* É muito mais fácil comunicar-se sobre os aspectos intelectuais do trabalho do que transmitir informações pessoais.
- *Você não é uma pessoa muito emotiva e, quando é, prefere vivenciar seus sentimentos quando está só.* Algumas pessoas podem considerar você distante, mas na verdade você é tímido e fica desconfortável em situações sociais porque não gosta de falar de si mesmo com pessoas que não conhece o suficiente para passar informações particulares (ou seja, a maioria das pessoas).
- *Você tende a ser mais um observador do que um participante do mundo social.* Você pode achar as pessoas interessantes, mas não quer necessariamente se conectar de modo profundo com elas.
- *Você tende a se desconectar de suas emoções e se sente muito mais confortável relacionando-se com os outros num nível intelectual.* Embora seja uma pessoa sensível e tenha poderes de observação aguçados, quando precisa compartilhar sentimentos com os outros ou tem de lidar com os deles, você se sente drenado.
- *Você gosta de estar em posições de liderança que envolvem o desenvolvimento de conhecimentos e o uso de informações a serviço da promoção de uma causa ou empreendimento maior.* Você se destaca em acumular conhecimento e informações e gosta de causar impacto ao ultrapassar os limites do que se sabe sobre determinado assunto.

A principal estratégia adaptativa do estilo de personalidade do Tipo Cinco

Com frequência, os Tipos Cinco dizem que na infância sofriam intrusões, eram negligenciados ou seus limites não eram respeitados pelos outros e por isso desenvolveram a necessidade de proteger seu espaço pessoal, ou não recebiam o bastante daquilo que queriam e tiveram de aprender a se sustentar sozinhos, com recursos escassos. Às vezes, eles têm um histórico de precisar lidar com o drama ou os tumultos emocionais dos outros e aprendem a se afastar, encontrando um senso de segurança ao desviar de sentimentos (e de relacionamentos complicados), buscando refúgio na mente.

Esse hábito de se retirar para um lugar de refúgio — seja um espaço privado onde possam ficar sozinhos, seja na zona de conforto de seu intelecto — permite que os Cincos encontrem proteção contra intrusão, mantenham recursos escassos e se envolvam com o mundo de uma maneira que parece segura e interessante. Às vezes, ouço os Tipos Cinco dizerem que achavam que havia "alguma coisa errada com eles" antes de encontrarem o Eneagrama, porque não gostavam muito de ficar perto das pessoas — e foi então que perceberam que não havia nada de errado: eles apenas eram Tipos Cinco! Pessoas com estilo de personalidade do Tipo Cinco experimentam uma espécie de escassez interior, porque a necessidade precoce de confiar nos outros levou-os ao que parecia ser um território perigoso. A necessidade de se distanciar de pessoas que podem absorver seu tempo e energia significa que precisam encontrar formas de viver com menos, pois só podem confiar naquilo que conseguem ou fazem sozinhos.

Apesar de não parecerem emotivos ou sentimentais, na verdade são muito sensíveis; sentem e experimentam as coisas intensamente. Para lidar com o dia a dia, desenvolvem um programa interno que lhes diz que a melhor maneira de viver (e trabalhar) é manter limites fortes e focar o nível mental das coisas, a fim de se protegerem do esgotamento causado pelas necessidades e sentimentos dos outros. Quando as pessoas podem ser mantidas à distância, as coisas são guardadas em compartimentos separados, o espaço privado fica protegido e o trabalho acontece pela concentração nos dados e pela interação intelectual, os Cincos têm uma sensação de calma e bem-estar.

O radar do Tipo Cinco: O que chama sua atenção?

A estratégia de manter um foco mental e de proteger o espaço privado leva os Tipos Cinco a concentrar sua atenção em seus processos mentais, obtendo e avaliando informações e mantendo um senso de controle em torno do tempo, do espaço e da energia. Pessoas que lideram com o estilo do Tipo Cinco atendem automaticamente às próprias necessidades de tempo e de espaço, para que tenham a amplitude de que precisam para pensar, realizar tarefas e fazer o que precisam fazer.

Autossuficientes e autônomos, os Tipos Cinco protegem-se naturalmente de intrusões externas e leem rápido sinais de possíveis forças desagregadoras — como pessoas carentes ou muito emotivas — e tomam medidas evasivas, se necessário. Dividem as pessoas em categorias mentais, segundo quanta (ou quão pouca) interação desejam com elas e, quando interagem com os outros, prestam atenção a maneiras de estabelecer limites e de tirar proveito dos limites naturais. Embora possam desfrutar sinceramente de muitas interações sociais, também podem estar cientes dos limites de tempo, pois saber que o contato vai se encerrar num momento específico pode ajudá-los a dissipar qualquer preocupação que possam ter sobre o tempo em que ficarão engajados (e a energia que será gasta). Uma amiga minha do Tipo Cinco dá aulas de matemática num colégio e desfruta a experiência de lidar com seus alunos durante a aula, pois sabe que na hora marcada o sino vai tocar, a aula vai terminar e todos sairão. E ela estará sozinha e feliz de novo.

Os Tipos Cinco também são muito atentos ao próprio nível de energia. Um Tipo Cinco que eu conheço formula isso desta maneira: no começo do dia, ele imagina que está com o tanque cheio de gasolina, mas, à medida que o dia avança, ele sabe que cada tarefa e interação exige que ele consuma aquele combustível. Certas experiências da vida gastam mais combustível do que outras — e sua atenção se concentra em identificar quais interações gastam mais ou menos energia e em como ele pode evitar gastos maiores (e, com isso, manter mais energia para usar como quiser) ou, no mínimo, consumir sua energia onde mais deseja ou quer gastá-la.

A visão do "Planeta Cinco": Como os Tipos Cinco veem o mundo

Geralmente, indivíduos com estilo do Tipo Cinco veem o mundo em termos de coisas interessantes em que pensar e com as quais podem ficar fascinados. Os líderes do Tipo Cinco tendem a procurar causas que podem apoiar e que têm significado para eles. Podem liderar sendo a força intelectual por trás do impacto relacionado com um esforço no qual acreditam, mas farão isso a uma distância segura. Podem achar estranhas e assustadoras as emoções fortes, mas podem ser apaixonados por ideias, áreas de estudo e valores sociais que consideram interessantes, importantes e significativos.

Os Tipos Cinco veem o mundo por uma perspectiva intelectual: pensam muito nas coisas e têm forte sede de aprendizado e conhecimento. Geralmente, precisam mais de informações e de entendimento intelectual do que de pessoas ou relacionamentos. Não é que eles não queiram e não precisem de bons relacionamentos de apoio — eles querem. É que não sentem tanta necessidade de ficar cercados o tempo todo, exigem menos das pessoas com quem se relacionam e preferem manter relacionamentos próximos com um punhado de indivíduos de confiança.

Pessoas com estilo do Tipo Cinco também veem o mundo com o olhar voltado para a manutenção de seu senso de espaço pessoal. Pensam em termos de como navegar pelo mundo social mantendo um senso de conforto e segurança. No trabalho, podem lidar com pessoas em torno de tarefas e dos aspectos mentais daquilo que precisa ser feito, mas geralmente compartilham pouca ou nenhuma informação pessoal sobre si mesmos. Embora possam desenvolver relacionamentos sólidos com colegas de trabalho, pode levar algum tempo para que se sintam confortáveis o suficiente para se abrirem e compartilharem detalhes ou sentimentos pessoais.

O líder do Tipo Cinco: Características principais

Os traços de personalidade a seguir ajudam a definir o estilo de liderança do Tipo Cinco.

- *Capacidade de acessar e avaliar informações com habilidade e interesse.* A fome de conhecimento e informação torna-os naturalmente orientados para o acúmulo e a análise de dados. São bons nessas duas coisas e gostam de fazê-lo.

- *Objetividade.* Separam as emoções dos pensamentos e por isso conseguem ser neutros ao avaliar ou comunicar uma situação.
- *Foco na manutenção de limites apropriados.* Entendem que as pessoas precisam de espaço — porque *eles* precisam. São muito confiáveis com relação a segredos e respeitam a privacidade das pessoas.
- *Intelectuais e pensativos.* Os Tipos Cinco atuam melhor no nível cognitivo ou mental das coisas. Gostam de coletar informações e pensar profundamente.
- *Distanciamento das emoções.* Isso os torna pensadores muito objetivos, mas às vezes significa que lhes falta empatia ou que não querem lidar com o nível emocional das coisas.
- *Reservados e modestos.* Os Tipos Cinco fazem o que fazem sem querer receber muita atenção pelo que realizam. Naturalmente tímidos e introvertidos, tendem a ficar pouco à vontade sob os holofotes e preferem trabalhar nos bastidores, ou em casa ou em algum outro espaço privado.
- *Tendência a compartimentalizar.* Sejam ideias, sejam pessoas, os Tipos Cinco gostam de manter as coisas em "pastas" cognitivas para poderem exercer algum controle sobre aquilo que sabem e sobre o que as pessoas sabem a seu respeito. (Por exemplo, talvez não convidem pessoas de diferentes cenários de sua vida para a mesma festa. Nesse caso, indivíduos díspares poderiam trocar informações sobre eles de uma forma que não conseguiriam controlar.)

Padrões mentais, emocionais e comportamentais: Como o Tipo Cinco pensa, sente e age?

Mental

Os Tipos Cinco são "baseados na cabeça" e se sentem mais à vontade em seu espaço mental: pensando, aprendendo e acumulando conhecimentos. O pensamento é seu principal foco de vida e de trabalho, bem como um modo de se defenderem das emoções — tanto as suas, que podem parecer excessivas ou difíceis de lidar, quanto as dos outros, que podem ser uma ameaça para sua energia interior. Identificam-se tão fortemente com sua função mental que podem acreditar que as coisas que lhes interessam e o desenvolvimento de sua compreensão sobre elas se confundem com "quem eles são" e a contribuição que podem dar para o mundo.

Emocional

Inconscientemente, os Tipos Cinco desapegam-se de suas emoções como estratégia habitual de enfrentamento. Isso não quer dizer que não tenham sentimentos; eles os têm, mas sua principal estratégia adaptativa envolve separar pensamentos de emoções, vivendo no nível mental como forma de manter um senso de poder e de controle no mundo. Os Tipos Cinco só tendem a ficar à vontade com suas emoções quando estão sozinhos — quase nunca se vê um deles exibindo emoções intensas em público ou no trabalho e, quando registram sentimentos, geralmente aguardam até estarem sozinhos para vivenciá-los de forma plena. Se exibem seus sentimentos num ambiente de trabalho, muitas vezes é por empolgação com algum ponto de interesse intelectual. Também podem exibir raiva como apoio à manutenção dos limites (se um limite foi violado ou corre o risco de ser violado) — tanto para eles mesmos quanto para outras pessoas com quem se importam.

Comportamental

Os Tipos Cinco podem retardar a ação se acham que não possuem informações suficientes para agir. Dão prioridade ao pensamento em relação à ação e acreditam que precisam aprender mais antes de ficarem à vontade para assumir uma posição ou executar um plano. Pessoas com estilo de personalidade do Tipo Cinco podem se esforçar para se sentirem conectadas com seus sentimentos ou seu eu físico. Precisam de muito espaço pessoal — podem ser discretos e manter distância, evitar a festa de fim de ano do escritório ou o *happy hour* após o expediente e raramente compartilham informações pessoais com os colegas. Para eles, pode ser desafiador colaborar de perto com outras pessoas numa equipe — tendem a gostar mais de trabalhar sozinhos e podem ficar cautelosos se precisarem confiar nos outros ou se seu trabalho depender das contribuições de outras pessoas.

Pontos fortes e superpoderes: O que o Tipo Cinco faz de melhor

- *Coletar e avaliar informações.* Os Tipos Cinco se destacam em encontrar as informações necessárias e o significado nos dados que analisam e que melhor apoiam seu trabalho.
- *Visão e compreensão intelectual.* Os Tipos Cinco vivem na própria mente — e tendem a ter mente realmente brilhante. Em geral, são muito inteligentes, pensadores profundos com mente ágil.
- *Analistas objetivos.* Os Tipos Cinco tiram naturalmente a emoção do que estão olhando ou fazendo e por isso são bons para contemplar as coisas de maneira ponderada e imparcial.
- *Dar às pessoas o espaço de que precisam para ser elas mesmas ou fazer o que precisam fazer.* Os Tipos Cinco gostam de ter muito espaço pessoal e, por isso, oferecem-no naturalmente aos outros. É improvável que você seja microgerenciado por um líder do Tipo Cinco.
- *Autossuficientes, autônomos, independentes.* Os Tipos Cinco se sentem à vontade quando trabalham sozinhos e podem funcionar de modo independente, sem precisar de muito apoio ou supervisão dos outros.
- *Humildes e autodepreciativos.* Os Tipos Cinco tendem a ser tímidos e por isso não costumam ficar à vontade diante do olhar do público — não procuram a afirmação nos outros e nem sentem necessidade de ser o centro das atenções ou de receber o crédito pelas coisas. Motivados pelo aprendizado e pelo conhecimento, fazem o trabalho pelo significado que encontram nele, não para se provarem dignos aos olhos dos outros.

Quando algo bom demais fica ruim: Como os Tipos Cinco podem errar quando se esforçam demais para conhecer tudo (ou para fazer tudo sozinhos)

- *Coletar e avaliar informações.* Às vezes, os Tipos Cinco retardam a ação quando acham que não possuem informações suficientes.

Também podem se perder nos dados; às vezes, ficam tão interessados no que estão aprendendo que não conseguem agir com rapidez suficiente em relação ao que os dados mostram.

- *Visão e compreensão intelectual.* Os Tipos Cinco tendem a desvalorizar outras maneiras de informação, como a intuição ou o "instinto visceral", ou as emoções, ou a "leitura da sala". Podem desenvolver muito seu intelecto e pouco sua inteligência emocional.
- *Analistas objetivos.* Os Tipos Cinco se destacam em separar informações de emoções, mas podem ter problemas para devolver as emoções à equação a fim de obter acesso aos sentimentos como *fonte* de informação.
- *Dar às pessoas o espaço de que precisam para ser elas mesmas ou fazer o que precisam fazer.* Para eles, pode ser difícil se envolver com as pessoas e compartilhar o suficiente sobre si mesmos a ponto de se conectarem com elas.
- *Autossuficientes, autônomos, independentes.* A interdependência pode ser uma coisa desafiadora para os Tipos Cinco. Para eles, pode ser difícil conectar-se com os outros ao ponto necessário para estabelecerem bons relacionamentos de trabalho.
- *Humildes e autodepreciativos.* A relutância dos Tipos Cinco em serem o foco da atenção também pode significar que não aparecem quando é apropriado para dar e receber feedback, celebrar vitórias e aceitar os devidos créditos, de um modo bom para a equipe.

Felizmente, o interesse sincero dos Tipos Cinco por usarem seus conhecimentos e sua visão objetiva para causar impacto positivo no trabalho costuma motivá-los a superar alguns dos obstáculos para formar relacionamentos profissionais leves e eficazes. Quando se sentem valorizados pelas percepções que apresentam e são convidados a transmitir o que estão sentindo, podem ser colaboradores ativos, apesar de sua necessidade de espaço pessoal e independência.

"Quando estou sob estresse..." e "Na minha melhor versão...": Entendendo o "ponto baixo" e o "ponto alto" do estilo de personalidade do Tipo Cinco

Quando estão estressados a ponto de atingir o "ponto baixo" de seu espectro de desenvolvimento, os Tipos Cinco podem ficar ainda mais distantes e inacessíveis. Estresse interpessoal, drama ou conflito podem ser experiências particularmente difíceis para os Tipos Cinco, que se sentem mais confortáveis trabalhando sozinhos ou com pessoas de confiança, cujo comportamento é previsível. Como a interação social pode ser muito estressante para eles em condições normais, as tensões entre as pessoas, em especial as tensões emocionalmente carregadas, podem fazer com que se retraiam ainda mais ou parem de se comunicar. Os Tipos Cinco também podem se "esconder" quando experimentam sentimentos ou emoções que não querem expressar em público.

Os sinais externos de estresse de um Tipo Cinco podem ser bem sutis. Podem se isolar mais e se comunicar menos, desaparecer de uma vez e serem difíceis de contactar ou buscar refúgio trabalhando em casa ou ficando sozinhos pelo maior tempo possível. Os Tipos Cinco não gostam de conflitos e preferem sair do cenário a terem de lidar com um desentendimento emocional; no entanto, em alguns casos, podem expressar impaciência ou até raiva, especialmente se seus limites foram violados (ou ameaçados). Às vezes, usam a raiva para mostrar que você invadiu seu espaço, tratou mal alguém próximo a eles ou está correndo o risco de fazê-lo. Quando um Tipo Cinco assume uma postura assim, porém, talvez não seja um comportamento do "ponto baixo" — pode ser uma reação saudável ao compreensível estresse causado pela invasão de seu espaço privado.

No "ponto alto", os Tipos Cinco podem ser mais abertos, envolventes e comunicativos. Especialmente quando falam sobre uma área de intenso interesse intelectual, podem expressar empolgação, paixão e ficar bastante engajados em compartilhar assuntos. Também podem ser bastante divertidos, exibindo um tipo de leveza e de humor (quando estão à vontade e relaxados) que reflete suas percepções pessoais sobre as coisas e as pessoas que observam. Na sua melhor versão, os Tipos Cinco podem gostar de ficar sozinhos ou acolher os outros, expressando mais calor e sendo mais sociáveis e amigáveis.

Os Tipos Cinco emocionalmente inteligentes aprendem o valor de acessar e expressar algumas emoções para estabelecer bons relacionamentos com as pessoas, mesmo quando isso exige esforço. Desenvolvem a capacidade de se esforçar para compartilhar um pouco mais ou se comunicar com mais regularidade, embora possa haver ocasiões em que prefiram não o fazer. Esforçam-se ainda para se abrir mais, de modo que os outros possam conhecê-los melhor, e colher as recompensas de manter relacionamentos apoiadores — muito embora isso possa ser desconfortável para eles no começo.

Os três perfis de líderes do Tipo Cinco: Como os três instintos moldam os subtipos de personalidade

Segundo o modelo do Eneagrama, todos nós temos três impulsos instintivos principais que nos ajudam a sobreviver, mas um deles tende a dominar nosso comportamento. O estilo do Tipo Cinco se expressa de maneira diferente dependendo se a pessoa tem uma inclinação para a *autopreservação*, para estabelecer *relacionamentos sociais* e posicionar-se em relação a grupos ou para vínculos *um a um* com indivíduos específicos.

O Tipo Cinco Autopreservação (ou Autofocado)

Os Tipos Cinco Autopreservação se concentram em manter limites firmes com as pessoas. Tendem a se sentir mais à vontade quando estão sozinhos em casa ou em algum outro espaço privado e experimentam uma forte necessidade de poder se retirar para um espaço seguro sempre que se sentem sobrecarregados, ameaçados ou apenas querem fazê-lo. Eles gostam de minimizar suas conexões com os demais e tendem a encontrar segurança e sentido em uns poucos relacionamentos próximos. Podem se sentir nervosos quando pedem favores aos outros, pois não querem que as pessoas se sintam no direito de pedir favores em troca, e concentram-se em gerenciar os limites entre eles e os demais de forma cautelosa, para não permitirem que acidentalmente entre alguém que eles prefeririam deixar de fora. Esses limites podem assumir várias formas — definir limites de tempo, dizer "não" para convites, evitar os vizinhos ou até ter uma atitude amigável que serve de camuflagem para que as pessoas não os forcem a se conectar mais do que desejam. Os Tipos Cinco dedicam boa parte de sua atenção a encontrar maneiras de se esconder ou de se recolher caso alguém queira se aproximar demais, ou se um relacionamento de trabalho ameaça tornar-se muito dependente.

Os Tipos Cinco Autopreservação são os menos comunicativos e os mais calorosos (ou aparentemente calorosos) entre os três subtipos. Embora desconfiem de pessoas que confundem sua natureza amigável com um convite (quando não é), eles podem ser pessoas atenciosas, especialmente quando sentem confiança na solidez de seus limites (ou rotas de fuga). Os Tipos Cinco Autopreservação gostam tanto de estar sozinhos que tendem a ser seletivos com relação às pessoas com quem decidem passar seu tempo. Podem ser amigos leais para as poucas pessoas de quem de fato gostam, mas não vão querer ser necessariamente amigos de todos com quem trabalham.

Como líderes, os Tipos Cinco Autopreservação serão motivados pela preocupação de deixar tudo certo e de causar impacto através de uma contribuição amplamente intelectual, mas não vão precisar levar o crédito pelo trabalho feito. Podem ser bons líderes, pois vão querer se engajar no nível necessário para aprofundar o trabalho — mas não mais do que for preciso. Podem se sentir tentados a manter o trabalho em pastas — a compartimentalizar as funções ou as pessoas —, mas vão precisar lutar contra essa tendência para permitir maior comunicação do que eles mesmos se sentiriam à vontade para promover. Quando estão profundamente comprometidos com os valores e ideais conectados com o trabalho que fazem, podem ser líderes eficazes e envolvidos, embora possam dirigir as coisas à distância e usar as barreiras naturais associadas com papéis e limitações de tempo e espaço para não se sentirem sobrecarregados ou exaustos por aquilo que possa ser exigido deles. Eles não terão grandes necessidades egoicas de atenção ou reconhecimento e, quando sentirem confiança nas pessoas com quem trabalham, poderão ser mais abertos e engajados.

O Tipo Cinco Social (ou Focado no Grupo)

Em contraste com o Tipo Cinco Autopreservação, o Tipo Cinco Social se concentra menos em limites e mais em ampliar os valores e ideais que compartilha com os outros, geralmente à distância. Embora também gostem de ter um espaço e um tempo só para eles, sua atenção se volta para como saber mais, especializar-se e trabalhar com os outros para promover uma causa ou um sistema de conhecimento. Eles buscam superideais — valores abrangentes que são importantes para eles — para dar significado e forma à sua vida. Procuram especialistas em seu campo, podem trabalhar para eles próprios se tornarem especialistas e buscam unir-se a grupos que aderem a seus valores ou ideais. Além disso, possuem um forte senso de quem "está no grupo" e quem está "fora do grupo".

Para esses Tipos Cinco, a principal ideia é que "conhecimento é poder". Esforçam-se para serem especialistas em seu assunto ou causa e ficam muito sensíveis quando alguém evidencia que eles "não sabem" alguma coisa. Tendem a se sentir mais conectados às pessoas com quem compartilham seus interesses e valores, mesmo quando elas estão distantes, do que àquelas com quem vivem ou estão próximas, mas que não fazem parte do grupo —, incluindo pessoas da família. E podem se mostrar intelectualmente mais conectados com seus valores do que comprometidos com sua prática na vida cotidiana através de seus relacionamentos imediatos. Podem, por exemplo, estar intelectualmente envolvidos com ideias relacionadas à promoção de maior consciência ou inteligência emocional como parte de um grupo profissional, mas não trabalhar de fato para se tornarem mais conscientes na vida diária.

Como líderes, os Tipos Cinco Sociais podem se comprometer apaixonadamente com uma causa ou movimento no qual concentram toda a sua energia e atenção — até com prejuízo para seus relacionamentos mais próximos. Podem experimentar uma sensação de falta de sentido, pois, sem saber, podem se privar do alimento e do significado que os relacionamentos íntimos e as conexões emocionais fornecem. Assim, os líderes do Tipo Cinco Social podem investir numa causa como forma de representar o desejo de significado e propósito em sua vida, sem precisarem se sentir ameaçados pelo excesso de intimidade ou conexão com os outros. Quando menos conscientes, esse foco pode causar problemas, como quando depositam toda a sua energia num conjunto de ideias sem permitir que ganhem raízes em seus corações e na experiência prática. Na sua melhor versão, porém, trabalham incansavelmente para promover causas que podem ter um impacto positivo real no mundo e criar um profundo sentido na vida das pessoas.

O Tipo Cinco Um a Um (ou Focado no Relacionamento)

Os Tipos Cinco Um a Um concentram mais sua atenção em sentimentos e relacionamentos do que os outros dois subtipos. Embora ainda sejam Tipos Cinco bem típicos e por fora se pareçam com os outros subtipos, tendem a ser mais conectados com seus sentimentos e precisam mais de relacionamentos, sob as circunstâncias certas. É por isso que são o "contratipo" dos três subtipos do Tipo Cinco. São os que têm uma veia íntima mais romântica, que se expressam por meio de alguma atividade artística ou canal criativo como escrita, artes visuais ou música.

Como os Tipos Cinco Sociais, os Tipos Cinco Um a Um almejam um ideal ou "supervalor" que dá sentido à vida, mas o ideal que querem manifestar é um relacionamento ideal. Embora valorizem o espaço privado e sejam introvertidos como os outros Tipos Cinco, eles têm o forte desejo de encontrar relacionamentos especiais com as pessoas em quem realmente confiam e com as quais se abrem. Contudo, ainda que esse Tipo Cinco tenha mais necessidade de proximidade, ao mesmo tempo pode recear compartilhar mais de si mesmo. E o ideal de parceria ou de amizade que busca pode ser um ideal elevado — o Tipo Cinco Um a Um pode ter problemas para encontrar as pessoas com quem queira se conectar de maneira mais profunda porque vai exigir da outra pessoa esse elevado nível de confiança e de abertura.

Como líderes, tendem a ser profundamente comprometidos e apaixonados pelo trabalho que fazem, mesmo que nem sempre isso seja óbvio. Eles têm mais desejo de se conectar com as pessoas com quem trabalham e vão querer compartilhar mais de si mesmos de maneira pessoal, mesmo que nem sempre encontrem uma forma de fazê-lo. Os Tipos Cinco Um a Um podem ser líderes muito bons, pois possuem uma intensidade emocional que querem expressar através das coisas que fazem, e por isso um fluxo de paixão ou criatividade pode alimentar seu estilo de liderança. Além disso, querem criar fortes vínculos com pessoas importantes da equipe ou da organização, como forma de promover seus objetivos e sua missão comum.

O Tipo Cinco no trabalho

Às vezes, os Tipos Cinco sentem dificuldade para trabalhar com os outros porque:

- “Não gosto de depender de outras pessoas para fazer o trabalho — gosto de trabalhar sozinho e fazer as minhas coisas.”
- “Pode ser difícil passar muito tempo com as pessoas com quem tenho de colaborar — especialmente se a equipe ou os colaboradores não foram escolhidos por mim.”
- “Para mim, às vezes é difícil saber como me relacionar com as pessoas, ou querer conhecê-las o suficiente para entender como trabalhar bem com elas.”
- “Não me sinto à vontade para lidar com as emoções de outras pessoas e posso ficar irritado se elas trouxerem seus dramas pessoais para o trabalho.”
- “Gosto de passar o tempo que for preciso revisando todas as informações necessárias para apoiar o trabalho que faço, e às vezes os outros não têm a mesma visão da importância de examinar e avaliar totalmente os dados relevantes.”
- “Às vezes, as pessoas pedem mais de mim do que eu desejo oferecer em termos de tempo, energia e informações pessoais.”
- “Às vezes, o trabalho e os resultados não estão estruturados e comunicados com clareza, e isso pode levar a problemas com as pessoas e a questões emocionais confusas.”
- “Quando as expectativas e os processos de trabalho não estão claros, isso pode levar a dependências não intencionais ou acidentais — e eu não quero ter de acabar fazendo um trabalho que alguém não sabia que tinha de fazer ou trabalhar com alguém em algo que eu não esperava (e não queria) fazer.”

As principais implicâncias do Tipo Cinco no local de trabalho podem ser:

- “Quando metas, papéis e estrutura não estão bem definidos (para eu poder saber onde estão os limites).”
- “Quando as coisas não são eficientes e o líder não pensou direito no processo.”
- “Quando as pessoas fazem um trabalho sem cuidado e eu preciso lidar com seus erros.”

- “Quando as pessoas me interrompem no meio de uma tarefa.”
- “Quando as pessoas me atraem para seus dramas pessoais ou esperam que eu lide com suas reações emocionais.”
- “Quando as pessoas me surpreendem com uma tarefa de última hora.”
- “Quando as pessoas esperam que eu compartilhe informações pessoais a meu respeito.”
- “Quando as pessoas não respeitam os prazos combinados.”
- “Quando as pessoas invadem meu espaço pessoal ou meu tempo privado, ou ocupam muito do meu tempo, que eu preferiria gastar sozinho.”
- “Quando as pessoas não respeitam meu conhecimento sobre um assunto específico que estudei profundamente.”
- “Quando as pessoas desperdiçam meu tempo falando de coisas pessoais no trabalho. Nada contra falar de questões pessoais, mas deixem isso para depois do trabalho.”

Como os Tipos Cinco podem se tornar melhores colegas de trabalho

Como líderes, será útil para os Tipos Cinco compreender que nem todos veem o mundo como eles, com foco em informação, conhecimento e independência. No moderno ambiente de trabalho, onde as pessoas estão sendo solicitadas a colaborar cada vez mais, os Tipos Cinco podem se sentir desafiados, pois se sentem muito mais à vontade trabalhando sozinhos e mantendo distância e autonomia em relação aos seus colegas. Se puderem compreender essa tensão de forma consciente, fazendo esforços para cobrir a lacuna entre o que é confortável fazer (trabalhar com mais independência) e o que pode ser ótimo para o bom trabalho em equipe (trabalhar mais de perto com os outros), eles podem ter mais facilidade para lidar com seus relacionamentos de trabalho.

Também pode ser útil para os Tipos Cinco lembrar que talvez os outros não compreendam ou não saibam como interpretar sua necessidade de distância e sua tendência a ficar em silêncio ou a se comunicar menos do que os outros. A timidez dos Tipos Cinco pode fazer com que pareçam frios ou até arrogantes para os outros, quando, em realidade, pode ser que apenas se sintam estranhos ao lidar com relacionamentos sociais. Entretanto, a falta de comunicação cria um espaço no qual os outros podem projetar as próprias histórias sobre o que está acontecendo com os Tipos Cinco, que podem ser mal interpretados como insensíveis ou distantes.

Pode ser mais fácil trabalhar com os Tipos Cinco se eles puderem encontrar maneiras de se abrir sobre suas tendências naturais. Se puderem deixar os colegas de trabalho saberem que precisam de espaço pessoal e de independência, mas que também estão atentos a seus padrões e tentarão lutar contra eles quando for preciso, podem criar um maior senso de compreensão mútua e estabelecer mais espaço no qual podem ser eles mesmos, apreciados pelos esforços que fazem. Certa vez, ouvi um líder Tipo Cinco dizer que assim como ele não gosta de sair da cama de manhã para fazer exercícios, ele nem sempre quer andar pelo escritório e conversar com as pessoas, mas sabe que será bom para ele e que vai fortalecer seus relacionamentos profissionais. Esse tipo de esforço consciente para penetrar em território desconfortável por uma boa causa pode ajudar os Tipos Cinco a aproveitarem mais o seu trabalho e a serem mais eficazes.

Trabalhando com os Tipos Cinco

Comportamentos típicos dos Tipos Cinco no ambiente de trabalho

Você provavelmente está trabalhando com um Tipo Cinco do Eneagrama se notar que essa pessoa apresenta vários dos comportamentos a seguir.

- Entra no próprio escritório, fecha a porta e quase nunca sai (e não parece receber bem as pessoas que param para conversar sobre assuntos não relacionados ao trabalho).
- Não fala muito nas reuniões, embora ouça, preste muita atenção no que as pessoas dizem e pareça engajado intelectualmente.
- Pode falar longamente sobre matemática de alto nível ou sobre os desafios mentais envolvidos em seus passatempos, mas quase nunca fala de si mesma.

- Faz um bom trabalho e é um membro importante da equipe, mas nem sempre quer participar de reuniões sociais — especialmente durante o horário de trabalho.
- Às vezes, procrastina, explicando que precisa de mais tempo para coletar mais informações.
- Reluta em se candidatar a projetos especiais que exigem colaboração extra com outras pessoas ou que requerem falar em público.
- É um membro bastante valioso da equipe porque conhece profundamente o assunto em questão.
- Pode parecer desligada em eventos de desenvolvimento profissional quando as pessoas contam histórias pessoais que não são relevantes para o trabalho ou para a equipe.
- Em sua melhor versão, pode ser confiável para oferecer percepções profundas e uma perspectiva objetiva.
- Em sua melhor versão, tem um impacto positivo sobre o trabalho porque se concentra no que é mais importante e sempre age como um profissional consumado.

Por que é ótimo trabalhar com líderes conscientes do Tipo Cinco

- Você pode contar com eles para fornecerem um alto nível de especialização e informações confiáveis e de alta qualidade.
- Eles mantêm a objetividade, até em situações em que outros podem se emocionar.
- Gostam sinceramente de aprender e de fazer trabalhos que aumentem seus conhecimentos.
- São confiáveis e responsáveis, organizados, atenciosos e dedicados.
- Orientam-se pelas melhorias e querem saber como podem fazer melhor.
- Geralmente, não ficam inquietos ou insatisfeitos com seu trabalho; querem ser os melhores no que fazem em vez de querer fazer algo diferente.

- São bons ouvintes e abertos às ideias dos outros sobre problemas do trabalho.
- Mantêm bons limites e respeitam os limites alheios — observam e respeitam limites de tempo, espaços pessoais e expectativas apresentadas.
- São racionais e lógicos — têm processos mentais claros e estimulam os demais a pensar com clareza.
- São pouco dramáticos, calmos nas crises e evitam que seus sentimentos pessoais interfiram no trabalho.
- Quando os limites estão claros e eles se sentem relaxados, tendem a ser calorosos, amigáveis e bem-humorados.

Desafios típicos para pessoas que trabalham com Tipos Cinco

- Às vezes, parecem querer se afastar de você — ou falar pelo menor tempo possível — quando você os chama para discutir um projeto de trabalho.
- Pode ser difícil para eles colaborarem quando a estrutura e os processos estão frouxos — quando há papéis indefinidos e expectativas pouco claras.
- Tendem a não querer fazer favores para as pessoas no trabalho e não têm muita simpatia por questões ou problemas pessoais dos colegas.
- Podem ficar incomodados quando acham que as pessoas estão desperdiçando seu tempo com conversas irrelevantes.
- Podem resistir a fazer tarefas que acham que estão fora de sua zona de conforto — que não se enquadram nos parâmetros daquilo em que se sentem habilidosos.
- Podem não querer seguir a multidão em esforços ou comunicações específicas. Vão querer registrar sua própria opinião para evitar ser mal interpretados ou se envolver nas agendas das outras pessoas.
- Nem sempre vão querer colaborar — podem recear ficar presos ao trabalho dos outros, porque talvez não esteja no seu nível de

qualidade, ou recear ter de esperar que outra pessoa faça sua parte. Evitam se sentir dependentes de alguém que acham que não fará o trabalho direito.

- Precisam muito de espaço para si, de passar algum tempo sozinhos e em silêncio e de tarefas de trabalho bem definidas.
- Sua necessidade de compartimentalização pode parecer excessiva e controladora para quem não precisa que as coisas sejam claramente definidas como eles precisam.

Os Tipos Cinco e a liderança

Líderes do Tipo Cinco contam como conhecer seu tipo no Eneagrama ajuda no trabalho

Ed McCracken foi CEO da Silicon Graphics na Califórnia entre 1984 e 1997. Antes de trabalhar na Silicon Graphics, foi gerente de grupo na Hewlett Packard.

Estou há um bom tempo no mundo dos negócios. Fiquei 15 anos na Hewlett Packard e tinha a impressão de que todos os gerentes compartilhavam uma visão do que seria a pessoa perfeita. Eles tentavam treinar a gente para a perfeição — gerentes perfeitos, engenheiros perfeitos, qualquer coisa perfeita. Nessa cultura, provavelmente isso significa alguém extrovertido, disponível, que influencia as pessoas e tudo isso. Não sei quantas vezes ouvi gerentes me dizerem que eu deveria falar mais.

Mas eu não me identificava com isso. Eu dizia: "Mas como devo fazer isso?". Portanto, esse conceito do Eneagrama, no qual não existe um Tipo Dez — ou um líder perfeito —, mas que destaca as individualidades (e as pessoas são diferentes, um grupo de pessoas é uma dança de tipos diversos), para mim, foi uma grande descoberta. Quando conheci o Eneagrama — e descobri que sou um Tipo Cinco — pensei: "Eu não quero ser um Cinco". E, durante uma semana, tentei agir como se não fosse. Acho que todo mundo faz isso. Então eu percebi, sozinho, que a maneira pela qual estava agindo para não ser um Cinco era a maneira pela qual esse tipo agiria para não ser um Tipo Cinco. Noutras palavras, não tive escapatória.

Então, aprendi a me amar como um Tipo Cinco. Foi um processo bem rápido. Uma das coisas a meu respeito que é diferente do modelo norte-americano de gerente ou líder: no ambiente de trabalho, eu aconselhava as pessoas a trabalharem seus pontos fortes e não suas fraquezas, mostrando que seus pontos fortes são mais poderosos. Era isso que eu tentava fazer comigo mesmo — ser mais daquilo que sou, com falhas e tudo o mais.

E também aprendi, durante esse mesmo processo, que as coisas que eu considerava um comportamento divergente — diferente da norma — eram, na verdade, comportamentos saudáveis na maior parte do tempo. Tudo se resumia a diferenças entre as pessoas. Por isso, fiquei muito mais empolgado com as diferenças, especialmente com o que cada pessoa tem de único.

Saber que sou um Cinco fez eu me sentir muito mais confortável comigo mesmo, usando meus pontos fortes em vez de tentar agir como se eu fosse um Três extrovertido — coisa na qual não sou muito bom. Aprendi a trabalhar para ser um bom líder, já que sou um Cinco: expor mais meu pensamento, lidar verbalmente com os problemas para que as pessoas possam me acompanhar e me observar, e assim por diante.

Art Blum é vice-presidente de assuntos regulatórios da BioMarin Pharmaceutical Inc., empresa de biotecnologia com sede em San Rafael, Califórnia.

Minha tendência é não ficar sob os holofotes. O que minha coach me diz é que, quando falo, as pessoas me escutam e me respeitam. Aprendi que há situações em que preciso assumir um controle mais ativo — preciso ser mais um Oito quando a situação exige. Quando sou líder de um grupo de tamanho razoável, represento esse papel. Posso fazê-lo, e eu o faço. Mas prefiro não fazer isso. Este é o incentivo de minha coach: assumir o comando e fazer com que as pessoas me vejam como o grande jogador aqui. Penso nisso o tempo todo. E me ajuda, porque com frequência as pessoas recorrem ao que é confortável, a seu nível de conforto, e isso nem sempre é apropriado para a ocasião.

Recebo muitos elogios quando me esforço para assumir esses papéis de liderança ativa. É inesperado. Quando faço o que é esperado, cumpri o meu trabalho.

Embora seja um Cinco e goste de ficar sozinho, não quero ser o sujeito sentado no meu escritório com a porta fechada, sem dar acesso às pessoas, perdendo oportunidades para me comunicar e influenciar. Como líder, essas coisas são importantes. Sair de minha zona de conforto é um requisito desse trabalho.

Quando você é gerente e é um Tipo Cinco

Se você é um Tipo Cinco, ser o líder pode ser um desafio, pois pode significar lidar mais a fundo e com mais frequência com as pessoas do que o normal. Você pode ser tímido diante de grupos para exercer o poder de maneira ativa ou ter de se comunicar regularmente com muitos indivíduos. Por outro lado, você pode saborear a oportunidade de ser um líder de pensamentos, ajudar a organizar e esclarecer o pensamento da equipe, inspirar as pessoas a estarem abertas ao aprendizado ou reforçar padrões de profissionalismo, de qualidade organizacional e de respeito a limites.

Se você é um líder Cinco, geralmente quer encontrar um curso de ação lógico e efetivo, com base nas melhores informações disponíveis. Você tende a ter uma opinião sobre como o trabalho deveria ser feito com base numa análise objetiva dos dados, e vai querer criar processos claros e definir bem responsabilidades e resultados desejados para não haver desperdício de tempo e para as pessoas não duplicarem o trabalho dos outros de maneira desnecessária. Você acredita que, quando os limites estão bem definidos, as pessoas podem confiar que seu trabalho independente pode permanecer relativamente independente, ao mesmo tempo que contribui para o todo. Na sua melhor versão, os chefes do Tipo Cinco tendem a ser autocontidos, mas dispostos a compartilhar seus pensamentos (baseados em fatos) e ouvir os dos demais.

Quando seu gerente é do Tipo Cinco

O bom de ter um chefe do Tipo Cinco é que ele não vai incomodá-lo desnecessariamente com detalhes irrelevantes ou assuntos pessoais sem relação com o trabalho. Embora alguns possam ser distantes e pouco comunicativos, especialmente quando estressados, os líderes mais autoconscientes do Tipo Cinco podem ser atenciosos, compreensivos e de mente aberta. Se o seu gerente Cinco se sentir confiante sobre a capacidade de estabelecer limites e comunicar-se em segurança, ele poderá dar apoio sem ser intrusivo. Se, em especial, vocês compartilham interesses e perspectivas intelectuais, os Tipos Cinco poderão ser parceiros entusiasmados e confiáveis para resolver problemas, estruturar processos de trabalho eficazes e assegurar um trabalho bem-feito.

Quando estressado ou menos autoconsciente, o gerente do Tipo Cinco pode se retrair e deixar de se comunicar o quanto você considera necessário para se manter conectado com o que está acontecendo com tarefas e projetos de trabalho. Os líderes do Tipo Cinco que se sentem sobrecarregados ou inseguros podem evitar o contato com as pessoas e deixar de se comunicar de forma regular, e problemas emocionais dentro da equipe podem levá-los a se isolar das coisas que consideram difíceis ou impossíveis de se confrontar. Isso pode levar você (ou os outros) a ver o líder do Tipo Cinco como distante, arrogante ou indiferente; por isso, pode ser útil lembrar que eles geralmente só parecem insensíveis, pois são muito sensíveis por dentro.

Na sua melhor versão, os gerentes do Tipo Cinco pensam com atenção no que precisa ser feito e lidam com os problemas de forma direta e racional. São objetivos e profissionais, sem sobrecarregar a equipe com qualquer reação emocional. Particularmente dotados para análises objetivas e respeitando limites apropriados, estudam a situação e apresentam sugestões claras sobre como organizar o trabalho para que todos possam contribuir com seus melhores esforços, evitando redundâncias e dependências desnecessárias, planejando o fluxo de trabalho com lógica e comunicando-se com clareza e pontualidade. Ficam calmos quando as coisas estão tensas, mantêm uma reserva profissional e ouvem as pessoas para criar estratégias ponderadas sobre maneiras de obter os melhores resultados.

Quando seu subordinado é do Tipo Cinco

Quando seu subordinado direto tem o estilo do Tipo Cinco, você pode contar com ele para se concentrar no trabalho sem inserir questões estranhas — sobretudo reações emocionais adicionais. Ele trabalha bem de forma independente e respeita seu espaço e tempo privativos. Você vai se entender bem com os Cincos com quem trabalha se papéis, funções, planos e entregas forem claramente determinados, pois eles se sentem melhor quando as tarefas são traçadas explicitamente e depois são deixados sozinhos (sob confiança) para fazerem o trabalho.

Em geral, os Tipos Cinco não querem lidar com questões que sejam muito emocionais ou pessoais; por isso, se você precisar de algo mais do que um ponto de vista objetivo, pode ser melhor procurar outra pessoa. E quando existe um diferencial de poder entre você e um Tipo Cinco, discussões que envolvem o que ele considera como emoções "complicadas" (especialmente se não envolvem o trabalho) podem ser ainda mais estressantes para seu subordinado direto. Ele pode se mostrar aberto a interações sociais com você, mas vai querer fazer isso separado dos limites do dia de trabalho normal. Por falar em limites, você vai se entender muito melhor com seu subordinado direto do Tipo Cinco caso respeite limites de tempo, espaço pessoal e especificações de tarefas no trabalho. Além disso, os Tipos Cinco não gostam de surpresas; por isso, se tiver algo difícil para dizer, avise-os logo, tente oferecer a oportunidade de marcar dia e local e seja direto e bondoso. Se você mantém um bom relacionamento com seus funcionários do Tipo Cinco, eles podem ser uma fonte firme de apoio, ter desempenho confiável e ser um porto seguro na tempestade (desde que não seja uma tempestade de emoções). Vão respeitar seus limites e oferecer informações confiáveis, nas quais você poderá basear decisões com confiança. Eles não precisarão receber os créditos pelo trabalho, vão gostar de desafios intelectuais e não vão requerer muita supervisão, pois preferem trabalhar de forma independente.

Convivendo com o Tipo Cinco: O que fazer para trabalhar bem com ele

- *Respeite espaço e tempo.* Os Tipos Cinco gostam quando você estabelece limites de tempo apropriados e adere a um plano claro. Evite aparecer sem avisar para falar do seu fim de semana, de um problema pessoal ou de alguma coisa que o aborrece. Tenha a cortesia de marcar uma reunião e não use o horário de trabalho para assuntos pessoais.
- *Confira de vez em quando, mas com brevidade e em doses calculadas.* Todos nós precisamos nos comunicar regularmente quando trabalhamos juntos, mas, quando a colaboração é com os Tipos Cinco, é melhor conferir como vão as coisas de maneira periódica, breve e bem objetiva.
- *Comunicação objetiva, mas atenciosa.* Os Tipos Cinco não gostam de gastar energia desnecessária quando se comunicam — portanto,

planeje com antecedência, concentre-se apenas no que é necessário para uma troca ideal de informações, mantenha claros seus objetivos e atenha-se à agenda.

- *Seja profissional.* Os Tipos Cinco apreciam colegas que demonstram a habilidade, os modos e o bom juízo esperados de pessoas treinadas para fazer um bom trabalho num ambiente de negócios. Não gostam quando os colegas ficam confusos, emotivos ou pessoais — e, caso faça isso acidentalmente, não espere que o Cinco lide com seus sentimentos.
- *Evite drama e emoções confusas.* Veja o tópico acima. Além disso, uma das coisas de que os Tipos Cinco mais gostam no trabalho é que em geral há normas sobre a exibição de emoções no escritório. Se quer realmente que seus colegas do Tipo Cinco ouçam e reajam bem ao que você lhes comunica, esforce-se para deixar as emoções fora disso.
- *Deixe sua vida pessoal fora de assuntos do trabalho.* Quando estão trabalhando, os Tipos Cinco querem trabalhar — querem ver a tarefa realizada. Alguns podem gostar de socializar com os colegas, mas só depois, não durante o horário de trabalho. E não espere que sejam necessariamente seus amigos, pois só precisam e querem ter um punhado deles e talvez as vagas já estejam ocupadas.
- *Torne suas comunicações claras, concisas, diretas, breves e eficientes.* Os Tipos Cinco tendem a acreditar que têm energia limitada para gastar em interações humanas. Embora isso faça parte da ilusão da personalidade deles, muitos deles acreditam que dispõem de uma bateria finita e podem ficar inquietos quando gastam muita energia em alguma interação. Por isso, quando falar com os Tipos Cinco, lembre-se de que menos é mais.
- *Deixe-os sozinhos para fazerem o que fazem.* Os Tipos Cinco gostam de ter liberdade, espaço e tempo de que precisam para fazer o trabalho que podem fazer sozinhos. É melhor não os incomodar com coisas que não consideram significativas ou relevantes para o que tem de ser feito.
- *Nada de surpresas.* Os Tipos Cinco querem conhecer de antemão limites, prazos e expectativas. Além disso, as surpresas podem

mexer com as emoções, algo que os Tipos Cinco preferem experimentar quando estão sozinhos. Por isso, evite aparecer com coisas inesperadas diante deles (ou planejar uma festa-surpresa para seu próximo aniversário).

Sugestões de crescimento: Como os Tipos Cinco podem ser mais autoconscientes, eficazes e felizes no trabalho

Todos os tipos podem aprender a ser menos reativos e a colaborar melhor com os demais, *observando* primeiro seus padrões habituais e refletindo sobre o que pensam, sentem e fazem para obter mais *autopercepção*. Depois, devem esforçar-se para *gerenciar* ou moderar suas reações automáticas diante de alguns gatilhos.

Os Tipos Cinco crescem quando observam primeiro e depois aprendem a moderar suas reações habituais diante dos principais gatilhos, como sentirem-se invadidos pelas necessidades e demandas dos outros, precisarem lidar com as emoções alheias e terem expectativas ou limites violados.

Quando os Tipos Cinco conseguem observar suas ações a ponto de se surpreenderem fazendo as coisas que lhes causam problemas, e então param para refletir sobre as próprias atitudes e sobre a razão para isso, podem aprender aos poucos a moderar sua programação e suas reações automáticas. Eis algumas ideias para ajudar os Tipos Cinco a serem mais autoconscientes, emocionalmente mais inteligentes e mais satisfeitos no trabalho (e em casa).

Auto-observação: Aspectos que os Tipos Cinco devem considerar

- Sintonize seu relacionamento com suas emoções em geral. Você se sente mais à vontade ao se relacionar com os outros no nível mental? Consegue reconhecer melhor suas emoções quando está sozinho?
- Observe sua capacidade ou incapacidade de acessar sentimentos no momento. Consegue perceber como você vai diretamente para o pensamento e se desapega da emoção?

- Observe como você reage quando as pessoas ao seu redor se emocionam ou demandam (o que você considera) de forma excessiva o seu tempo ou energia.
- Observe quaisquer crenças que você alimente sobre ter uma limitada capacidade emocional e de energia. Que medos ou outros sentimentos podem estar por trás dessa sensação de que você pode se esgotar facilmente?
- Note as diversas maneiras com que você impõe ou protege seus limites. Observe quando isso parece certo e quando pode ser excessivo (ou o deixa isolado).
- Observe quais informações pessoais você compartilha com outras pessoas e com que frequência faz isso. Note com quantas pessoas você se sente à vontade para comunicar suas experiências interiores e o que o detém quando você decide não fazer isso.
- Observe as consequências de não ser mais conhecido por mais pessoas *versus* o conforto de manter seu senso de privacidade.
- Observe quaisquer medos que tenha com relação a abrir-se mais com os outros. O que você imagina que pode acontecer se você se abrir mais com mais pessoas?
- O que você faz no trabalho ou como líder para se sentir seguro e com os pés no chão? Quais experiências parecem desafiadoras ou arriscadas?

Pontos cegos: O que você não sabe que pode machucar

Os pontos cegos dos Tipos Cinco são:

- *O envolvimento com emoções e o valor das emoções em geral.* Como parte de seu esforço para se manterem seguros e conservarem energia, os Tipos Cinco se isolam de maneira automática e inconsciente das emoções e podem (de modo bem conveniente) acreditar que as emoções não são importantes. Seu principal mecanismo de defesa psicológica é o "isolamento", que lhes permite lidar com a ansiedade associada ao contato com o mundo social, separando sentimento de conhecimento. Eles se concentram automaticamente nos pensamentos e, às vezes, podem achar que estão sentindo quando, na verdade, estão apenas pensando nos sentimentos. Quando não estão cientes dessa tendência, pode ser difícil se envolverem de novo com seus sentimentos de uma forma que os ajude a se conectar e se engajar em seus relacionamentos e seu trabalho.

- *O valor de compartilhar mais informações pessoais com os outros.* A programação dos Tipos Cinco lhes diz que é melhor manter seus pensamentos e sentimentos para si mesmos, já que um maior envolvimento com as pessoas através da comunicação sobre seu mundo interior os esgotará de recursos preciosos e ameaçará os limites de tempo e espaço. Eles não percebem que compartilhar mais de si mesmos leva a relacionamentos mais fortes com outras pessoas, o que leva a mais substância e abundância interior ao receberem o apoio dos outros.
- *A função energética e de apoio dos relacionamentos.* Os Tipos Cinco tendem a acreditar que o relacionamento com outras pessoas ameaça exaurir suas energias, quando na realidade tem o potencial de recarregar sua bateria interna.
- *O valor do conflito.* Geralmente, os Cincos não gostam de conflitos porque podem envolver emoções intensas e revelações pessoais inesperadas, e ambos parecem energeticamente onerosos para eles. Mas ao evitarem situações de conflito, também evitam o envolvimento mais profundo com as pessoas, o que pode acabar por limitá-los em vez de protegê-los.
- *Sua própria riqueza de força emocional, poder e energia abundante.* Os Tipos Cinco acreditam em sua suscetibilidade ao esgotamento e à reação exagerada e protegem seus limites, refugiando-se no nível mental da vida. Ao fazer isso, deixam de ver o que de fato acontece: a falsa crença de que podem se ver facilmente esgotados de energia limita sua capacidade de manifestar seu próprio poder, sua energia e outras capacidades internas, pois os fazem se contrair e se isolar de apoio.

Autopercepção: Coisas para pensar, compreender e explorar

- Por que você se sente mais confortável relacionando-se com os outros no nível mental? Por que é mais fácil sentir suas emoções quando você está sozinho?
- Como e por que você se isola das emoções, e qual o propósito disso? O que parece confuso ou ameaçador na expressão das emoções?
- O que você receia que vá acontecer caso compartilhe suas emoções com outras pessoas? Que crenças podem estar por trás de seu medo de ser mais aberto e conectado emocionalmente com as pessoas?
- Como sua crença na escassez interior o mantém preso a uma sensação de bateria interna fraca? Essa crença poderia ser uma ilusão que realmente o impede de gerar mais energia em sua vida de maneiras diferentes?
- Quais são as consequências de viver a maior parte da vida apenas com a cabeça? Como isso pode ajudar você a desenvolver uma conexão maior com seu corpo e seu coração?
- Como todos esses limites ajudam você a se sentir seguro e contido? O que acontece se você pensar em afrouxar um pouco os limites para tentar ficar mais disponível para conectar-se com os outros?
- O que o leva a limitar a quantidade de informações pessoais que você compartilha com os outros?

Pontos fortes para alavancar

Será útil se os Tipos Cinco perceberem, prestarem atenção de forma ativa, assumirem e alavancarem:

- *Sua capacidade de criar e manter bons limites.* Os Tipos Cinco respeitam naturalmente os limites dos outros quanto a tempo e espaço privados. Estão atentos ao valor de definir limites de tempo, expectativas, resultados desejados, responsabilidades e funções.

- *Sua curiosidade intelectual e seu entusiasmo por conhecimentos e ideias.* Os Tipos Cinco têm o desejo e a capacidade de coletar e analisar grandes quantidades de informações — e geralmente gostam do processo. Isso os torna especialistas em conteúdo, e podem assumir a liderança para ajudar as pessoas a acessarem e conhecerem os dados mais importantes relacionados ao seu trabalho.
- *Seu pensamento objetivo.* A tendência automática dos Tipos Cinco a separar emoções de ideias ajuda-os a analisar o que está acontecendo com distanciamento emocional, apoiando respostas racionais e inteligentes para situações difíceis.
- *Seu profissionalismo e sua modéstia.* A aversão dos Tipos Cinco por envolvimentos emocionais — em especial no trabalho — torna-os altamente sensíveis aos comportamentos que constituem conduta profissional. Podem ser bons modelos quando se trata de interagir com os outros de forma atenciosa, humilde, cortês e respeitadora da privacidade das pessoas.
- *Especialistas em conteúdo.* A fome de conhecimento dos Tipos Cinco e seu amor pelo aprendizado permitem a eles acumular grande experiência em campos específicos de estudos. Geralmente, são membros valiosos da equipe, pois conhecem bem aquilo que fazem e sempre querem continuar a aprender e a expandir sua base de conhecimentos.

Autogestão: Tendências desafiadoras que os Tipos Cinco devem moderar

- *Distanciamento das emoções.* Se você é um Cinco, prefere interagir com os outros no nível mental e tende a querer se separar de coisas que parecem muito emocionais — tanto suas próprias emoções quanto as dos outros. Para você, o trabalho de crescimento costuma envolver um maior contato com as emoções do momento e, com o tempo, aprender a se comunicar mais sobre seus sentimentos quando interage com os outros.
- *Autonomia, independência e preferência pelo espaço privado.* Como um Cinco, você se sente mais seguro quando pode trabalhar de

forma independente e controlar seu espaço privado. No entanto, se puder aprender a ser mais flexível quanto a trabalhar sozinho e manter sua privacidade, pode criar mais possibilidades de colaboração e conexões de apoio.

- *Dificuldade para compartilhar informações pessoais.* Para um Cinco, pode parecer perigoso compartilhar com as pessoas aquilo que parece ser pessoal — especialmente no trabalho. Portanto, seria bom para seu crescimento tentar compartilhar um pouco mais de informações pessoais com colegas de confiança, como forma de expandir sua capacidade de manter relacionamentos mais profundos e fazer um trabalho em equipe mais eficaz.
- *Preocupação excessiva com a conservação de energia.* Às vezes, você resiste ao esforço de crescimento (especialmente no trabalho) porque não vê problemas em suas estratégias de defesa. Mas muitas delas surgem da falsa noção de que você vai ficar esgotado caso se permita uma conexão maior com os outros. Exercícios e outras atividades somáticas podem ajudá-lo a entrar mais em contato com sua energia natural como forma de aprender que você possui mais recursos internos do que pensa.
- *Crença em recursos pessoais escassos.* Seu medo de esgotamento motiva-o a se afastar da vida. Questionando sua suposição sobre quão pouco você tem para subsistir, você se abre para uma experiência maior de abundância.
- *Medo de intrusão e de envolvimentos emocionais.* Reconhecer, assumir e questionar o medo de intrusão e de demandas emocionais são bons passos iniciais para você aprender a trabalhar seus medos e se abrir mais para os outros. "Sinta o medo e vá em frente mesmo assim" é um bom mantra para Cincos que estão cansados de deixar que o medo os detenha.

Manifeste conscientemente seu potencial superior: Cuide do "ponto baixo" e almeje o "ponto alto"

Os Tipos Cinco também crescem quando se tornam conscientes de hábitos e padrões autolimitantes associados a seu estilo de personalidade e aprendem a incorporar os aspectos mais elevados ou as capacidades mais expansivas e equilibradas da personalidade do Tipo Cinco.

- Aprenda a se conscientizar do desconforto de trabalhar em colaboração estreita com os outros e da necessidade de manter limites fortes e tente facilitar a abertura e a gostar da colaboração. Perceba que as coisas que você teme que aconteçam caso permita relacionar-se mais de perto provavelmente não vão acontecer.
- Aprenda a perceber quando você coloca limites para manter as pessoas de fora e experimente abrir mais esses limites, e com mais frequência. Perceba que pode manter limites saudáveis e permitir mais contato com as pessoas em doses controladas e que isso pode tornar a sua vida mais rica e significativa.
- Aprenda a perceber quando você se afasta de suas emoções e corre o risco de ficar mais envolvido com elas. Perceba que desenvolver a capacidade de se conectar com seus sentimentos no momento atual vai ajudá-lo a se envolver mais profundamente com a vida e a tornar a conexão com os outros mais atraente e interessante.
- Aprenda a se manter consciente de seus medos com mais regularidade e a questioná-los quando parecerem excessivos. Perceba que geralmente as coisas que mais tememos já aconteceram e que você é capaz de mostrar mais coragem do que imagina.
- Aprenda a estar mais consciente daquilo que o leva a se fechar, contrair ou esconder diante do contato com os outros — especialmente a conexão emocional. Perceba que você tem a mesma capacidade de se conectar e colaborar que qualquer outra pessoa e trate com mais regularidade de seu desejo de manter contatos de forma significativa.
- Aprenda a observar a maneira como você avalia a segurança e como o fato de procurar manter-se seguro acaba ameaçando aumentar a sensação de esgotamento interior, afastando-o do apoio das pessoas ao seu redor. Perceba que os outros podem querer apoiá-lo e apreciá-lo mais do que você permite.

De modo geral, os Tipos Cinco podem concretizar seus potenciais mais elevados observando e trabalhando contra seu foco habitual em proteger seus limites e conservar energia por medo de esgotamento e exposição. Quando conseguem entender sua sensibilidade às demandas externas e tomam medidas para experimentar com segurança um contato maior com suas emoções, podem aprender a expandir a capacidade de serem mais abertos aos outros, permitindo um envolvimento mais profundo com a vida, o trabalho e as pessoas. Quando podem combinar sua mente excelente com um acesso maior às experiências sentidas em seu corpo e através de suas emoções, essas duas coisas se abrem para uma experiência de vida e de trabalho mais plena, expandindo o alcance do que podem realizar com o trabalho que fazem. Podem se tornar líderes verdadeiramente grandes se conseguirem se valer de seus talentos analíticos, aprendendo a gostar de trabalhar com os outros e se envolvendo de forma mais profunda nos aspectos humanos do trabalho que realizam e nas recompensas intrínsecas que vêm com o crescimento pessoal.

CAPÍTULO 9

ESTILO DE LIDERANÇA DO TIPO SEIS: O FAZ-TUDO CÉTICO E VIGILANTE

O arquétipo do Tipo Seis é a pessoa prototípica que busca a certeza e a segurança, mas em geral não as encontra. A atenção dos Seis dirige-se automaticamente para a leitura das pessoas e das situações, determinando se são confiáveis ou seguras. Motivados sobretudo pelo medo, embora nem sempre se deem conta disso, eles testam e questionam as pessoas, perguntando continuamente: "Posso confiar em você?", "Vai acontecer alguma coisa errada?" e "Como podemos nos preparar caso aconteça o pior?". Ora chamado de "o Cético Leal", ora de "o Advogado do Diabo", o Tipo Seis se concentra na previsão de problemas em potencial para ficar pronto para lidar com eles ou enfrentar quaisquer desafios que possam surgir.

A programação dos Tipos Seis diz-lhes que a maneira de encontrar segurança em um mundo potencialmente perigoso é estar sempre atento a ameaças, para que possam estar preparados caso aconteça algo de ruim. Seu estilo de personalidade é moldado pelo foco na avaliação de riscos, na atenção a perigos inesperados e na leitura das pessoas para ver se têm intenções ocultas ou motivos secundários. Precisam de tempo para desenvolver a confiança nos outros, mas, depois que confiam em alguém, tornam-se firmes e leais. No fundo, os Seis querem encontrar uma boa autoridade, mas a experiência os leva a acreditar que pessoas com poder tendem a usá-los para prejudicar aqueles que têm menos poder. Tendem a questionar a autoridade e a se identificar com os "desfavorecidos", e geralmente trabalham em prol de causas relacionadas a essas pessoas.

O estilo de comunicação dos Seis reflete sua tendência a buscar informações para avaliar situações e localizar possíveis problemas. Fazem muitas perguntas (e não respondem a muitas) e, quando você apresenta a eles um plano, geralmente tentam encontrar furos — buscam pontos fracos e determinam como questioná-lo ou reforçá-lo. Para os Seis, tudo depende do contexto, por isso buscam dados com os quais podem entender a situação, os participantes, as questões, as metas e possíveis cursos de ação.

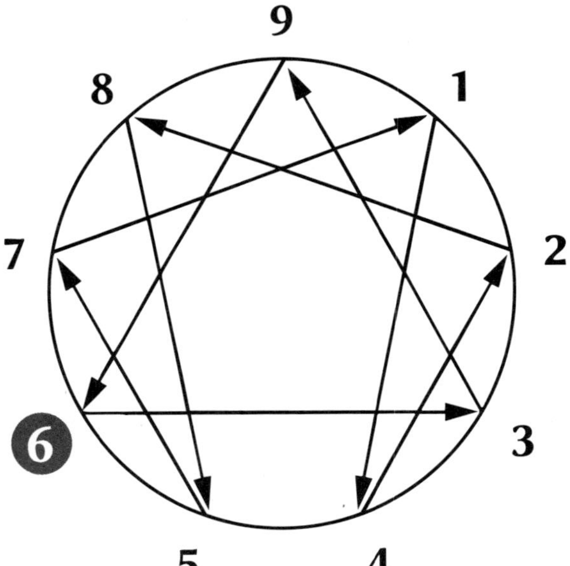

O Eneagrama do Tipo Seis

Líderes com estilo do Tipo Seis tendem a estar sintonizados na avaliação de ameaças e riscos, resolvendo problemas e analisando o que está acontecendo, com o objetivo de planejar os diferentes cenários que podem se desenvolver. Os líderes do Tipo Seis pensam estrategicamente em termos de todas as questões que podem surgir e como elas podem ser abordadas de maneira a proteger metas, planos, projetos e pessoas. Podem ser questionadores calorosos e sensíveis, analistas intelectuais ou opositores assertivos. Mas, quer ajudem a resolver problemas mediante dúvidas e questionamentos e apoiem planejamentos sólidos por meio de análise cuidadosa e precisa, quer se rebelem contra más autoridades com vigor, combinam uma percepção aguçada com a paixão para apoiar o "homem comum", levando com isso coragem e espírito revolucionários a todas as suas atividades.

Como saber se você é um Tipo Seis: A visão de dentro

Se a maioria ou todas as características a seguir se aplicarem a você, é provável que seu estilo de personalidade seja o Tipo Seis.

- *Você vê o trabalho que faz da perspectiva do que pode dar errado.* Você é um solucionador de problemas e planejador de contingências consumado. Você se destaca em perceber os problemas que podem ocorrer em cada estágio de um trabalho.
- *Você faz muitas perguntas como forma de se certificar que produtos e procedimentos foram completamente avaliados e que tudo está saindo segundo o plano.* Você não consegue deixar de duvidar do que as pessoas dizem, mas sua verdadeira intenção é resolver problemas antes da hora para planejar correções e evitar desastres.
- *Você tenta automaticamente encontrar furos nos planos das pessoas para testar sua solidez.* Você tem dificuldade para aceitar as coisas como se apresentam — sente-se motivado a pensar nos "piores cenários" como forma de impedir que aconteçam de fato.
- *Você tem dificuldade para confiar nas pessoas nos estágios iniciais de um relacionamento. Precisa de tempo para conhecer alguém antes de decidir se são dignas de confiança.* Você precisa observar os outros para determinar se são confiáveis e possui um bom "detector de besteira" interno. Quando passa a confiar na pessoa, você realmente confia nela — mas se alguém em quem você confia o trai, isso é muito ruim.

- *Embora você espere encontrar bons líderes e autoridades para trabalhar, você tem a tendência natural a ser contra a autoridade.* Geralmente, precisa testá-las para ver se são confiáveis e, se não forem, você pode se afastar ou se rebelar contra elas.
- *Geralmente, você apoia a equipe menos privilegiada.* Você simpatiza naturalmente com os fracos e oprimidos e pode mobilizar muita energia e paixão trabalhando em benefício de causas menos favorecidas.
- *Embora trabalhe muito, você não se sente à vontade com o sucesso.* Você não gosta de se destacar da multidão, e por isso o sucesso pode lhe parecer perigoso ou estranho. Se as coisas vão bem, você não consegue evitar esperar que algo dê errado.
- *Embora muitas vezes você aja com medo, nem sempre está ciente disso.* Você é motivado por uma necessidade de segurança e proteção que pode parecer apenas uma boa estratégia para estar preparado ou pronto para resolver problemas à medida que ocorrem. Assim, talvez você não se identifique como "medroso" — embora seja.
- *Algumas pessoas podem vê-lo como pessimista porque você fala facilmente sobre o que pode dar errado ou acabar mal, mas você se vê como realista.* Você não consegue deixar de notar e expressar problemas potenciais, mas vê isso como algo essencial: você avalia de maneira realista as armadilhas que podem ser evitadas em qualquer plano.
- *Com frequência, tem dificuldade para tomar decisões porque sempre consegue pensar em fazer outra pergunta.* Às vezes, você pode achar difícil assumir uma posição ou decidir sobre um curso de ação, pois consegue encontrar facilmente maneiras de duvidar de seu próprio pensamento ou de questioná-lo.
- *Volta e meia, você não consegue evitar assumir a visão contrária ou bancar o advogado do diabo.* Se alguém oferece uma opinião, você automaticamente apresenta a posição oposta (mesmo que não acredite plenamente nela). Isso ajuda você a testar se as pessoas de fato dizem o que querem dizer e a encontrar a certeza questionando aquilo que é mesmo a verdade.
- *Seu desejo de ter certeza motiva-o a procurar bons dados para ajudá-lo a tomar decisões racionais.* Você aplica naturalmente a lógica e a

razão quando destrincha um problema para encontrar a melhor solução. Como um dos tipos mais intelectuais e lógicos de todo o Eneagrama, você tenta encontrar segurança através do próprio processo de pensamento.

- *Você é bom em analisar racionalmente as situações e é muito perspicaz.* Gosta de examinar as coisas com sua mente e resolver problemas — tende a pensar fora da caixa e sabe ler bem as pessoas.

A principal estratégia adaptativa do estilo de personalidade do Tipo Seis

Em geral, os Tipos Seis dizem que experimentaram algum tipo de situação que lhes causou medo na infância, por vezes envolvendo autoridades não confiáveis. Podem ter tido um progenitor imprevisível — talvez em função de alcoolismo ou doença mental ou que era apenas inconsistente, ausente ou pouco confiável — e assim, para enfrentar a situação, aprenderam a tentar antever o que iria acontecer em seguida. Muitos Seis relatam problemas com a figura paterna, o protetor arquetípico, dando-lhes a sensação de que não tiveram proteção suficiente. Se o pai era ineficaz, rigoroso demais ou tirânico, ou não confiável, a criança do Tipo Seis teve a necessidade precoce de encontrar maneiras de se sentir segura sem uma forte figura protetora para internalizar e lhe dar a sensação de segurança interior.

Motivados a tentar estabelecer a sensação de segurança por conta própria, os Seis se adaptam ao que parece ser um mundo perigoso desenvolvendo a capacidade de antever o futuro — de captar pistas sutis sobre o que as pessoas farão e onde podem surgir problemas. Isso os torna hábeis para detectar inconsistências no comportamento das pessoas e para farejar problemas antes que aconteçam. Os Tipos Seis tornam-se bons estrategistas defensivos no sentido clássico — destacam-se em avaliar o ambiente à procura de possíveis problemas a fim de ter algum tempo de vantagem para descobrir como lidar com esses problemas e montar uma defesa.

No trabalho, isso torna os Seis bons em ficar mentalmente à frente da curva e em pensar em todas as questões problemáticas que podem surgir a fim de que eles — ou sua equipe — sejam capazes de criar estratégias para lidar com possíveis obstáculos antes que atrapalhem um projeto ou plano.

Podem ser funcionários confiáveis e trabalhadores dedicados (embora às vezes sejam motivados pela ansiedade), mas também podem ficar presos à sua tendência a analisar demais, tendo dificuldade para agir. Pessoas que lideram com o estilo do Tipo Seis levam habilidades analíticas e estratégicas para o trabalho de gerenciar pessoas com base em seu talento para avaliação de risco, sua lealdade e sua mente lógica.

O radar do Tipo Seis: O que chama sua atenção?

A estratégia de ficar atento a sinais de perigo e de buscar a certeza faz com que os Tipos Seis examinem o ambiente e as pessoas à procura de sinais de ameaça. Fazem-se constantemente perguntas como: "Quem está fazendo o quê?", "Em quem se pode confiar?", "O que os dados dizem sobre o que é verdade?", "Quem vai me machucar?" e "O que pode dar errado?".

Pessoas com estilo de liderança do Tipo Seis prestam muita atenção na maneira como as pessoas se comportam e se suas ações estão alinhadas com suas intenções declaradas. Quando cercados por pessoas em quem confiam, podem relaxar e se concentrar no trabalho; mas provavelmente ficarão em guarda e manterão certa reserva em novas situações. Eles também observam de perto o que acontece em seu ambiente para determinar quais ameaças devem ser antecipadas. No trabalho, veem automaticamente problemas em potencial num projeto ou processo, resolvem os problemas que encontram, lembram-se dos problemas que aconteceram no passado e aprendem com esses enganos, ficando continuamente de olho em ameaças novas e recorrentes.

Os Tipos Seis aplicam o mesmo tipo de atenção às pessoas — pode ser difícil ganhar sua confiança —, e precisam de tempo para observar seu comportamento para saber quem você é e como opera, tentar detectar inconsistências, procurar intenções não declaradas e testá-lo para ver se você faz o que diz. Finalmente, se virem que você é honesto e transparente, poderão se sentir à vontade para confiar em você.

A visão do "Planeta Seis": Como os Tipos Seis veem o mundo

Em geral, indivíduos com estilo do Tipo Seis veem o mundo como um lugar perigoso. Estão bastante cientes de que existem ameaças à sua segurança e proteção o tempo todo e usam seus poderes de percepção e sua aguçada habilidade analítica para avaliar constantemente os riscos que detectam "lá fora". Contudo, como as ameaças que percebem no exterior provocam ansiedade em seu interior, os Seis também podem projetar esses medos em seu ambiente, fazendo com que o mundo exterior pareça mais perigoso do que é. O resultado pode ser um círculo vicioso no qual o hábito de procurar ameaças amplia a percepção que têm do mundo como lugar perigoso, quer estejam cientes de estarem com medo, quer não.

Os Seis procuram segurança, proteção e certeza como resposta à sua percepção de que pode acontecer um problema a qualquer momento. Querem encontrar uma boa autoridade na qual possam confiar e fontes sólidas de apoio externo, mas a experiência passada ensinou-lhes que é mais seguro manter a guarda, permanecer hipervigilantes e testar as pessoas para determinar sua confiabilidade. Sua estratégia de enfrentamento, sendo cautelosos e vigilantes, pode torná-los bons solucionadores de problemas, mas também buscadores de problemas (como forma de se sentirem seguros). Como também tendem a gostar do processo de resolução de problemas, podem ver o mundo através das lentes da busca de problemas para resolver e, às vezes, podem encontrá-los onde não existem. Os Seis são particularmente propensos a sofrer os efeitos da profecia autorrealizável — podem tornar as coisas verdadeiras imaginando, com medo, que são verdadeiras (quando na verdade não eram até focalizarem tanta energia temerosa nelas).

Os Seis veem a realidade como algo dependente do contexto — se você lhes fizer uma pergunta sobre algo, geralmente dirão: "Depende...". Eles têm uma percepção aguda das complexidades e contingências da vida e se veem como realistas. Acima de tudo, valorizam o fato de estarem preparados. Sabem que a vida pode ser imprevisível e, como resultado de toda essa premeditação, tendem a manter a calma numa crise e a lidar bem com as ameaças quando ocorrem de fato.

O líder do Tipo Seis: Características principais

Os traços de personalidade a seguir ajudam a definir o estilo de liderança do Tipo Seis.

- *Mente analítica para avaliar dados e fazer pesquisas.* Os líderes do Tipo Seis tendem a ter facilidade mental com o teórico — não são apenas intelectuais: se destacam em qualquer coisa que exija lógica, razão e pensamento abstrato.
- *Bons solucionadores de problemas.* Os Tipos Seis são excelentes para avaliar cenários e localizar ameaças. Especializam-se em achar furos nos planos para identificar possíveis problemas antes que ocorram.
- *Habilidade na preparação e prontidão diante do que pode sair errado.* Os líderes do Tipo Seis têm visão de futuro. Pensam em termos de previsão de perigos potenciais e ficam prontos para qualquer contingência.
- *Excelentes solucionadores de problemas.* Os Seis procuram automaticamente problemas que possam surgir e gostam do processo de pensar fora da caixa para encontrar soluções criativas.
- *Capacidade para manter a calma numa crise.* Tendo antecipado todas as contingências e ameaças que podem surgir, quando os problemas acontecem, os Seis costumam estar prontos, lidando habilmente com eles.
- *Protegem e apoiam a equipe.* Os líderes do Tipo Seis são motivados naturalmente a proteger as pessoas em quem confiam e com quem se sentem conectados. Desconfiados das autoridades, também costumam estar atentos a qualquer ameaça que seus colegas de equipe ou subordinados diretos possam sofrer de pessoas poderosas.

Padrões mentais, emocionais e comportamentais: Como o Tipo Seis pensa, sente e age?

Mental

Os Tipos Seis são "centrados na cabeça" e pensam em termos de análise de ideias, situações e avaliação de riscos. Têm imaginação ativa e tendem a pensar em termos de "e se?" como forma de encontrar certezas em um mundo incerto. Os Seis se dedicam ao "pensamento do contra" e "recuam" mentalmente, questionando o pensamento dos outros, testando posições para ver se são sólidas e tentando fortalecer os processos de pensamento do grupo, forçando pontos fracos em potencial para ver se eles se sustentam. Como pessoas altamente lógicas, que valorizam a razão e o pensamento racional e querem tomar decisões com base em fatos e dados, os Seis também tendem a ter uma "mente em dúvida", questionando sempre as coisas. Podem duvidar do que está acontecendo, duvidar de si mesmos e até duvidar de sua dúvida. No entanto, quando conseguem recuar um pouco e observar as evidências, são hábeis na avaliação de dados, pensando cuidadosamente nas coisas e encontrando boas soluções.

Emocional

Os Tipos Seis vêm mais de sua cabeça que de suas emoções. No entanto, a única emoção que todos os Seis parecem sentir é o medo — embora o sintam de maneiras diferentes. Alguns têm consciência de que sentem medo regularmente e podem enumerar muitas coisas que temem. Outros encontram maneiras subconscientes de gerenciar o medo, e por isso ele não fica registrado em sua experiência consciente. Alguns amenizam o medo buscando uma boa autoridade ou um conjunto de regras ou de processos para guiar suas ações. E outros procuram se tornar fortes para que possam se mover de forma proativa na direção das fontes de seu medo, superando-as. Mas, quer estejam cientes disso, quer não, a maioria dos Seis é motivada em grande parte pelo medo. Alguns também sentem culpa e vergonha, embora, em geral, a culpa esteja em sua mente — parte de sua estratégia defensiva de descobrir e consertar o que não está bom — e não se baseie na realidade.

Comportamental

Os Tipos Seis se comportam de maneiras bem diferentes, dependendo de qual seja seu subtipo e das condições em que estão. Em geral, fazem muitas perguntas, tentam encontrar furos em planos e apresentações e duvidam e testam o que está acontecendo para ver em que podem confiar. Podem ser trabalhadores esforçados que sempre fazem sua devida diligência ou podem se perder na paralisia da análise e terem dificuldade para agir. Podem administrar a ansiedade assumindo situações difíceis ou podem evitar questionar as situações e querer se esconder. Podem ser organizados, precisos e eficientes, ou podem ser indecisos, inseguros e desorganizados. Podem ser atenciosos e amigáveis ou reservados e defensivos. Como os próprios Seis lhe diriam: tudo depende das condições que estão enfrentando, do que estão pensando e sentindo e se tendem a responder instintivamente a seu medo com "luta", "fuga" ou "busca por proteção".

Pontos fortes e superpoderes: O que o Tipo Seis faz de melhor

- *Capacidade de avaliar riscos e ameaças com precisão.* Motivados pela necessidade de se manterem seguros e encontrarem certezas, os Seis têm talento para intuir os riscos e ameaças em qualquer projeto ou plano.
- *Bons solucionadores de problemas.* A mente analítica dos Seis concentra-se facilmente em dividir as coisas em seus componentes e encontrar as melhores maneiras de abordar questões e situações problemáticas.
- *Perspicazes e analíticos.* Os Tipos Seis são bons em fazer as perguntas certas, coletar e analisar os dados pertinentes e gerar percepções úteis e precisas sobre aquilo que está acontecendo.
- *Precisão e atenção ao processo.* A Alemanha é um país do Tipo Seis — e a expressão "engenharia alemã" ficou muito conhecida, indicando que carros e outros produtos alemães demonstram um elevado grau de precisão e qualidade. Os Seis encontram segurança em atender com precisão os processos e princípios que ajudam a obter produtos e resultados previsíveis e de qualidade.
- *Lealdade e confiabilidade.* Depois que os Seis estabelecem confiança, tendem a ser extremamente leais, confiáveis e consistentes — as mesmas qualidades que procuram nas pessoas em que confiam.

Quando algo bom demais fica ruim: Como os Tipos Seis podem errar quando não conseguem deixar de procurar problemas

Como todas as pessoas de todos os tipos, quando os líderes do Tipo Seis abusam de seus pontos fortes (e não desenvolvem conscientemente uma gama mais ampla de especialidades), esses mesmos pontos podem se tornar seu calcanhar de aquiles.

- *Capacidade de avaliar riscos e ameaças com precisão.* Os Seis podem estar tão sintonizados com os riscos e ameaças que talvez superestimem o risco de uma situação e vejam ameaças onde não existem.
- *Bons solucionadores de problemas.* O hábito de procurar problemas pode levar os Seis a encontrá-los onde eles não existem. Podem superestimar os dados negativos e subestimar os positivos.
- *Perspicazes e analíticos.* Os Seis podem ficar presos a questionamentos, dúvidas e análises intermináveis a ponto de não agirem. Além disso, podem supervalorizar sua capacidade analítica e não desenvolver a inteligência emocional.
- *Precisão e atenção ao processo.* Como alguns cidadãos alemães, muitos Seis insistem rigidamente na precisão e no processo e não deixam espaço para a flexibilidade ou para seguir o fluxo. Se você já tentou atravessar a rua desobedecendo ao sinal de pedestres numa esquina da Alemanha onde não estão passando carros e foi repreendido por um alemão prestativo, sabe do que estou falando.
- *Lealdade e confiabilidade.* Os Seis têm altos padrões para determinar quem é confiável e quem merece sua lealdade. Eles podem reter sua lealdade por um longo tempo antes de confiar em você e, se não tiverem certeza de sua confiabilidade, talvez não se mostrem tão confiáveis quanto você gostaria que fossem — ou como são capazes de ser.

Felizmente, o interesse sincero dos Tipos Seis para encontrar segurança significa que, com frequência, farão o esforço necessário para aprender a confiar nas pessoas e se envolverem com sua equipe de maneira produtiva, mesmo que isso signifique manter certo nível de vigilância durante algum tempo. Quando conseguem lidar proativamente com os riscos e a solução de problemas interessantes, podem desenvolver bons relacionamentos profissionais em que possam colocar em prática suas habilidades analíticas e aprender a ter fé de que as coisas darão certo.

"Quando estou sob estresse..." e "Na minha melhor versão...": Entendendo o "ponto baixo" e o "ponto alto" do estilo de personalidade do Tipo Seis

Quando estão estressados a ponto de atingir o "ponto baixo" de seu espectro de desenvolvimento, os Tipos Seis podem se tornar desconfiados e paranoicos. Podem ficar presos ao medo, questionar incessantemente as pessoas e pode ser impossível satisfazer sua necessidade de evidências sobre o que ou quem pode ser confiável. Às vezes, projetam sobre as pessoas ao seu redor cenários alimentados pelo medo que criam em sua mente, sem perceber o que estão fazendo. Também podem resistir e se rebelar contra os outros (aberta ou veladamente), recusar-se a aceitar a opinião da maioria ou daqueles no poder ou desconfiar de qualquer pessoa em posição de autoridade.

Sob pressão, os Seis menos autoconscientes também podem se retrair e se esconder. Enquanto suspeitam que os outros têm agendas ocultas, podem evitar conflitos. Podem expressar ambivalência, ficar presos a dúvidas e ter dificuldade para tomar decisões. Os Seis estressados também podem se ver num conflito interno entre agradar os outros e rebelar-se contra eles. Podem se perder em abstrações baseadas no medo ou em possibilidades teóricas (ou teorias da conspiração) a ponto de terem dificuldade para confiar em qualquer coisa. Dependendo do seu subtipo (descritos a seguir), podem ter medo de expressar raiva e duvidar de si mesmos, aderir rigidamente às regras ou ficar agressivos, recusando-se a cooperar.

No "ponto alto", quando os líderes do Tipo Seis se tornam mais autoperceptivos e conscientes de sua programação, podem ser observadores, inteligentes e compreensivos. Tendem a ler bem as situações e as pessoas, intuem quais são as principais questões e enfrentam desafios com coragem e confiança (depois de avaliarem os dados mais relevantes). Combinam habilidade analítica com um interesse profundo pelas pessoas, tendo o cuidado de conhecer os indivíduos com quem trabalham para poderem desenvolver relacionamentos fortes baseados em confiança mútua. Bons líderes com o estilo de personalidade do Tipo Seis identificam-se com os desvalidos ou o "homem comum" e por isso estabelecem políticas democráticas e igualitárias, atentos às necessidades das pessoas em todos os níveis de uma organização.

Quando vivem mais do "ponto alto", os Tipos Seis sentem os medos e ansiedades que podem surgir, mas seguem em frente de qualquer maneira. São capazes de agir com coragem mesmo em circunstâncias adversas, avaliando riscos com sabedoria e equilibrando a compreensão de seu medo e reatividade com uma análise lúcida das evidências factuais e a contribuição de consultores e colegas de confiança. Capazes de combater seu medo natural por meio de uma avaliação cuidadosa da realidade, são capazes de ter fé em si mesmos e nos outros para encontrar as melhores maneiras de levar adiante as coisas, apesar dos riscos, ameaças e problemas inerentes às situações que enfrentam.

Os três perfis de líderes do Tipo Seis: Como os três instintos moldam os subtipos de personalidade

Segundo o modelo do Eneagrama, todos nós temos três impulsos instintivos principais que nos ajudam a sobreviver, mas um deles tende a dominar nosso comportamento. O estilo do Tipo Seis se expressa de maneira diferente dependendo se a pessoa tem uma inclinação para a *autopreservação*, para estabelecer *relacionamentos sociais* e posicionar-se em relação a grupos ou para vínculos *um a um*.

O Tipo Seis Autopreservação (ou Autofocado)

Os Seis Autopreservação lidam com o medo encontrando aliados e amigos para protegê-los. São os Seis mais temerosos ou "fóbicos" e tentam ser calorosos e amigáveis para atrair as pessoas e, como temem a raiva dos outros, são programados para ocultar ou suprimir a própria agressividade. Eles sentem certa insegurança ou ansiedade de separação — temem não estar prontos ou não ser capazes e têm dificuldade para se sentir poderosos ou para acessar o senso interior de sua própria autoridade. Por isso, tendem a ser os menos seguros dos três Tipos Seis. Fazem muitas perguntas, mas não respondem a nenhuma e são "viciados em provas", sem nunca conseguir encontrar evidências para se sentirem confiantes o bastante para assumir uma posição firme. Os Seis Autopreservação veem o mundo em tons de cinza, em vez de preto e branco, e podem injetar dúvidas e incertezas sobre qualquer assunto. Duvidam dos outros e duvidam de si mesmos.

O Seis Autopreservação precisa lidar com uma dose dupla de medo — o medo habitualmente associado ao estilo do Tipo Seis, combinado com o medo e a insegurança característicos de alguém que se preocupa com a sobrevivência. Apresentam-se como muito sinceros, calorosos, abertos e generosos, mas são muito obstinados e intelectuais por dentro. Podem formar vínculos estreitos com os outros como parte de sua estratégia de sobrevivência e podem não parecer temerosos para as pessoas ao seu redor, mas têm muitos medos, inclusive um forte medo relativo à sua segurança física.

A liderança pode ser um desafio para o Seis Autopreservação. Periodicamente, ele pode sucumbir ao medo e à ansiedade, ter dificuldade para tomar decisões ou parecer decidido e esforçar-se para parecer forte ou agir com um senso claro de poder e autoridade. Pode procurar outras pessoas para apoiá-lo e dar-lhe suporte ou cobertura, o que pode fazer com que se sinta ou pareça fraco. Contudo, se o Seis Autopreservação aprender a lidar com seus medos, pode alavancar sua capacidade de se conectar com os outros e ser um líder atencioso, sábio e sensível às necessidades e preocupações de seu pessoal. Mesmo os Seis mais temerosos podem se mostrar calmos e firmes numa crise. Os Tipos Seis Autopreservação têm o poder de se mostrar à altura da ocasião e lidam com circunstâncias difíceis sem parecer que estão com medo. Quando conseguem aprender a compreender suas reações e desenvolvem mais coragem e autoconfiança diante da ansiedade, em particular, os Tipos Seis Autopreservação podem ser líderes acessíveis e atenciosos que ajudam os outros a seguir em frente e a superar obstáculos.

O Tipo Seis Social (ou Focado no Grupo)

O Seis Social é mais seguro e menos ambíguo, vê as coisas mais em termos de preto e branco do que cinza. Sentem-se ansiosos quando as coisas são incertas e lidam com sua ansiedade encontrando uma autoridade externa para orientar suas escolhas de vida e aliviar seus medos. Essa autoridade pode ser uma pessoa, mas também pode ser uma ideologia ou um sistema de pensamento, qualquer coisa que proporcione um conjunto de regras e parâmetros para a vida. Porém, isso pode levá-los a se tornarem demasiadamente seguros. Ao procurar acalmar suas ansiedades aderindo a uma autoridade impessoal (em geral, um substituto para o pai), os Seis Sociais podem se tornar "verdadeiros crentes" em uma causa ou sistema de pensamento.

Os Seis Sociais são altamente intelectuais e se sentem mais à vontade (e menos temerosos) quando têm regras e pontos de referência lhes dizendo o que fazer para ficarem seguros, quem são os bons sujeitos e os maus sujeitos, onde fica o norte, o sul, o leste e o oeste, e assim por diante. Podem parecer os Tipos Um, pois obedecem às regras e querem saber qual é o seu dever — são personagens precisos, racionais e frios que pensam em fluxogramas e gostam de processos eficientes e organizados. Parecem mais fortes do que os Seis Autopreservação porque encontram segurança e certeza em qualquer sistema de autoridade que adotam. Vemos o personagem do Seis Social na cultura alemã — os alemães são conhecidos por seu temperamento reservado e a disposição para seguir as regras.

Como líderes, os Seis Sociais vão querer criar estruturas claras baseadas em regras e parâmetros sistemáticos e racionais. Tendem a expressar sua liderança por meio do estabelecimento e esclarecimento de processos, normas, papéis e deveres. Podem ter um sistema de pensamento ao qual aderem e do qual extraem força, usando-o para proporcionar aos colegas de trabalho e subordinados diretos um conjunto de instruções para orientar seu trabalho e definir expectativas. Adotam abordagem altamente racional para o trabalho que fazem e talvez não consigam ser espontâneos. A maioria dos Seis Sociais querem agir com base numa noção clara de seu dever como líder e se esforçar para cumprir suas responsabilidades da maneira mais eficiente e sensata. Embora às vezes possam ser intelectuais e abstratos em excesso, com dificuldade para acessar suas emoções, em sua melhor versão terão uma atitude de serviço humilde e desejarão modelar uma abordagem ponderada, razoável e baseada em regras para fazer o trabalho e gerenciar os outros.

O Tipo Seis Um a Um (ou Focado no Relacionamento)

Os Seis Um a Um são os mais assertivos, fortes e rebeldes. Para enfrentar o medo e a ansiedade, adotam uma postura destinada a intimidar os outros e manter o perigo à distância. Acreditam que "a melhor defesa é um bom ataque" e assumem uma mentalidade de "luta" como reação ao medo, movendo-se em direção a situações arriscadas ou perigosas como forma de lidar com a ansiedade subjacente. Chamado às vezes de "Seis contrafóbico", é provavelmente aquele que mais evita (de forma inconsciente) o registro do medo e aquele que, em geral, não se identifica como "temeroso". Entretanto, num nível mais profundo, ele é, como todos os Seis, motivado pelo medo.

Os Tipos Seis Um a Um têm muita dificuldade em confiar nos outros; às vezes, confiam apenas em si mesmos e adotam posições contrárias, rejeitando a opinião dominante do momento, qualquer que seja. Procuram ser e parecer fortes (fisicamente e de outras formas), mas podem apenas parecer corajosos. Substituindo qualquer noção de sua vulnerabilidade como estratégia defensiva, seu medo pode se manifestar de maneira inconsciente, a ponto de eles o negarem — quanto mais parecem agressivos e desafiadores, mais podem ser temerosos.

Esses Tipos Seis podem se parecer com o Tipo Oito, pois às vezes são rebeldes francos que vão contra pessoas em posições de poder. Tendem a assumir riscos, são aventureiros e gostam de causar controvérsia, reagindo com agitação a seu medo de serem controlados ou criando problemas dentro da equipe.

Como líderes, os Seis Um a Um podem parecer fortes e autoritários, embora possam ser mais vulneráveis e inseguros do que aparentam. Podem se mostrar pouco à vontade em posições de liderança, pois têm uma forte postura contra a autoridade e tendem a ser orientados para a ação, embora suas ações sejam mais eficazes quando percebem seu medo e aprendem a administrá-lo de maneira consciente. Quando assumem sua vulnerabilidade e agem com verdadeira coragem, os Seis Um a Um podem colocar seu espírito revolucionário a serviço da boa liderança. Na sua melhor versão, podem levar em conta os interesses de todo mundo para tomar medidas ousadas, levando os projetos adiante de forma ponderada e fazendo com que sua força venha da verdadeira coragem em vez de ser apenas um impulso rebelde ou contrafóbico. Quanto mais se conscientizarem de seu medo e o assumirem, mais poderão se basear no senso mais profundo de sua própria autoridade. E quanto mais virem as coisas positivas que as boas autoridades podem fazer, mais serão capazes de modelar a fé e a ousadia a serviço de uma visão mais ampla.

O Tipo Seis no trabalho

Às vezes, os Tipos Seis sentem dificuldade para trabalhar com os outros porque:

- "Para mim, é difícil trabalhar bem com alguém se não tenho confiança, e é difícil confiar nas pessoas."
- "Pode ser difícil colaborar com as pessoas se eu suspeitar que elas têm agendas ocultas."
- "Meus colegas de trabalho nem sempre dão o mesmo valor a reservar algum tempo para questionar e testar cada detalhe de um plano ou projeto antes que seja lançado."
- "Sinto-me desconsiderado quando os outros não dedicam tempo para entender todas as minhas perguntas e dúvidas, especialmente porque estou apenas tentando garantir que não haverá erros e que não vão surgir problemas que não estejamos prontos para enfrentar."
- "No trabalho, às vezes as pessoas esperam que eu tome decisões, mas não quero assumir a culpa se a decisão não for a correta — e é sempre a decisão errada para alguém."
- "Posso ser parecido com um computador — mais voltado para dados do que para pessoas."
- "Às vezes, acho que a sabedoria da minha abordagem cuidadosa das tarefas de trabalho não é respeitada."

- “Nem sempre acredito que os líderes com quem trabalho usarão seu poder de forma justa e sábia.”
- “Às vezes, sou visto como encrenqueiro ou alguém que retarda os processos, quando estou apenas tentando obter respostas para todas as minhas perguntas para garantir que fomos devidamente diligentes.”
- “É difícil ser sempre a pessoa que faz as perguntas mais duras.”

As principais implicâncias do Tipo Seis no local de trabalho podem ser:

- “Quando as pessoas não levam a sério minhas perguntas e dúvidas.”
- “Quando as pessoas não valorizam minha capacidade de encontrar furos nos planos como forma de fortalecê-los.”
- “Quando as pessoas me veem como negativo ou pessimista, embora esteja tentando ajudá-las, chamando a atenção para possíveis problemas e ameaças.”
- “Quando as pessoas me desconsideram ou tentam me convencer a não ter medo.”
- “Quando os outros dão prioridade à velocidade em lugar de uma análise cuidadosa dos planos.”
- “Quando meus colegas de trabalho não respeitam processos projetados para garantir que faremos a devida diligência e tomaremos as precauções de segurança apropriadas.”
- “Quando pessoas em posições de autoridade abusam de seu poder.”
- “Quando as pessoas não me permitem expressar plenamente meus pensamentos e opiniões ou bancar o advogado do diabo como forma de testar suas opiniões e propostas.”
- “Quando as pessoas não respeitam minha habilidade na avaliação de riscos para garantir que estamos preparados para qualquer contingência e cenário.”
- “Quando as pessoas me pressionam a tomar uma decisão embora eu ainda não tenha examinado completamente todos os dados.”
- “Quando as pessoas me pedem para fazer coisas, porque fazer coisas envolve decisões, e eu não gosto de ser aquele que tem de decidir. ”

Como os Tipos Seis podem se tornar melhores colegas de trabalho

Normalmente, o que ajuda as pessoas com estilo do Tipo Seis é lembrar que nem todos precisam de tanto tempo e espaço para testar e questionar planos e propostas. Para elas, pode ser importante compreender que os outros talvez considerem seus questionamentos um desafio ou uma discordância, e não um esforço para apoiar o sucesso futuro do plano. Quando os Tipos Seis questionam as pessoas, os outros podem achar que eles estão tentando argumentar contra a proposta ou enfraquecê-la, em vez de tentar melhorá-la procurando furos e identificando possíveis problemas com antecedência. Os Seis se beneficiarão se esclarecerem suas intenções quando se opuserem ou questionarem o trabalho de outras pessoas.

Da mesma forma, pode ser mais fácil para os Seis em todos os níveis de uma organização trabalhar com as pessoas se mantiverem a percepção das coisas que fazem e disserem que elas decorrem do medo — e se fizerem um esforço para notar quando suas percepções se baseiam na leitura precisa da situação, e não na projeção do medo ou da ansiedade. Podem se perguntar: "Será que estou me preocupando demais?", "Minha preocupação está ajudando ou prejudicando nosso esforço neste momento?", "Meus medos correspondem às evidências? À realidade objetiva?". E podem pedir um feedback, uma análise da realidade dos fatos, para amigos e colegas de confiança.

Como líderes, os Seis têm o dom de pensar profundamente em seu trabalho e de respeitar as pessoas em todos os níveis da organização. Naturalmente desconfiados das autoridades, os gerentes do Tipo Seis podem se sentir estranhos *sendo* a autoridade. Mas beneficiam-se se ficarem atentos a qualquer desconforto relacionado com a posse e o exercício do poder, para que qualquer ambivalência ou resistência inconsciente quanto ao uso desse poder fique consciente. Também será importante observar quaisquer sentimentos ou crenças que possam impedi-los de ser decisivos e claros em suas comunicações com funcionários. Será bom ter pessoas com quem possam discutir nos bastidores quaisquer preocupações ou ansiedades que tenham e possam enfrentar questões difíceis, sem hesitação ou dúvida que talvez confunda os subordinados diretos.

Trabalhando com os Tipos Seis

Comportamentos típicos dos Tipos Seis no ambiente de trabalho

Você pode estar trabalhando com uma pessoa com estilo do Tipo Seis do Eneagrama caso perceba que ela exibe regularmente vários dos comportamentos a seguir.

- Toda vez que recebe uma tarefa, faz um milhão de perguntas para o gerente.
- Tem dificuldade para tomar decisões e precisa analisar diversas vezes os dados antes de decidir o que fazer.
- Em reuniões, frequentemente desempenha o papel de advogado do diabo, testando os pontos de vista das pessoas ao representar a perspectiva oposta e contrapondo-se a opiniões que parecem dominar a discussão.
- Expressa muitas dúvidas — até sobre suas próprias propostas e o resultado de seu trabalho.
- Com frequência, questiona a autoridade na sala.
- Não confia com facilidade nas pessoas; levou meses para você conhecê-la e para ela apoiar suas ideias.
- Presta muita atenção nos dados negativos que encontra em diferentes situações e, com frequência, tem o que parece ser uma visão pessimista daquilo que vai acontecer.
- Pensa em termos de "piores cenários" e "melhores cenários" — e adota nas reuniões a posição oposta à da maioria.
- Apoia firmemente sua equipe, mas pode ter uma mentalidade de "nós contra eles" quando se trata de pessoas de fora da equipe.
- Sempre se alinha com os desfavorecidos e apoia as causas deles.
- Costuma se concentrar na avaliação dos possíveis riscos envolvidos num projeto.
- Às vezes, dá a sensação de ficar "paralisada pela análise" — pode deixar os colegas de trabalho malucos porque pensa, pensa e pensa

num problema e nunca chega ao ponto em que se sente segura o suficiente para agir.

- Tem senso de humor e geralmente diverte a equipe com seu sarcasmo.
- É boa solucionadora de problemas e muitas vezes economiza tempo e dinheiro da equipe pensando no futuro e indicando os pontos fracos de um plano.

Por que é ótimo trabalhar com líderes conscientes do Tipo Seis

- Entendem e podem explicar claramente questões e problemas complexos.
- Tendem a ser muito honestos, diretos, humildes e confiáveis.
- Dão crédito aos outros e se sentem desconfortáveis sob os holofotes.
- Não têm medo de reagir e inserir uma nota de cautela quando acham que seus colegas estão seguindo o caminho errado.
- Eles se preocupam para que você não tenha de se preocupar.
- Eles se mantêm calmos numa crise — e quando alguma coisa realmente sai errado, sabem como lidar com isso.
- Eles chamarão os superiores se não concordarem com o que estão fazendo — questionam as autoridades e dizem a verdade ao poder.
- Erram por excesso de segurança e ajudam a equipe a evitar perigos potenciais.
- Costumam ser engraçados e têm raciocínio rápido.
- Pensam em todas as perguntas que precisam ser feitas quando examinam uma proposta.
- Gostam de pensar fora da caixa. São solucionadores de problemas criativos e entusiásticos.
- São muito bons para imaginar cenários múltiplos e fazer planos de contingência.
- Trabalham muito mesmo (geralmente).

Desafios típicos para pessoas que trabalham com Tipos Seis

- Eles retardam o processo de trabalho quando fazem tantas perguntas.
- Costumam ter dificuldade para tomar decisões.

- Tendem a tornar as coisas mais complicadas do que precisam ser — porque olham para um problema de muitas maneiras diferentes e fazem muitas perguntas a respeito de tudo.
- Podem inundar as pessoas com muita informação.
- Podem ficar presos à ambivalência e à hesitação e têm dificuldade para apertar o gatilho e passar à ação.
- Demoram muito para desenvolver a confiança — e pode ser irritante sentir que estão testando e duvidando continuamente de você.
- Sua postura cética pode parecer uma crítica ou resistência.
- Podem passar muito tempo trabalhando em problemas que mais ninguém considera um problema.
- Podem expressar tanto ceticismo e dúvida que minam a confiança das pessoas ou da equipe.
- Tendem a passar mensagens mistas — em geral, são muito ambivalentes e por isso pode ser difícil serem claros e diretos.
- Podem pensar em mil maneiras de abordar um problema — e vão falar de todas elas.
- Às vezes, podem trabalhar mais do que precisam, pois tornam as coisas mais difíceis do que precisam ser.

Os Tipos Seis e a liderança

Um líder do Tipo Seis conta como conhecer seu tipo no Eneagrama ajuda no trabalho

Keith Heller é fundadora e estrategista-chefe da Heller Consulting, empresa de consultoria que oferece estratégias eficazes de planejamento e tecnologia de gestão de relacionamento com o cliente para organizações sem fins lucrativos.

> O Eneagrama me ajudou imensamente. Eu me identifico como um Seis, e isso logo me ajudou a perceber minha ansiedade — e a ver que ela não significava necessariamente que eu estava percebendo alguma coisa real, com relação à qual faria sentido estar ansiosa. Ajudou-me a ter uma visão mais

equilibrada do que era externo e do que era interno. Assim aprendi a avaliar se a minha percepção das coisas correspondia à realidade.

Tenho me mantido muito consciente de meu estilo do Eneagrama na liderança de minha empresa. Conheço meus próprios hábitos e por isso posso ficar de olho neles. Sou um Tipo Seis contrafóbico. Fico analisando o território o tempo todo e estou sempre olhando para a frente, olhando adiante, o que, como líder, não é a pior coisa. Costumo procurar ameaças. Sabendo disso, também quero procurar oportunidades. E, na verdade, digo para mim mesma que perder uma oportunidade é uma ameaça. Quando estou só procurando ameaças, posso deixar de ver uma oportunidade.

Ser um Seis contrafóbico é muito útil, pois quando percebo uma ameaça, o que é frequente, trabalho imediatamente para mediá-la ou evitá-la — o que, mais uma vez, não é a pior coisa. Depois que você constrói uma meta positiva e a almeja, começa a demolir todas as coisas que ficam no caminho. Esse é um estilo efetivo e tem funcionado.

Além disso, mais tarde, quando você atinge certos objetivos, é importante olhar para trás e dizer: "Eu me preocupei muito no caminho. Exagerei ou não?". Nove a cada dez vezes, vergonhosamente vejo que exagerei — queimei muita energia e desperdicei muito tempo me preocupando com coisas com as quais não precisava. Como líder, falo de meu estilo às pessoas com quem trabalho na empresa. Digo: "Costumo me preocupar. Posso ver ameaças onde não há nenhuma. Lembrem-se e me ajudem a equilibrar isso".

Nosso CEO, Jeffrey, e eu trabalhamos juntos há quinze anos. Ele é um Sete e também conhece seu estilo. Ele pode me dizer, a sério ou brincando, "Você está se preocupando demais". E eu respondo: "Obrigada, você deve ter razão". E posso dizer a ele: "Acho que você está sendo um pouco otimista demais com isto ou com aquilo. Creio que está empolgado com seis coisas e precisamos focar duas".

Quando você é gerente e é um Tipo Seis

Como gerente do Tipo Seis, provavelmente você sente a responsabilidade de explorar a fundo planos e processos, descobrir ameaças e riscos e localizar e resolver problemas. Você pode se sentir dividido com relação ao seu poder — quer usá-lo para garantir que os perigos sejam previstos e que você se preparou para eles, mas pode ser difícil se sentir seguro o suficiente para tomar decisões e agir em tempo hábil. Além disso, você pode desconfiar naturalmente da própria autoridade e se sentir ambivalente em expressar o poder e gerenciar pessoas.

Talvez precise superar o obstáculo das dúvidas sobre si mesmo para liderar com certa dose de confiança. Dependendo do seu subtipo, você pode duvidar muito de si mesmo, confiar demais numa autoridade ou ideologia externa ou tomar medidas agressivas para evitar a sensação do medo. Provavelmente, você se considera hábil para resolver problemas, mas pode ficar preso a um pensamento circular caso não tenha confiança para saber se encontrou a abordagem certa e pode seguir em frente. Em sua melhor versão, porém, você é capaz de levar em conta suas tendências e pode equilibrar seu hábito de procurar o perigo com a crença em sua própria competência.

Quando seu gerente é do Tipo Seis

A melhor coisa de ser liderado por um Seis é que você pode ter certeza de que ele vai querer ouvir suas ideias. Os Seis veem seu papel de liderança na solução de problemas e, se confiarem em você e souberem que podem contar com você, provavelmente se darão bem. Ser honesto, objetivo, autêntico, sincero, confiável e leal são coisas que ajudarão o Tipo Seis a aprender a confiar em você, o que é vital. Não dá para fingir honestidade com os Seis — eles leem muito bem as pessoas e estarão de olho para ver se as suas ações se alinham com seu discurso. Também será importante lembrar que leva um tempo para ganhar confiança, e que ela precisa ser conquistada. Respeite as questões, medos e preocupações de seu gerente Seis e não descarte como "um erro" o que você considerar uma negatividade desnecessária. Além de isso ser desrespeitoso, não vai levá-lo a lugar algum. Será muito mais eficaz falar sobre essas preocupações e apontar evidências ou fatos que indiquem que os medos apresentados são equivocados.

Para um Seis, pode ser difícil ser líder. É grande a pressão para tomar decisões e dizer às pessoas o que fazer em meio a todas essas dúvidas e incertezas. Você pode apoiar seu gerente do Tipo Seis procurando compreender seus medos, oferecendo garantias sinceras e apoiando suas opiniões com fatos e dados. Quanto mais você formar um histórico de análises precisas nas quais ele pode confiar e resolver problemas de maneiras efetivas, mais ele vai confiar em você e contar com seu parecer. Na sua melhor versão, o gerente Seis tem fé em seu pessoal e se esforça para desenvolver um senso de confiança.

Quando seu subordinado é do Tipo Seis

Quando seu subordinado direto tem estilo do Tipo Seis, será útil manter abertas as linhas de comunicação para vocês poderem tratar dos problemas à medida que surgem e aprenderem a trabalhar como equipe. Como gerente, será prudente desenvolver um senso de confiança mútua com os subordinados do Tipo Seis para que se sintam confortáveis ao lhe expor medos, ansiedades e questões, evitando que as coisas travem e retardem o fluxo de trabalho. Os Seis trabalham melhor quando se sentem livres para falar de suas preocupações e discutir quaisquer cenários assustadores que surjam em sua mente. Vai ajudar se você for alguém em quem podem confiar para ajudá-los a separar fato de fantasia e notar a diferença entre percepção e projeção.

Dependendo do subtipo de Tipo Seis, podem colocar a sua autoridade em xeque, buscar refúgio e orientação na sua pessoa ou testá-lo e questioná-lo repetidamente para se certificarem de que você é confiável. Para criar um bom relacionamento de trabalho com todos os Tipos Seis, tente ser transparente, exponha as expectativas e designações de forma clara e cuidadosa e evite surpresas. Você vai criar uma convivência mais suave com seu subordinado direto do Tipo Seis caso seu comportamento seja consistente e previsível e caso evite fazer coisas que provoquem a ansiedade dele, como dizer "você precisa falar com eles", retardando a conversa ou mudando de orientação rapidamente sem explicar a razão.

Do lado positivo, se trabalhar com Tipos Seis saudáveis e apoiá-los no desenvolvimento de sua autopercepção, eles serão capazes de assumir os próprios medos e ansiedades, responsabilizar-se pelo hábito de fazer perguntas e procurar problemas e trabalhar para desenvolver a confiança em você e nas outras pessoas da equipe. Se você se esforçar para conquistar a confiança e o respeito mútuo, vão recompensá-lo com lealdade e trabalho duro — embora os Seis tenham a tendência a desconfiar da autoridade e possam ser rebeldes, também querem encontrar uma boa autoridade. Então, se você tomar atitudes para mostrar a seu funcionário do Tipo Seis que ele pode confiar no que você diz e em seu apoio, seus medos serão amenizados e você pode contar com ele como membro valioso de sua equipe.

Convivendo com o Tipo Seis: O que fazer para trabalhar bem com ele

- *Seja confiável.* Seus colegas de trabalho do Tipo Seis estão te observando e ouvindo atentamente para saber se você os apoia ou não. Vai ajudar se você for honesto, aberto e claro sobre o que pensa e sobre o que e por que vai fazer. E lembre-se de que pode levar algum tempo para conquistar a confiança de alguém.
- *Seja paciente com suas perguntas.* É importante deixar os Seis fazerem as perguntas que precisam fazer. Embora possam exagerar, geralmente fazem as perguntas difíceis, aquelas que ninguém mais faz — e podem ficar mais relaxados quando têm as informações de que precisam.
- *Entenda e respeite seus medos e preocupações (e não os julgue por serem temerosos ou ansiosos).* Você irá mais longe e mais rápido com os Seis se não tentar dissuadi-los de algo que os preocupa. Se entender que a postura temerosa dos Seis é um fato e se apoiá-los para que façam o que precisam fazer, eles poderão reduzir o receio ou planejar algo apesar do medo.
- *Valorize sua capacidade de avaliar riscos e solucionar problemas.* Os Seis têm um papel importante nas equipes, que a maioria dos outros tipos não gostaria de ter. Portanto, é aconselhável apreciá-los ativamente pela maneira como examinam todos os cenários, fazem planos de contingência e analisam todos os freios e contrapesos envolvidos num projeto. Caso se sintam valorizados e seguros, será mais fácil trabalhar com eles (do que se sentirem que ninguém os está ouvindo).
- *Ofereça tempo para realizar análises completas, mas ajude-os a agir.* Os Seis enxergam tudo sob a luz de um problema ou desafio que, se não for tratado, vai terminar mal. Você pode apoiá-los dando-lhes o tempo necessário para investigar e resolver problemas, mas também ajudando-os a agir quando necessário.

Sugestões de crescimento: Como os Tipos Seis podem ser mais autoconscientes, eficazes e felizes no trabalho

Todos os tipos podem aprender a ser menos reativos e a colaborar melhor com os demais, observando primeiro seus padrões habituais e refletindo sobre o que pensam, sentem e fazem para obter mais *autopercepção*. Depois, devem esforçar-se para gerenciar ou moderar suas reações automáticas diante de alguns gatilhos.

O Tipo Seis cresce quando observa primeiro e depois aprende a moderar suas reações habituais diante dos principais gatilhos, como ficar alarmado com sinais de perigo, preocupar-se com o fato de seus colegas de trabalho não serem confiáveis ou perceber o perigo e se preparar demais para ele.

Quando os Tipos Seis conseguem perceber como agem a ponto de se "flagrarem no ato", dando então uma pausa para refletir sobre o que estão prestes a fazer e a razão para isso, podem aprender aos poucos a moderar sua programação e suas reações automáticas. Eis algumas ideias para ajudar os Tipos Seis a serem mais autoconscientes, mais inteligentes emocionalmente e mais satisfeitos no trabalho (e em casa).

Auto-observação: Aspectos que os Tipos Seis devem considerar

- Observe a maneira como sua percepção das ameaças pode ser real ou existir apenas em sua cabeça. Aprenda a discernir quando você está detectando um perigo verdadeiro de quando está só imaginando e projetando coisas.
- Desenvolva uma conscientização contínua sobre o seu medo e ansiedade. Aprenda a estar ciente, no momento, do que você tem medo e por quê.
- Tome consciência da tendência a procurar problemas para resolver — é importante distinguir o momento em que você identifica problemas relevantes do momento em que os cria onde eles não existem. Observe se o seu amor pela resolução de problemas leva-o

a tornar as coisas mais problemáticas do que precisam ser (e não as consequências disso).

- Observe como você avalia a confiabilidade dos outros. Você está aplicando padrões razoáveis ou pedindo um nível impossível de prova? Você está lendo as pessoas com precisão ou projetando seus medos nos outros?
- Observe sua tendência a se concentrar no que pode dar errado para se preparar para isso. Você está mesmo sendo realista ou está se concentrando demais em dados negativos?
- Observe como você se relaciona com seu próprio senso de poder e confiança. Você duvida de si mesmo? Com que frequência e por quê? Projeta sua autoridade interior nos outros e os vê como mais poderosos? É difícil assumir seu poder e bondade?

Pontos cegos: O que você não sabe que pode machucar

Os pontos cegos dos Tipos Seis são:

- *Seu próprio poder e autoridade.* Às vezes, o Tipo Seis não vê e não assume seu senso interior de poder e autoridade para assim se proteger e dirigir a própria vida. Você pode projetar poder e autoridade nos outros em vez de reconhecer, desenvolver e agir a partir de um senso profundo de sua própria confiança — que é a melhor maneira de combater o medo e a ansiedade.
- *Os dados positivos em determinada situação.* Os Seis tendem a voltar sua atenção ao que pode dar errado, e por isso talvez não notem todas as coisas que estão indo bem. Fazer um esforço ativo para buscar sinais daquilo que está funcionando ajuda-os a equilibrar a tendência a encontrar problemas.
- *Sua tendência a projetar seus medos internos no mundo exterior.* Inconscientemente, o Seis usa um importante mecanismo psicológico de defesa para tentar se manter seguro: a projeção. Ele tende a operar de maneira inconsciente, e por isso será útil se esforçar para se dar conta disso. Pergunte-se periodicamente se você está respondendo a uma ameaça externa real ou inventando-a

em sua cabeça. Examine as evidências. Faça uma "verificação da realidade". Isso o ajuda a reconhecer e assumir seu medo para que possa gerenciá-lo de forma consciente.

- *Os efeitos de dividir o mundo em bom e mau, assustador e seguro.* "Divisão" é o outro mecanismo primário de defesa psicológica que o Seis usa (inconscientemente) para se sentir seguro. Começa na primeira infância, quando ainda é jovem demais para entender que o bem e o mal podem existir na mesma pessoa; assim, ele separa o que é bom e o que é mau — e vê um como originário de dentro e o outro de fora (ou vice-versa). Isso é o que fazemos quando demonizamos nossos inimigos. Entretanto, o grande problema aqui é que, em geral, a divisão tem o efeito de torná-lo "mau" e os outros, "bons", ou o contrário. Você pode se sentir culpado e mau e procurar proteção nos outros, ou pode se sentir como o bom sujeito e desconfiar dos outros. De qualquer maneira, é importante aprender a estar ciente desse mecanismo de defesa, para que não rotule a si mesmo ou aos outros como maus quando não são.
- *Seus sentimentos e conhecimento instintivo como fontes de boa informação.* Como tipos mentais, os Seis dependem dos dados que geram por meio do pensamento e da análise. E embora esse seja um ponto forte, pessoas que lideram com o estilo do Tipo Seis podem subestimar as próprias emoções e instinto como fontes similares de dados sobre o mundo interno e o externo. Acessar suas emoções e seu corpo pode ajudá-lo a sair do ciclo mental para o qual todo esse pensamento pode levá-lo de vez em quando.

Autopercepção: Coisas para pensar, compreender e explorar

- Por que às vezes é difícil parar de procurar problemas e se concentrar em lidar com ameaças específicas ou corrigir problemas?
- Por que é difícil confiar nos outros? O que você acha que pode acontecer se você se abrir para ter mais fé nas pessoas?

- Como você se relaciona com o medo? Quais são suas principais fontes de medo? Sob quais condições você cria medos em sua mente (em vez de responder a uma ameaça objetiva no mundo exterior)?
- Como é o relacionamento com sua própria raiva? Você está consciente de que evita expressá-la (se for um Tipo Seis Autopreservação) ou de que a expressa rápido demais (se for um Tipo Seis Um a Um)?
- Como é sua experiência com sua própria confiança e poder? O que faz você se sentir inseguro? Como você pode desenvolver mais fé em si mesmo e em suas próprias habilidades?
- O que acontece quando você adota uma postura contrária e argumenta como se fosse o advogado do diabo? Consegue perceber quando suas posições contrárias são um modo de expressar um medo que você não quer sentir?
- Observe quando você é duro consigo mesmo e se condena e investigue por que acontece isso. Por que é difícil aceitar-se como você é?
- Você tem medo tanto do sucesso quanto do fracasso? O que está por trás desses medos?

Pontos fortes para alavancar

Será útil se os Tipos Seis perceberem, prestarem atenção de forma ativa, assumirem e alavancarem:

- *Sua capacidade de observar, analisar e examinar os problemas e encontrar soluções.* Pessoas com estilo do Tipo Seis se destacam por perceber os defeitos de um plano e por gerar soluções para os problemas. Gostam do processo de resolução de problemas e aplicam muita habilidade, competência e energia para identificar informações vitais e compreender como agir com base nelas.
- *Sua capacidade de prever problemas antes que aconteçam e de se preparar para enfrentá-los.* Uma parte vital do sucesso nos negócios é a capacidade de compreender os obstáculos que podem surgir no decorrer de um projeto e impedi-los de prejudicar alguma coisa. A mente dos Seis trabalha exatamente assim — são bons

ao extremo para gerar cenários mentalmente e elaborar planos de contingência. Isso os torna excelentes gerentes de projetos.

- *Sua sensibilidade à dinâmica de poder e à mentalidade igualitária.* Naturalmente desconfiados das autoridades e de seu poder de explorar as pessoas, os Seis têm uma postura democrática, igualitária. Como líderes, não sentem necessidade de serem significativos ou de receberem homenagens. Querem ser competentes, mas podem inspirar a lealdade em seu pessoal porque querem tomar decisões e aplicar políticas que beneficiam a todos. E querem trabalhar com os outros de maneira igualitária para resolver problemas em equipe.
- *Sua capacidade de manter a calma e de ser competente numa crise.* Os Seis gastam muita energia cerebral preparando-se para o golpe do perigo. Assim, quando ele acontece, sabem lidar bem com ele — com vigor e confiança. Ajuda-os lembrarem disso quando duvidam de si mesmos.
- *Sua lealdade, seu apoio e sua dedicação às pessoas e causas.* Leva tempo até os Seis desenvolverem a confiança, mas depois que sentem segurança com alguma coisa ou com alguém, dedicam-se plenamente. Querem que as coisas que fazem beneficiem seu pessoal, e esforçam-se para criar segurança para si mesmos e para os demais.

Autogestão: Tendências desafiadoras que os Tipos Seis devem moderar

- *Acolha e respeite, mas controle o medo.* Trabalhe para perceber quando o medo surge e sua origem. Respeite e tenha compaixão por si mesmo ao sentir medo, mas aprenda a gerenciá-lo e a opor-se a ele com coragem para que ele não o controle.
- *Tempere suas reações de oposição e antiautoridade.* Observe quando você se comunica de maneira contrária para provar sua perspicácia ou resiste às opiniões dos outros por medo. Aprenda a observar suas reações antiautoridade e a moderá-las, sabendo que elas podem desviá-lo do caminho se você permitir que seu medo não

reconhecido aflore como uma falsa força ou como esforços de intimidação baseados no ego.

- *Modere a preocupação.* Talvez você não consiga parar de se preocupar, mas pode moderar isso esforçando-se conscientemente para ser corajoso e focar o lado positivo das coisas.
- *Aprenda a perceber a diferença entre intuição/percepção e projeção.* É importante reconhecer que você é intuitivo e perceptivo, mas é mais crucial ainda certificar-se de que aprendeu a distinguir entre intuição e projeção.
- *Desenvolva a confiança de maneira mais consciente.* Embora você possa ter dificuldade para confiar nas pessoas, e por boas razões, pode aprender a moderar sua desconfiança compreendendo de onde ela vem, do que se trata e do que você precisa para se sentir seguro.
- *Observe se a solução de problemas leva a uma procura excessiva por problemas.* Se você gosta de resolver problemas, consegue vê-los por toda parte — mesmo quando não estão lá. Às vezes, isso pode dificultar em vez de facilitar as coisas. Dominar sua tendência a resolver todos os problemas pode ajudá-lo a se concentrar no que é mais importante e conservar sua energia.

Manifeste conscientemente seu potencial superior: Cuide do "ponto baixo" e almeje o "ponto alto"

Os Seis também crescem quando se tornam conscientes de hábitos e padrões autolimitantes associados a seu estilo de personalidade e aprendem a incorporar os aspectos mais elevados ou as capacidades mais expansivas da personalidade do Tipo Seis.

- Perceba como o medo move você e enfrente-o com confiança, fé e coragem. Permita-se aprender a assumir seu poder, suas qualidades positivas e a desenvolver coragem e fé diante de fantasias temerosas.
- Conscientize-se de como você decide se quer confiar em alguém e observe se os seus padrões são tão elevados que você tem dificuldade para se conectar com os outros e colaborar com eles.

Permita-se tentar ter coragem para se abrir um pouco antes, mesmo que não tenha certeza se é completamente seguro.

- Aprenda a perceber quando você está se concentrando demais no que parece ameaçador e se prende à suspeita, ambivalência ou dúvida ou evita o problema. Permita-se abrir-se mais a uma perspectiva mais ampla e registrar ativamente os dados positivos da situação de uma forma que permita que você se sinta bem e tire sua força do que está funcionando.
- Perceba o que você ganha quando abusa do seu intelecto e que você pode encontrar ainda mais significado nas coisas que faz acessando sua inteligência emocional e seu "conhecimento intuitivo" com mais frequência. Equilibre seu foco na cabeça com uma conexão mais ativa com seu coração e seu corpo.
- Aprenda a perceber quando você procura provar sua competência como solucionador intelectual de problemas e amplie a visão de como você pode ser poderoso no trabalho que faz. Perceba que você tem mais capacidade de sair da sua cabeça e entrar no fluxo da vida do que imagina.
- Aprenda a ver quando você está projetando os seus medos e a perceber a diferença entre projeção e intuição. Aprenda a discernir e a se valer mais da intuição. Refine sua capacidade de se abrir para ter mais fé nos outros e numa gama mais ampla de suas próprias capacidades.

De modo geral, os Tipos Seis podem alcançar seu maior potencial observando e trabalhando contra o hábito de se concentrar nas ameaças e em outros problemas, apreciando sua ampla capacidade de perceber nuances sutis que podem ter significado. Quando conseguem se valer conscientemente de sua poderosa capacidade de analisar o que está acontecendo e encontrar segurança em engenharia e percepções criativas, mas também desenvolvendo mais conexão com outras pessoas, bem como em suas emoções e sua coragem, podem desenvolver a fé e a confiança de que precisam para enfrentar seus medos e ser capazes de usar seus talentos superiores para obter mais benefícios.

CAPÍTULO 10

ESTILO DE LIDERANÇA DO TIPO SETE: O VISIONÁRIO OTIMISTA, OU FOCO NO FUTURO (COM ESPÍRITO FESTIVO)

O arquétipo do Tipo Sete é a pessoa prototípica que quer, mais do que qualquer outra coisa, sentir-se bem (e não mal). Chamado também de "o Epicuro" ou "o Aventureiro", o Tipo Sete quer se manter feliz, experimentar o prazer e imaginar todas as possibilidades criativas conectadas com aquilo que lhe interessa. Tende a ter a crença inconsciente de que, se começar a se sentir mal, talvez nunca pare. É por isso que as emoções negativas são tão ameaçadoras. Como tipos intelectuais, os Tipos Sete se destacam encontrando conexões inesperadas entre as coisas e encantando as pessoas com seu pensamento ágil e flexível, e sua atenção vai de forma automática para aquilo que parece divertido, empolgante ou intelectualmente estimulante. Essa procura contínua pelas melhores opções e as melhores experiências está enraizada na vontade de encontrar o que os faz felizes. Como nem sempre sabem o que os fará mais felizes, precisam da liberdade da busca ilimitada.

A programação dos Tipos Sete sugere que a maneira de manter um senso de bem-estar consiste em concentrar-se naquilo que faz com que se sintam bem e encontrar formas de manter o senso de diversão e empolgação em tudo o que fazem, evitando sentimentos negativos a qualquer custo. O estilo dos Tipos Sete modela-se fundamentalmente pela intolerância à limitação — para eles, é crucial se sentirem livres para fazer o que querem e para se sentir como querem, escolher entre muitas opções e evitar limitações externas de qualquer espécie.

O estilo de fala do Tipo Sete é "rápido e espontâneo, com palavras soltas em enxurrada... contam histórias envolventes, mudam de assunto rápido e são otimistas e encantadores".[1] Em geral, os Tipos Sete falam muito e são simpáticos — adoram interagir com as pessoas e conversam com entusiasmo sobre assuntos e indivíduos que os fascinam ou intrigam. Brincam naturalmente com as ideias e podem expressar interesse ativo por uma gama variada de assuntos.

Olham frequentemente para o lado bom das coisas e podem evitar assuntos negativos com sutileza.

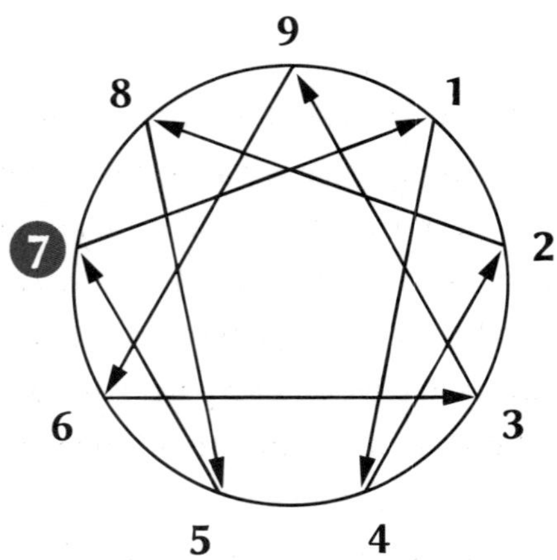

O Eneagrama do Tipo Sete

Como líderes, os Tipos Sete são hábeis em reuniões, conseguem imaginar divesos cenários e situações. Sua mente costuma ser livre de limites — sentem-se livres para sugerir muitas ideias e fazer conexões entre elas. Como idealistas orientados para o futuro, tendem a ser visionários, com talento para imaginar novas possibilidades e inovações. Podem ser pessoas que adoram o prazer e as conexões ou líderes orientados ao serviço e entusiastas ou sonhadores otimistas, mas, independentemente de sua ênfase característica, os líderes do Tipo Sete possuem um espírito empreendedor e de pensamento livre que os motiva a elevar o ânimo das pessoas e a expandir as fronteiras dos modos habituais de pensamento delas.

Como saber se você é um Tipo Sete: A visão de dentro

Se a maioria ou todas as características a seguir se aplicarem a você, é provável que seu estilo de personalidade seja o Tipo Sete.

- *Sua mente enfatiza os dados positivos ou os elementos positivos de seu trabalho.* Você gosta de imaginar futuras possibilidades e descobrir coisas que lhe interessam — e pode encontrar muitas coisas que são intelectualmente convincentes.
- *Você tem a síndrome do "objeto brilhante e reluzente".* Você se distrai com ideias empolgantes e com outras coisas atraentes que surgem em seu campo de visão ou em sua mente.
- *Você se fascina facilmente por pessoas, eventos e ideias interessantes.* Você gosta de aprender coisas novas, ir a lugares novos e conhecer outras pessoas — adora a emoção de novas experiências e aventuras.
- *Você tende a se interessar por muitas coisas diferentes, mas talvez não se aprofunde em nenhuma delas.* Gosta do estímulo intelectual, da diversão e da variedade de atividades distintas, mas pode ficar apenas na superfície de suas experiências. A frase "sabe de tudo um pouco e de nada em especial" pode se aplicar a você.
- *Você gosta de aproveitar a vida. Busca ativamente a felicidade.* Gosta de sentir emoções positivas e não gosta de sentir as negativas. Seu lema poderia ser: "Por que você se sente mal se pode se sentir bem?".
- *Você reformula automaticamente o negativo em positivo.* Por exemplo, quando estava desempregado, você se chamava de "empreendedor autônomo". Você acredita que o melhor é sempre olhar para o

lado positivo; é hábil para encontrar o lado bom das situações e o melhor nas pessoas.

- *Você raramente reclama de seu trabalho, mas enfatiza os elementos positivos dele.* Quando o trabalho fica monótono, você tem dificuldade para se manter engajado.
- *Você não gosta de ser limitado ou restrito de forma alguma.* Se algo ou alguém o limita, você vai encontrar uma forma de contornar isso ou de sair dessa situação.
- *Você se sente pouco à vontade quando precisa lidar com emoções desagradáveis.* Gosta de manter o ambiente animado, e por isso tenta de modo automático evitar interações que considera espinhosas, desconfortáveis ou dolorosas. Para você, pode ser realmente duro ter a temível "conversa difícil" com alguém quando as coisas não estão indo bem.
- *Você é bom de improviso — consegue "fingir até conseguir" se for preciso.* Pode trabalhar muito e fazer as coisas acontecerem, mas também é hábil e consegue dar a impressão de que sabe o que está fazendo (enquanto ainda está pensando no que fazer).
- *Você gosta de ter muitas opções.* Gosta de ter um Plano B (e um Plano C), caso o Plano A não dê certo. Isso pode fazer com que as pessoas vejam você como alguém instável, mas você enxerga isso como flexibilidade e espontaneidade.
- *Você não gosta de hierarquias.* Faz amizades com as pessoas com quem trabalha — tanto acima quanto abaixo de você — para nivelar as coisas (e assim ninguém controla as opiniões de ninguém). Quer que seu chefe seja seu amigo para ele não controlar você. Quer que seus subordinados diretos sejam seus amigos para que você não precise ser severo com eles e gerenciá-los de maneira muito formal.
- *Você gosta de estar em posições de liderança que envolvem a geração de ideias inovadoras e vislumbrem o próximo grande negócio.* Você se destaca quando gera ideias e pensa fora da caixa. Gosta de assumir a liderança no processo de imaginar como as coisas podem ser melhores no futuro.

A principal estratégia adaptativa do estilo de personalidade do Tipo Sete

Geralmente, os Setes dizem que tiveram um começo de vida feliz — eles tendem a dar um retoque positivo nas coisas; por isso, mesmo que tenham passado dificuldades, tendem a se lembrar de tudo em termos positivos. Porém, quer se lembrem disso ou não, muitos Tipos Sete passaram por algum evento ou eventos assustadores ou dolorosos na infância, o que os motivou a se refugiar em emoções positivas. A estratégia adaptativa do Tipo Sete nasce da necessidade de se defender da dor ou do medo, mantendo pensamentos felizes e concentrando sua atenção naquilo que o faz se sentir bem.

O hábito de se refugiar na imaginação permite que os Setes se mantenham otimistas e evitem sentimentos difíceis sem precisar registrar a dor. Como maiores praticantes do "poder do pensamento positivo" do Eneagrama, os Tipos Sete já são programados para se concentrar no que os faz se sentir bem: pessoas de quem gostam, ideias interessantes nas quais pensar, boa comida, lugares bonitos para visitar. Eles não "tentam" necessariamente pensar positivo; isso apenas acontece. Gostam de resolver problemas e enfrentar desafios, mas para enfrentar o que parece de fato problemático — emoções desagradáveis e o que quer que as provoque —, os Tipos Sete tendem a "tocar o barco", ver o que há pela frente e fazer o que for preciso para gerar emoções mais felizes. Eles escapam de um presente desconfortável para um futuro mais róseo.

Embora as pessoas com estilo do Tipo Sete sejam classificadas como "tipos do medo", a maioria diz que não sente muito medo na vida cotidiana. Entretanto, sua estratégia de enfrentamento é a reação inconsciente ao medo subjacente de ser limitado e de sofrer ou ficar ansioso. Com frequência, os Tipos Sete dizem que se sentem entediados ou ansiosos, e não temerosos. Até os que de fato sentem medo e não se afastam conscientemente desse sentimento são moldados por uma estratégia adaptativa que adota formas diferentes de foco naquilo que é prazeroso. Agem assim como forma de se distanciar de qualquer emoção desagradável.

O radar do Tipo Sete: O que chama sua atenção?

A estratégia de se concentrar no que é positivo e de se manter otimista leva o Tipo Sete a prestar atenção naquilo que parece mais empolgante, estimulante e divertido. O que não for incrível, interessante ou agradável sai da tela de radar do Tipo Sete — e, por isso, eles são conhecidos por terem problemas para se concentrar nas tarefas de trabalho que não são muito empolgantes. Não são conhecidos pela atenção aos detalhes, e a maioria dos Tipos Sete com quem tenho conversado detesta absolutamente a burocracia. Para alguém que lidera com o estilo do Tipo Sete, pode ser difícil ao extremo não se distrair com alguma coisa melhor quando a tarefa do dia não é muito divertida. Podem até sentir dor física quando precisam se concentrar por muito tempo em detalhes que não lhes interessam.

Os Tipos Sete gostam de se relacionar com pessoas, dedicar-se a atividades agradáveis e pensar em coisas interessantes. Como tipos mentais, vivem boa parte do tempo em sua imaginação, seja refugiando-se ali de alguma coisa difícil que desejam evitar (inconscientemente), seja usando sua função imaginativa para fazer seu trabalho. Sua experiência interior é um ambiente de trabalho animado, criativo e em constante mudança, no qual inventam novas possibilidades, visualizam o futuro e brincam com novas ideias. É um parque de diversões mental — na verdade, alguns Tipos Sete preferem viver em sua imaginação a viver na realidade. Podem criar visões otimistas daquilo que pode existir num futuro idealizado de tal maneira que aquilo em que pensam e sonham parece mais real do que aquilo que está acontecendo de fato.

A visão do "Planeta Sete": Como os Tipos Sete veem o mundo

Geralmente, indivíduos com estilo do Tipo Sete veem o mundo em termos do que *poderia* ser verdade caso tudo fosse tão bom quanto eles imaginam. Sua visão da vida é tão repleta de otimismo que podem ter dificuldade para lidar com aquilo que está bem na frente deles no mundo real, caso não seja tão agradável.

Os Tipos Sete percebem todas as coisas positivas que estão acontecendo ao redor e concluem que têm razões para se sentirem bem. Porém, às vezes eles também intuem as forças externas que têm o poder de limitar sua liberdade e opções. É por isso que preferem organizações planas a hierarquias e se dedicam a "rebeliões brandas" em resposta a autoridades que possam limitá-los dizendo-lhes o que fazer. Encantam ou manipulam as pessoas intelectualmente para manter a festa acontecendo, preservar a liberdade e evitar se sentirem presos.

Em geral, os Tipos Sete em posições de liderança são motivados pelo desejo de tornar o mundo um lugar melhor, especialmente porque sabem imaginar muito bem como o mundo pode ser melhorado. Costumam ver a vida como algo repleto de coisas empolgantes para experimentar e procuram ter uma ampla variedade de experiências e provar todas as coisas maravilhosas que veem. Sua visão de mundo tem uma perspectiva intelectual — passa pela atividade mental de planejar a diversão e de pensar em todas as coisas que querem realizar e das quais querem participar. São os mais emocionais entre os três estilos baseados na cabeça, mas, tal como os Tipos Cinco e Seis, geralmente podem *pensar* nos sentimentos em vez de mergulhar em suas emoções.

O líder do Tipo Sete: Características principais

Os traços de personalidade a seguir ajudam a definir o estilo de liderança do Tipo Sete.

- *Capacidade de gerar resultados e visões imaginativas.* Gostam de pensar no futuro — tendem a ser líderes com pensamento original e inovador, solucionando problemas de maneira engenhosa.
- *Bons geradores de ideias.* O modo normal de pensar dos líderes do Tipo Sete sai bastante da caixa. Não há nada de que gostem mais do que se reunir com colegas que pensam da mesma forma ou criar novas e emocionantes abordagens sobre como fazer as coisas.
- *Mente sintetizadora.* Os Tipos Sete têm talento para encontrar conexões entre coisas que, para outros, podem parecer desconectadas.
- *Postura positiva.* Os Tipos Sete são mestres em reenquadrar as situações de forma positiva, vendo o que a vida tem de espetacular.

- *Preferência por ter muitas opções.* Os Tipos Sete querem ser livres para tirar proveito de qualquer oportunidade que possa surgir, e por isso gostam de se manter em alerta e lidar com opções em aberto.
- *Tendência a racionalizar o que parece bom.* A maioria dos Tipos Sete nunca encontrou uma racionalização com a qual não pudesse se identificar. Encontrar boas razões para fazer o que quiserem faz com que evitem limitações e se sintam bem com suas escolhas. Muitas vezes, nem percebem que estão racionalizando seu "mau" comportamento.
- *Entusiasmados e vigorosos.* Os líderes do Tipo Sete tendem a apoiar os outros de maneira poderosa, através da paixão sincera e dos intensos sentimentos positivos que conseguem mobilizar em nome de um projeto ou de uma ideia.

Padrões mentais, emocionais e comportamentais: Como o Tipo Sete pensa, sente e age?

Mental

Os Tipos Sete são mentais e gostam de brincar com as ideias e de alimentar novos pensamentos. Vivem em sua imaginação — um lugar para ter pensamentos estimulantes que geram emoções positivas e para o qual podem escapar de acontecimentos que talvez não sejam tão positivos. Às vezes são descritos como dotados de "mente de macaco", pois sua mente move-se de um pensamento para outro como macacos pulando de galho em galho. Destacam-se por entreter a si mesmos e aos outros, frequentemente têm a mente ágil e usam o intelecto para se livrar de situações desconfortáveis, contornar limites com seu charme ou transformar de imediato uma situação ruim em boa. Hedonistas e anticonvencionais por natureza, sua flexibilidade mental também atua como defesa contra ficarem presos por alguma experiência desagradável ou uma autoridade ou estrutura limitadora de poder.

Emocional

Os Tipos Sete gostam de se sentir bem e não gostam de se sentir mal e acreditam que as pessoas podem escolher uma coisa ou outra à vontade — podem se concentrar em emoções "positivas", como alegria ou empolgação, e podem desconsiderar, ignorar ou fugir das "negativas", como medo ou dor. Embora sejam o mais emocional dos três "tipos da cabeça", não veem valor em sentir emoções difíceis e racionalizam o ato de evitar a dor, ignorando quaisquer dados negativos que possam inspirar mau humor. Às vezes, expressam aversão ao tédio, mas pode ser o código para não quererem desacelerar o suficiente e permitir que aflorem as emoções mais profundas e sombrias.

Comportamental

Os Tipos Sete movem-se rapidamente — pensam, falam e fazem tudo rápido, e por isso pode ser difícil para os outros acompanhá-los. Sua tendência à distração pode significar que eles têm dificuldade para manter o foco naquilo que deveriam estar fazendo, em especial se isso for monótono ou parecer tolo. Podem ter dificuldade para dar continuidade a seus compromissos e concluir tarefas a tempo, e sua preferência por novas ideias pode levá-los a colocar mais coisas em seu próprio prato — um Tipo Sete que conheci num treinamento disse: "Uma semana antes do prazo final, tenho quatro coisas para fazer, mas dois dias antes do prazo terei dez coisas para fazer". Contudo, os Tipos Sete bem-sucedidos encontram maneiras de contornar a tendência a perder o foco, como uma mulher Tipo Sete que conheço e que diz para si mesma que precisa fazer uma tarefa específica para depois poder se divertir como quer. Como era de se esperar, os Setes também são muito bons para celebrar realizações e planejar as próximas etapas.

Pontos fortes e superpoderes: O que o Tipo Sete faz de melhor

- *Manter uma postura otimista e positiva; manter o ânimo.* Os Setes são hábeis para manter as coisas leves, concentrar-se no que está funcionando e imaginar os melhores cenários. Percebem que, quando se acredita que as coisas vão bem, geralmente vão mesmo.
- *Planejadores imaginativos e criativos.* Os Setes trazem um espírito de brincadeira para o processo de planejamento. Gostam de usar

a imaginação para traçar visões inovadoras de maneira criativa e o caminho até elas.

- *Acelerados.* É possível contar com os Tipos Sete para fazer as coisas irem em frente sem parar, seja a condução de uma reunião, o planejamento de um projeto ou a execução dos itens da lista de tarefas.
- *Apoiadores entusiásticos.* Os Tipos Sete podem ser líderes inspiradores que motivam as pessoas através do puro prazer em fazer o trabalho e interagir com seus colegas.
- *Pensamento inovador e visionário.* Os Tipos Sete imaginam automaticamente como será o futuro — são muito bons para criar planos e imagens mentais sobre o que pode ou vai acontecer.
- *Tranformação do negativo em positivo.* Os Tipos Sete transformam facilmente aquilo que parece negativo em algo que faz todos se sentirem bem. Apontam com facilidade para os dados positivos ou para o lado bom da coisa.
- *Comemoram o sucesso.* Nem todos percebem como é importante comemorar as vitórias como maneira de reforçar o que funciona — mas os Tipos Sete comemoram. E também podem dar a si mesmos (e à sua equipe) pequenas gentilezas pelo caminho para manter todos animados.

Quando algo bom demais fica ruim: Como os Tipos Sete podem errar quando se esforçam muito para fazer tudo ficar bem

- *Manter uma postura otimista e positiva; manter o ânimo.* Os Tipos Sete podem ir longe demais na visualização de um cenário cor-de-rosa e deixar de lado informações importantes que talvez não sejam tão boas — pergunte para um Tipo Seis! Eles também podem evitar falar sobre conflitos por medo de se sentirem desconfortáveis.
- *Planejadores imaginativos e criativos.* Os Tipos Sete podem ir tão longe em suas visões utópicas que perdem contato com o que é real.

É importante aliar a visão à realidade para poder realmente fazê-la acontecer. E isso pode ser um ponto cego para eles — os Tipos Sete (especialmente os Um a Um) pensam que as coisas são bem mais incríveis do que são na verdade.

- *Acelerados.* Às vezes, os Tipos Sete passam rápido pela superfície das coisas, quando desacelerar e se aprofundar na tarefa pode ser necessário para que o trabalho seja bem-feito. A atenção aos detalhes pode ser baixa, o que os leva a serem descuidados (e eles não se importam necessariamente com isso).
- *Apoiadores entusiásticos.* Às vezes, os Tipos Sete podem se mostrar entusiasmados *demais* com alguma coisa que não é tão interessante.
- *Pensamento inovador e visionário; futuristas.* Às vezes, os Tipos Sete deixam de experimentar algo que está acontecendo no presente por medo de ser algo difícil de lidar. E como o presente é, na verdade, tudo que podemos experimentar, podem acabar se privando de viver a vida tão intensamente quanto gostariam.
- *Transformação do negativo em positivo.* Às vezes, é importante compreender os pontos negativos de uma situação para poder lidar com eles de maneira efetiva, em vez de apenas dar-lhe um ar positivo.
- *Comemoram o sucesso.* De vez em quando, os Tipos Sete querem cantar vitória antes mesmo de atingir a meta. Isso pode criar problemas, como na ocasião em que meu amigo Tipo Sete e eu estávamos numa canoa, e ele começou a comemorar o fato de termos passado por algumas corredeiras muito assustadoras antes de passarmos por *todas* elas — e a canoa acabou virando.

Felizmente, o interesse sincero dos Tipos Sete por fazer o possível para serem eficazes e obter resultados costuma motivá-los a prestar atenção no modo como sua incansável postura positiva pode prejudicar as coisas. Quando conseguem equilibrar o que têm de bom em seu otimismo e entusiasmo com a capacidade de desacelerar e levar em conta outros pontos de vista e todos os dados, todos vencem.

“Quando estou sob estresse...” e “Na minha melhor versão...”: Entendendo o “ponto baixo” e o “ponto alto” do estilo de personalidade do Tipo Sete

Quando estão estressados, prestes a atingir seu “ponto baixo”, os Tipos Sete podem se mover tão rápido que criam caos e confusão em sua passagem. Os Tipos Sete estressados se distraem facilmente, podem parecer alucinados e desequilibrados e costumam ter dificuldade para desacelerar o suficiente para ouvir o que as pessoas estão dizendo e enfrentar fatos difíceis. Alguns podem se recolher em fantasias positivas, a ponto de se recusarem a ver o que está acontecendo de verdade — sobretudo se o que está acontecendo ameaça inspirar sentimentos ruins, como desapontamento, ansiedade ou dor.

No “ponto baixo”, os Tipos Sete podem ficar implacavelmente mais positivos, correr mais e se afastar ainda mais das emoções sombrias e conflitos em potencial. Podem falar mais rápido e seus pensamentos podem ficar inconstantes e sem foco. Podem tentar (inconscientemente) manipular os outros com seu charme intelectual ou tentar forçar resultados que satisfazem seu interesse pessoal, sem levar em conta o que é melhor para os outros. Ou podem evitar de forma desesperada aproximar-se de qualquer coisa que os leve na direção daquilo que mais temem (inconscientemente) — serem limitados por autoridades externas ou sentirem-se presos a emoções desagradáveis. Podem ficar mais distantes, mais agressivos ou mais insistentes em se concentrar naquilo que lhes dá prazer.

Do “ponto alto”, os Tipos Sete saudáveis podem equilibrar sua preferência pela positividade com a capacidade de desacelerar e de assimilar todas as informações e pontos de vista relevantes — inclusive aquilo que não é tão positivo. Podem encontrar maneiras de lidar com as coisas mais difíceis como forma de proporcionar uma base sólida para melhorar as coisas. Os Tipos Sete mais autoconscientes podem se flagrar no ato de se distrair e firmar seu foco com frequência cada vez maior. Eles também podem ficar mais tempo com as coisas — relacionamentos, conflitos ou situações difíceis — para resolver os problemas e encontrar soluções que trazem bons sentimentos, mais profundos e mais duradouros.

Os Tipos Sete emocionalmente inteligentes aprendem a sentir suas emoções com plenitude, até as mais profundas, mesmo que sejam dolorosas, entendendo que o sentimento de todas elas leva a uma experiência de vida mais rica e mais gratificante. Quando operam desde seu "ponto alto", sua positividade, humor e leveza naturais têm efeito ainda mais poderoso, porque encontram suporte e fundamento em sua disposição para experimentar tudo que há na vida, inclusive as partes mais sombrias. Quando aprendem a tornar consciente seu medo da dor, podem se tornar mais presentes, mais equilibrados e mais poderosos. Em vez de apenas passar pela superfície de suas experiências, podem correr o risco de mergulhar mais fundo no momento e obter mais daquilo que mais querem — um gosto mais intenso de se estar vivo.

Os três perfis de líderes do Tipo Sete: Como os três instintos moldam os subtipos de personalidade

Segundo o modelo do Eneagrama, todos nós temos três impulsos instintivos principais que nos ajudam a sobreviver, mas um deles tende a dominar nosso comportamento. O estilo do Tipo Sete se expressa de forma diferente dependendo se a pessoa tem uma inclinação para a *autopreservação*, para estabelecer *relacionamentos sociais* e posicionar-se em relação a grupos ou para vínculos *um a um*.

O Tipo Sete Autopreservação (ou Autofocado)

Os Tipos Sete Autopreservação concentram-se em obter o que precisam aproveitando oportunidades e criando uma rede de amigos e aliados. Podem sentir mais ansiedade do que os outros dois Tipos Sete, enfrentando-a com meios criativos de atender às suas necessidades de segurança e apoio. Como o mais prático, materialista e hedonista dos três subtipos, os Tipos Sete Autopreservação são muito pragmáticos e bons para fazer as coisas acontecerem e criar riqueza de modo a sustentar seu senso de segurança no mundo. Tendem a se apoiar apenas nas pessoas de confiança e podem se cercar de uma "máfia do bem", amigos e aliados aos quais podem recorrer quando precisam de alguma coisa ou querem se sentir protegidos. E embora possam ser generosos ao oferecer apoio, também podem não estar totalmente cientes do grau em que seus próprios interesses motivam suas transações amigáveis.

Os Tipos Sete com o impulso instintivo para a autopreservação tendem a manter o nariz no ar para farejar boas oportunidades. Podem ser falantes, simpáticos e buscar o prazer, desfrutando das melhores coisas que a vida pode oferecer — seu foco na autopreservação, combinado com sua programação de Tipo Sete, leva ao amor pelo prazer e à busca da segurança, nascidos da necessidade de terem a liberdade de fazer, ir, trabalhar, comer e beber como querem. Esse Tipo Sete, mais do que os outros, pode ter consciência de seu medo e às vezes ser até um pouco paranoico — e sua tendência antiautoridade, geralmente sutil, pode aflorar se alguém tenta limitar seus movimentos ou controlar suas ações.

Como líderes, os Tipos Sete Autopreservação tendem a ser pragmáticos — geralmente, avaliam o ambiente de negócios de forma mais realista que os outros Tipos Sete e baseiam suas decisões tanto no otimismo quanto em seu próprio interesse. Podem empregar charme intelectual e uma atitude otimista para conquistar as pessoas e estabelecer conexões e vão implementar planos e projetos de forma enérgica para alcançar seus objetivos, muitas vezes sem considerar o impacto mais amplo de sua busca por seus próprios interesses. Racionalizando que aquilo que é bom para eles é bom para todos, podem se dedicar ao trabalho que querem da maneira como querem, tendo dificuldade para se submeter a outras autoridades ou se deixar influenciar por subalternos diretos. Podem tentar abrandar pontos difíceis nos relacionamentos com seu humor e apelo pessoal, focando o prazer como forma de mitigar medos. Na sua melhor versão, os líderes do Tipo Sete Autopreservação mesclam bom senso empresarial com planejamento cuidadoso e uma postura positiva para conseguirem aquilo que querem, apoiar as pessoas com quem trabalham e se divertir fazendo isso.

O Tipo Sete Social (ou Focado no Grupo)

Os Tipos Sete Sociais são os chamados "contratipo" dos Tipos Sete — enquanto muitos Tipos Sete são autorreferenciados e se concentram na própria experiência, necessidades e desejos internos, os Tipos Sete Sociais concentram sua energia e atenção em apoiar os outros, oferecendo-se para aliviar a dor alheia como uma maneira de evitar a própria dor. Podem até encarar o egoísmo como uma espécie de tabu, pois têm seus próprios desejos, mas negam ou adiam esses desejos em função do ideal de serviço ao grupo. Como os Tipos Dois, os Tipos Sete Sociais podem devotar muita energia e entusiasmo apoiando e doando-se aos outros. Podem se sentir motivados a oferecer mais aos outros e tomar menos para si mesmos, ao mesmo tempo que esperam ou torcem para que o grupo cuide deles caso o apoiem. Em geral, os Tipos Sete Sociais são atraídos por empregos que envolvem curar, amparar ou aliviar a dor dos outros, talvez como esforço inconsciente para aliviar sua própria dor sem precisar realmente senti-la. De alguma forma, o movimento "Nova Era" é um reflexo cultural da mentalidade do Tipo Sete Social — imaginar um ambiente global no qual as pessoas são mais livres e mais abertas para novas experiências, libertando-se dos limites do passado.

Como líderes, os Tipos Sete Sociais podem ser visionários entusiásticos que imaginam um mundo melhor. Podem ter fantasias utópicas e postura radiante até quando lidam com pessoas que enfrentam doenças, luto ou outras dificuldades da vida real. Os líderes do Tipo Sete Social podem trabalhar apaixonadamente em apoio a causas ou tentar melhorar condições de trabalho para que as pessoas possam ser mais efetivas e gostar do que fazem. Podem demonstrar liderança sacrificando suas próprias necessidades e desejos como forma de enfatizar a sabedoria de garantir que os outros tenham o que precisam para realizar seu trabalho e serem felizes ao fazê-lo. Embora às vezes usem entusiasmo para inspirar (ou manipular) as pessoas a seguirem sua liderança e possam ter o desejo profundo de serem reconhecidos por sua dedicação ao serviço, costumam expressar um compromisso sincero com o bem-estar dos outros. Na sua melhor versão, combinam o serviço altruísta com a visão clara e animadora de tudo que pode ser feito para melhorar a vida das pessoas.

O Tipo Sete Um a Um (ou Focado no Relacionamento)

Os Tipos Sete Um a Um são sonhadores e idealistas que se concentram muito no modo como as coisas poderiam ser ou como imaginam que sejam. Em contraste com os práticos Tipos Sete Autopreservação, os Tipos Sete Um a Um têm necessidade de idealizar a realidade e veem o mundo por uma lente cor-de-rosa. São pessoas descontraídas, "apreciadoras", que podem ser extremamente idealistas, a ponto de ser ingênuas. Tendem a ser muito entusiasmadas, e seu entusiasmo pode ser contagiante. E podem ser muito sugestionáveis quando se trata de serem afetadas pelo entusiasmo ou idealismo de outras pessoas.

Esses Tipos Sete veem a vida e o trabalho com extremo senso de otimismo — tendem a ser quase alegres demais e são os Tipos Sete com maior dificuldade para lidar com dados negativos. Sua visão de mundo altamente positiva é um modo de se distraírem daquilo que veem como uma realidade quase intolerável — sobretudo quando a realidade é monótona, entediante ou difícil. Eles imaginam como as coisas poderiam ser e tendem a agir como se a visão positiva que imaginam fosse real. Podem viver mais no mundo feliz que criam em sua mente do que no mundo real, com seus problemas, engarrafamentos, conflitos e dor.

Como líderes, os Tipos Sete Um a Um querem saber que tudo está bem — eu estou bem, você está bem e nós estamos bem. E para eles pode ser difícil ver e admitir quando as coisas não estão bem. Podem ser visionários com um intenso compromisso em manifestar a visão positiva de seu trabalho. Por outro lado, podem causar problemas quando não dão a atenção necessária a algo ruim ou difícil — e não aceitam que agem desse modo. Quando menos autoconscientes, talvez não admitam que estejam vivendo mais em sua imaginação do que no mundo real. Mas, quando compreendem sua programação, podem equilibrar a necessidade da idealização com uma boa percepção do que está realmente acontecendo. Quando Tipos Sete têm inteligência emocional para reconhecer a tendência a evitar dados negativos, podem contrabalançá-la pedindo ajuda para avaliar o entorno. Quando os Tipos Sete Um a Um conseguem ver que sua paixão, otimismo e entusiasmo podem obscurecer sua visão, podem ficar mais conscientes de sua tendência a compensar seu medo. Quando conseguem fazer isso, podem concentrar energia com mais eficácia para tornar reais algumas das coisas incríveis que imaginam.

O Tipo Sete no trabalho

Às vezes, os Tipos Sete sentem dificuldade para trabalhar com os outros porque:

- "Nem todos veem as coisas tão positivamente quanto eu. Às vezes, as pessoas me jogam um banho de água fria com argumentos contrários à minha perspectiva ou se concentram nos dados negativos."

- "Quero resolver rapidamente os problemas e seguir em frente, mas em geral os outros querem falar mais sobre o que está acontecendo de errado do que creio que seja necessário."
- "Gosto de obter vitórias rápidas para me sentir bem — incomoda-me quando as pessoas me colocam freios, especialmente com um monte de descrições detalhadas sobre a razão pela qual algo não vai funcionar."
- "Gosto mais do estágio das ideias de um projeto do que do estágio de implementação — quando preciso passar algum tempo em processos entediantes, posso ter problemas."
- "Gosto de ter liberdade para manobras e às vezes sou pressionado a fazer as coisas de certa maneira, segundo certas regras e procedimentos."
- "Algumas pessoas não gostam tanto do trabalho quanto eu."
- "Tenho dificuldade quando preciso lidar com os sentimentos ou contribuições negativas dos outros."
- "Não gosto de ter de operar segundo o que as autoridades me dizem para fazer. Gosto de fazer o que quero, sem me sentir limitado ou ter de levar em conta as opiniões alheias."
- "Às vezes, as pessoas não me levam a sério porque gosto de tornar o trabalho divertido."

As principais implicâncias do Tipo Sete no local de trabalho podem ser:

- "As reuniões não são bem gerenciadas, são entediantes ou se arrastam por horas."
- "As pessoas reagem com muita negatividade ao meu trabalho."
- "As pessoas me contam seus problemas e esperam que eu os solucione."
- "Os colegas tentam impor limites ao meu trabalho ou controlar o que estou fazendo."

- “As pessoas desconsideram minhas ideias em vez de me darem o espaço de que preciso.”
- “As pessoas com quem trabalho não são simpáticas e agradáveis.”
- “As pessoas não entendem minha necessidade de me divertir no trabalho.”
- “As pessoas são sérias demais e orientadas para processos, e não há espaço para o pensamento criativo.”
- “As pessoas se prendem àquilo que não está funcionando em vez de se concentrarem nas soluções.”
- “Sou forçado a lidar com um monte de papelada ou a passar pelos processos burocráticos.”
- “Quando as pessoas me dizem o que fazer, em especial se for algo que parece ridículo, sem sentido ou desnecessariamente difícil.”
- “As pessoas não apreciam o bom trabalho que fiz e, em vez disso, implicam com pequenos detalhes que acham que estão errados.”
- “Alguém diz ‘não’ ou ‘não podemos fazer isso’.”
- “As pessoas entram em muitos detalhes e não vão direto ao ponto.”
- “Ser microgerenciado.”

Como os Tipos Sete podem se tornar melhores colegas de trabalho

Como líderes, é interessante que os Tipos Sete entendam que nem todos são tão rápidos quanto eles. Podem se beneficiar se reduzirem sua marcha, permitindo que os outros os alcancem ou ajustando sua velocidade para encontrar os outros no meio. Faria bem lembrar que, embora sua paixão e capacidade de produzir ideias criativas sejam talentos, seus colegas ou membros da equipe podem se sentir sobrecarregados pelo dilúvio de boas sugestões. Podem facilitar a vida dos colegas se esclarecerem que, embora gostem de brincar com as ideias, nem todas precisam ser postas em prática.

Será útil para os Tipos Sete perceber que eles tendem a ser autorreferenciados, o que significa que prestam mais atenção em seus próprios pensamentos, necessidades e sentimentos interiores que nos dos outros. Compreendendo que isso não é nem bom nem mau, mas apenas sua tendência, eles podem (caso decidam) intencionalmente levar em conta as necessidades dos outros para se assegurar de que estão alinhados com as pessoas à sua volta. Os Tipos Sete também podem se beneficiar se reconhecerem que talvez os outros não deem tanta prioridade à positividade quanto eles. Perceber que os outros podem tolerar melhor o sofrimento pode ajudar os Tipos Sete a se retirarem de forma elegante (se apropriado) ou a aprenderem a persistir e a sair de sua zona de conforto.

Por fim, como os Tipos Sete são sensíveis a serem limitados pelos outros, seria bom se os líderes desse tipo soubessem que podem reagir de maneira negativa a limitações percebidas, gerenciando assim suas reações de modo consciente. Os Tipos Sete podem questionar a autoridade sem se sentirem compelidos a se opor abertamente a ela — e podem contornar com charme restrições limitadoras através do humor, da manipulação intelectual e da aceitação aparente, em vez de ficarem brigando, o que pode ser desagradável. Se conseguirem se manter cientes dessa tendência, poderão interagir de forma mais intencional dentro de uma hierarquia organizacional, com uma percepção mais clara de seus próprios motivos e objetivos.

Trabalhando com os Tipos Sete

Comportamentos típicos dos Tipos Sete no ambiente de trabalho

Você provavelmente está trabalhando com um Tipo Sete do Eneagrama se notar que essa pessoa apresenta vários dos comportamentos a seguir.

- Está sempre muito sorridente, feliz e animada.
- Fala muito depressa e às vezes é difícil acompanhá-la.
- Faz amizade com quase todo mundo — e todos gostam dela.
- Está sempre planejando eventos externos e *happy hours* para a equipe.
- Adora falar de novas ideias e planos.
- É muito voltada para o futuro.
- Usa humor e charme para conquistar as pessoas e colocá-las a seu lado.

- Fica muito entusiasmada e animada quando está discutindo um plano inovador no qual está trabalhando.
- Encontra uma maneira de sair pela tangente quando o ambiente fica pesado.
- Quando vocês conversam sobre algum problema, a pessoa diz para "ver o lado bom" e tenta reverter todas as suas razões para estar se sentindo mal.
- Encontra bons motivos para as coisas que quer fazer e que, na verdade, não deveria fazer.
- Faz amizade com as pessoas que estão hierarquicamente acima e com as abaixo dela (assim, as pessoas têm menos probabilidade de fazer exigências).
- Em sua melhor versão, leva energia positiva para a equipe, mantendo todos concentrados naquilo que está funcionando e em todas as razões para terem sucesso.
- Em sua melhor versão, inspira as pessoas a fazer coisas que elas não achavam que poderiam fazer, pois tem uma visão de futuro muito positiva.

Por que é ótimo trabalhar com líderes conscientes do Tipo Sete

- Gostam de alegria, é prazeroso tê-los por perto e tornam o trabalho divertido.
- Concentram-se no que é positivo como forma de estimular o moral e incentivar as pessoas a visualizarem um resultado de sucesso.
- Mantêm as coisas em movimento.
- É fácil gostar deles e eles vão querer gostar de você (se puderem).
- Interessam-se sinceramente pelas pessoas e desejarão conhecer você.
- Não vão querer se prender ao que não está funcionando; gostam de encontrar soluções.
- Tendem a ser diplomáticos e amigáveis quando fazem negócios.
- Embora tenham suas formas preferidas de fazer as coisas, estão

abertos a ouvir os outros e vão tentar se ajustar para que os membros da equipe se sintam ouvidos e apoiados.

- Costumam ver o que as pessoas têm de bom e as estimulam a fazer o seu melhor.
- Geralmente, são bem-humorados e charmosos.
- Como líderes, tendem a tratar os subordinados diretos mais como colegas do que como subalternos.
- Dão muita liberdade às pessoas com quem trabalham.

Desafios típicos para pessoas que trabalham com Tipos Sete

- Pode ser difícil falar com eles sobre algo que não está indo bem.
- Talvez não tenham paciência ou estofo emocional para fazer o que é preciso para identificar problemas, discuti-los e resolvê-los.
- Podem ter dificuldade para se concentrar em projetos que não os empolgam.
- Podem se sobrecarregar, chegar atrasados às reuniões e esquecer compromissos.
- Podem ficar tão empolgados com novas ideias que não desaceleram para examinar possíveis problemas e desenvolver um plano de implementação viável.
- Embora possam conhecer muito sobre diversas áreas, seu conhecimento sobre assuntos específicos pode ser mais raso do que você poderia esperar.
- Seu forte desejo de liberdade de movimento pode significar que eles não oferecem muita estrutura ou orientação para seus subordinados diretos.
- Podem se mover tão depressa que inadvertidamente deixam as pessoas para trás.
- Gostam de manter suas opções em aberto e, por isso, podem não se comprometer com um plano de ação de maneira adequada.

Os Tipos Sete e a liderança

Líderes do Tipo Sete contam como conhecer seu tipo no Eneagrama ajuda no trabalho

Mark Kinsler é presidente da Trendway Corporation, fabricante de móveis para escritório com sede em Holland, Michigan.

> Tenho a tendência a me sentir atraído por novas oportunidades e possibilidades. No meu papel atual, preciso tomar muito cuidado com a forma como gasto o tempo e os recursos da empresa. Às vezes, é totalmente apropriado transferir o foco de uma prioridade para outra; noutras ocasiões, é preciso ser muito cauteloso, pois as pessoas ficam pensando: "Que raios você está fazendo? Por que estaria interessado naquilo? Por que está perdendo tempo pensando nisso? Temos é que terminar isto aqui". Mas geralmente quero ver as coisas sob múltiplos ângulos e explorar todas as opções. "Poderíamos fazer isso de forma diferente" seria um modo de eu me posicionar.
>
> Gosto de examinar coisas que não fazem parte do *statu quo*. Isso não quer dizer que, no final das contas, eu queira mudar alguma coisa. Mas gosto de explorar todas as opções e de fazer perguntas: "Por quê?", "Por que estamos fazendo isso dessa forma?", "Existe outra maneira?", "Esta ideia pode ser aplicada à nossa indústria?". Gosto de ver oportunidades e potenciais diferentes.
>
> Como um Tipo Sete, meu maior desafio será não mexer naquilo que está indo bem. Creio que há lugares nos quais é ótimo movimentar as coisas, e que há outros lugares em que as coisas estão indo realmente bem, e, enquanto não aparecer um problema, há muitas outras prioridades para se trabalhar. É esse equilíbrio entre onde gastar tempo e energia, compreender e concentrar minha atenção nas perguntas importantes, como "Qual é a estratégia?" e "Onde essas oportunidades se encaixam nas prioridades da estratégia corporativa?", "O que terá maior impacto?". Para mim, a questão é sempre equilibrar as prioridades, levando em conta as opções nas quais tenho de pensar.

Todd Pierce é diretor digital da Fundação Bill e Melinda Gates. Antes disso, foi vice-presidente executivo de operações e mobilidade da Salesforce e vice-presidente sênior e diretor de informações da Genentech.

Conhecer meu tipo no Eneagrama me deu uma caixa de ferramentas de desenvolvimento muito rica e aplicável a todas as áreas da minha vida. Não é apenas uma caixa de ferramentas para líderes. Ela me torna melhor marido e amigo — ajuda-me a ser mais perceptivo e atento em todos os meus papéis.

Em termos bem específicos, saber que eu sou um Tipo Sete (e o que isso significa) me ajudou a encontrar outras maneiras de me entreter que não fossem prejudiciais à organização.

Além disso, ver como até padrões pouco frequentes me afetam foi particularmente útil, como os padrões associados aos Tipos Um e Quatro. Lembrar disso me ajuda quando vou para o lado sombrio e verdadeiramente julgador do Tipo Um, ou aquele que incorpora mais o desejo de conexões autênticas do Tipo Quatro; são verdadeiras oportunidades de desenvolvimento.

Quando você é gerente e é um Tipo Sete

Os Tipos Sete podem se sentir estranhos e pouco à vontade como autoridades — em essência, se não abertamente, são antiautoridade e preferem exercer sua influência através da criatividade e da camaradagem. Como explica o psiquiatra e especialista em Eneagrama Claudio Naranjo, os Tipos Sete vivem num "ambiente psicológico não hierárquico", o que significa que querem ser livres para se entregar aos seus desejos e, portanto, assumem implicitamente que a autoridade é algo negativo. Com frequência, se você é um Tipo Sete, apenas não presta atenção nisso, quer esteja tecnicamente sob alguma autoridade, quer você *seja* a autoridade. Os Tipos Sete não gostam de hierarquias; por isso, você vai tender a aplainá-las em sua mente, fazendo amigos com as pessoas em posições acima e abaixo da sua no organograma da empresa.

Como Tipo Sete, seu lema pode ser algo parecido com "viva e deixe viver" — você não gosta de ser controlado ou limitado e por isso, como gerente, não gosta de controlar ou limitar as pessoas que trabalham para você, preferindo adotar uma postura de liderança "solta". Você se deleita com a oportunidade de motivar as pessoas pela inspiração, e não pela direção, e em geral prefere influenciar seus subordinados diretos com discussões otimistas sobre as coisas empolgantes que quer fazer, com expressões de entusiasmo por aquilo que está acontecendo ou com as possibilidades e opções que vislumbra. Você pode se sentir desafiado caso as condições exijam que seja mais "presente" e autoritário, mas, na sua melhor versão, você assume a liderança lançando-se nas partes do trabalho de que realmente gosta e se diverte enfrentando desafios, encontrando soluções criativas e fazendo o que for preciso para conseguir um resultado positivo.

Quando seu gerente é do Tipo Sete

O que é bom quando se tem um gerente do Tipo Sete é que ele ou ela provavelmente vai querer tornar o trabalho prazeroso, incentivando-o a encontrar diversão nele. Enquanto você fizer o seu trabalho, e bem-feito, é provável que não seja controlado de forma alguma. Seu gerente do Tipo Sete estimulará você a ser independente e positivo — e, de modo geral, bem-aceito. Provavelmente, vão se entender bem desde que você não cause problemas, não comunique negatividade demais ou não limite seus movimentos. Ele pode querer que você seja um parceiro que o apoia nas reuniões de criatividade e que ouça suas ideias.

Para os Setes, pode ser difícil sentir-se à vontade no papel da autoridade; por isso, seu gerente Sete pode querer fazer amizade com você como forma de suavizar a relação hierárquica. Quando estressado ou menos consciente de si mesmo, pode ficar desatento ou sobrecarregado, deixando você se virar sozinho em algumas ocasiões. Podem ter problemas para dar prioridade às coisas ou podem mudar de caminho sem avisar, o que pode ser difícil para a equipe. Para eles, pode ser duro cuidar de problemas e conflitos, preferindo concentrar-se em algo mais agradável ou fingir que não está acontecendo nada. Outros líderes do Tipo Sete vão querer enfrentar os desafios para logo afastá-los do centro, tornando as coisas prazerosas de novo. Na sua melhor versão, porém, os gerentes do Tipo Sete são animados e entusiasmados, encorajam e apoiam sua equipe e criam uma atmosfera positiva, na qual se confia que as pessoas farão o seu melhor.

Quando seu subordinado é do Tipo Sete

Quando seus subordinados diretos têm o estilo do Tipo Sete, sua preferência forte é por gerentes que ficam "de fora" — que lhes dão muita liberdade para fazer seu trabalho da maneira como querem, com pouca supervisão. Caso se sinta controlado por você, seu subordinado Sete provavelmente 1) primeiro tentará ser seu amigo; 2) depois pode confrontá-lo; 3) se 1 e 2 não derem certo e você ainda for o chefe, poderá se desligar mentalmente e começar a imaginar resultados e eventos positivos no futuro.

Se seu subordinado direto é um Sete, não tome a coisa como pessoal caso ele não leve muito a sério sua autoridade. Ele pode ser descontraído e casual sobre a realidade organizacional e tratá-lo de maneira próxima e informal, tentando torná-lo seu amigo, caso você o permita. Sensíveis às limitações impostas por uma autoridade externa, os Tipos Sete têm uma atitude implicitamente rebelde, mas não vão querer se rebelar abertamente contra você de um modo que leve a situações desagradáveis ou atraia atenção negativa. Em vez disso, vão adotar uma atitude diplomática, e não de oposição.[2]

A questão principal é que vão querer que você confie neles para realizar o trabalho e não os gerencie de forma muito estrita — e que você não interfira demais na capacidade deles de se entregarem a seus próprios desejos. Se precisar fazer uma crítica construtiva, pode ser mais efetivo antes comunicar o que é positivo, fazendo a eventual crítica sobre seu desempenho com cuidado e gentileza. Os Tipos Sete são mais sensíveis a críticas do que parece e podem se sentir injuriados por um comentário negativo. Também pode ser importante lembrar que alguns Tipos Sete podem ser entusiásticos e otimistas, a ponto de serem ingênuos sobre algumas realidades cotidianas; por isso, seria uma boa ideia explorar sua percepção das coisas, levando em consideração suas suposições e perspectivas básicas.

Sob estresse, seu subordinado direto do Tipo Sete pode se meter em confusão e não querer lhe contar, por isso é bom fazer verificações periódicas de maneira suave. Também pode ter problemas para se concentrar nas principais prioridades; portanto, ajuda se você comunicar com antecedência suas expectativas e sua noção do que é mais importante. Na sua melhor versão, pode ser muito agradável trabalhar com os Tipos Sete. Eles tendem a se motivar para deixá-lo feliz e manter as coisas em harmonia, com pensamento criativo e visão de futuro.

Convivendo com o Tipo Sete: O que fazer para trabalhar bem com ele

- *Seja animado e positivo.* Os Tipos Sete gostam de pessoas agradáveis e divertidas por perto. Vão gostar de trabalhar com você caso se esforce para ser agradável e para manter o ambiente leve.

- *Esforce-se para obter apreciação e respeito mútuos.* Os Tipos Sete ficarão felizes em respeitar suas preferências e sua liberdade caso você mostre respeito por eles. Querem se sentir apreciados e ficarão felizes em apreciá-lo se gostarem de você e sentirem que é fácil tê-lo por perto. Seja um bom jogador de equipe e os Setes vão gostar de estar no seu time.
- *Evite negatividade e críticas excessivas.* Os Tipos Sete gostam de se concentrar no que é positivo e por isso podem ficar incomodados — e até alienados — com pessoas que expressam muita negatividade. Costumam se mostrar abertos a críticas legítimas, mas, se elas não tiverem um propósito construtivo óbvio, podem se sentir feridos e magoados.
- *Dê-lhes espaço para que sejam exceções à regra, caso a regra seja desnecessariamente limitadora.* Embora, é claro, algumas regras tenham de ser seguidas por todos, se de vez em quando puder deixar seus colegas do Tipo Sete contornarem uma que seja particularmente limitadora e inconsequente, eles vão agradecer muito (e ainda farão o trabalho deles).
- *Permita que trabalhem o máximo possível de forma independente.* Os Tipos Sete gostam de ter muita liberdade para fazer o trabalho da maneira como querem fazer. Gostam de ter um gerente que confia neles para fazer o trabalho e não controla demais o que fazem.
- *Dê-lhes espaço para gerar e concretizar boas ideias.* Os Tipos Sete gostam de deixar que sua imaginação corra solta — gostam de imaginar opções e possibilidades diferentes. Vão apreciar colegas que lhes dão espaço para trocar ideias e confiam que, mais tarde, irão escolher a longa lista de boas ideias como próximo passo do trabalho.
- *Compreenda seu desconforto implícito com a autoridade.* Os Tipos Sete não são grandes rebeldes; porém, como são pessoas amigáveis que não gostam de ser controladas por forças externas, podem recorrer, com charme e diplomacia, a um tipo de resistência velada à autoridade. Caso trabalhe com Tipos Sete, será útil compreender isso.

Sugestões de crescimento: Como os Tipos Sete podem ser mais autoconscientes, eficazes e felizes no trabalho

Todos os tipos podem aprender a ser menos reativos e a colaborar melhor com os demais, *observando* primeiro seus padrões habituais e refletindo sobre o que pensam, sentem e fazem para obter mais *autopercepção*. Depois, devem esforçar-se para *gerenciar* ou moderar suas reações automáticas diante de alguns gatilhos.

Os Tipos Sete crescem quando observam primeiro e depois aprendem a moderar suas reações habituais diante dos principais gatilhos, como se sentir limitado ou controlado pelos outros, ter de lidar com emoções ou humores negativos dos demais ou ter suas opiniões excluídas.

Quando os Tipos Sete conseguem observar suas ações a ponto de se surpreenderem fazendo as coisas que lhes causam problemas, e então param para refletir sobre as próprias atitudes e sobre a razão para isso, podem aprender aos poucos a moderar sua programação e suas reações automáticas. Eis algumas ideias para ajudar os Tipos Sete a serem mais autoconscientes, emocionalmente mais inteligentes e mais satisfeitos no trabalho (e em casa).

Auto-observação: Aspectos que os Tipos Sete devem considerar

- Observe seu desejo de focalizar o que é positivo e prazeroso. Perceba se ele reflete a incapacidade ou a indisposição para analisar dados negativos importantes.
- Perceba se você se move, pensa e fala rapidamente. Experimente reduzir um pouco a velocidade para ver o que acontece.
- Perceba se você sente alguma ansiedade ou medo durante o seu dia. Veja se consegue observar isso e descobrir do que se trata.
- Perceba se você sente aversão a tudo que ameaça limitá-lo de alguma maneira.
- Observe o que acontece dentro de você quando alguma coisa traz desconforto — veja como você reage.

- Estude-se para ver se você consegue notar as emoções que sente com maior ou menor frequência. Você passa mais tempo sentindo emoções no lado positivo do espectro? O que acontece com seus sentimentos mais dolorosos ou negativos?
- Observe suas crenças a respeito de sentimentos específicos. Você tem algum medo ou crença sobre ficar preso a emoções desconfortáveis?
- É importante ter sempre várias opções? Por que sim ou por que não?

Pontos cegos: O que você não sabe que pode machucar

Os pontos cegos dos Tipos Sete são:

- *Como a busca por diversão, positividade e prazer é movida pela necessidade de evitar a dor.* Quando introduzo os Tipos Sete aos tipos do Eneagrama e eles começam a se ver no arquétipo, geralmente dizem: "Eu me identifico com todas as partes da descrição, exceto pela parte de evitar a dor; eu não faço isso". Distraírem-se de sentimentos desconfortáveis — e da maneira como seu ritmo rápido e o desejo de se sentirem bem o tempo todo são motivados pela fuga da dor — pode ser um ponto cego para eles.
- *O valor da dor e do desconforto como forma de se conectarem com verdades emocionais mais profundas.* A programação dos Tipos Sete sugere que não há nada bom em se sentir mal. Para eles, é difícil ver qualquer lado positivo em sentimentos difíceis e emoções desconfortáveis. Mas nossas emoções representam uma espécie de sistema interno de orientação, e saber como você se sente é uma parte importante de ser humano e de ser capaz de ter acesso àquilo que é real para você.
- *O impacto de seu incansável foco no positivo sobre os outros.* Os Tipos Sete querem muito ser levados a sério. Mas se você é um deles, às vezes pode, sem querer, contribuir para a percepção de que é superficial. E às vezes é difícil confiar em alguém que só quer ver as coisas boas.
- *Sua própria capacidade de lidar com emoções desconfortáveis.* Os Tipos Sete autoconscientes dizem que uma razão para evitarem

sentimentos como ansiedade, dor, desconforto e tédio é que receiam ficar presos a eles para sempre, caso se abram. Mas isso se baseia na reação automática e instintiva de que não conseguem lidar com esses sentimentos. Vai ajudar se assumirem sua capacidade de resiliência e força emocional.

- *Os aspectos positivos da desaceleração e de estar presente em suas experiências, independente do que esteja experimentando.* Os Tipos Sete tendem a operar num ritmo acelerado porque, inconscientemente, estão fugindo de quaisquer emoções negativas ou experiências difíceis de lidar que possam acontecer no momento presente. Mas tendem a evitar se manter conscientes da desvantagem de se moverem tão depressa quando ficam na superfície e focalizam o futuro. Na verdade, será bom para eles desacelerar e permitir que tenham a experiência mais profunda do momento presente — e entrar em contato com a razão precisa pela qual se movem tão depressa.

Autopercepção: Coisas para pensar, compreender e explorar

- Por que para você é tão importante focar sempre o que é positivo e prazeroso? O que você teme que possa acontecer caso dê atenção a outros tipos de emoção e de experiências?
- Por que acha tão atraente concentrar-se no futuro? O que o motiva a ter essa visão tão avançada?
- O que alimenta seu impulso de mover-se rapidamente pela vida? O que você valoriza no ritmo acelerado? O que acha que poderia acontecer caso reduzisse a velocidade?
- Que tipo de coisa mais teme? Como se sente quando pensa nessa pergunta?
- Por que ser limitado parece ser tão intolerável? O que parece ameaçador quando os outros lhe impõem limites?
- Por que é tão importante ter opções? O que a sensação de ter diversas opções faz por você?

Pontos fortes para alavancar

Será útil se os Tipos Sete perceberem, prestarem atenção de forma ativa, assumirem e alavancarem:

- *Sua capacidade de tornar o trabalho divertido e agradável.* Esse é um presente que melhora sua vida e as experiências das pessoas com quem você trabalha. Nem sequer ocorre a muitas pessoas que o trabalho pode (ou deve) ser divertido — elas o veem como uma rotina ou um esforço árduo. Ver o trabalho da perspectiva do prazer é um ponto forte do estilo do Tipo Sete com o qual o resto de nós pode aprender e que dá mais significado à vida profissional.
- *Seu charme intelectual.* Os Tipos Sete podem realmente ativar seu lado charmoso quando querem. Embora *às vezes* você possa usá-lo para se esquivar de compromissos e contornar autoridades inconvenientes, esse talento é útil para se relacionar com todos no trabalho: clientes, gerentes ou a pessoa em cuja vaga você estacionou porque estava atrasado.
- *O poder de seu pensamento positivo.* A capacidade de reformular de maneira instantânea o negativo em positivo tem muitos usos produtivos — e, na maior parte do tempo, provavelmente melhora mesmo as coisas. E parece verdade que, se você consegue imaginar isso, é mais provável que aconteça.
- *Seu entusiasmo contagiante.* Sentir-se empolgado com projetos e planos pode resultar em mais influência e apoio de mais pessoas. Os Tipos Sete têm um modo de expressar empolgação e entusiasmo que faz com que os outros queiram participar da festa.
- *Seu prazer em se relacionar com as pessoas.* Um dos principais pontos deste livro é que a maior parte do trabalho hoje, no mundo, dá-se por meio de pessoas interagindo com pessoas. Os Tipos Sete gostam sinceramente de lidar com pessoas, o que os torna muito bons em coisas como liderança e negócios em geral: vender e promover ideias e produtos, conversar com clientes e colegas, ir a *happy hours* depois do trabalho com o pessoal do escritório, conversar com as pessoas ao lado do bebedouro.

- *Sua mente flexível e sintetizadora e sua capacidade de fazer conexões.* Se você é um Sete, tem uma mente ágil que encontra conexões entre coisas que os outros não veem com frequência. Você pode pensar em problemas e encontrar soluções inovadoras de maneiras criativas, tornando-se um membro valioso de qualquer equipe.

Autogestão: Tendências desafiadoras que os Tipos Sete devem moderar

- *Exagerar na preocupação com o que é positivo.* É claro que você sabe que há muitos aspectos positivos em ser tão positivo — mas também há uma desvantagem, como em tudo. Se você não consegue controlar a necessidade de dar um toque positivo a tudo, pode perder algo importante ao evitar os negativos.
- *A necessidade de velocidade.* Às vezes, as pessoas ao seu redor podem sentir que seu ritmo acelerado significa que você está fugindo de algo. Se puder desacelerar e sentir o perfume das rosas, poderá absorver mais do que está acontecendo e ter uma experiência mais rica, mais profunda e melhor — o que, de modo geral, é mesmo o que você procura.
- *Autorreferenciar e agir por interesse próprio.* Você pode ser uma pessoa generosa e solidária, mas sua atenção recai primeiro em você mesmo. Isso não é necessariamente ruim, mas quando exagera sem perceber, pode alienar as pessoas quando não presta atenção nas necessidades e desejos delas.
- *Preocupação excessiva em evitar limites.* De vez em quando, pode ser benéfico enfrentar o desafio de ter menos opções ou de ajustar-se a limites externos. Mesmo que isso apenas reduza seu medo de limites, pode ser bom para você.
- *Viver na sua imaginação (em oposição à realidade).* Se você é um Tipo Sete Um a Um, essa é a sua especialidade. Embora ser positivo e entusiástico sejam pontos fortes, em alguns casos, podem acontecer coisas ruins quando você acredita mais na realidade que cria em sua cabeça do que na realidade objetiva em que vive com outras pessoas.

- *Medo de sofrer.* Se você realmente aprender a se permitir sentir mais as coisas ruins que costuma evitar automaticamente, é provável que não seja tão ruim quanto você pensou que seria. E se você se tornar mais consciente do seu medo, poderá se libertar de ser tão impelido pelo medo — em geral, o medo que você nem percebe está dirigindo você.

Manifeste conscientemente seu potencial superior: Cuide do "ponto baixo" e almeje o "ponto alto"

Os Tipos Sete também crescem quando se tornam conscientes de hábitos e padrões autolimitantes associados a seu estilo de personalidade e aprendem a incorporar os aspectos mais elevados ou as capacidades mais expansivas e equilibradas da personalidade do Tipo Sete.

- Aprenda a se conscientizar de sua necessidade de evitar desconforto e dor. Tornar-se atento a seus medos e abrir-se para toda a gama de emoções nos relacionamentos pode proporcionar uma experiência de vida com mais profundidade e engajamento.
- Aprenda a perceber quando a ansiedade subterrânea faz com que você fique acelerado e compreenda que você tem o poder de se manter em segurança, mais ainda se enfrentar conscientemente seus medos.
- Aprenda a perceber quando você inconscientemente usa seu charme agradável para manipular os outros a fim de obter o que quer e abra-se para a possibilidade de conseguir mais do que deseja ao compartilhar mais o que tem com os outros.
- Aprenda a perceber quando seu lado positivo está ficando descontrolado e encontre uma forma de se abrir para enfrentar seus medos e examinar aquilo que não é tão bom, sabendo que ver a parte ruim só vai melhorar a apreciação da parte boa.
- Aprenda a reconhecer quando você está vendo as coisas da maneira que quer vê-las ou da maneira que gostaria que fossem e corra o risco de vê-las como realmente são, ou como os outros as veem, sabendo que pode sobreviver à realidade.

- Aprenda a notar quando está se concentrando estritamente em seu próprio interesse e prazer e amplie sua perspectiva para incluir o que é bom para os outros ou para notar que manter-se mais sóbrio pode ser bom para você, sabendo que muitos prazeres podem acabar sendo menos agradáveis do que imaginava.
- Aprenda a ver sua tendência a aumentar a excitação e o entusiasmo como sinal de que você está evitando alguma coisa. Perceba que moderar seu entusiasmo não significa que as coisas não vão ficar bem — significa apenas que você estará mais aberto a levar em conta tudo que é real no momento.

De modo geral, os Tipos Sete podem realizar seus potenciais mais elevados observando e trabalhando contra seu foco habitual em avanços e experiências prazerosas, experimentando desempenhar papéis diferentes nas equipes e ampliando sua perspectiva para incluir mais tipos de dados e verdade emocional. Quando conseguem combinar sua forte energia, humor e postura positiva com uma abertura maior para experimentar outros sentimentos e situações que prefeririam evitar, podem desacelerar e criar uma abordagem mais fundamentada e uma base interna para alcançar aspirações inovadoras.

CAPÍTULO 11

ESTILO DE LIDERANÇA DO TIPO OITO: O IMPULSIONADOR DECIDIDO, OU AVANÇANDO COM FIRMEZA

O arquétipo do Tipo Oito é a pessoa prototípica que pensa grande, age com decisão e faz as coisas acontecerem. Chamados às vezes de "o Desafiador" ou "o Patrão", são pessoas extravagantes, com muita energia, que assumem papéis de liderança com facilidade. A atenção do Tipo Oito dirige-se de modo automático para o "panorama completo" — aquilo que pensam que deveria acontecer e como tornar sua visão uma realidade. Sentem facilmente quem tem o poder em determinada situação e procuram usá-lo de forma justa. Motivados sobretudo pela necessidade de ser forte e agir, são assertivos e às vezes agressivos, mas também podem ser protetores e generosos.

A programação dos Tipos Oito sugere que a única maneira de operar no mundo é afirmar a força e evitar o registro ou a expressão de qualquer tipo de fraqueza. Levar as coisas adiante, superar obstáculos e desafiar as autoridades (se necessário) são características importantes. Diretas, opinativas e relativamente destemidas, pessoas com estilo do Tipo Oito gravitam de maneira natural para posições de poder e autoridade. São o estilo de personalidade que mais se aproxima da imagem estereotípica do "líder poderoso" e podem ser encontrados com facilidade nos níveis mais elevados das empresas ocidentais — a grande maioria dos CEOs dos Estados Unidos deve ser formada por Tipos Oito.

O estilo de comunicação dos Oitos reflete sua tendência a agir de modo a usar o poder e a autoridade, resolver coisas e afirmar aquilo que consideram certo. Seu estilo de fala é forte, direto, autoritário e às vezes seco, e podem ficar impacientes com pessoas menos diretas.[1] Podem exibir a raiva de maneira mais livre que outros tipos e, embora não necessariamente gostem de conflitos, não os temem. Tipos mais propensos a usar palavrões (até em ambientes de negócios), os Oitos respeitam pessoas que os enfrentam e lhes dizem a verdade. Não gostam quando as pessoas amenizam as coisas para evitar ferir sentimentos — preferem que digam logo o que pensam.

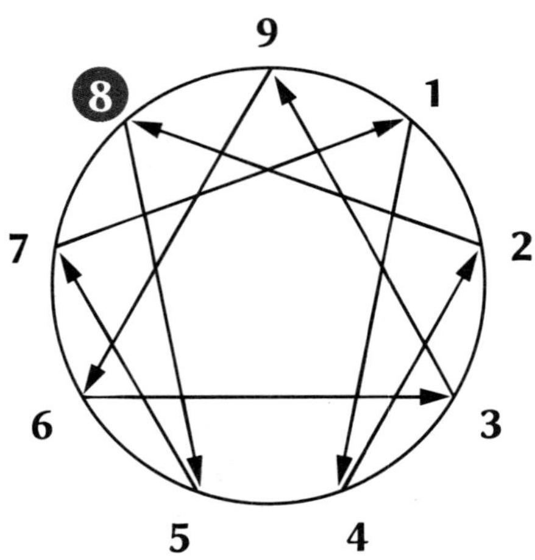

O Eneagrama do Tipo Oito

Líderes com estilo do Tipo Oito tendem a ser pensadores estratégicos, sintonizados com a sede do poder e com a maneira de estabelecer sua própria base de poder. Concentram-se em avaliar o panorama geral, orientar a equipe sob suas ordens e fazer com que coisas significativas aconteçam. Os outros podem achá-los intimidadores, embora recebam esse comentário com surpresa, pois não têm a intenção de assustar as pessoas. Mas sua presença enérgica é grande e poderosa, mesmo quando não estão dizendo nada ou expressando explicitamente poder ou agressividade. De modo geral, combinam sua força com o desejo de realizar as coisas de maneira decisiva e rápida, quer se especializem em assumir o controle para fazer o que for necessário, defender os fracos de serem oprimidos pelos poderosos ou dominar as pessoas com sua presença rebelde e magnética.

Como saber se você é um Tipo Oito: A visão de dentro

Se a maioria ou todas as características a seguir se aplicarem a você, é provável que seu estilo de personalidade seja o Tipo Oito.

- *Você usa o trabalho para afirmar seu poder e conseguir o que quer.* Você interpreta o que está acontecendo em termos de quem tem o poder e de como ele é exercido. Para você, é tão natural ser poderoso que às vezes precisa se conter para não expressar sua força, evitando dominar as pessoas ou as situações.
- *As pessoas lhe dizem que você as intimida, o que o surpreende, pois você não faz isso de propósito.* Às vezes, os outros veem você como um valentão, muito embora você esteja fazendo apenas aquilo que faz normalmente.
- *Você não precisa ser o líder, mas para você é fácil assumir o comando.* Muitas vezes, você é atraído para assumir a liderança — é algo que lhe parece fácil e natural —, e geralmente as pessoas procuram seu comando, mesmo quando você não é o verdadeiro líder.
- *Você quer que as pessoas falem a verdade e sejam diretas.* Você gosta de estar no controle e de saber o que está acontecendo, motivo pelo qual valoriza a honestidade e a franqueza.
- *Você faz suas próprias regras e pode ter a sensação de que está acima da lei.* Não vê motivo para seguir as regras, sobretudo se elas não fazem sentido ou vão contra aquilo que quer fazer. Aceitar prontamente o poder de alguém acima do seu não faz parte da sua praxe.
- *Você vai se rebelar contra as autoridades se for preciso.* Vai enfrentar as pessoas poderosas, caso não usem seu poder com sabedoria ou justiça.

- *Você trabalha muito.* Pode trabalhar tanto e por tanto tempo que se fere ou se machuca porque tende a negar ou a ignorar suas limitações físicas. Você pode esquecer de si mesmo e sobrecarregar sua capacidade, sem dar muita atenção ao autocuidado.
- *Você é destemido — não teme tomar medidas ousadas e agir de maneira decisiva.* Geralmente, não sente medo — acha que pode lidar com qualquer coisa e nunca se esquiva de um desafio.
- *Você não tem medo de expressar sua (forte) opinião ou fazer pressão pelo que deseja.* Seus pontos de vista são muito confiantes e você não hesita em pressionar pelo que acha certo. Pode até confundir a sua verdade com a verdade objetiva.
- *Para você, é importante ser poderoso e forte e estar no controle.* Você assume sua força e seu poder como algo garantido e natural.
- *Se alguém o prejudicar, você pode reunir muita energia para corrigir o erro ou se vingar da pessoa.* Embora talvez não ache que gosta de se vingar de pessoas que fizeram coisas ruins com você, às vezes quer dar o troco àqueles que o deixam irritado.
- *Embora muitas vezes tenha raiva desnecessariamente, você a sente como uma energia que flui pelo corpo e pode expressá-la com bastante facilidade.* Às vezes, os Tipos Oito são rotulados como "irados", mas isso não é bem verdade. De fato, eles têm mais facilidade para acessar a raiva e, em geral, não têm problemas para expressá-la.
- *Você nem sempre conhece sua própria força; para você, pode ser difícil julgar seu impacto sobre pessoas e situações.* Às vezes, você pode aplicar mais esforço ou força do que o necessário.

A principal estratégia adaptativa do estilo de personalidade do Tipo Oito

Para os Tipos Oito, a estratégia adaptativa de agir com vigor surge de uma experiência precoce de falta de poder. Os Tipos Oito autoconscientes relatam não terem tido suas necessidades atendidas na infância, geralmente de maneira traumática ou que os fez sentir que deveriam "ficar fortes" para sobreviver. Costumam se lembrar de histórias sobre cuidarem de si mesmos (ou de outras pessoas) quando ainda eram jovens demais para isso ou de serem os caçulas de uma grande família — uma pessoa pequena entre pessoas maiores —, num ambiente combativo. Com essa experiência de vulnerabilidade e solidão, os Tipos Oito decidem nunca mais se sentir impotentes e se adaptam tornando-se superfortes e capazes.

Com frequência, veem o mundo dividido em "os fortes" e "os fracos", e por isso decidem ser fortes, a ponto de negar por completo sua vulnerabilidade. Muitos eliminam qualquer memória ou experiência de serem vulneráveis ou fracos a fim de se sentirem invencíveis. Sua estratégia central de enfrentamento — serem poderosos e fortes — modela seu estilo de personalidade de tal maneira que os faz verdadeiramente destemidos em suas interações, capazes de enfrentar qualquer desafio e fazer grandes coisas no mundo.

No trabalho, isso faz do líder Oito uma força a ser respeitada. De certa maneira, eles são o líder prototípico, especialmente no Ocidente, onde esperamos que os líderes sejam durões e realizadores e lidem com grande quantidade de trabalho e pressão. Muitos tornam-se CEOs porque não conseguem regular sua dependência de expressar o poder, o que quase sempre os leva a projetar uma imagem de grande confiança, força, decisão e destemor. Seja competindo com concorrentes dignos por um cargo de destaque, seja apresentando a complexidade de uma empresa global para acionistas, seja tomando decisões arriscadas quando há milhões de dólares em jogo, a estratégia de enfrentamento dos Oitos, apoiando-se automaticamente em sua força e anulando sua vulnerabilidade, dá-lhes a confiança para assumirem grandes desafios.

O radar do Tipo Oito: O que chama sua atenção?

A estratégia de ser forte e nada vulnerável leva o Oito a se concentrar no poder e no controle. Ele não gosta de ser controlado ou que lhe digam o que fazer e valoriza regras ou limites, inclusive as próprias limitações físicas. Presta atenção em quem detém o poder e como o expressam, quem é competente e quem não é, em quem pode confiar e em quem não pode, quem pode precisar de sua proteção e apoio. Ele também observa o panorama geral — qual a meta mais alta, que trabalho precisa ser feito e qual é a maneira certa de fazê-lo.

Pessoas que lideram com o estilo do Tipo Oito concentram-se em criar uma base de poder, estender sua influência, trabalhar muito e jogar pesado. Detectam os problemas que precisam ser resolvidos e com quem podem contar para tocar as coisas de maneira efetiva. Os Tipos Oito aceitam as coisas como são, a menos que tenham uma razão para não o fazer; conseguem identificar situações de menor importância ou tolas e não têm paciência com quem diz besteiras. Quando precisam lidar com alguma questão, inclusive suas próprias necessidades físicas ou pontos fracos, não deixam que nada os detenha e tendem a se manter sintonizados com todas as formas de saciar seu apetite por experiências físicas estimulantes. Percebem quando outras pessoas estão sendo maltratadas e precisam ser defendidas — são muito preocupados com injustiças sociais ou humanas e, quando identificam alguém que precisa de proteção, costumam agir. Certa vez, ouvi um Tipo Oito contar uma história incrivelmente comovente de ter dormido a noite toda num abrigo com um pitbull assustado e recém-salvo para reconfortá-lo. Seja no apoio a quem precisa, seja na realização de uma meta difícil, os Tipos Oito empregam muita energia e poder para agir, afirmar o controle e garantir que as coisas serão feitas.

A visão do "Planeta Oito": Como os Tipos Oito veem o mundo

Em geral, indivíduos com estilo do Tipo Oito veem o mundo em termos de como o uso do poder está se dando — se está sendo usado de forma justa ou não — e de como pode ser empregado para as coisas acontecerem. Não hesitam em usar sua força para conseguir o que querem, assumir o controle das situações e proteger aqueles de quem gostam. Negam inconscientemente a própria fraqueza e se concentram em como podem exercer o poder no mundo para dominar quem quer que vá contra eles ou as causas que apoiam.

Os Tipos Oito também veem o mundo em termos de justiça e equidade. Podem ser rebeldes ou revolucionários que desejam garantir que eles e aqueles a quem procuram proteger serão tratados com justiça, e tomam medidas para corrigir a injustiça. Os Tipos Oito são sensíveis ao controle alheio e tendem a acreditar que estão acima da lei, fazendo com frequência as próprias regras e desconsiderando ou transgredindo aquelas com as quais não concordam ou que pensam que não se aplicam a eles. Se detectam uma necessidade — algo importante que pode ajudar alguém ou equilibrar a balança da justiça —, vão agir para resolver o problema, quaisquer que sejam as regras.

Alinhados com sua presença enérgica e seu temperamento orientado para a ação, os Tipos Oito têm grande apetite por estímulos e costumam sentir a forte necessidade de se entregar a prazeres físicos de todo tipo. São tipos baseados no corpo e procuram satisfazer seus desejos de poder no mundo, sejam eles boa comida, boa diversão ou um bom desafio.

O líder do Tipo Oito: Características principais

Os traços de personalidade a seguir ajudam a definir o estilo de liderança do Tipo Oito.

- *Grande energia e presença.* Os Tipos Oito tendem a ser figuras imponentes, mesmo quando são fisicamente pequenos. Também podem trabalhar muito tempo sem se cansar.
- *Mentalidade do tipo "eu consigo".* Os Tipos Oito fazem o trabalho, não importa o que aconteça. Têm enorme confiança em si mesmos e presumem que podem fazer qualquer coisa que queiram.
- *Poderosos, fortes, destemidos.* Os líderes do Tipo Oito não têm problema em assumir sua autoridade e "dar carteiradas" ou assumir tarefas difíceis.
- *Decididos.* Mesmo quando há riscos envolvidos, os Tipos Oito não têm problema para tomar decisões difíceis. Tomam decisões com rapidez e podem ficar frustrados quando os outros não fazem isso.
- *Sem medo de conflitos.* Geralmente, os Tipos Oito não hesitam em confrontar pessoas e encarar os problemas que precisam ser tratados.
- *Honestos e diretos.* Os Tipos Oito não veem razão para enrolar — são objetivos, lideram com a verdade e querem ouvi-la dos outros.

Padrões mentais, emocionais e comportamentais: Como o Tipo Oito pensa, sente e age?

Mental

Os Tipos Oito são "baseados no corpo" e tendem a preferir a ação à análise. Embora possam ser muito intelectuais, costumam se envolver mais com o fazer do que com o pensar ou sentir, e seu pensamento tende a ser estratégico, concentrando-se na avaliação de situações em termos da dinâmica de poder, dos pontos fortes e fracos das pessoas envolvidas e das ações necessárias para fazer algo acontecer. O pensamento dos Oitos também se concentra no controle: como estabelecê-lo e mantê-lo, como não ser controlado pelos outros e como exercê-lo para motivar as pessoas. Contudo, sua postura pode ser mesmo notável por aquilo em que eles evitam pensar — suas próprias fraquezas. O hábito de negar quaisquer sentimentos vulneráveis alimenta seu foco na ação, o que geralmente significa não fazer pausa para pensar no que (e por que) estão agindo.

Emocional

Os Tipos Oito tendem a ser pessoas intensas e passionais, com capacidade de sentir profundamente as coisas, caso assim o permitam. Os tipos "baseados no corpo" (Oito, Nove e Um) estão associados com a "emoção central" da raiva, e os Tipos Oito tendem a exagerá-la, acessando-a com facilidade quando é provocada pelo desejo de corrigir uma injustiça ou expressar descontentamento. Muitos descrevem a raiva como uma sensação de energia que passa pelo corpo, refletindo tanto a conexão que sentem com o corpo físico quanto a maneira física como vivenciam a emoção. Na verdade, qualquer que seja a emoção — amor, felicidade ou desapontamento —, ela é sentida com intensidade e profundidade pelos Tipos Oito, embora em geral não se permitam valorizar emoções vulneráveis, como tristeza, dor ou vergonha.

Comportamental

Os Tipos Oito são pessoas de ação — lideram com seu instinto, geralmente agem sem pensar e tendem a aplicar excesso de força. Um líder Oito descreveu isso como a propensão para "preparar, atirar, mirar". Em virtude de sua presença enérgica e de seu desejo de agir de maneira grandiosa, com frequência os Tipos Oito exercem um impacto muito grande nas pessoas à sua volta, mas nem sempre percebem com exatidão qual é esse impacto ou como moderar a energia ao interagir com os outros. Via de regra, tomam medidas ousadas para fazer as coisas acontecerem, às vezes como maneira de descarregar toda a energia que corre por eles ou de expressar a paixão e o desejo intenso de causar impacto. Os Tipos Oito sentem muito apetite por experiências estimulantes e tendem a trabalhar duro e jogar duro, o que resulta num estilo de vida que já foi descrito como "longo demais, alto demais, tarde demais".[2] Seguros em sua onipotência, em geral esquecem de si mesmos e negam sua vulnerabilidade ao assumir cada desafio e manter elevado nível de intensidade naquilo que fazem — tanto no trabalho quanto na vida pessoal.

Pontos fortes e superpoderes: O que o Tipo Oito faz de melhor

- *Capacidade de ver o panorama completo.* Os Tipos Oito analisam todos os elementos de uma situação como forma de fazer coisas grandiosas acontecerem e de manter tudo se movendo na direção certa.
- *Confiança ao enfrentar desafios.* Os Tipos Oito não duvidam de si mesmos. Seu modo-padrão é a grande autoconfiança (justificada ou não), e gostam de demonstrar seu poder e suas habilidades assumindo tarefas difíceis e obtendo resultados de sucesso.
- *Capacidade de tomar medidas ousadas e manter o controle de tudo.* Os Tipos Oito não sentem medo do fracasso nem temem não serem queridos — movem as coisas para a frente fazendo acontecer, mesmo quando o resultado é incerto ou o movimento parece arriscado.
- *São bons mentores e dão poder às pessoas.* Como protegem naturalmente aqueles de que gostam, os Oitos emprestam sua força aos outros com facilidade e generosidade como forma de ajudá-los a se tornarem mais fortes e competentes.
- *Confiança ao abordar conflitos.* Uma das vantagens de não estar em contato com a vulnerabilidade é a capacidade de lidar com conflitos

com menos medo e insegurança. Como em geral a liderança envolve o trato de conflitos, esse é um superpoder bastante *útil.*

Quando algo bom demais fica ruim: Como os Tipos Oito podem errar ao não conhecerem a própria força

Como todas as pessoas de todos os tipos, quando os líderes do Tipo Oito abusam de seus pontos mais vantajosos (e não desenvolvem conscientemente uma gama mais ampla de especialidades), esses mesmos pontos podem se tornar seu calcanhar de aquiles — como o ponto mais forte dos Tipos Oito é a força, pode ser difícil ver o que há de errado nisso.

- *Capacidade de ver o panorama completo.* Os Tipos Oito podem ficar tão preocupados em causar um grande impacto que talvez não tenham paciência para lidar com detalhes. Preferem mirar ambiciosamente o horizonte para se assegurar de que tudo vai dar certo — às vezes, para seu prejuízo.
- *Confiança ao enfrentar desafios difíceis.* Às vezes, é bom ter um pouco de dúvida. Além disso, os Tipos Oito podem ficar tão acostumados a grandes desafios que não conseguem controlar a intensidade do esforço que colocam em tudo — e às vezes aplicam pressão demais.
- *Capacidade de tomar medidas ousadas e manter o controle de tudo.* Às vezes, os Tipos Oito esquecem de moderar sua intensidade ou de desacelerar seu impulso para agir. Podem controlar demais as coisas, a ponto de fazerem tudo sozinhos ou reprimirem inadvertidamente a espontaneidade e a criatividade.
- *São bons mentores e dão poder às pessoas.* Os Tipos Oito podem perder algumas oportunidades de orientar os outros porque podem intimidar as pessoas sem saber — a falta de consciência de sua própria vulnerabilidade pode fazê-los parecer inacessíveis ou assustadores, e por isso talvez não estejam tão conectados a seus subordinados diretos quanto gostariam de estar.
- *Confiança ao abordar conflitos.* A capacidade de lidar com conflitos pode levar a uma prontidão excessiva para enfrentar pontos de

discórdia, quando seria melhor resolver o problema pela diplomacia ou por outros métodos.

Felizmente, o interesse sincero dos Tipos Oito em promover o trabalho — e os melhores interesses de sua equipe ou organização — pode motivá-los a aprender a ajustar suas tendências a exercer poder e controle como uma estratégia de referência. Quando concentram sua considerável energia em se tornarem mais conscientes das tendências associadas a seu estilo de personalidade, em geral podem temperar sua força com a percepção maior de seu impacto sobre os outros e empregar uma gama mais ampla de táticas para fazerem as coisas.

"Quando estou sob estresse..." e "Na minha melhor versão...": Entendendo o "ponto baixo" e o "ponto alto" do estilo de personalidade do Tipo Oito

Quando estão estressados a ponto de atingir seu "ponto baixo", os Tipos Oito podem ser duros, contundentes, agressivos e controladores. Podem ser intolerantes com o que consideram incompetência e expressar a crença de que são os únicos capazes de fazer o que precisa ser feito, ou explodir com qualquer um que os deixe irritados. Podem ter uma postura clara de "nós contra eles" e se enfurecer com pessoas que cometem erros. Sob pressão, os líderes do Tipo Oito podem atacar as pessoas que não estão seguindo as regras para depois destruí-las pessoal e abertamente. Podem agir por impulso e cometer enganos óbvios, vingando-se das pessoas que eles acham que os prejudicaram, mas veem seu próprio comportamento como justificado, e não como vingativo.

Os Tipos Oito menos autoconscientes podem atropelar as pessoas e confundir sua própria verdade com a verdade objetiva, acreditando que estão sempre certos e às vezes impondo uma abordagem do tipo "do meu jeito ou nada feito". Podem dizer que estão abertos a ouvir os outros e, ao mesmo tempo, agir de maneiras que desestimulam a comunicação honesta. Podem ser totalmente incapazes de compartilhar o poder ou de acreditar que alguém será capaz de fazer alguma coisa tão bem quanto eles. E, quanto mais vulneráveis se sentirem no íntimo, pior poderão agir. Podem abusar de seu poder e minar seu próprio sucesso agindo com raiva descontrolada, sendo excessivos e comportando-se por impulso, sem levar em conta as consequências.

Do "ponto alto", os líderes conscientes do Tipo Oito motivam e inspiram as pessoas com sua confiança e dedicação. Modelam um senso discreto e sólido de força e ajudam as pessoas a se sentirem seguras para assumir riscos e alcançar grandes objetivos. Exercem controle de forma apropriada, ouvem as opiniões dos membros da equipe e são capazes de se avaliar e de desacelerar para que tenham tempo de pensar mais a fundo sobre as ações que pretendem tomar. Líderes autoconscientes do Tipo Oito sabem que podem intimidar as pessoas sem querer, e se esforçam para prestar mais atenção em suas próprias vulnerabilidades, compartilhando-as com os demais como forma de deixar as pessoas à vontade para abordá-los, confiar neles e colaborar com eles.

Quando vivem mais no "ponto alto", os Tipos Oito moderam conscientemente sua força e ousadia, mesclando sua capacidade de expressar o poder de maneiras úteis com a capacidade de ficar em segundo plano e permitir que os outros tenham autonomia. Equilibram sua assertividade natural com a percepção constante de sua natureza humana, de suas fraquezas e desafios, conectando-se com facilidade às pessoas ao falarem mais de sua história pessoal e revelarem mais o seu lado terno. Os Tipos Oito saudáveis cuidam ativamente de si mesmos e não se entregam ao trabalho árduo sem limites. Percebem de modo saudável suas próprias limitações, seus pontos fortes e seu poder natural de liderança.

Os três perfis de líderes do Tipo Oito: Como os três instintos moldam os subtipos de personalidade

Segundo o modelo do Eneagrama, todos nós temos três impulsos instintivos principais que nos ajudam a sobreviver, mas um deles tende a dominar nosso comportamento. O estilo do Tipo Oito se expressa de maneira diferente dependendo se a pessoa tem uma inclinação para a *autopreservação*, para estabelecer *relacionamentos sociais* e posicionar-se em relação a grupos ou para vínculos *um a um*.

O Tipo Oito Autopreservação (ou Autofocado)

Embora sejam fortes, ousados e relativamente destemidos, os Tipos Oito Autopreservação também se preocupam com a segurança material. Isso pode deixá-los mais focados do que os outros dois Tipos Oito na criação de riqueza para manter a sensação de que dispõem de recursos suficientes, e eles podem se sentir inseguros financeiramente, ainda que tenham muito dinheiro no banco. Sabem conseguir o que querem — sabem negociar ou barganhar e são bons em obter vantagens em negociações ou encontrar maneiras de satisfazer seus desejos materiais.

Esse é um Tipo Oito mais reservado, introvertido, parecido com um Cinco, que não precisa tanto de poder sobre as pessoas ou de uma grande esfera de influência. Em geral, sentem-se protetores dos outros, mas de um grupo menor — talvez sua família imediata ou um punhado de pessoas mais próximas. Estes são os Oitos mais defensivos ou "armados". Raramente exibem suas emoções, se é que o fazem — em especial, emoções vulneráveis —, e costumam ter dificuldade para pedir aos outros algo de que precisam, embora possam ser eficazes quando satisfazem pessoalmente suas necessidades. Apesar de poderem ser amigáveis e calorosos (em especial as mulheres do Tipo Oito Autopreservação), podem ser menos comunicativos do que os outros dois Tipos Oito. Querem que as coisas aconteçam, mas não sentem necessidade de debater nem de se explicar para quem quer que seja.

Como líderes, os Tipos Oito Autopreservação tomarão decisões e agirão rápido sem necessariamente fazer uma pausa para obter a adesão alheia. É provável que sua grande necessidade de segurança os torne mais estratégicos e autocentrados, mas eles também podem fazer o que for preciso para conseguir apoio para seus planos e projetos — embora de forma minimalista. Tendem a possuir uma força discreta e, com sua necessidade de serem fortes, podem desvalorizar o mundo dos sentimentos como forma de evitar a sensação de vulnerabilidade. Quando avançam para realizar algo ou para atender a uma necessidade, tendem a evitar compartilhar informações sobre si mesmos e não mostram muita tolerância para fraquezas ou incompetência.

O Tipo Oito Social (ou Focado no Grupo)

O Tipo Oito Social é o "contratipo" dos três subtipos. Tendem a ser um pouco antissociais, pois nem sempre observam as normas da sociedade e não receiam ir contra autoridades ou convenções. Mas o Oito Social também procura proteger os outros e formar relacionamentos. Portanto, este é um Oito "social antissocial", uma pessoa que se rebela facilmente contra regras e autoridades estabelecidas, mas também se sente motivada a proteger e a apoiar os demais. Em termos arquetípicos, é a criança que se impõe para proteger a mãe do pai — esse Tipo Oito mostra-se rigoroso ao ir contra o patriarcado pela necessidade de apoiar pessoas que talvez não sejam capazes de se defender. Age por solidariedade.

A orientação para a proteção das pessoas torna os Tipos Oito Sociais mais brandos, mais amigáveis e com menor agressividade aparente. Ainda tendem a ser diretos, assertivos e fortes, mas também se parecem mais com os Tipos Dois — mais inclinados a oferecer apoio e a fazer coisas pelos outros. É interessante ver que também podem se refugiar no grupo ou na liderança de grupos como maneira de evitar a vulnerabilidade que podem sentir em relacionamentos mais próximos, um a um.

Como líderes, os Tipos Oito Sociais podem defender ferozmente sua equipe ou seus colegas, concentrando muita energia na orientação das pessoas, treinando subordinados diretos e colocando indivíduos sob suas asas. Nem sempre precisarão ser os líderes, mas se sentirão atraídos para papéis de liderança caso o grupo precise de orientação. E quando veem alguém sendo oprimido ou maltratado por alguém com mais poder, tendem a interferir rapidamente para oferecer proteção. Os Tipos Oito Sociais dizem que mal conseguem expressar emoções na frente de outras pessoas, embora possam ser compassivos com aqueles que se sentem vulneráveis. Desse modo, esses líderes podem cuidar dos outros como forma de lidar com sua própria vulnerabilidade, sem precisar fazê-lo de forma direta. Embora possam oferecer amor e atenção aos outros que precisam de seu apoio, não tendem a ser muito abertos a receber o mesmo em troca.

O Tipo Oito Um a Um (ou Focado no Relacionamento)

Os Tipos Oito Um a Um são os Tipos Oito mais rebeldes, com a mais forte tendência antissocial. Gostam de estar no centro das coisas — de ser o centro das atenções — e gostam do poder que vem de serem francos e de irem contra regras e normas. Expressam muita intensidade e paixão e são os mais emocionais dos três subtipos; podem sentir as coisas de modo passional, a ponto de demonstrarem suas emoções. Os Tipos Oito Um a Um são pessoas provocadoras que podem se orgulhar de ser "maus" ou de se rebelar contra autoridades tradicionais e maneiras convencionais de fazer as coisas.

Em contraste com os outros dois subtipos, os Tipos Oito Um a Um são mais pitorescos, gostam mais do poder e são mais magnéticos. Expressam a necessidade de dominar e querem que as pessoas se submetam completamente à sua vontade, desejando estar no controle de tudo e de todos. Possuem grandes poderes de sedução, buscam o prazer na vida onde quer que possam encontrá-lo e podem dedicar-se a seus apetites sem limitações. Adoram sentir o efeito da adrenalina, que podem obter vencendo o jogo ou assumindo o controle de uma empresa, buscando aventuras, experiências intensas e riscos.

Como líderes, os Tipos Oito Um a Um gostam de preencher um recinto com sua grande energia e dominar a cena falando mais alto e mais demoradamente do que qualquer um. Agem de maneira apaixonada e rápida, em geral sem se dar tempo suficiente para pensar direito nas coisas ou saber o que os outros pensam. Tendem a ser intolerantes com pessoas fracas, incompetentes ou lentas. E embora os líderes do Tipo Oito Um a Um possam ser muito espertos, podem demonstrar certo distanciamento do intelecto, pois preferem claramente ação e sentimento ao pensamento. Concentram muita atenção em relacionamentos um a um e lideram fazendo com que as pessoas se submetam ao seu poder ou à sua visão do que precisa acontecer. Podem inspirar as pessoas com sua paixão e confiança, mas pode ser difícil respeitar os limites apropriados, compreender as possíveis consequências negativas de suas ações, compartilhar o poder ou se submeter à liderança dos outros.

O Tipo Oito no trabalho

Às vezes, os Tipos Oito sentem dificuldade para trabalhar com os outros porque:

- "Os outros nem sempre são tão competentes quanto eu."
- "Para mim, pode ser difícil colaborar com pessoas que considero fracas ou nas quais não confio plenamente."

- "Posso ficar incrivelmente impaciente quando as pessoas levam muito tempo para tomar uma decisão."
- "Às vezes, as pessoas não me mantêm a par, mas quero estar sempre informado do que está acontecendo."
- "Gosto de agir, e às vezes as pessoas me retardam ou ficam no meu caminho, mergulhadas em detalhes ou tentando chegar antes a um consenso."
- "As pessoas me dizem que sou intimidador, mas estou apenas tentando fazer o meu trabalho (e não estou tentando assustar ninguém)."
- "Os outros concentram muito tempo e energia em detalhes que não considero importantes."
- "Não me dizem a verdade."
- "Não são diretos — acabam dizendo o que querem apenas no final de um e-mail que inclui um monte de informações irrelevantes."
- "Não veem o panorama completo tão claramente quanto eu."

As principais implicâncias do Tipo Oito no local de trabalho podem ser:

- "Quando as pessoas são fracas e não se mexem para fazer o que precisa ser feito."
- "Quando as pessoas fazem algo pelas minhas costas ou não se comunicam de forma direta."
- "Quando as pessoas me veem como controlador, embora eu esteja apenas tentando fazer as coisas irem em frente."
- "Quando as pessoas ficam presas à indecisão e não tomam uma atitude."
- "Quando as pessoas são lentas."
- "Pessoas que resmungam sobre o que está acontecendo, mas não fazem nada para resolver o problema."
- "Pessoas que não dizem o que realmente pensam."
- "Quando as pessoas fazem rodeios em vez de apenas dizer a verdade."
- "Quando as pessoas tentam me limitar ou ficam no meu caminho."

- "Quando as pessoas tentam me microgerenciar."
- "Quando as pessoas interpretam minha paixão e energia como hostilidade ou intolerância, erroneamente."
- "Quando aqueles que estão no poder tratam mal os outros."
- "Quando outros gerentes interferem na minha equipe."

Como os Tipos Oito podem se tornar melhores colegas de trabalho

De modo geral, será útil se as pessoas com estilo do Tipo Oito se lembrarem de que nem todos são tão orientados para a ação quanto elas. Pessoas de outros estilos podem levar mais tempo para fazer as coisas, e por isso pode ser útil se os Tipos Oito se alinharem com os demais fazendo escolhas conscientes (durante parte do tempo) para ajustar seu ritmo e moderar o impulso para agir. Também pode ajudar se compreenderem que os outros têm processos de tomada de decisões diferentes; se fizerem um esforço para encontrar um ponto em comum. A determinação dos Tipos Oito é definitivamente um ponto forte, mas, se buscarem moderar sua impaciência e permitir que os outros os ajudem a pensar antes de agir, podem ser capazes de estimular aqueles que demoram para decidir a agirem de forma mais eficaz.

Os Tipos Oito também devem se lembrar de que possuem uma presença imponente, o que pode intimidar. Os outros podem vê-los como mais acessíveis e menos imponentes se moderarem a força que usam e compartilharem mais informações pessoais como forma de se tornarem mais transparentes e parecerem mais acessíveis. A adoção ativa de uma postura amigável também ajuda. Não gosto muito de dizer para as pessoas "sorrirem" (por algum motivo, isso me causa certo desconforto), mas os Tipos Oito podem lutar contra a tendência à intimidação lembrando-se de incorporar um comportamento gestual mais suave.

Como líderes, os Tipos Oito apresentam os dons naturais da confiança e da força e por isso tendem a se sentir confortáveis em posições de autoridade. Gostam de fazer as coisas ao seu modo, o que pode ser bom, pois se destacam por fazer bem o trabalho. Mas, para colaborarem de forma mais proativa com o grupo, o ideal seria moderarem seu desejo de agir imediatamente e levarem em consideração a contribuição dos outros (mesmo que ainda queiram fazer tudo ao seu modo).

Embora os Tipos Oito digam que não precisam ser o chefe, muitos podem se sentir desconfortáveis em alguns papéis subalternos — para eles, pode ser difícil conter sua energia intensa e ouvir toda hora o que devem fazer. Portanto, para Tipos Oito que não são chefes, será importante manter em mente esses pontos quando precisarem seguir orientações, sobretudo quando sentirem desconforto com o controle alheio e o impulso de reagir ao se verem vulneráveis, concentrando-se no controle de sua energia de forma consciente.

Trabalhando com os Tipos Oito

Comportamentos típicos dos Tipos Oito no ambiente de trabalho

Você provavelmente está trabalhando com um Tipo Oito do Eneagrama se notar que essa pessoa apresenta vários dos comportamentos a seguir.

- Impõe respeito automaticamente em todos da equipe.
- Não tem paciência para longas explicações e costuma dizer às pessoas (um pouco irritada) para irem "direto ao ponto!".
- Costuma falar palavrões com frequência, mesmo no trabalho, o que espanta as pessoas, e não tem tolerância para besteiras.
- Tem atitude do tipo "do meu jeito ou nada feito".
- Confronta facilmente as pessoas quando tem um problema com alguma coisa de que não gostou.
- Às vezes, intimida você, mesmo quando não está dizendo nada.
- É rápida em tomadas de decisões e gosta de agir imediatamente — mesmo que às vezes deixe as pessoas para trás.
- Às vezes, fica brava, mas isso passa logo e ela parece não guardar rancor.
- Gosta de mandar nas pessoas — e você precisa admitir que ela é boa nisso.

- Às vezes, é um alívio o modo como ela assume o controle e lidera.
- Dá a impressão de respeitá-lo mais depois que vocês discutiram.
- É sempre bem direta e não esconde o que está sentindo.
- Você sempre sabe como está sua relação com ela.
- Alguns acham que é agressiva e dominadora, mas você a vê como assertiva e forte.
- Em sua melhor versão, inspira as pessoas com sua confiança e capacidade de agir com ousadia.
- Em sua melhor versão, defende sua equipe quando alguém de fora a critica.

Por que é ótimo trabalhar com líderes conscientes do Tipo Oito

- Lideram com confiança e paixão, inspirando equipes e colegas.
- Falam o que pensam — você não precisa supor quais são suas intenções.
- Não temem os conflitos — e às vezes você precisa manter uma discussão produtiva para estabelecer o melhor caminho a seguir.
- Quando estão na sua equipe, apoiam você.
- Enxergam o panorama completo e ajudam você a enxergá-lo também — mostram aonde querem chegar e têm um plano para você chegar lá.
- Não se envolvem em discussões intermináveis — eles agem.
- Trabalham muito mesmo.
- Delegam bem — quando confiam em sua competência, dão-lhe liberdade para agir com independência.
- Respeitam a competência. Não precisam necessariamente fazer tudo.
- Têm opiniões fortes e não têm medo de manifestá-las.
- Têm a coragem de suas convicções — e inspiram a coragem nos outros.
- Têm muita energia e aplicam muito esforço naquilo que fazem.
- Não têm medo de grandes desafios ou metas elevadas — gostam do desafio de realizar coisas grandiosas. Podem até ter mais energia quando as chances estão contra eles.

- Querem que você tenha sucesso — querem que as pessoas se sintam fortes o suficiente para trabalhar com independência e contribuem de maneira poderosa para o esforço da equipe.

Desafios típicos para pessoas que trabalham com Tipos Oito

- Podem ser tão intensos que intimidam as pessoas. E quando se sentem intimidadas, as pessoas podem ter medo de confrontar o Tipo Oito ou de lhes dizer toda a verdade (especialmente quando as notícias são ruins).
- Podem confundir seu senso da verdade com a verdade objetiva — talvez não levem em consideração o valor de pontos de vista que diferem dos seus próprios.
- Podem agir depressa demais, sem pensar direito no assunto ou esperar que os colegas analisem a questão.
- Podem ser agressivos e expressar a raiva de um modo não muito construtivo.
- Seu estilo pode ser muito autoritário, tirânico ou ditatorial.
- Podem ficar tão concentrados em fazer as coisas avançarem que passam por cima das pessoas em seu caminho.
- Podem falar muito, mas não ouvem os outros.
- Caso acreditem que foram injustiçados por alguém, podem ser vingativos.
- Pode ser difícil saber como ajudá-los, pois não compartilham suas vulnerabilidades ou pontos fracos.
- Podem ficar tão concentrados no panorama completo que perdem de vista detalhes importantes.
- Podem ir longe demais quando quebram as regras — violam limites, ofendem pessoas ou deixam de observar processos e procedimentos importantes.
- Podem não ser capazes de empatizar com colegas que estão passando por alguma experiência emocional difícil (pois eles próprios não querem estar nessa situação).

Os Tipos Oito e a liderança

Líderes do Tipo Oito contam como conhecer seu tipo no Eneagrama ajuda no trabalho

Carol Anderson é presidente da Child Development Inc., que administra e desenvolve currículos para 155 creches na Califórnia.

> Creio que conhecer meu estilo do Tipo Oito no Eneagrama foi algo grande para mim. É importante ver meu modo de ser: durona por fora, dirigindo coisas, orientada para o poder e o controle — todas essas coisas típicas.
>
> Antes, eu gostava de desenvolver minhas próprias ideias e levá-las já prontas para a minha equipe. Então, um dia, alguém me disse: "Você quer mesmo a nossa opinião ou apenas um carimbo?". Fiquei muito surpresa, foi um momento de revelação. Comecei a mudar e a ser mais colaborativa graças ao conhecimento do Eneagrama. Os Oitos não gostam de colaborar; gostamos de trabalhar sozinhos. Também aprendi a ser melhor ouvinte.
>
> Agora, tento compreender diferentes pontos de vista. Há muitas coisas que aprendi e que preciso trabalhar, inclusive ser mais vulnerável na frente das pessoas. Ainda estou no caminho! Passei a conversar com as pessoas e conto o que estou fazendo.

Don Mather é vice-presidente da La-Z-Boy South.

> Conhecer meu tipo no Eneagrama tornou-me um líder melhor, pois entendi como sou e por que sou assim. Em termos de personalidade, como Tipos Oito, nossos tipos exagerados recebem muita atenção. Some-se a isso o fato de eu ser um homem grande — sou bem musculoso e fui halterofilista a vida toda —, e preciso moderar um pouco para não parecer intimidador. E não é que eu necessariamente queira intimidar, mas quando fico apaixonado por algo, posso parecer intimidador.
>
> Eu diria que meus principais pontos fortes como líder são a determinação, a disposição para agir e o fato de não ter medo do fracasso. Tenho uma forte tendência à ação e pouca tolerância para conversas intermináveis — o que também pode ser ruim. Além disso, tenho grande disposição para o confronto. Muita gente em posições de liderança não gosta de lidar com as coisas difíceis, de enfrentar problemas de desempenho ou coisas assim, mas eu não ligo mesmo. Não que eu goste de confrontos, mas, quando um indivíduo apresenta problemas de desempenho, a melhor ajuda que se pode oferecer a essa pessoa é ser honesto.

Ser confrontador pode ser um ponto forte; no entanto, você precisa enxergar os limites — nem sempre dá para partir para o confronto quando você está abaixo na hierarquia de uma empresa. Você precisa saber até onde pode ir e quando precisa recuar.

Quanto aos meus desafios de liderança, às vezes agir impulsionado pelo "preparar, atirar, mirar" — o lado extremo de ação — pode fazer você agir rápido demais. Não permitir que suas emoções necessariamente o conduzam também é fundamental. Ao longo dos anos, melhorei no controle das minhas emoções.

Spence Taylor é acadêmico e presidente da Greenville Health System Clinical University.

Na nossa organização, minha experiência positiva no uso do Eneagrama foi dupla. Primeiro, do ponto de vista da autopercepção e do crescimento pessoal, ele expôs todos os meus pontos cegos. Sou um Tipo Oito Um a Um, sou rebelde, faço as regras, e isso era algo latente. É enorme a oportunidade de crescimento pessoal quando enxergamos como realmente somos.

O Eneagrama como forma de desvendar pontos cegos na minha equipe foi fundamental. Do mesmo modo, me ajudou a conhecer melhor meus subordinados diretos, a conhecer seus estilos. Os Tipos Oito podem ser incrivelmente intimidadores; damos a impressão de sermos ousados, francos e com muita energia para seguir em frente.

Depois de conhecer o Eneagrama, comecei a dizer a mim mesmo: "Eu assusto as pessoas. Nunca serei um grande líder assustando as pessoas". Isso nunca havia me ocorrido, nem de longe. Eu achava que era um orador brilhante quando me comunicava com a minha equipe, mas estava causando desconforto nos outros. Temos muita energia emocional, mas, em geral, não nos damos conta disso. Eis mais um exemplo: trabalho muito de perto com uma Tipo Nove. Ela é incrível, pois conseguiu ficar atrás de mim, provavelmente durante anos, acalmando as pessoas que eu havia assustado.

Jeanette Maggio é ex-chefe de desenvolvimento organizacional e gestão de mudanças para operações técnicas globais da Roche/Genentech.

Sou uma típica Oito. Mas, graças ao conhecimento dos três subtipos, passei a me questionar por que sou tão emocional. Eu agia como vítima, pensando "Por que não estão sendo bonzinhos comigo?", "Por que não me acham legal?". Então li sobre o subtipo Um a Um e consegui me compreender melhor, sendo mais empática comigo mesma. Entre as características dos

Tipos Oito, tendo a ser mais emotiva e busco por relacionamentos mais próximos, embora nem sempre consiga fazê-los acontecer. O que aprendi a meu respeito é o seguinte: me concentro muito em ser forte, mas isso pode atrapalhar a conexão. Quero mesmo me conectar como um Oito Um a Um.

A partir do estudo do Eneagrama, compreendi que preciso cuidar de mim, pois ninguém vai fazer isso por mim completamente. Quando você é um Oito, as pessoas não veem seu lado vulnerável. E, quando sua fraqueza aparece, você pensa "Vou ficar mais forte ainda". Saber que somos um Oito desmascara todas essas coisas das quais não queremos falar. Mas descobri que não é tão difícil me abrir e começar um diálogo.

Rich Homberg é presidente e CEO da Detroit Public Television.

A maior mudança que ocorreu na minha vida graças ao Eneagrama foi ficar mais consciente do fato de que tenho uma presença imponente. Minha esposa já usou a frase "Você suga o oxigênio do recinto". Sabendo que sou um Oito, tive de aprender a me dizer coisas como "Espere um pouco. Diminua o ritmo".

Diminuir o ritmo também significa que preciso dar um tempo para observar e levar tudo em consideração. Trabalho neste momento com uma mulher que está grávida; ela deve ter o bebê em duas ou três semanas. É uma ótima funcionária, uma pessoa muito boa. Há cinco anos, eu estaria ocupado demais até para lhe desejar boa sorte, lhe dizer "Espero que tudo corra bem".

Além disso, preciso saber quando estou perdendo a perspectiva ou me envolvendo demais numa ideia que pode estar me levando na direção errada. Por fim, minha maior dificuldade é saber quando devo sair de cena.

Quando você é gerente e é um Tipo Oito

Como gerente do Tipo Oito, é provável que você se sinta muito confortável numa posição de autoridade. Você pode gostar de ter poder para controlar o que acontece e como o trabalho é feito, e provavelmente gosta de usar suas habilidades para ajudar as pessoas a entenderem sua visão e a agir de modo que o trabalho prossiga. É provável que queira fortalecer as pessoas e assumir a liderança para se assegurar de que as decisões serão tomadas, as coisas certas acontecerão, os obstáculos serão superados e as ações corretas serão realizadas.

No entanto, você pode se sentir mais desafiado quanto ao gerenciamento do "pessoal" — compreender como se relacionar com a equipe, como comunicar-se de modo que o compreendam e como lidar com áreas problemáticas de maneira construtiva. Se você achar que alguém é incompetente ou fraco, pode ter dificuldade para empatizar com a pessoa ou ajudá-la a melhorar, sobretudo se achar que ela não está dando o seu melhor. Para você, pode ser difícil estabelecer conexões mais profundas com colegas ou ouvir plenamente todos antes de prosseguir com o que gostaria de fazer. Na sua melhor versão, se você puder receber os pareceres de sua equipe e começar a compreender como as pessoas o veem, poderá fazer um esforço consciente para mostrar mais o seu lado brando, permitindo que as pessoas o conheçam num nível mais profundo.

Quando seu gerente é do Tipo Oito

Ter um gerente do Tipo Oito pode ser uma experiência muito positiva, pois, em geral, esse tipo se sente à vontade nos níveis superiores da hierarquia organizacional. Você pode contar com seu gerente Oito para administrar realmente com autoridade — é provável que ele não tenha problemas para ser direto, dizendo-lhe o que fazer e depois lhe dando liberdade para agir, pois com frequência os líderes do Tipo Oito dão espaço para as pessoas fazerem seu trabalho na esperança de que dominem o jogo. A menos que você faça alguma bobagem, os gerentes do Tipo Oito se contentam em saber que você tem competência suficiente para trabalhar de maneira relativamente independente.

Se você estiver fazendo alguma coisa errada, provavelmente seu gerente Oito vai deixar isso bem claro — e não vai hesitar em corrigir seus erros e dizer se você não estiver correspondendo às expectativas. E se fizer bem o seu trabalho, é provável que também diga algo, mesmo que de forma não muito efusiva. Em geral, os Tipos Oito gostam de ser diretos, sem florear muito.

Do lado negativo, seu gerente do Tipo Oito pode ser muito rude, agressivo ou até assustador. Talvez não compartilhe tanta informação quanto você considera necessário para fazer seu trabalho ou não reserve tempo para conhecer você de fato, e talvez não se mostre aberto a ouvir suas opiniões. Pode ficar rabugento ou retraído, ou pode ser impulsivo e excessivo. Às vezes, você pode precisar encontrar maneiras de ajudar seu gerente do Tipo Oito a reduzir a velocidade para que vocês possam pensar juntos com mais cuidado nas medidas que pretendem tomar. No entanto, na melhor versão deles, são protetores e darão apoio — e geralmente estão abertos a fazer o que for preciso para realizar o trabalho e ter sucesso.

Quando seu subordinado é do Tipo Oito

Quando seu subordinado direto tem o estilo do Tipo Oito, você pode contar com seu trabalho duro e com sua grande energia. Os Tipos Oito se esforçam e levam intensidade e paixão para aquilo que fazem — especialmente se vocês têm um bom relacionamento e eles se sentem dedicados ao trabalho. Se você lhes apresentar um panorama completo do que está em jogo, se sentirão apoiados, e mais motivados quando lhes disser que papel podem ter nisso. Quanto mais independência você lhes oferecer , melhor, e será importante evitar a sensação de que você os está microgerenciando.

Ter um Oito poderoso e confiante trabalhando sob suas ordens pode ser difícil, especialmente se ele decidir questionar sua autoridade ou rebelar-se contra ela. Os Tipos Oito podem ter a tendência a acreditar que estão acima da lei e não gostam que lhes digam o que fazer — nem mesmo seus gerentes. Para colaborar bem com seus subordinados diretos do Tipo Oito, é essencial demonstrar respeito pelas habilidades deles, oferecer certo grau de liberdade e ser tão direto e firme quanto possível em suas interações. Também será útil criar uma atmosfera mútua de respeito, assumindo seu poder de maneira confiante para que eles não percam a fé em sua liderança.

Acima de tudo, tente dizer a verdade a seus subordinados do Tipo Oito e faça-os saber que você valoriza seus comentários e respeita suas opiniões. Quando você lhes der feedback, seja o mais direto possível, levando em conta que, embora seja improvável que compartilhem seus sentimentos vulneráveis, eles os têm (como todos nós), mesmo que você nunca os veja. Isso vai ajudá-los a se lembrar de serem bondosos, mesmo que pareçam durões ou insensíveis — ou se sintam pouco à vontade com feedback positivo. Na sua melhor versão, os Tipos Oito são colegas leais e dedicados, com excelente ética e atitude prática.

Convivendo com o Tipo Oito: O que fazer para trabalhar bem com ele

- *Não faça rodeios.* Diga a verdade e não a adoce. Quando enviar e-mails pedindo alguma coisa, coloque o pedido de forma direta, no alto — não o enfie no final do quarto parágrafo.
- *Evite oferecer um livro quando eles querem apenas um resumo.* Seja conciso, direto e objetivo.
- *Seja competente e capaz de trabalhar de forma independente.* Seus colegas do Tipo Oito ficarão muito contentes se souberem que você fará seu trabalho, e o fará bem e no momento correto, sem que tenham de lhe cobrar ou acabar fazendo o trabalho por você.
- *Apoie-os na ação.* Tente não retardá-los ou interrompê-los no que estiverem fazendo, a menos que seja realmente importante. Compreenda como são orientados para a ação e faça o que puder para apoiar seu impulso para a frente. Se precisar pedir que façam uma pausa *antes* de começarem a agir, faça isso de maneira direta e aponte para boas evidências.
- *Mantenha-os informados — não esconda nada nem diminua sua autoridade.* Os Tipos Oito querem saber o que está acontecendo para poderem controlar o fluxo do trabalho.
- *Tente não ter medo de entrar em conflito com eles.* Pode ser sensato entender o trabalho com um Oito como uma oportunidade para aprender a gerenciar conflitos com mais conforto e habilidade. Eles vão confiar em você caso possa enfrentá-los sem recuar.

Sugestões de crescimento: Como os Tipos Oito podem ser mais autoconscientes, eficazes e felizes no trabalho

Todos os tipos podem aprender a ser menos reativos e a colaborar melhor com os demais, observando primeiro seus padrões habituais e refletindo sobre o que pensam, sentem e fazem para obter mais autopercepção. Depois, devem esforçar-se para gerenciar ou moderar suas reações automáticas diante de alguns gatilhos, entre eles: ter seu ímpeto frustrado, trabalhar com pessoas desonestas ou pouco assertivas e ver alguém abusar de seu poder para oprimir os outros.

Quando os Tipos Oito conseguem observar suas ações a ponto de se surpreenderem fazendo as coisas que lhes causam problemas, e então param para refletir sobre as próprias atitudes e sobre a razão para isso, podem aos poucos aprender a moderar sua programação e suas reações automáticas. Eis algumas ideias para ajudar os Tipos Oito a serem mais autoconscientes, emocionalmente mais inteligentes e mais satisfeitos no trabalho (e em casa).

Auto-observação: Aspectos que os Tipos Oito devem considerar

- Observe sua tendência a querer entrar em ação. O que está por trás disso? O que pode acontecer se você não conseguir avançar da maneira que deseja? Desacelerar é tão difícil assim?
- Perceba sua tendência a ser impulsivo. Observe qualquer impaciência que surja e que alimente sua impulsividade. Note o que faz com que você fique impaciente e como reage.
- Observe qualquer raiva ou agressividade que possa surgir. Permita-se aprender a observar isso melhor — qual é a causa, com que rapidez surge e como você lida com isso.
- O que há por trás de seu desejo de controlar tudo e de ter algo a dizer acerca de tudo? O que acontece quando as coisas estão além de seu poder de controle? Como você reage?
- Observe sua tendência a ser excessivo nas coisas que faz — ou sente, ou consome. Para você, quão fácil ou difícil é *modular sua intensidade e excessos*?
- Em geral, você consegue julgar corretamente o impacto que causa nos outros? Você sempre causa o impacto que deseja? Se não, o que acontece?
- Você já se sentiu vulnerável? Se não, por quê? Em caso afirmativo, em que circunstâncias? Consegue transmitir aos outros quaisquer sentimentos vulneráveis que possa ter?

Pontos cegos: O que você não sabe que pode machucar

Os pontos cegos dos Tipos Oito são:

- *Sua vulnerabilidade (fraquezas, limitações e emoções vulneráveis).* Em geral, os Tipos Oito negam completamente seus sentimentos e se concentram em ser fortes e poderosos como forma de manter ainda mais longe quaisquer emoções vulneráveis. Para eles, é crucial perceber suas fraquezas, por muitas razões: 1) fazem parte da verdade sobre como a pessoa se sente e quem ela é; 2) equilibram a força; 3) tornam a pessoa mais acessível para os outros; 4) permitem que a pessoa se conecte mais profundamente e melhor com os outros.
- *O valor de desacelerar e de pensar melhor.* Os Tipos Oito podem causar muitos problemas quando não conseguem identificar o momento em que é melhor refletir antes de realmente agir.
- *Seu impacto sobre os outros.* Os Tipos Oito podem melhorar sua capacidade de trabalhar mantendo-se abertos para aprender mais sobre o modo como os outros os afetam. Geralmente, julgam de forma equivocada o seu impacto porque concentram atenção naquilo que querem fazer, e não em como isso vai afetar as pessoas.
- *Quanta força é realmente necessária para uma tarefa específica.* Às vezes, os Tipos Oito aplicam mais força do que seria necessário para o que precisa ser feito. Seria bom aprender quando um toque leve é mais eficaz.
- *O impulso de proteger os outros como projeção de sua vulnerabilidade.* Embora o desejo de proteger os demais possa ser uma qualidade altamente positiva, em geral serve para ajudar os Tipos Oito a mascarar a própria vulnerabilidade. Isso acontece quando projetam nos outros os próprios sentimentos ocultos de fraqueza (e dos quais não estão cientes), em vez de reconhecê-los em si mesmos, e depois agem em apoio aos que eles acham que precisam de proteção. Portanto, seria bom se os Oitos percebessem que o impulso de proteger os demais pode ser um sinal da necessidade de cuidar das próprias vulnerabilidades não reveladas.

Autopercepção: Coisas para pensar, compreender e explorar

- Por que é tão importante que você seja tão forte e poderoso? O que aconteceria se você não fosse? (Consegue imaginar isso?)
- Por que toda essa raiva? O que realmente está expressando num nível mais profundo? Como pode detê-la ou frustrá-la?
- Essa ideia de que você é capaz de controlar as coisas não seria apenas uma ilusão defensiva? (Em psicologia, chamamos essa defesa de "controle onipotente", uma forma de "pensamento mágico" no qual você diz a si mesmo que consegue controlar tudo, quando, na verdade, não consegue.)
- Por que seria difícil deixar à mostra seu lado mais suave? O que acontece com seus sentimentos ternos? Por que é difícil se permitir senti-los ou comunicá-los?
- Por que é difícil deixar outras pessoas apoiarem e cuidarem de você? Quais ações suas desestimulam as pessoas a demonstrarem afeto por você?
- O que acontece quando você se comporta de maneira que os outros consideram intimidadora?
- Quais as vantagens e desvantagens de não manter contato com sua vulnerabilidade?

Pontos fortes para alavancar

Será útil se os Tipos Oito perceberem, prestarem atenção de forma ativa, assumirem e alavancarem:

- *Sua confiança, seu poder e sua força.* Pode ser mais desafiador não alavancar esse ponto obviamente forte em você. Ser confiante pode ser tão natural como respirar — e é provável que os outros já esperem isso de você na vida cotidiana. Paradoxalmente, se você entrar em contato regular com sua vulnerabilidade, pode impulsionar ainda mais a energia de sua força.

- *Seu destemor diante de conflitos e grandes desafios.* Sua capacidade de se blindar do medo lhe permite fazer muitas coisas sem ser prejudicado por ansiedades que frequentemente paralisam as pessoas.
- *Sua capacidade de apoiar e de proteger os outros.* É provável que as pessoas com quem trabalha contem com a sua força de diversas maneiras. Isso pode fazer de você um elemento vital em qualquer equipe, seja ou não o líder.
- *Sua generosidade e seu grande coração.* Na sua melhor versão, o lado brando que você nem sempre mostra aos outros se revela na maneira como se dedica de coração a trabalhos pelos quais se sente apaixonado — ou pela generosidade que demonstra quando se preocupa com os demais. Quanto mais assumir isso conscientemente, melhor para todos.
- *Sua capacidade de ver o panorama completo e de fazer coisas grandes avançarem com determinação.* Toda equipe e organização precisam de pessoas que consigam desenvolver e manter uma visão grandiosa das possibilidades. Você não só tem esse talento, como isso o motiva a levar as pessoas para a frente — o que significa que provavelmente você tem o papel crucial de fornecer inspiração e combustível para ajudar as pessoas a fazerem grandes coisas.

Autogestão: Tendências desafiadoras que os Tipos Oito devem moderar

- *Tendência a intimidar os outros (mesmo que não tenha intenção).* Para você, será mais fácil trabalhar com os outros se eles não o temerem. Se compreender que pode intimidar colegas — embora tente não o fazer —, você poderá temperar conscientemente os comportamentos considerados perturbadores e forjar boas conexões.
- *Ver sua verdade como A Verdade.* Tendo em vista seu poder pessoal natural, faz sentido que às vezes (ou frequentemente) você presuma

estar certo sobre a maneira como são as coisas. Porém, a verdade é que às vezes você não está. Você vai conseguir resultados melhores se ouvir opiniões alheias e se abrir para a possibilidade de que os outros podem ter razão.

- *Nunca ouvir os outros.* As coisas podem melhorar caso consiga desacelerar e se esforçar para receber o feedback e a contribuição dos outros. Eles podem ter mais a oferecer do que você pensa.
- *Tendência a precisar ser invencível.* Embora possa não parecer à primeira vista, moderar sua necessidade de ser invencível e suavizar e compartilhar mais vai ajudá-lo a se relacionar melhor e a colaborar de maneira mais próxima e eficaz com seus colegas. É provável que, se você permitir ser mais conhecido, você será mais querido, o que pode parecer estranho e desconfortável, mas será bom, se você se acostumar a isso.
- *Tendência a se rebelar contra regras e limitações.* Será bom admitir que você nem sempre está acima da lei — que algumas restrições, quando apropriadas, aplicam-se, sim, a você. Como líder, há ocasiões em que seria interessante aceitar limites.
- *Tendência a "colocar tudo para fora".* Como Oito, você tem energia de sobra — isso pode ajudá-lo muito, desde que consiga controlá-la conscientemente, percebendo que pode moderá-la quando quiser.

Manifeste conscientemente seu potencial superior: Cuide do "ponto baixo" e almeje o "ponto alto"

Os Tipos Oito também crescem quando se tornam conscientes de hábitos e padrões autolimitantes associados a seu estilo de personalidade e aprendem a incorporar os aspectos mais elevados ou as capacidades mais expansivas de sua tipologia.

- Observe como a raiva pode controlá-lo e desafie-se a descobrir o que há por trás disso, em vez de apenas manifestá-la. Aprenda a compreender e a regular sua agressividade, equilibrando a raiva com uma consciência maior da dor, mágoa ou medo que possa estar por trás dela — e aprenda a comunicar isso com a mesma intensidade.

- Perceba como é difícil manter-se sempre consciente de suas fraquezas e desta verdade importante: é preciso ter muita força interior para ser vulnerável. Os melhores líderes são capazes de revelar seletivamente a própria vulnerabilidade. Quanto mais você conseguir fazer isso, mais será amado e apreciado, não apenas por sua capacidade de liderança, mas por quem você é por baixo da armadura.
- Saiba que afirmar-se tão intensamente pode dar-lhe apenas a ilusão de controle, e não o controle em si. Aprenda a equilibrar sua necessidade de agir e de afirmar seu poder com uma avaliação mais ponderada da medida da supervisão.
- Perceba que você corre o risco de descartar pessoas como incompetentes ou fracas sem ter lhes dado uma chance. Permita-se desacelerar, revelar-se mais e sintonizar-se com os outros num nível mais profundo, criando uma base mais sólida para seus relacionamentos profissionais. Nem todos serão competentes; alguns podem ser mais habilidosos do que você pensava.
- Aprenda a perceber quando você está se concentrando demais no panorama completo e perdendo detalhes importantes. Permita-se moderar qualquer impaciência para levar as coisas avante e procure detalhar as pequenas coisas, garantindo que seus planos serão fundamentados da melhor maneira possível.
- Perceba quando você se dedica apenas à ação e procure equilibrar a ação com mais sentimentos e pensamentos. Conscientize-se mais de como suas ações podem ser mais sábias e eficazes caso leve em consideração as emoções e uma investigação mais profunda dos fatos.

De modo geral, os Tipos Oito podem atingir seu potencial mais elevado observando e trabalhando contra seu hábito de negar vulnerabilidades e de compensar demais por meio do exercício do poder e do controle. Quando conseguem entender que a verdadeira força consiste em equilibrar ação com suavidade, podem mostrar aos outros quem realmente são, ser ainda mais respeitados e recorrer ao poder emocional e intelectual, e não só à capacidade de agir. Quando conseguem conter conscientemente sua energia e equilibrar sua ousadia com a brandura, podem criar melhores condições de trabalho e expressar sua natureza apaixonada de maneiras mais gratificantes.

CAPÍTULO 12

ESTILO DE LIDERANÇA DO TIPO NOVE: LIDERANDO SOB CONSENSO E DESARMANDO CONFLITOS

O arquétipo do Tipo Nove é a pessoa prototípica cujo foco recai sobre as pessoas e que procura criar harmonia e evitar conflitos. Motivados principalmente pela necessidade de evitar o desconforto e a tensão, eles se adaptam (ou se adaptam demais) aos outros e tentam garantir que todos sejam ouvidos e incluídos. Os Tipos Nove se concentram nas agendas das outras pessoas, seguem o fluxo e apoiam os demais sem chamar a atenção para si mesmos. Chamados de "o Mediador" ou "o Pacificador", um Nove tem sua atenção automaticamente dirigida para o ambiente, a fim de se assegurar de que tudo está em paz e funcionando bem. Embora não gostem de ser negligenciados, podem descartar suas posições como pouco importantes e não as verbalizar, o que às vezes os leva a serem esquecidos.

A programação dos Tipos Nove sugere que a maneira de encontrar um senso de bem-estar no mundo consiste em evitar o afastamento ou desavenças com os outros. Eles se sentem mais contentes quando todos estão alinhados e em harmonia; então, tentam não causar melindres de forma alguma. Isso pode levá-los a mediar conflitos ou a não compartilhar a própria opinião caso pensem que pode ir contra o pensamento dos demais. Assim, o estilo de personalidade deles é moldado por uma tendência a "adormecer" a própria agenda e, quase sempre, a própria raiva, pois são inclinados a ignorar quaisquer vontades ou emoções que possam criar atrito.

O estilo de comunicação dos Tipos Nove reflete o desejo de encontrar acordos sem provocar ondas; dizem muito "sim", têm dificuldade para dizer "não" e podem dizer "sim" quando, na verdade, querem dizer "não". Podem dar muitas voltas para apresentar um quadro completo e gostam de se certificar de que estão representando todos os lados de uma questão.[1] Destacam-se por compreender a fundo a perspectiva individual de cada pessoa, o que faz deles ótimos mediadores. No entanto, seu desejo de ouvir todo mundo e de traduzir pontos de vista distintos para resolver o conflito também diminui a percepção de sua própria perspectiva, motivo pelo qual nem sempre sabem qual é ela.

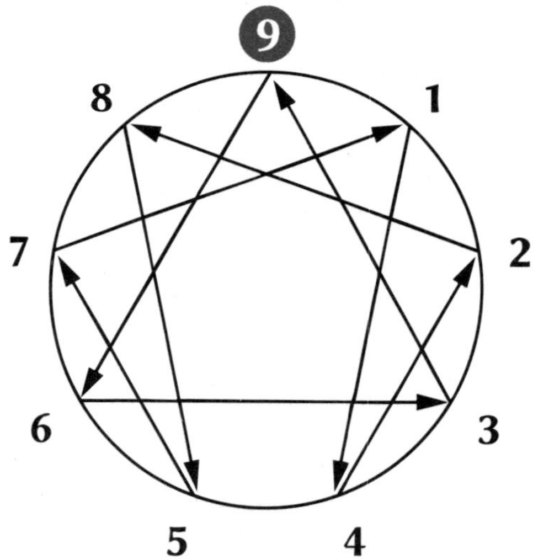

O Eneagrama do Tipo Nove

Líderes com estilo do Tipo Nove tendem a apoiar e aceitar os outros, em geral de maneiras sutis e discretas. Muitas vezes, não gostam de ser o centro das atenções, preferindo liderar nos bastidores, sendo agradáveis e tranquilos, trabalhando suavemente em direção ao consenso e garantindo que todos se sintam bem e que o trabalho seja feito de modo a beneficiar o coletivo. Podem ser contribuintes práticos e fortes, facilitadores esforçados, mas modestos, ou parceiros muito relacionais e sensíveis. Ao assumirem uma forte posição em defesa do que é melhor para o seu pessoal e ao trabalharem de maneira incansável para apoiar os outros sem esperar crédito, eles combinam a preocupação genuína com o bem-estar alheio e a disposição para sacrificar seus próprios interesses.

Como saber se você é um Tipo Nove: A visão de dentro

Se a maioria ou todas as características a seguir se aplicarem a você, é provável que seu estilo de personalidade seja o Tipo Nove.

- *Você vê o trabalho que faz da perspectiva do que funciona melhor para a maioria.* Você deseja sinceramente se entender com os outros e desfrutar do trabalho conjunto, e fará o que puder para garantir que todos colaborem de maneira positiva e se sintam apoiados.
- *Gosta da harmonia e não gosta do conflito.* Sente-se bem quando o ambiente está livre de tensões. Evita a tensão e o conflito porque acredita que levam ao afastamento, e isso é doloroso para você.
- *Tenta evitar situações de conflito ajudando a mediar disputas e sendo diplomático na maneira como apresenta suas posições (se é que chega a fazê-lo)*. Geralmente, sem sequer pensar, você diz ou faz coisas — ou evita dizer ou fazer coisas — para restaurar ou manter a sensação de paz no ambiente.
- *Tende a estar mais sintonizado com as agendas dos outros do que com a própria.* Presta mais atenção no que os outros querem do que no que você quer. O que torna isso particularmente fácil é que muitas vezes você não sabe o que quer.
- *Embora você possa ter opiniões claras sobre algumas coisas, tem dificuldade para saber o que quer comer no jantar.* Pode se sentir confortável para expressar opiniões sobre política ou eventos atuais, mas quando se trata de algo mais pessoal ou relacionado ao trabalho,

enfrenta dificuldades para falar. A resposta à pergunta "Onde você quer jantar?" costuma ser "Não sei, aonde você quer ir?".

- *Emocionalmente, tende a ser bem equilibrado e estável.* Em geral, você não experimenta muitos altos e baixos emocionais.
- *Apesar de se esforçar, não gosta de ser o centro das atenções.* Quando alguma coisa é importante para você (ou para pessoas que são importantes para você), pode dedicar um bom tempo e bastante energia a isso. Mas fica pouco à vontade se o foco recai sobre você.
- *Em geral, tem dificuldade para tomar decisões porque valoriza opiniões diferentes e não sabe o que realmente deseja.* Apresenta tendência a acompanhar os outros para evitar atritos. Costuma saber mais o que não quer e menos o que quer.
- *Raramente se irrita. Para você, é desconfortável sentir e expressar raiva.* Embora o Tipo Nove sejam um "tipo raivoso", como parte da tríade de tipos do Eneagrama baseados no corpo, inconscientemente ele reduz a intensidade de sua ira para que ela não aflore num momento inconveniente e crie desarmonia.
- *Às vezes, você diz sim porque é difícil dizer não, mas talvez não dê continuidade àquilo que aceitou (pois na verdade não queria aceitar).* Concorda para que ninguém se sinta mal ou descontente, mesmo estando ciente de que não quer fazer aquilo.
- *Como líder, você quer se assegurar de que todos sejam ouvidos e que as decisões possam ser tomadas em consenso, sempre que possível.* Tenta evitar que as pessoas sintam desconforto por não serem ouvidas. Portanto, se esforça para garantir que todos tenham a chance de dizer o que pensam e que suas contribuições são importantes.
- *Seu desejo de harmonia motiva-o a "tocar o barco" sem solavancos.* Manter a harmonia nos relacionamentos às vezes significa apagar-se ou deixar-se de lado.
- *Você é bom na mediação de conflitos porque naturalmente considera todos os pontos de vista e quer ajudar as pessoas a ouvirem umas às outras para encontrar uma base em comum.* Você gosta do desafio

de ajudar as pessoas a se entenderem para que todos se sintam considerados e as disputas possam ser resolvidas.

A principal estratégia adaptativa do estilo de personalidade do Tipo Nove

Com frequência, os Tipos Nove relatam que, na juventude, tiveram experiências em que se sentiram desconsiderados — talvez fossem o filho do meio ou o caçula ou tenham convivido com gente muito impositiva —, o que os levou a adotar uma estratégia de se diluir para poder acompanhar pessoas que pareciam mais poderosas. Em vez de lutar para ser ouvida, a criança do Tipo Nove desiste (inconscientemente) e entende que é mais fácil se "fundir" aos outros, adotando os desejos alheios e prestando menos atenção nos próprios sentimentos. Com isso, os jovens do Tipo Nove afastam a sensação assustadora de separação e encontram segurança, sentindo-se conectados com outras pessoas importantes de seu mundo.

O Tipo Nove sente um profundo desconforto se seus relacionamentos importantes são perturbados ou ameaçados, de modo que se adapta de maneira automática diante de qualquer indício de distanciamento. Os Tipos Nove experimentam uma diminuição da percepção do que querem de verdade, de quem realmente são e de quais ações podem ser importantes para atenderem às suas próprias necessidades e desejos. Embora, até certo ponto, todos nós nos anestesiemos, os Noves são o protótipo desse hábito: separam-se proativamente de si mesmos para evitar conflitos e o afastamento das pessoas.

Isso os torna bons em trabalhar de forma altruísta, privilegiando as equipes ou a organização. Líderes e colaboradores individuais do Tipo Nove tendem a sobrevalorizar as agendas dos outros em vez de seguir as próprias. Isso pode se tornar um problema, na medida em que o que é bom para a empresa é, na verdade, a agenda dos próprios Noves. Mas eles acabam apoiando a maioria em nome do bem comum.

O radar do Tipo Nove: O que chama sua atenção?

A estratégia de apoiar os outros para evitar divisões e manter a harmonia faz com que os Tipos Nove prestem atenção nas outras pessoas e no seu ambiente. São sensíveis ao que está acontecendo à sua volta, sintonizam-se com a relativa paz da atmosfera e com quaisquer indícios de hostilidade ou inquietude. Acompanhar os planos alheios parece mais fácil para os Noves, seja porque não têm necessidade de criar os próprios, seja porque se sentem confortáveis ajudando os outros.

Pessoas com um estilo de liderança do Tipo Nove dedicam-se a manter todos felizes, fazendo com que as pessoas se sintam apoiadas e cuidadas, além de garantir que todos tenham um papel na engrenagem. Sempre que possível, gostam de liderar por consenso e de antever conflitos. Podem gastar muita energia trabalhando para promover projetos de outras pessoas ou dedicando tempo a programas que melhoram a qualidade de vida no trabalho.

A atenção dos Noves também é atraída para tarefas menos importantes, e não para as mais significativas. Por exemplo, se precisam preparar um relatório crucial para seu sucesso, podem interromper a tarefa e passar um bom tempo limpando as gavetas da escrivaninha. Em geral, os Tipos Nove se distraem com trabalhos não essenciais como forma de fugir do que é mais vital para eles. Assim como lhes é difícil sintonizar-se com sua agenda pessoal, pode ser duro agir em seu próprio interesse — parece ameaçador concentrarem-se em seu bem-estar, seja porque isso não lhes é familiar, seja porque, por definição, isso faz com que o foco recaia sobre eles, mostrando-lhes que, em princípio, estão por conta própria, separados da multidão.

A visão do "Planeta Nove": Como os Tipos Nove veem o mundo

Com frequência, indivíduos com o estilo do Tipo Nove veem o mundo como um lugar interconectado, onde tudo é mais feliz e mais pacífico quando as pessoas estão unidas em um propósito comum e ninguém é deixado para trás ou de lado. Tendem a questionar seu valor ou importância no mundo e podem ter como padrão a suposição de que não têm valor. Como não foram ouvidos ou suas opiniões foram menosprezadas quando eram jovens, podem acreditar (inconscientemente) que sua importância consiste em ajudar os outros e garantir que ninguém passará pela mesma coisa.

Muitas vezes, os Tipos Nove se sentem chamados a servir ao mundo ajudando a criar a paz e forjando uniões mais fortes entre as pessoas. Tendem a acreditar que a harmonia é alcançada por meio do esforço para uma espécie de interdependência fluida ou uma maior conexão, e com frequência buscam ocupar papéis em que possam atuar de modo a reduzir atritos e aumentar o entendimento mútuo. Sem pensar muito nisso, costumam se sentir impelidos a ajudar organizações e indivíduos a pensarem de forma mais inclusiva e a realizar ações práticas para alcançar mais harmonia no mundo. Em geral, acolhem as diferenças, ao mesmo tempo que querem ajudar as pessoas a superar as rupturas que às vezes surgem quando as diferenças não são aceitas e compreendidas plenamente. Seja como orientadores, CEOs ou presidentes, os Tipos Nove tendem a ver o mundo como um lugar melhor quando todos se entendem.

O líder do Tipo Nove: Características principais

Os traços de personalidade a seguir ajudam a definir o estilo de liderança do Tipo Nove.

- *Bons mediadores e facilitadores.* Destacam-se por mediar reuniões e grupos, fazendo com que as coisas sigam uma estrutura sólida e todos sejam ouvidos. Naturalmente consideram pontos de vista diferentes, identificam pontos de concordância e legitimam perspectivas distintas.
- *Descontraídos e afáveis*. Acolhedores e amigáveis, flexíveis e solidários, os Tipos Nove se especializam em ser pessoas de fácil convívio.
- *Indecisos*. Quando se consideram todos os lados de uma questão e se tem dificuldade para localizar as próprias preferências, decidir o que fazer pode ser um desafio. Isso pode lançá-los a uma posição "em cima do muro".
- *Tendência a se "mesclar" e a se ajustar demais.* Os Tipos Nove se adaptam ao que os outros querem como forma de se manterem em harmonia, mas podem exagerar, a ponto de se apagarem completamente.
- *Resistência passiva em vez de agressão ativa.* Os Noves preferem se desligar de sua raiva, pois, quando se irritam, correm o risco da

ruptura e de outras coisas desagradáveis. Mas, quando evitamos uma emoção, ela não vai embora. Portanto, em geral a raiva aflora na forma de resistência passiva, como dizer "sim", mas não fazer nada.

- *Amantes do conforto.* Os líderes do Tipo Nove podem realizar grandes feitos, mas um dos principais fatores que os motivam é o desejo de permanecer no conforto. Isso explica sua preferência pela paz, sua aversão a mudanças e o desconforto em receber reconhecimento.

Padrões mentais, emocionais e comportamentais: Como o Tipo Nove pensa, sente e age?

Mental

Os Tipos Nove gostam da rotina e de estruturas estáveis e podem pensar nos processos envolvidos na realização do trabalho. No entanto, sua atividade mental concentra-se principalmente nas pessoas à sua volta: "Estão todos se sentindo bem? Estão se entendendo? O que os outros querem? O que precisam que eu faça? O que posso fazer para que ninguém fique descontente? Qual a melhor forma de apoiar as pessoas sem causar sobressaltos?". Às vezes, todo esse processo de se fundir, apoiar e se adaptar às agendas dos outros pode gerar uma reação interna. Embora sua primeira linha de defesa seja "ceder para acompanhar", os Noves podem chegar a um ponto no qual sentem a coluna dorsal enrijecer por não quererem adotar as pautas alheias. Então, precisam dedicar uma razoável quantidade de energia mental para resistir ou pensar num modo de deixar de fazer algo que não queriam fazer sem disparar alarmes (embora isso possa ser menos consciente).

Emocional

Como tipos do corpo, os Tipos Nove vivem energeticamente enraizados em seu corpo físico, e por isso são mais orientados a agir ou não agir em vez de pensar ou sentir emoções. Tendem a ser equânimes e firmes e, embora sintam prontamente diversas emoções, incluindo tristeza, dor e (com mais frequência) felicidade ou contentamento, seus momentos "altos" não são tão altos, e seus "baixos" não são muito baixos. Em geral, precisam de tempo para entender como estão se sentindo, sobretudo se estiverem irritados e não souberem ou não quiserem admitir isso — sua resistência (inconsciente) à raiva modela sua personalidade de maneira significativa. Embora pertençam à "tríade da raiva", com os Tipos Oito e Um, os Tipos Nove tendem a abrandar esse sentimento ignorando-o para evitar conflitos. Não raro, nem sequer registram sua raiva, podem abafá-la tanto que ela aflora como versões passivo-agressivas, como teimosia, resistência passiva e certa frustração.

Comportamental

Os Tipos Nove gostam de se manter confortáveis, e muitos de seus padrões de comportamento relacionam-se com essa necessidade. Isso inclui evitar conflitos e outras rupturas interpessoais, resistir a mudanças, adiar decisões e se fundir com as agendas dos outros. Podem se concentrar tanto em outra pessoa que as fronteiras entre eles desaparecem, a ponto de se perderem ou esquecerem de si próprios. Mesmo uma leve interrupção no relacionamento — inclusive em relacionamentos profissionais mais próximos — pode parecer muito ameaçadora e perturbadora. Como os Tipos Oito, os Tipos Nove não gostam que lhes digam o que fazer, mas reagem a isso de forma mais branda e, caso se sintam muito controlados ou desrespeitados, podem parar discretamente de cooperar, como forma de se afirmarem sem criar um conflito aberto.

Pontos fortes e superpoderes: O que o Tipo Nove faz de melhor

- *Apoio desinteressado.* Concentram-se em ajudar os outros a ter sucesso, certificando-se de que suas ideias são levadas em conta e trabalhando para promover suas metas, muitas vezes sem pedir nada em troca.
- *Diplomacia.* Destacam-se por enxergar todos os lados de uma questão e comunicar-se com cuidado, de modo a criar um alinhamento em torno de acordos. Sabem como apresentar ideias para influenciar as pessoas sem ofendê-las.

- *Postura igualitária*. Por natureza, os Tipos Nove são muito justos e democráticos — não favorecem ninguém e não acreditam que uma pessoa seja mais importante que outra.
- *Construção de consenso*. Veem facilmente o ponto em comum em opiniões diferentes, o que os torna muito bons em encontrar consensos, mesmo quando as discordâncias postas à mesa são tremendas.
- *Cordialidade e simpatia*. Quase sempre é muito fácil trabalhar com os Tipos Nove, pois são realmente amigáveis e atenciosos. Esforçam-se para não causar problemas, para ser amáveis e cuidadosos, e não sentem necessidade de receber crédito pelas realizações.

Quando algo bom demais fica ruim: Como os Tipos Nove podem errar quando se esforçam demais para ficar à vontade e manter a paz

Como todas as pessoas de todos os tipos, quando os líderes do Tipo Nove abusam de seus pontos mais fortes (e não desenvolvem conscientemente uma gama mais ampla de especialidades), esses mesmos pontos podem se tornar seu calcanhar de aquiles.

- *Apoio desinteressado*. Em geral, prestam mais atenção nas agendas dos outros do que nas próprias, o que pode causar problemas para eles e para os outros.
- *Diplomacia*. Podem formular o que dizem de forma tão delicada ou ter tanto medo da discordância que não comunicam com clareza suficiente o que é realmente necessário.
- *Postura igualitária*. Num ambiente de negócios, algumas vozes podem ser mais importantes que outras. Os Noves podem querer evitar essa realidade para prevenir conflitos ou injustiças, mas acabam causando problemas por não levarem em conta diferenças de status.
- *Construção de consenso*. Podem comprometer o ritmo de um projeto por querer envolver a todos, mesmo que isso não seja possível ou desejável.

- *Cordialidade e simpatia.* Podem ter dificuldade em confrontar pessoas ou questões quando isso é necessário para concluir o trabalho.

Felizmente, o interesse sincero dos Tipos Nove em trabalhar em harmonia e fazer as coisas avançarem faz com que provavelmente percebam como seu desejo de consenso pode ser exagerado. Quando conseguem notar o limite entre agradar e reconhecer que o conflito nem sempre deve ser evitado — e que pode até ser útil —, costumam aproveitar com eficácia seus pontos fortes, permitindo tanto o conforto interpessoal quanto o sucesso do empreendimento.

"Quando estou sob estresse..." e "Na minha melhor versão...": Entendendo o "ponto baixo" e o "ponto alto" do estilo de personalidade do Tipo Nove

Quando estão estressados a ponto de atingir seu "ponto baixo", os Tipos Nove podem sentir raiva, expressando-a de maneira passivo-agressiva. Podem ser teimosos e resistentes, ou ficar presos à inércia e procrastinar; podem fervilhar em silêncio na tentativa de não revelar a raiva por medo de gerar conflito. Em raras ocasiões, perdem mesmo o controle e explodem, mas na maioria das vezes tendem a não comunicar sua raiva, o que pode levá-los a resistir passivamente aos outros de maneiras diferentes, inclusive com comportamentos problemáticos, como ignorar pedidos ou levar muito tempo para concluir uma tarefa.

Sob pressão, os Tipos Nove menos autoconscientes podem se retrair ou se mostrar mal-humorados ou irritados. Podem concordar em fazer tarefas que na verdade não realizarão, adiar as coisas ou evitar tomar decisões, atrasando assim o trabalho de todos. Quando menos conscientes, são muito sensíveis ao menosprezo, a receber ordens ou a ter sua opinião desconsiderada; podem se recusar silenciosamente a participar de equipes de trabalho ou impedir o impulso dos outros. Evitam ter conflitos abertos e debater ressentimentos e, de maneira discreta e passiva, extravasam sua raiva responsabilizando aqueles que acham que os prejudicaram.

No "ponto alto", quando os líderes do Tipo Nove se tornam mais autoconscientes de sua programação, podem ser excelentes membros da equipe.

Descontraídos e adaptáveis, trabalharão muito para levar adiante os projetos, sem reclamar ou precisar de reconhecimento por suas contribuições. Líderes emocionalmente inteligentes, eles colocam a equipe e a organização à frente de suas próprias necessidades e vontades. São simpáticos e, em geral, engraçados. Não se levam muito a sério e trazem à tona problemas ou sentimentos difíceis com sensibilidade e graça (depois de fazerem uma pausa para refletir sobre suas emoções e reações). Dão aos outros o benefício da dúvida, trilham o caminho certo e mantêm-se concentrados no que é mais importante para o bem maior da empresa.

Quando vivem no "ponto alto", os Tipos Nove aprendem a sentir, compreender e lidar com sua raiva de maneiras construtivas. Falam do que não gostam antes que a questão se torne um problema e mantêm-se atentos à tendência a evitar conflitos, aprendendo a tratar de dificuldades de maneira aberta e receptiva. Tipos Nove saudáveis pedem um tempo para lidar com seus sentimentos, caso necessitem, e entendem que às vezes pode levar um tempo até compreenderem o que querem e compartilharem suas emoções e desejos. Quando se esforçam para se tornar mais conscientes de seus hábitos e tendências, compreendem que é importante tolerar certo desconforto, e assim podem se envolver mais plenamente com os outros tendo como base uma conexão mais forte consigo mesmos.

Os três perfis de líderes do Tipo Nove: Como os três instintos moldam os subtipos de personalidade

Segundo o modelo do Eneagrama, todos nós temos três impulsos instintivos principais que nos ajudam a sobreviver, mas um deles tende a dominar nosso comportamento. O estilo do Tipo Nove se expressa de maneira diferente dependendo se a pessoa tem inclinação para a *autopreservação*, para estabelecer *relacionamentos sociais* e posicionar-se em relação a grupos ou para vínculos *um a um*.

O Tipo Nove Autopreservação (ou Autofocado)

Todos os Tipos Nove sofrem de uma espécie de "autoesquecimento" — adormecem sua verdadeira essência e, em seguida, se distraem para evitar a dor de estarem desconectados de si mesmos. Os Tipos Nove Autopreservação se distraem de emoções e desejos mais profundos (como a raiva), concentrando-se no conforto e em atividades físicas. Desligam-se de sua agenda, de seus desejos e sentimentos e se concentram em experiências de satisfação física, como comer, dormir, ler, assistir à TV ou fazer palavras cruzadas. Essas atividades os distraem da percepção de seu próprio ser e de tudo que o acompanha.

Os Tipos Nove Autopreservação tendem a ser pessoas práticas, com presença forte, e podem parecer mais irritáveis ou teimosos do que os outros dois subtipos. Em geral, baseiam-se em rotinas familiares, como ler de manhã enquanto tomam café ou beber uma cerveja ao assistir à TV no fim do dia, de modo a estruturar sua vida e a se sentirem acomodados e em paz. Quando suas rotinas e hábitos são perturbados, podem reagir com mau humor, recolhendo-se silenciosamente para retomar a atividade sem interrupções. O tipo Autopreservação gosta mais de ficar sozinho do que os outros subtipos e pode exibir um senso de humor seco ou autodepreciativo.

Os líderes do subtipo Autopreservação podem ser competentes e fortes, mas também humildes e generosos. Quando engajados e saudáveis, podem se dedicar intensamente a impulsionar grandes empreendimentos e possuem um talento especial para ver como todas as peças se encaixam. Se forem pressionados ou controlados, podem fincar pé e se recusarem a se mover, em geral sem dizer nada. Também podem se sentir desconfortáveis com confrontos que possam surgir no exercício do poder e preferem inspirar as pessoas por meio da diversão, do humor e do foco positivo na meta. Na sua melhor versão, sabem tomar medidas práticas para reunir todos em torno de um projeto ou plano de ação. Quanto mais puderem se conectar de maneira saudável com sua raiva, mais à vontade se sentirão exercendo o poder de maneira construtiva, beneficiando a si mesmos e aos outros.

O Tipo Nove Social (ou Focado no Grupo)

Os Tipos Nove Sociais se distraem da dor da desconexão mesclando-se com grupos. Espécie de contratipo dos três subtipos, os Tipos Nove Sociais trabalham muito e, com frequência, assumem papéis de liderança. Simpáticos e apreciadores da diversão, costumam ser levados a posições de liderança para corresponder às responsabilidades que os outros querem lhes impor. Tendem a ser viciados no trabalho e se esforçam muito para apoiar suas equipes, grupos ou comunidades, ao mesmo tempo que negligenciam ou se esquecem continuamente de suas próprias necessidades. Como diz Claudio Naranjo, os Tipos Nove Sociais "têm vida plena, cheia de tudo, menos de si mesmos".

No fundo, os Tipos Nove Sociais costumam ter a sensação de que não pertencem aos grupos aos quais estão nominalmente ligados. Por isso, trabalham muito para conquistar a sensação de pertencimento, mas em geral parecem não alcançá-la, mesmo quando dedicam todo o seu tempo e energia ao grupo. Embora se beneficiem do contato com a própria raiva, também crescem ao se conectarem com um senso subjacente de tristeza causado pela sensação de não pertencimento. Quando conseguem se conscientizar mais de seus sentimentos profundos e concentrar seus esforços naquilo que querem e de que precisam, podem começar a aceitar melhor o reconhecimento dos outros e, enfim, sentir-se parte das coisas.

Os Tipos Nove Sociais são excelentes líderes: apoiam a equipe, não se queixam nem deixam que os outros vejam o esforço que despendem. Dão-se com muita generosidade aos grupos que amparam, sem pedir reconhecimento ou recompensas. Humildes e modestos, não gostam de ser o centro das atenções e costumam trabalhar muito mais nos bastidores do que os outros imaginam. Embora prefiram dizer que foram "convocados" para a liderança, em geral gostam de liderar e de fazer o que for preciso para promover os interesses do grupo. Mesmo que possam ser indecisos ou inseguros, na melhor das hipóteses trabalham incansavelmente para fazer as coisas acontecerem e dão suporte altruísta e incansável aos objetivos maiores do grupo ou da equipe.

O Tipo Nove Um a Um (ou Focado no Relacionamento)

Os Tipos Nove Um a Um são doces, gentis e bondosos — e os menos assertivos dos três subtipos. Mesclam-se com outros indivíduos para se distraírem de si mesmos, procurando um senso de propósito que não conseguem localizar em seu interior, adotando inconscientemente as opiniões, atitudes e sentimentos de pessoas importantes de sua vida —

o cônjuge, um progenitor, o melhor amigo, um gerente ou colega mais próximo. Tornam-se tão focados nos sentimentos e desejos dos outros que podem ter dificuldade para saber o que querem ou pensam, e talvez não saibam a diferença entre o que sentem e o que outra pessoa sente. E quando sabem o que querem ou o que pensam, podem ter dificuldade para expressá-lo, especialmente se for diferente daquilo que as outras pessoas próximas esperam.

Os Tipos Nove Um a Um negam inconscientemente a existência de fronteiras entre as pessoas, refugiando-se em seus relacionamentos próximos como forma de evitar o afastamento. Como dependem dos outros para obter apoio interno, podem não se sentir muito autoconfiantes. E quando enfim agem em prol de si mesmos, podem fazê-lo em segredo, rebelando-se de forma discreta contra alguém que pode dominar sua experiência de um modo que nenhum dos dois percebe com clareza. O mais emocional dos três subtipos, talvez os Tipos Nove Um a Um não percebam quão completamente se mesclaram com o outro enquanto não experimentarem uma separação física que os faça se perceber como indivíduos independentes. Os relacionamentos reais exigem que ambas as pessoas se mostrem plenamente como elas mesmas, mas os Tipos Nove Um a Um nem sempre se erguem sobre os próprios pés — e talvez não saibam que não estão sobre os próprios pés.

Como líderes, podem ser sensíveis e competentes ao mesmo tempo. Têm um talento especial para compreender profundamente as perspectivas dos outros. Embora às vezes possam ser indecisos e inseguros, quando conseguem encontrar maneiras de afirmar quem são como indivíduos únicos, podem levar grande foco, dedicação e criatividade pessoal ao trabalho. Quando conseguem superar algum temor de atuar de forma independente e expressar autoridade, podem ser líderes atenciosos e sensíveis, com grande talento para lidar com as pessoas. Quanto mais se esforçarem para descobrir quem são e quais são seus pontos fortes, mais serão capazes de colocar seu carimbo individual no trabalho e na maneira como lideram. Na sua melhor versão, têm um jeito humilde e gentil.

O Tipo Nove no trabalho

Às vezes, os Tipos Nove sentem dificuldade para trabalhar com os outros porque:

- "As pessoas me pressionam para apresentar resultados ou agir, mesmo que as tarefas ou planos não me tenham sido explicados de maneira clara."
- "Às vezes, presumo que as pessoas sabem mais do que realmente sabem, então eu as acompanho e depois descubro que não têm ideia do que estão fazendo, e aí acabo afundando junto."
- "As pessoas com quem trabalho não compreendem o contexto maior como eu, o que pode levar a diferenças na maneira como vemos nossas tarefas."
- "Pode ser difícil ser o centro das atenções."
- "Fico receoso de cometer algum erro e então ficar conhecido por fazer um trabalho ruim."
- "Fazer bem o meu trabalho e me destacar por causa disso também me aflige."
- "Não gosto de nenhum tipo de conflito, e se relacionar às vezes leva a conflitos. Até mesmo receber um comentário crítico me soa como um problema."
- "Posso me sentir insultado quando as pessoas não se dão ao trabalho de pedir minha opinião ou de ouvir o que penso."
- "Posso ter dificuldade para entrar na conversa quando todos estão falando muito e expressando opiniões fortes."
- "Às vezes, as pessoas esperam que eu tome decisões rápidas, mas preciso de tempo para decidir."
- "Às vezes, as pessoas agem de maneira autoritária e não procuram saber se todos estão de acordo e alinhados."

As principais implicâncias do Tipo Nove no local de trabalho podem ser:

- "Quando as pessoas desviam da direção geral que estamos seguindo (e que foi decidida em conjunto) e não levam em consideração as necessidades do todo."

- "Quando as expectativas não são claras e então acabo fazendo alguma coisa errada que me deixa encrencado (porque as expectativas não eram claras)."
- "Quando as pessoas esperam que eu aja, mas não compreendo como a ação atenderá às principais metas do projeto."
- "Quando fracasso porque a direção estratégica não era clara."
- "Quando as pessoas entram em conflitos que poderiam ter sido evitados."
- "Quando as pessoas tomam decisões sem nem mesmo obter a adesão de todos os membros da equipe."
- "Quando sou esquecido e não sou consultado sobre projetos e planos em que estou envolvido e poderia ter algo a dizer."
- "Quando não sou informado de decisões importantes que me afetam e das quais devo fazer parte."
- "Quando as pessoas tornam difícil para mim dizer 'não' a algo que não quero fazer."
- "Quando as pessoas me dizem autocraticamente o que fazer (em vez de pedirem com gentileza ou de procurarem saber o que quero fazer)."
- "Quando as pessoas tomam como certa minha natureza tranquila e me forçam ou presumem que vou colaborar com qualquer coisa ou não me perguntam o que quero e de que preciso."

Como os Tipos Nove podem se tornar melhores colegas de trabalho

É bem fácil trabalhar com os Tipos Nove tal como eles são — na verdade, pode ser fácil *demais* trabalhar com eles, pois acompanham os desejos ou agendas dos demais sem decidir o que querem de fato. Portanto, será útil se os Noves se esforçarem para ter mais clareza sobre como se sentem, o que pensam e o que desejam. Saber o que querem pode ser particularmente difícil para eles, e por isso levam algum tempo para aprender a identificar seus desejos, precisando de espaço e compaixão nesse processo. É importante lembrar que a tendência dos Tipos Nove a perderem o contato com seus desejos costuma vir da necessidade de acompanhar outras pessoas mais poderosas ou da experiência de terem sido criticados ou preteridos quando sabiam *de fato* o que queriam.

Quando os Tipos Nove conseguem manter um contato mais firme com suas visões, desejos e agendas, fica mais fácil trabalhar com eles. Pode ser desafiador trabalhar com alguém que tem dificuldade para tomar decisões ou que resiste passivamente aos planos alheios sem expressar objeções com clareza. Por isso, é de fato melhor para todos quando os Tipos Nove desenvolvem a capacidade de acessar seu conhecimento interior e se sentem mais confortáveis para dizer o que realmente pensam, mesmo correndo o risco de haver conflitos ou desacordos.

Como líderes, os Tipos Nove apresentam o dom da compreensão de diversas perspectivas, ajudando as pessoas a desenvolverem uma visão em comum. O lado sombrio dessa força é que em geral não conseguem dizer o que de fato pensam. Então, ao expressarem suas próprias opiniões e esclarecerem as dos outros, os líderes do Tipo Nove podem ser mais respeitados e parceiros mais eficazes em seu trabalho. Do mesmo modo, quando conseguem se tornar mais tolerantes e ter menos medo de conflitos, podem ser mais versáteis. Embora seja ótimo que os Noves sejam tão descontraídos, todos ganham quando eles conseguem ser mais durões, se assim a situação exigir.

Trabalhando com os Tipos Nove

Comportamentos típicos dos Tipos Nove no ambiente de trabalho

Você provavelmente está trabalhando com um Tipo Nove do Eneagrama se notar que essa pessoa apresenta vários dos comportamentos a seguir.

- É meio quieta nas reuniões, mas parece estar prestando atenção no que todos estão dizendo (e concordando com tudo).
- É uma ótima pessoa. Todos gostam dela. Não ofende ninguém.
- É muito agradável, mas costuma entregar o trabalho com atraso.
- Sempre que você pergunta onde ela quer ir almoçar, ela pergunta aonde você quer ir.

- Sabe mais aquilo que não quer do que aquilo que quer.
- Trabalha muito para apoiar sua equipe, mas nunca quer os créditos.
- Às vezes, quando precisa tomar uma decisão importante, passa dias sem saber o que fazer.
- Parece desaparecer magicamente sempre que ameaça surgir um conflito.
- Parece estar sempre em cima do muro quando o pessoal da equipe tem divergências sobre o caminho a seguir. Em geral, ajuda a encontrar um meio-termo.
- Se você lhe der uma ordem num certo tom (em vez de pedir educadamente), talvez ela não faça nada.
- Não dá uma única opinião nas reuniões, mas parece ficar insultada se não lhe perguntarem o que ela acha.
- Desdobra-se para ajudar as pessoas e depois fica com vergonha quando querem agradecer por tudo que fez.
- É ótimo conversar com ela quando você tem um problema, pois sempre entende o seu ponto de vista e oferece apoio.
- Nunca questiona abertamente alguém ou reclama de algo, mas vai se "esquecer" de fazer alguma coisa que você pedir, caso fique irritada.
- Pode ser difícil trabalhar em projetos com ela se for preciso tomar decisões com rapidez — geralmente, ela não sabe o que dizer quando você pergunta o que devem fazer.
- Em sua melhor versão, é divertida e animada — o que torna o trabalho mais agradável.
- Em sua melhor versão, sempre que preciso é possível contar com o apoio dela.

Por que é ótimo trabalhar com líderes conscientes do Tipo Nove

- Fazem todos se sentirem aceitos e incluídos.
- Sabem ouvir as pessoas, que se sentem acolhidas.
- Demonstram aos colegas que as opiniões deles são valorizadas.

- Quando algo vai mal, se concentram mais em soluções do que em culpar alguém.
- Culpam o sistema, e não as pessoas, caso alguma coisa não dê certo.
- Procuram formas de melhorar o sistema e os processos (reuniões etc.) para que as pessoas possam ter uma experiência de trabalho melhor.
- São engraçados. Contam piadas e trazem leveza a situações sérias, o que facilita o foco nas tarefas, e trabalham bem em conjunto.
- É fácil falar com eles.
- Dão o crédito aos outros e são modelos de humildade e generosidade.
- São muito tolerantes — concentram-se no que as pessoas têm de melhor e raramente criticam alguém pelas costas.
- Ajudam as pessoas a encontrarem uma base comum quando têm ideias muito divergentes sobre a maneira de fazer alguma coisa.
- Encontram maneiras de reduzir a tensão sendo espirituosos, gentis e atenciosos.
- Não possuem o ego muito inflado e facilmente compartilham o poder.
- Trabalham muito porque desejam sinceramente atingir as metas da equipe ou da organização, não por interesse pessoal ou pela necessidade de atenção ou de poder.

Desafios típicos para pessoas que trabalham com Tipos Nove

- Talvez não estejam dispostos a assumir uma posição ou a tomar uma decisão caso não haja consenso ou alinhamento suficiente.
- Podem retardar processos de trabalho quando se mostram lentos para concluir tarefas.
- Podem se conter e não dizer o que realmente pensam — nem sempre compartilham a perspectiva completa (como estratégia de prevenção de conflitos).
- Tendem a protelar.

- Podem dizer "sim" quando na verdade querem dizer "não" (e você vai acabar descobrindo isso depois que nada for feito).
- Podem resistir passivamente ao que está acontecendo, sem dizer o que estão pensando — porque são contra ou porque estão furiosos.
- Podem evitar se destacar ou apresentar uma opinião — concordam com a maioria e, depois (em silêncio), não acompanham os outros porque foram contrariados.
- Podem ser problematicamente passivos quando precisam agir.
- Talvez não tomem a iniciativa de fazer as coisas, mesmo quando são os líderes.
- Podem parecer irritados, mas não dizem nada sobre o que está acontecendo.
- Podem querer que as pessoas façam perguntas e os incentivem a se expressar em vez de apenas dizer o que pensam de forma proativa.

Os Tipos Nove e a liderança

Líderes do Tipo Nove contam como conhecer seu tipo no Eneagrama ajuda no trabalho

Andy Berkenfield é CEO e sócio da Duncan Channon, agência de propaganda sediada em São Francisco, Califórnia.

> Parecer algo óbvio de se dizer, mas é mais fácil ser eficiente quando você se entende. Se você está em sintonia com quem é e com a sua forma de trabalhar, tudo flui. Como Nove, tenho a tendência a evitar conflitos, e por isso devo estar atento a essa postura, me perguntando "Estou evitando conflitos neste momento? Estou procurando uma solução pacífica para este problema — porque essa é a minha tendência natural —, mas talvez não devesse fazer isso agora?". Então, há um nível de percepção sobre a maneira como sou programado — a maneira como estou conectado — que me permite ser mais eficaz. Posso aplicar meu autoconhecimento a uma situação em vez de fechar os olhos, em vez de não saber como a minha programação afeta o tratamento que dou a alguma coisa.
>
> Quando você é um líder, a forma como você se comporta é muito importante. Meu negócio é lidar com pessoas. Estou a dois passos de distância da maior parte do conteúdo criado na minha empresa, e meu trabalho consiste em guiar e ajudar a resolver problemas e auxiliar a equipe a atingir o patamar

seguinte. Ser capaz de fazer isso deixando claro quais são meus vieses do Tipo Nove é realmente poderoso.

Tod Tappert é diretor executivo de treinamento do Greenville Health System e da GHS Academy of Leadership and Professional Development, sediada em Greenville, Carolina do Sul.

> É realmente útil saber que sou um Tipo Nove Social. Antes de mais nada, isso me ajuda a entender meu elevado nível de produtividade, pois às vezes não me identifico muito com o estereótipo do "Tipo Nove preguiçoso". Além disso, passei a identificar melhor situações que são difíceis no trabalho. Recentemente, tivemos um incidente e não fui notificado sobre uma mudança importante de política da empresa. No piloto automático, pensaria: "Mais evidências de que não sou importante". Mas, depois de investir na autopercepção por meio do Eneagrama, o que penso agora é: "Haverá outra explicação para isso?". Me vejo como um Nove Social e faço o que tiver que ser feito pelo bem da organização.
>
> Como Nove Social, sei que está no meu DNA trabalhar a serviço de uma causa, a serviço daquilo em que acredito. Para mim, tem sido muito fácil fazer sacrifícios pessoais para tocar alguma missão no trabalho. Tenho capacidade criativa para imaginar cenários e avançar na direção deles. E embora, para mim, seja difícil levar o crédito pelo meu trabalho, tive algumas ideias que de fato fizeram grande diferença. Para mim, é difícil admitir isso, mas *é verdade*.

Quando você é gerente e é um Tipo Nove

Se você é um gerente do Tipo Nove, quando está agindo bem, as pessoas que você lidera vão se sentir plenamente empoderadas para fazer o que pensam que é o melhor. Os líderes do Tipo Nove, na sua melhor versão, dão ao seu pessoal a sensação de que realizaram o trabalho sozinhos, pois dão prioridade ao que é bom para o coletivo. Você tende a ser humilde sobre seus próprios esforços e capacidades, e por isso é modelo de modéstia e de uma verdadeira mentalidade de equipe.

Sua atitude positiva inspira as pessoas que você lidera — você não hesita em reconhecer um trabalho bem executado e se concentra nas soluções em vez de se debruçar sobre os problemas. E sua habilidade para identificar como pessoas diferentes podem trabalhar juntas a partir de seus talentos individuais lhe permite realizar grandes coisas em conjunto. Na verdade, tanto seus subordinados diretos quanto a organização como um todo se beneficiarão se você assumir seu poder e sua capacidade de liderança de modo que sejam ao mesmo tempo eficazes e humanos. Quando você aprende a receber crédito pelo bom trabalho que faz e pela maneira generosa como lidera os outros, pode oferecer um exemplo ainda mais forte de como pessoas bacanas realmente garantem seu espaço.

Quando seu gerente é do Tipo Nove

São muitos os benefícios de se ter um gerente do Tipo Nove. Provavelmente, seu chefe será muito acessível — alguém com quem você pode falar sobre uma ampla variedade de coisas e se sentir apoiado, alguém que estará sempre do seu lado e quer que você aja de forma independente, florescendo em seu papel e na sua carreira. É fácil entender-se com gerentes do Tipo Nove e gostar deles; querem se assegurar de que você se sentirá ouvido, que sua contribuição será levada em conta. Os gerentes do Tipo Nove vão promovê-lo altruisticamente para que você possa ter sucesso, e não vão competir veladamente com você e nem vão querer subir na carreira à sua custa.

O que pode ser mais desafiador quando se tem um gerente do Tipo Nove é que ele nem sempre terá uma presença forte ao liderar. Talvez não seja claro ao se comunicar com você, especialmente se tiver que fazer críticas construtivas ao seu trabalho, pois pode ter medo de ofender. Do mesmo modo, líderes do Tipo Nove talvez não sejam tão abertos quanto pensam ser em relação ao seu feedback, pois podem não querer enfrentar um possível conflito. Se eles se sentirem inseguros ou ficarem indecisos, podem se retrair, e será mais difícil alcançá-los.

O subtipo de seu gerente também tem um papel importante. Os Noves Autopreservação podem ser mais teimosos, mas são mais fortes; os Tipos Nove Sociais podem ser incrivelmente esforçados e produtivos, e os Tipos Nove Um a Um podem ser muito gentis e sensíveis às suas necessidades. Quanto mais confiante seu chefe Nove se sentir, mais eficientes serão a liderança e a tomada de decisões; mas se não aprenderem a lidar com conflitos e a enfrentar sua raiva, podem se mostrar mais passivos ou esquivos. Na sua melhor versão, os chefes do Tipo Nove são pessoas fáceis de admirar e trabalhar, em especial pelo compromisso com a equipe e a dedicação aos outros.

Quando seu subordinado é do Tipo Nove

Quando seus subordinados diretos têm o estilo do Tipo Nove, tendem a ser colaborativos e esforçados, sobretudo se você desenvolveu um bom relacionamento com eles. Será importante pedir-lhes de maneira direta para avaliar as principais iniciativas e decisões e assegurar-lhes que você valoriza suas opiniões e quer incluir suas contribuições. Os Tipos Nove querem se sentir parte das coisas, mas não precisam estar necessariamente à frente e no centro, por isso costumam se sentir à vontade como colaboradores individuais, desde que suas posições não sejam deixadas de lado. Costumam colocar os outros à frente deles mesmos e podem trabalhar para apoiar os colegas de quem gostam e de quem se sentem próximos, às vezes em prejuízo pessoal.

Se os seus subordinados diretos do Tipo Nove não possuem muito autoconhecimento, talvez você tenha problemas com o comportamento passivo ou passivo-agressivo deles. Podem entregar tarde o trabalho ou se mostrar lentos ao tratar de certos processos ou procedimentos. Embora os Tipos Nove tendam a seguir regras no ambiente de trabalho, se não acreditarem que sejam justas ou se ficarem descontentes com a forma como a regra é aplicada, poderão simplesmente não a seguir, sem nada dizer. Contudo, quando não se sentem insultados ou pressionados, são excelentes colegas, fáceis de conviver e quase sempre vão agir em prol dos interesses da organização.

Convivendo com o Tipo Nove: O que fazer para trabalhar bem com ele

- *Seja pacífico e gentil e faça um esforço para manter uma conexão pessoal com eles*. Em geral, os Tipos Nove não veem motivo para não serem agradáveis. Lideram com simpatia e cordialidade e presumirão que as pessoas são confiáveis até prova em contrário. Os Tipos Nove com quem você trabalha vão apreciar seus esforços para conhecê-los pessoalmente e criar uma atmosfera positiva.

- *Valorize a opinião de todos, inclusive a dos Tipos Nove.* Sempre que possível, os Tipos Nove gostam de liderar a partir do consenso. Tendem a ser diplomatas que acreditam que a participação de todos é valiosa. Se você demonstra respeito pelo ponto de vista de todos, inclusive o deles, provavelmente os Noves de sua vida vão admirá-lo e querer trabalhar com você.
- *Compreenda sua sensibilidade ao conflito e à crítica.* Tente não provocar problemas ou iniciar conflitos, a menos que seja absolutamente necessário. Quando os Tipos Nove percebem que alguém está desabafando ou cedendo à raiva de uma forma que ameaça criar conflitos, podem se sentir desconfortáveis e se retirar ou ficar com raiva da pessoa que está com raiva. Às vezes, podem expressar a fúria do pacificador — sentem-se perturbados quando alguém deixa os outros perturbados. E se você causar um conflito, mesmo que mínimo, faça um esforço para reparar as coisas.
- *Peça a colaboração do Tipo Nove, mesmo que não esteja sendo oferecida.* Trabalhar com os Tipos Nove pode ser complicado, porque, em geral, não dão opinião de forma espontânea em conversas no trabalho. Podem ficar em silêncio nas reuniões e depois ficar irritados porque ninguém lhes perguntou o que pensam. Portanto, não se esqueça de perguntar, caso não digam nada. E pode ser particularmente importante apoiá-los, caso a opinião deles vá contra a direção geral do grupo.
- *Solicite diretamente sua cooperação para levá-los a bordo.* Técnicos e líderes costumam perguntar: “Como impulsionar o Tipo Nove a fazer alguma coisa, especialmente se ele demonstrou resistência?”. E a resposta é: Você não “impulsiona” o Tipo Nove a fazer nada. Ele pode ser durão, resistindo a tarefas que estejam sendo forçados a fazer; numa luta silenciosa de poder, provavelmente vão vencer você. Por isso, em vez de tentar quebrar a resistência teimosa dele, chame-o para uma conversa aberta, pergunte o que ele acha e como se sente, e seja direto sobre querer sua adesão, dando a liberdade para ele dizer sim ou não por seus próprios motivos.

- *Seja explícito no reconhecimento de suas contribuições.* De maneira que não seja pública ou embaraçosa demais, faça questão de reconhecer quando os Tipos Nove fizerem algo que ajude a equipe, a liderança ou a organização como um todo.

Sugestões de crescimento: Como os Tipos Nove podem ser mais autoconscientes, eficazes e felizes no trabalho

Todos os tipos podem aprender a ser menos reativos e a colaborar melhor com os demais, primeiro observando seus padrões e depois refletindo sobre o que pensam, sentem e fazem para obter mais autoconhecimento. Em seguida, devem esforçar-se para gerenciar ou moderar suas reações automáticas diante de alguns gatilhos.

Quando os Tipos Nove conseguem observar suas ações a ponto de se surpreenderem fazendo as coisas que lhes causam problemas, e então param para refletir sobre as próprias atitudes e sobre a razão para isso, podem aprender aos poucos a moderar sua programação e suas reações imediatas. Eis algumas ideias para ajudar os Tipos Nove a serem mais autoconscientes, emocionalmente mais inteligentes e mais satisfeitos no trabalho (e em casa).

Auto-observação: Aspectos que os Tipos Nove devem considerar

- Observe a maneira como você tende a prestar mais atenção nos outros (e nas agendas deles) do que em você mesmo. Perceba se você tende a se pôr no fim da fila.
- Preste atenção em como se dá a raiva dentro de você. Que tipo de coisas o irrita e como você reage a elas? Quando a raiva pode ser legítima? Quando você a expressa ou deixa de expressá-la?
- Perceba quaisquer comportamentos passivo-agressivos que possa ter. Veja se consegue tornar mais consciente a sua raiva para assim identificar as coisas que faz sob o efeito dela e que não quer expressar diretamente.

- Observe a tendência a presumir que seus pensamentos serão menosprezados. Você censura as próprias contribuições por acreditar que não serão ouvidas? Identifique as consequências dessa autocensura.
- Observe se é fácil ou difícil tomar uma decisão. O que acontece com você se for difícil decidir? Há alguma decisão mais fácil que outra? Sob quais condições você ficaria em cima do muro?
- Sob quais circunstâncias é difícil saber o que quer? Como você reage quando não sabe o que quer?
- Observe se o desconforto que sente ao chamar a atenção leva você a não assumir totalmente o seu poder. Fique atento às consequências de sua modéstia excessiva.

Pontos cegos: O que você não sabe que pode machucar

Os pontos cegos dos Tipos Nove são:

- *O que você de fato quer (e por que isso é importante)*. Se você é um Tipo Nove, talvez não lhe ocorra que você tem desejos e prioridades, como todas as pessoas. Mas talvez você não registre o que quer, frequentemente dando lugar ao que os outros querem. Se isso o leva a se sentir magoado depois, não é bom para ninguém. Será útil se perguntar o que você quer, mesmo que a primeira resposta seja "não sei". Mais cedo ou mais tarde, você vai aprender a se conectar com os desejos que deixou adormecidos como estratégia para se entender com os outros.
- *Sua própria raiva (e comportamentos passivo-agressivos)*. Os Tipos Nove tendem a não encarar a própria raiva, o que costuma levá-los a agir de maneira indireta. Quanto mais você se mantiver ciente de seus incômodos e acolhê-los, menos vai criar problemas para você mesmo, menor será a sua resistência passiva aos outros.
- *Necessidade de reconhecimento e apoio*. O desconforto dos Tipos Nove com a atenção recebida — seja positiva ou negativa — pode significar que eles não valorizam a própria necessidade de reconhecimento por suas contribuições e realizações. Se você

não aprender a receber elogios, pode ficar preso a um beco sem saída no qual se desvia do feedback positivo. Os Tipos Nove precisam saber que são valorizados para fazerem bem o seu trabalho e manter o moral elevado.

- *Como o desejo de harmonia acaba levando ao conflito.* Quando você não assume uma posição firme ou não expressa uma opinião clara, acaba criando desarmonia, pois não consegue lidar com as divergências naturais que ocorrem no ambiente de trabalho. Quando as pessoas não sabem o que você pensa, fica difícil obterem a clareza de que necessitam para seguir em frente.
- *Falta de clareza na comunicação.* Seu desejo de manter a paz e de ser positivo pode levá-lo a reter informações importantes ou a não ser claro ao dar instruções ou orientações. Seu desejo de evitar conflitos e tensões pode levá-lo a pensar que é melhor permanecer positivo, mesmo quando precisar ser claro sobre críticas construtivas.
- *Estresse.* Se você é um Nove, pode dizer para si mesmo "Estou bem", mesmo quando não está. Pode ser que acredite que precisa estar bem para os outros. Mas não admitir quando não está bem não vai ajudar nem você, nem ninguém — e pode levar a problemas sérios no trabalho.

Autopercepção: Coisas para pensar, compreender e explorar

- Por que é difícil para você saber o que deseja? Que problemas acha que surgiriam se soubesse o que quer?
- Por que é difícil concentrar-se em suas prioridades e não nas dos outros? Como você age para evitar o que é mais importante para você e por quê?
- Por que você reduz a intensidade da sua raiva? Que medos podem estar conectados a um sentimento mais profundo?
- Por que é importante que todos sejam ouvidos? Que sentimentos você tem sobre ser negligenciado? De onde eles vêm?

- O que é difícil ou desconfortável em ser o centro das atenções?
- O que parece difícil ou assustador nos conflitos? O que você faz para evitar qualquer espécie de embate? Quais são as consequências desse modo de agir?
- Como você se autoboicota no exercício do seu poder? Quais de seus hábitos o impedem de assumir e expressar seu poder?

Pontos fortes para alavancar

Será útil se os Tipos Nove perceberem, prestarem atenção de forma ativa, assumirem e alavancarem:

- *Sua capacidade de ver o panorama completo e como todas as peças se encaixam.* Se você é um Nove, será importante dar-se crédito por sua capacidade de compreender o contexto maior do trabalho que faz e de ver como as partes se encaixam no todo. Quanto mais assumir essa força, mais respeito poderá ter para dirigir o trabalho e fazer as coisas acontecerem.
- *Sua capacidade de trabalhar com outras pessoas para levar adiante grandes projetos.* Você tem muitas maneiras de motivar as pessoas a trabalharem harmoniosamente. O fato de você valorizar a contribuição de todos fortalece as pessoas e permite que suas equipes cheguem a soluções para importantes problemas sociais e profissionais, sem se preocuparem com quem recebe o crédito.
- *Sua capacidade de mediar disputas e lidar diplomaticamente com situações difíceis.* O lado bom de seu desconforto diante de conflitos é que você tem facilidade para ver o caminho a seguir. Quando surgem dificuldades, você se apresenta com o poder de saber exatamente como enquadrar as coisas, para que as pessoas possam compreender melhor aquelas de quem discordavam antes.
- *Sua sensibilidade à inclusão e sua capacidade de criar alinhamento em meio à diversidade.* Seu desejo sincero de assegurar que todos sejam ouvidos e que as decisões sejam tomadas por consenso, quando possível, ajuda-o a apreciar e aceitar as diferenças e também a unir as pessoas.

- *Sua tendência a colocar o bem maior à frente do interesse pessoal.* Você gravita em torno de metas que beneficiarão a todos, inspira as pessoas com sua postura altruísta na liderança e modela uma maneira de ser que indica como as pessoas que trabalham juntas são mais do que a soma de suas partes. Será útil lembrar-se disso.

Autogestão: Tendências desafiadoras que os Tipos Nove devem moderar

- *Evitar conflitos.* Às vezes, o conflito é saudável e necessário. Por isso, é importante compreender por que você não gosta de conflitos. É preciso moderar seu desejo de evitá-los para poder incorporá-los de maneira consciente e produtiva.
- *Evitar perigos.* Como você evita o conflito, tende (em geral de forma inconsciente) a ir dormir com raiva. Mas a raiva pode ser um sinal importante de que alguma coisa precisa da sua atenção. O perigo também está ligado ao poder — assim, você pode ser um líder mais eficiente e assumir seu poder de maneira consciente caso consiga moderar o hábito de reduzir a intensidade da sua raiva.
- *Tendência a agir de maneira passivo-agressiva.* Quando você conseguir sentir, assumir e expressar sua raiva, naturalmente vai canalizá-la menos para comportamentos passivo-agressivos, como desacelerar o ritmo do seu trabalho, "esquecer-se" de coisas e discretamente não seguir regras e procedimentos. Tornar-se mais ativo e proativo nas coisas que faz vai torná-lo mais direto e poderoso.
- *Colocar os outros em primeiro lugar.* Será importante perceber como você presta mais atenção nos outros do que em você mesmo. Se puder ajustar o equilíbrio, cuidando mais de si e dando menos prioridade aos outros, poderá tomar medidas mais eficazes em apoio ao que realmente precisa. Cuidar de si é uma das melhores maneiras de servir aos outros — eles terão o melhor de você.
- *Sensibilidade ao fato de não ser ouvido e incluído.* Em geral, a maneira como você reage ao fato de não ser ouvido, de ser excluído ou negligenciado é negligenciar-se ou se excluir pessoalmente.

Isso pode levar a um círculo vicioso, no qual você se esquece de se incluir, tornando mais fácil para os outros considerá-lo pouco importante, e assim por diante. Quando você se inclui no grupo, aumenta a probabilidade de ser levado a sério e não ser esquecido.

Manifeste conscientemente seu potencial superior: Cuide do "ponto baixo" e almeje o "ponto alto"

Os Tipos Nove também crescem quando se tornam conscientes de hábitos e padrões autolimitantes associados a seu estilo de personalidade e aprendem a incorporar os aspectos mais elevados ou as capacidades mais expansivas de sua personalidade.

- Perceba como você e suas prioridades ficam adormecidos e desafie-se a estar cada vez mais presente. Permita-se se expor mais ao mundo, encarando o desafio como parte do processo de estar vivo e desperto.
- Aprenda mais sobre o que acontece com sua raiva e por que isso acontece e experimente expressá-la. Perceba exatamente como sua raiva está conectada ao seu poder — e como pode ser bom sentir-se mais poderoso no mundo, mesmo que isso signifique ficar com raiva.
- Aprenda a perceber como, muitas vezes, você sabe mais o que não quer do que o que quer e como isso pode levá-lo a ficar preso na resistência passiva. Permita-se ficar mais atento à forma como sua raiva extravasa de formas passivas e canalize-a para encontrar seu propósito e agir, mesmo que isso crie certa tensão saudável com os outros.
- Descubra por que é tão difícil você saber o que quer e permita-se entrar mais em contato com seus desejos. Acredite que comunicar mais suas vontades será benéfico para todos. Sua clareza e a capacidade de inclusão vão levá-lo a uma sensação de pertencimento mais profunda.
- Torne-se mais consciente de como você se anula quando não diz o que pensa ou não afirma proativamente sua opinião. Descubra

o que é preciso para se manifestar sem precisar ser perguntado ou convidado ao debate.

- Aprenda que às vezes não é possível ou desejável chegar a um consenso e tente buscar um alinhamento — ou aceite o fato de que algumas pessoas não gostam da decisão da maioria. Ao chegar a um ponto em comum, você reconhece as limitações decorrentes do consenso, mas ainda pode usar seu talento para criar equilíbrio e atrair as pessoas.

De modo geral, os Tipos Nove podem realizar seu potencial máximo observando e trabalhando contra seu hábito de diminuir a percepção de seus próprios desejos, prioridades e emoções — especialmente a raiva. Quando conseguem perceber melhor a tendência a se anestesiar e despertam para a própria experiência, podem aprender a valorizar e apoiar a si mesmos tanto quanto valorizam e apoiam os outros. Quando conseguem superar as próprias barreiras internas de modo a expressar sua raiva, seu poder e suas opiniões — não importa quais sejam as consequências para seus relacionamentos —, podem descobrir que assumir uma posição realmente melhora a vida e o trabalho de todos, incluindo os próprios.

CAPÍTULO 13

E DEPOIS? O ENEAGRAMA COMO FERRAMENTA DE NEGÓCIOS: COMO COLOCÁ-LO EM AÇÃO EM SUA ORGANIZAÇÃO

Depois de conhecer a fundo os vários tipos de perfis no ambiente de trabalho, você deve estar se fazendo algumas perguntas importantes:

1. Como o Eneagrama pode ajudar a minha empresa ou organização — e qual é o impacto nos negócios da aplicação dessa ferramenta?
2. Como devo colocar o Eneagrama em prática na minha empresa ou organização? Como devo proceder para ter certeza de que terei o melhor retorno do meu investimento?

Este capítulo final vai fornecer as respostas a essas perguntas, bem como exemplos da vida real apresentados por diversos líderes de alto nível que usaram o Eneagrama para ajudar suas organizações a terem mais sucesso. Sou grata a eles por generosamente compartilharem suas histórias.

O Eneagrama tem se tornado cada vez mais popular nas duas últimas décadas. Pessoas que passam algum tempo procurando conhecê-lo costumam descobrir que as descrições de seu tipo de personalidade geram percepções pessoais imediatas e poderosas que costumam mudar sua vida. E, depois de colocar um dedo na piscina do Eneagrama, muitos indivíduos fazem a pergunta crucial: "E o que faço agora que conheço o meu tipo?". Também costumo ouvir líderes de empresas dizerem: "Agora que fizemos um treinamento introdutório do tema, como podemos usar o Eneagrama de modo a criar um impacto duradouro?".

A seguir, mostro como essa ferramenta pode, se bem utilizada, causar um impacto positivo sobre a liderança, o desenvolvimento profissional, relacionamentos de trabalho, desenvolvimento de equipes e o crescimento e a saúde das organizações como um todo. Como você verá, um tema importante que emerge dos exemplos que cito neste capítulo é que, de várias maneiras, o modelo do Eneagrama fortalece um crescimento e um desenvolvimento duradouros. Não é uma estrutura idealizada apenas para descrever uma lista estática de características. De acordo com o que revelam os exemplos a seguir, quando o Eneagrama é usado para criar mudanças positivas no seu negócio, você prepara o palco para transformações pessoais, profissionais e organizacionais. É por isso que alguns líderes contam aqui como empregaram o modelo em períodos de elevado crescimento. É também a razão pela qual o Eneagrama tem potencial para ajudar os líderes a liderarem neste momento interessante e desafiador da história, de maneira profunda e duradoura.

O impacto do Eneagrama: liderança e desenvolvimento profissional

Todas as formas de crescimento coletivo de uma organização — dois sócios discutindo seu relacionamento profissional, uma equipe sênior de liderança envolvida num exercício de formação de equipes ou uma grande organização lançando um novo programa de treinamento — apoiam-se nas fundações do desenvolvimento individual. Quando os líderes, em particular, esforçam-se para se conhecer e compreender suas motivações, hábitos e reações, modelam o que significa assumir a responsabilidade pelo próprio comportamento e estabelecem um tom de abertura e compaixão que inspira suas equipes a se envolverem em sua autorreflexão.

O crescimento profissional vivenciado pelos líderes a seguir graças ao trabalho com o Eneagrama permitiu-lhes servir às suas organizações com muito mais eficácia e sucesso. Alguns deles já foram mencionados em capítulos anteriores, mas aqui suas percepções estão mais detalhadas.

Dave Aitken é CEO do FNB Tanzania, banco africano. Ele lidera com o estilo do Tipo Oito, mas diz que também se identifica muito com o Tipo Sete. No trecho de nossa entrevista abaixo, ele comenta a maneira como seu desenvolvimento como líder decolou depois que fez um curso de treinamento que incorporou o Eneagrama como ferramenta vital.

> Quando descobri meu tipo, fiquei espantado ao ver como era real. Nunca fui a psiquiatras nem conversei com terapeutas, mas entendi muito de mim mesmo quando compreendi o que me modela e o que me faz ser como sou. E se você tem essa percepção, dispõe de uma ferramenta de trabalho muito poderosa. Então, você pode começar a gerenciar ativamente sua própria vida, consertar e aprimorar coisas.
>
> Para mim, também tem sido muito importante compreender que não existe uma história única. Há múltiplas histórias que são tão válidas quanto a minha. Admitir que a minha não é a única tem sido bom para mim. Acrescenta uma perspectiva completamente diferente à maneira como lido com as situações.
>
> Minha esposa vive dizendo que não consegue acreditar em como estou diferente agora, como estou muito mais flexível. A maior mudança no meu estilo de liderança, depois de ter feito um curso de coaching usando o Eneagrama, é que agora sou mais receptivo a críticas construtivas. Hoje, pergunto à minha equipe: "O que devo fazer para ser um líder mais eficiente?".

Chris Houlder é diretor de segurança da informação da Autodesk. Ele foi apresentado ao Eneagrama quando era diretor associado de comunicações, infraestrutura de armazenamento e segurança da Genentech e continua a usá-lo com sua atual equipe de subordinados diretos. Aqui, ele descreve a maneira como conseguiu crescer como líder aumentando sua empatia pela diversidade de tipos de pessoas, conforme destacam os nove tipos do Eneagrama.

> O maior benefício do Eneagrama para mim, como líder, é poder desenvolver mais empatia pelos outros. Volto com frequência a ele e expando minha autocompreensão. No entanto, seu maior valor é poder me expor à compreensão da diversidade de tipos de personalidade. Ele me ajudou a não me ver como o ponto de referência pelo qual todos deveriam ser julgados. Ajudou-me a ver que estou operando com base no que considero "as normas", quando o fato é que não existe apenas um conjunto de normas. Para mim, foi excelente compreender que há outros oito tipos — antes mesmo de começar a compreender níveis de desenvolvimento e subtipos — e que a verdade deles é tão forte para eles quanto a minha é para mim. Isso abriu um mundo inteiro diante dos meus olhos. Comecei a ver que poderia compreender e me empatizar com as outras perspectivas. Ao entender isso, a empatia me veio quase imediatamente. Foi um momento real de "uau!".

Spence Taylor é presidente da Greenville Health System Clinical University em Greenville, Carolina do Sul. É cirurgião vascular e antigo chefe do Departamento de Cirurgia do Greenville Health System (e antes cético sobre o Eneagrama). Neste trecho de nossa entrevista, ele fala sobre como outro líder sênior foi capaz de orientá-lo em seu estilo de liderança. Spence diz que saber que é um Tipo Oito aliado à experiência de ter um respeitado líder capaz de mostrar como ele precisava se desenvolver mudou sua vida e revolucionou sua liderança. Embora Spence tenha sido, no início, cético sobre o Eneagrama, agora ele participa do curso de Eneagrama do Greenville Health System, sendo encarregado de ajudar as pessoas do sistema de saúde a aprenderem a usá-lo em seu desenvolvimento profissional.

> Há muitos anos, pediram-me para fundar uma faculdade de medicina com cursos de quatro anos. Como um Oito, fui com tudo, dediquei-me a isso. Então me disseram que eu poderia presidi-la. Depois, me disseram que já não tinham tanta certeza de que eu pudesse liderá-la, o que não me pareceu justo. Eu precisaria ter um pouco mais de "verniz político", e me puseram para trabalhar com Andrew Sorensen, ex-presidente da Universidade da Carolina do Sul.

Andrew era um mestre da política e muito autoconsciente. Fui trabalhar com ele para que ele me orientasse. Fiquei muito bravo. Pensei: "Fiz todo o trabalho e agora aparece esse sujeito e recebe todo o crédito?!". Estávamos na metade do processo de criação da faculdade de medicina e pensando: "Quantos alunos devemos ter? Quais serão os critérios de admissão?". Responder a essas perguntas era importante para atrair investidores. No meio disso tudo, Andrew me puxou de lado e disse: "Spence, ouça. Posso lhe dizer algumas coisas? É sobre o seu estilo. Você lidera como um maestro. Fica lá na frente falando sem parar — você percebe que está o tempo todo falando? Não está ouvindo. Você bloqueia as pessoas. Precisa aprender a liderar como um pastor. Precisa ficar um pouco para trás". Respondi: "Andrew, não temos tempo para empurrar essas ovelhas". E ele retorquiu: "Você está assustando as pessoas. Sente a sua energia emocional? Você está assustando essas pessoas!". Foi uma epifania. Ele continuou: "Vou mostrar como fazer". Nunca vou me esquecer. Na reunião seguinte, ele disse: "Quero que você fique sentado lá atrás e fique de boca fechada. Consegue ficar de boca fechada por uma hora, Spence?".

Andrew era mestre em guiar as pessoas num processo de respostas para as perguntas que precisávamos fazer. Ele dizia: "O que vocês pensam sobre isto?". Eu revirava os olhos lá atrás. Mas as pessoas ofereciam respostas, e Andrew respondia, com muita habilidade: "Isso é interessante. Vamos falar sobre isso...". Depois me explicou: "Filho, é assim que se lidera. Todos saíram achando que deram contribuições significativas para a faculdade de medicina. É assim que se lidera como pastor. E você precisa melhorar, ou este negócio não vai dar certo". Naquele momento, pensei que talvez essa história de Eneagrama fosse para valer. Estávamos trabalhando com um consultor do Eneagrama, e eu achava que ele era completamente maluco. Mas, naquele momento, pensei: "Talvez ele não seja maluco. Talvez eu seja o maluco".

O impacto do Eneagrama: desenvolvendo melhores relacionamentos de trabalho

Uma das maneiras mais significativas com que o trabalho com o Eneagrama contribui para um ambiente de trabalho mais harmonioso e produtivo é a melhora dos relacionamentos. Como disse anteriormente, os negócios acontecem quando pessoas interagem com pessoas. Apesar de o trabalho estar se tornando hoje mais global e definido por novas tecnologias, fica cada vez mais óbvio que quanto mais as pessoas se conhecem, compreendem e aceitam umas às outras, mais fácil será o trabalho. E no moderno ambiente de negócios, que exige cada vez mais colaboração, a necessidade de aumentar a eficiência e minimizar as tensões interpessoais que podem minar energia e recursos nunca foi mais clara.

Como mostram os próximos exemplos, os descritores de personalidade proporcionam uma maneira poderosa de estabelecer, de forma rápida e compassiva, a compreensão e a confiança mútuas, esclarecendo pontos de desacordo para que possam ser superados.

Andy Berkenfield é CEO e sócio da Duncan Channon, importante agência de propaganda sediada em São Francisco, Califórnia. Andy fala das maneiras como usa a estrutura do Eneagrama para melhorar a capacidade de atender aos seus clientes e compreender seus subordinados diretos. Ele também faz parte de um grupo de CEOs que usam o Eneagrama para aprofundar suas conversas sobre como lidar com desafios e oportunidades da liderança.

> Uma colega e eu estávamos trabalhando com um cliente quando descobri o Eneagrama. Depois que entendemos que nosso cliente era um Seis, na verdade ficou mais fácil para nós orquestrarmos a maneira como iríamos conduzir o trabalho.
>
> Ter uma estrutura tão clara para avaliar pessoas, compreendê-las e trabalhar com elas mostrou-se útil para mim no mesmo instante. Compreendi, de repente, muito mais sobre nossas interações; é como ter uma planilha de referência de personalidades à qual posso recorrer quando estou travado, em conflito ou me sinto incapaz de resolver alguma coisa com sucesso.
>
> Creio que há dois aspectos do Eneagrama que me ajudam nos relacionamentos. Conhecer minhas tendências como se fosse uma lente sobre mim mesmo — obviamente, isso me ajuda com todos, em todos os aspectos da minha vida. Poder observá-las e saber de onde estão saindo é valiosíssimo.

Steve Jurvetson é sócio da Draper Fisher Jurvetson, empresa de capital de risco. Steve descobriu o Eneagrama durante um curso que fez quando estava na Stanford Graduate School of Business. Ele lidera com o estilo do Tipo Três e tem usado a tipologia em seu próprio desenvolvimento pessoal e profissional, bem como em sua equipe sênior, para aumentar a compreensão mútua e reforçar os relacionamentos de trabalho.

Um dos maiores benefícios de conhecer o Eneagrama é aprender sobre os outros e sobre meus relacionamentos com as pessoas com quem trabalho. Além de apreciar a diversidade nos grupos, também fui capaz, pelo menos em dois casos, de conhecer de verdade alguém com quem eu imaginava — antes de conhecer nossos tipos do Eneagrama — que não conseguiria me entender. Houve uma ocasião na qual percebi que tudo que estava fazendo para realizar o trabalho de maneira eficiente e rápida estava, na verdade, deixando meu colega cada vez menos confortável. Ele era um Seis, e estava muito nervoso com a tranquilidade distante com que eu fazia as coisas. E quanto mais eu tentava convencê-lo de que tudo estava bem — mesmo que eu estivesse fazendo as coisas no último minuto —, dizendo que ele não tinha nada com o que se preocupar, mais ele ficava preocupado.

Mais recentemente, meu colega se tornou um dos meus sócios: ele e eu somos muito diferentes, e em muitas ocasiões eu simplesmente não o entendia. Eu achava que ele estava sendo arrogante ou muito moralizador, como se pensasse que existe um jeito certo ou um jeito errado de fazer tudo. Agora que sei que ele é um Tipo Um, compreendo bem por que fazia o que fazia, e temos podido dividir nosso trabalho para usar os pontos mais fortes de cada um. Por exemplo, ele é ótimo quando interage com nossos investidores. Tem tudo organizado com perfeição e se envolve de fato com eles. Eu me ocupo da próxima grande realização de nossa empresa, ou seja, fico mais envolvido com marketing, posicionamentos e previsões do futuro do nosso negócio. E ele é bem o sujeito que lida com porcas e parafusos, perguntando o que é real, o que não é, qual a maneira adequada de conduzir a empresa. Assim, cria estruturas e processos que vão fazer o negócio funcionar melhor.

Don Mather é vice-presidente da La-Z-Boy South. Don é um Tipo Oito, e usou o Eneagrama para melhorar seu relacionamento com os colegas e compreender mais objetivamente a dinâmica de sua equipe. Ele me disse que o trabalho com um consultor do Eneagrama o ajudou a compreender melhor o estofo de sua equipe e permitiu às pessoas verem o que precisavam fazer para melhorar.

Recentemente, testemunhei um exemplo no qual duas pessoas usaram o conhecimento dos tipos do Eneagrama para fazer uma grande diferença. Um de meus colegas é um Três muito motivado. E havia outro colega que estava com dificuldade para lidar com ele, a ponto de não conseguirem trabalhar juntos. Felizmente, nosso consultor do Eneagrama conhecia o tipo de personalidade dos dois e pôde ajudar meu colega a compreender as características e os motivadores do Tipo Três. Ele levou isso a sério e mudou seu estilo de comunicação, o que virou o relacionamento deles em 180 graus. Hoje, são próximos. Foi espantoso. Isso aconteceu graças ao fato de nosso consultor de liderança compartilhar as características do Tipo Três e algumas estratégias de comunicação para se trabalhar com essa tipologia.

Art Blum é vice-presidente de assuntos regulatórios da BioMarin Pharmaceutical Inc., empresa de biotecnologia com sede em San Rafael, Califórnia. Art conheceu o Eneagrama trabalhando com um coach que o incentivou a estudá-lo, tanto como forma de se desenvolver como líder quanto para apoiar sua equipe. Coerente com a tendência de acumular conhecimento de seu Tipo Cinco, Art gosta particularmente de ler livros sobre o Eneagrama, usando-o como uma lente através da qual aprofunda seu interesse pelas pessoas. Neste breve trecho de minha entrevista com ele, Art descreve as maneiras como o sistema de personalidades ajudou-o a compreender e a se relacionar melhor com as pessoas com quem trabalha.

> O Eneagrama me diz, por exemplo, que quando um de meus colegas, que é um Tipo Um, fica sentado ali sem dizer nada, ele ainda não se sintonizou. Está absorvendo informações e, em algum momento, quando falar, vai dizer alguma coisa que merece ser levada em conta. Por outro lado, vamos ouvir nosso colega do Tipo Oito, ele nos dirá exatamente o que está pensando sem que seja preciso estimulá-lo. São percepções como essas que considero realmente úteis, mostrando-nos aonde estamos indo com a participação de todos e compreendendo como cada tipo do Eneagrama é mais eficaz nesse processo.
>
> Para mim, o maior benefício tem sido o interesse que agora tenho pelas pessoas. Estou aprendendo como pensam e como operam, e isso se estende à minha vida pessoal. Uso-o rotineiramente com minha esposa. É de fato útil para mim. Meu tipo investiga coisas, é inquisitivo, e esse é um sistema de compreensão que tem tudo a ver comigo. Estou tentando usá-lo tanto nos negócios quanto na vida pessoal.

O impacto do Eneagrama: compreendendo a dinâmica e o desenvolvimento de equipes

Um dos aspectos mais vitais e geralmente desafiadores do estabelecimento de um empreendimento produtivo e de sucesso no moderno ambiente de negócios é criar e manter equipes que funcionam direito. Gerenciar não apenas indivíduos, como também diversos relacionamentos um a um e a complexidade sistêmica de equipes interdependentes, pode tornar bem difícil o trabalho de liderar e guiar sua organização e sua equipe, até para o melhor dos líderes. No que se refere ao cuidado e trato de equipes e relacionamentos intraequipes, o valor do Eneagrama como ferramenta de liderança fica ainda mais evidente.

Chris Houlder, da Autodesk, fala das várias maneiras como o Eneagrama o ajuda a melhorar a comunicação e gerenciar a interdependência de sua equipe, inclusive acolhendo explicitamente perspectivas variadas e usando o Eneagrama como uma linguagem sem julgamentos para falar de maneira mais aberta sobre o que está acontecendo.

> Compreender os tipos através do Eneagrama ajuda a me guiar numa comunicação mais eficiente, gerenciar conflitos e obter resultados juntos. O Eneagrama nos dá toda a estrutura para podermos dirigir mais conscientemente as interações com os indivíduos da equipe. Torna-se um jogo de ferramentas para experimentos, para tentar manter relacionamentos mais produtivos e ainda ter a mente aberta. Não quero que as pessoas pensem que estão sendo avaliadas ou que tenho um livro de códigos secretos. Trata-se mais de experimentar o relacionamento de maneira autêntica, e conhecer os tipos ajuda como uma espécie de manual para compreender melhor as pessoas.
>
> O maior benefício para a equipe é que todos se compreendam mutuamente. Uma coisa importante do Eneagrama é que você o usa como linguagem diária — e há um ato de equilíbrio nisso. Você não classifica as pessoas assim que elas começam a falar, porque elas se sentiriam ignoradas e achariam que você não as entende de maneira autêntica. Mas se puder integrar essa ferramenta na linguagem diária, ela abre a porta para que todos compreendam que não há problema em ser diferente, que nem todos precisam ser desse ou daquele jeito — e que as diferenças podem até ser exploradas pela equipe como uma vantagem.
>
> Outro dia, alguém que nunca havia me procurado antes me abordou e tivemos uma conversa franca. "Sabe, sinto que o que você disse no e-mail que mandou foi punitivo. Estou questionando isso porque havíamos concordado em falar com franqueza." A pessoa está expressando sua necessidade de reagir àquilo com que todos concordaram. Tivemos uma ótima conversa e pudemos nos entender.

Para mim, a mesma coisa acontece com o Eneagrama: abre a porta para que as pessoas discutam a diversidade nas personalidades. E depois abre a porta para que as pessoas possam conversar com mais segurança sobre diferenças com relação a coisas como comunicação e gerenciamento de conflitos. Quando surgem essas situações, isso também abre a porta para as pessoas dizerem "Bem, independentemente da hierarquia, ouço a sua opinião, e a minha é esta".

Don Mather, da La-Z-Boy South, explica como conseguiu entender uma dinâmica importante que estava ocorrendo dentro de sua equipe. Deixar claro o que estava acontecendo permitiu-lhe compreender e alavancar os pontos fortes dos integrantes com maior percepção.

Fizemos uma reunião externa em Nova Orleans com um consultor, e pedi que minha equipe sênior de liderança, com oito pessoas, fizesse uma avaliação do Eneagrama. Depois, conversamos sobre nossos tipos e percebemos que, dos oito, seis tinham o Tipo Oito e dois, o Tipo Um. O Eneagrama nos ajudou a compreender as diferenças entre os Tipos Um e Oito e como podíamos aproveitar essa diversidade. Isso foi importante, porque seis de nós éramos parecidos demais e tínhamos a propensão para "preparar, atirar, mirar". Um dos Tipo Um era do tipo planejador, perfeccionista, e aprendemos como poderíamos ajudá-lo a não precisar se sentir excessivamente responsável. E ele poderia nos ajudar a apoiar e colocar um pouco mais de molho no planejamento, obtendo mais resultados exitosos por conta disso. Na verdade, trata-se de aprender a usar e alavancar os pontos fortes uns dos outros.

Morey Gladden é diretor de operações de novos produtos e diretor de operações e manutenção de instalações da Herman Miller Inc., importante fabricante de móveis e equipamentos de escritório e de decoração residencial sediada em Michigan. Morey usa extensamente o Eneagrama com todas as equipes com que trabalha, começando pelo treinamento.

Conheci o Eneagrama há uns dez anos, quando procurava uma forma de fazer minha equipe se comunicar melhor. Naquela época, eu era o diretor de operações de novos produtos e tinha uma equipe de dez pessoas. Incluímos outros dois grupos de engenharia que ficaram interessados e fizemos nossa primeira sessão.

Rapidamente, percebi que era uma abordagem interessante para compreender outras pessoas. Eu já havia feito treinamentos com outros métodos; lido com administração há muito tempo e por isso tenho visto algumas coisas. Mas quando descobri o Eneagrama, pensei: isso é muito mais fácil do que algumas das outras ferramentas que usamos no passado. Então, as pessoas começaram a falar usando essa linguagem. Creio que a linguagem é muito, muito importante. Como desenvolvemos produtos, o fundamental — aquilo que lhe dá mais poder — é que todos falem o mesmo idioma.

Em essência, o uso do Eneagrama como parte regular do trabalho com as equipes daqui visa simplesmente melhorar a produtividade. Do meu ponto de vista como Tipo Três, só queria que as pessoas realizassem as tarefas. Meu aprendizado é que podemos realizar as coisas quando existe um processo que nos ajuda a melhorar, a atingir certo padrão. Portanto, usar o Eneagrama foi minha maneira de estabelecer um padrão para que os membros de minhas equipes se compreendam mutuamente.

Jean Halloran é a principal executiva da Halloran Consulting LLC e ex-diretora de recursos humanos da Agilent Technologies. Jean aplicou o Eneagrama na Agilent como parte de um processo de autopercepção organizado por um consultor, no qual as pessoas usam o conhecimento de seus tipos num esforço coordenado de desenvolvimento, combinando trabalho individual, conversas sobre relacionamentos e trabalhos coletivos dentro de equipes.

Usamos o Eneagrama com nossas equipes na Agilent de três maneiras por meio de um processo chamado "orientação de autopercepção". Ele envolveu três partes: orientação individual, conversas ou partilhas sobre relacionamentos (chamados "sincronizações de relacionamento") e trabalho em equipe. As conversas de sincronização de relacionamento sempre incluíram o líder. Nada era feito no setor a menos que o gerente-geral também estivesse participando.

Como parte desse processo, as pessoas discutiam seus estilos individuais do Eneagrama e a maneira como interagiam como um todo. E conversavam sobre quais tipos não tinham em número suficiente e quais precisavam ser mais aproveitados.

Acho que, nessa época, treinamos cerca de oitenta pessoas no Eneagrama. Os Tipos Oito nunca revelavam seu número, e os Tipos Quatro raramente admitiam o seu. Mas isso nos ajudou. E alguns gerentes-gerais começaram a usar isso como maneira de trabalhar em grupo. E perceberam, por exemplo, que tinham apenas um Tipo Cinco na equipe e que costumavam deixá-lo de lado, porque essa pessoa gostava de trabalhar sozinha. Então, essas equipes começaram a trabalhar de forma diferente, pois espontaneamente levaram em conta as habilidades e inclinações do grupo todo. Foi muito interessante.

Algumas pessoas que eram perturbadoras nas "versões adormecidas" de seu tipo começaram a perceber que estavam agindo assim, que ficavam falando sem parar sobre alguma coisa que estava quase ficando pronta ou tinham o hábito de interromper as pessoas o tempo todo. Algumas dessas coisas inspiraram a autogestão.

A outra parte consistiu em levar em consideração a dinâmica da equipe. Por exemplo, o grupo de minha colega Teresa percebeu que precisava compreender o poder dos Tipos Oito em sua equipe, pois três membros identificados assim eram inestimáveis. Quando a equipe descobriu que o grupo não tinha inclinação para levar as coisas adiante com um ritmo prático, começou a olhar para seus Tipos Oito de maneira diferente.

Impacto do Eneagrama: Criando uma cultura de profissionalismo consciente

Quando você usa o Eneagrama para ajudar líderes a se tornarem mais autoconscientes, os benefícios de tratar o trabalho com mais inteligência emocional acabam se espalhando inevitavelmente pela organização. Os altos executivos ficam mais felizes e produtivos, o que impacta seus subordinados diretos, e isso, em última análise, difunde-se por todos os níveis da organização. Quando isso acontece, toda a empresa torna-se uma força positiva — inspirando todos conectados com o negócio a despertar para ações mais conscientes, sustentáveis, eficazes e em apoio ao bem maior.

Nesta seção, você vai encontrar exemplos de como líderes de sucesso usaram o Eneagrama de formas inovadoras para tornar suas organizações mais flexíveis, criativas, saudáveis e produtivas. Os líderes conscientes que compartilharam comigo suas experiências contam histórias sobre como o trabalho com o Eneagrama teve efeitos ainda mais amplos; descrevem impactos que incluem a redução de uma taxa de rotatividade problemática, maior sucesso no recrutamento de grandes talentos e economia real, retenção e desenvolvimento de produto. Embora eu não esteja dizendo que isso seria uma prova concreta de que o Eneagrama provoca todas as coisas maravilhosas que acontecem nessas organizações, como Teresa Roche explica adiante, parece haver uma forte conexão entre criação de uma cultura organizacional de desenvolvimento consciente e comunicação aberta que, várias e várias vezes, contribui para o sucesso em negócios de diversos tipos.

Arash Ferdowsi é cofundador e CTO da Dropbox Inc., empresa de serviços de compartilhamento e hospedagem de arquivos sediada em São Francisco. Arash descobriu o Eneagrama durante um mês de férias numa época em que estava se sentindo esgotado. Com tempo para se concentrar em sua saúde e bem-estar, explorou coisas como ioga e atenção plena para compreender melhor a si mesmo e o que estava causando esse estresse. Cada vez mais interessado em autopercepção e psicologia, acabou chegando ao Eneagrama.

Em um dos primeiros livros que leu sobre o assunto, Arash encontrou a descrição da personalidade do Tipo Quatro. Ele diz que foi a melhor descrição que já havia lido sobre si mesmo, tratando de partes suas que sabia que existiam, mas não tinham sido "plenamente evocadas". Arash tem usado o Eneagrama para promover seu próprio crescimento e levou-o à sua equipe sênior para melhorar os relacionamentos de trabalho: tem defendido seu uso por toda a sua organização. Ele compartilhou seu entusiasmo pelo modelo em um e-mail que enviou à companhia toda e que me permitiu reproduzir a seguir. Hoje, um percentual significativo de funcionários da Dropbox conhecem seu tipo no Eneagrama e usam-no como maneira de serem mais autoperceptivos.

> Diversos grupos da Dropbox [...] fizeram workshops sobre o Eneagrama. Um especialista nos apresentou uma visão geral do modelo e ajudou-nos a descobrir nossos tipos. Para nós, foi um modo divertido de nos conhecermos e de podermos trabalhar melhor uns com os outros. Pode ser um ótimo exercício de integração da equipe dentro e fora do escritório, com o bônus adicional de ajudar os líderes a obterem uma visão das dinâmicas da equipe. [...] Como continuamos a crescer rápido, descobrir como colaborar de forma eficaz será algo cada vez mais complicado e cada vez mais importante. Será uma tarefa incessante para proteger a cultura de colaboração que construímos cuidadosamente. É difícil encantar em escala! Embora haja maneiras mais tradicionais de manter a saúde

da Dropbox, creio que a promoção de uma cultura de autopercepção e empatia vai nos levar longe.

A seguir, Arash dá seu depoimento.

Antes de me conhecer plenamente pelas lentes do Eneagrama, acho que não compreendia bem como algumas das maneiras pelas quais a empresa estava sendo construída eram consequência de meu modo de entender a cultura, a marca, nossos valores, a aparência e a percepção do produto. Mas conhecer meu tipo do Eneagrama foi bom porque me ajudou a compreender algumas das reações emocionais que havia tido ao defender certas coisas que são importantes para mim — ele me ajudou a entender por que me importo tanto com essas coisas.

Também ajudou a explicar minhas reações emocionais quase irracionais a certas coisas. Creio que o Eneagrama pode me ajudar a não ser tão emocional sobre aquilo que me importa, posso ser mais objetivo e estratégico, me deixando seguro ao explicar por que certas coisas têm maior peso. Percebi que as questões que me são fundamentais estão ligadas a meu sistema de valores e que preciso melhorar a expressão desse sistema, associando-o a modos estratégicos para a empresa e à *importância* de conseguirmos realizar nossa missão.

Saber que sou um Tipo Quatro me ajuda a perceber que poucos terão esses mesmos instintos. Se não têm, não é culpa deles. É que o ônus de expressar essas coisas com clareza recai sobre mim. Quais são os valores de nossa marca? Por que é importante refletir valores específicos? Passei a expressar essas coisas que são muito intuitivas para mim. Preciso traduzir às pessoas que não veem o mundo com tantas nuances as decisões que quero tomar. Nossa missão está muito ligada à colaboração e à simplificação da forma como as pessoas trabalham juntas, permitindo que criem grandes coisas através do trabalho em equipe. Para fazer isso, você precisa de uma cultura realmente orientada para equipes, com pessoas de tipos de personalidade diferentes que, no final das contas, descobrem como trabalhar juntas e reconhecer os dons umas das outras. Creio que enviar aquele e-mail sobre o Eneagrama foi bem poderoso, porque acho que gerou todo esse interesse pelo Eneagrama e determinou o tom dessa abertura maior. Acho que é muito legal o fato de tantas pessoas daqui conhecerem seu tipo. É bom ter a oportunidade de fazer isso, algo que foi bem recebido em toda a empresa. Se eu não tivesse feito isso, seria difícil imaginar como a empresa seria hoje.

Todd Pierce é diretor digital da Fundação Bill e Melinda Gates. Antes disso, foi vice-presidente executivo de operações e mobilidade da Salesforce e diretor de informações da Genentech. Foi pioneiro no uso do Eneagrama para ajudar a desenvolver líderes e indivíduos quando estava na Genentech. Teve o primeiro contato com o Eneagrama quando trabalhou com um coach de executivos. Depois, introduziu-o para mais de quatrocentos colaboradores em sua seção da empresa. Continuou com o método quando estava na Salesforce e agora usa-o em seu cargo atual na Fundação Gates.

Todd encontrou maneiras criativas de aplicar o Eneagrama, usando-o como parte de programas inovadores de desenvolvimento, como um processo estruturado de coaching com um ano de duração, conversações contínuas sobre desenvolvimento e um processo de recrutamento de inteligência social desenvolvido por Ginger Lapid-Bogda, veterana consultora em desenvolvimento organizacional.

> A maneira como aplico o Eneagrama em minhas equipes e organizações evoluiu com o tempo. Essa é uma das coisas que me deixaram muito contente. Quando eu o usei pela primeira vez em minha equipe de liderança, fizemos mais progressos numa tarde do que em muitas outras intervenções — e a velocidade com que conseguimos isso nos deixou de fato interessados. Tínhamos uma reunião trimestral externa com todos os nossos gerentes e quisemos oferecer o modelo. E foi um sucesso tão grande que resolvemos disponibilizá-lo para todos os gerentes usarem-no em seus grupos. Sempre foi algo voluntário — creio que no trabalho é importante tentar fazer as coisas de forma mais voluntária, ou seja, por atração em vez de imposição —, e tivemos um índice de participação de noventa e tantos por cento, mantido por muitos anos. Tenho usado o Eneagrama desde 2004, aproximadamente.
>
> Creio que o maior benefício é que ele permite que as pessoas se tornem versões melhores delas mesmas, em lugar de apenas se rotularem, dando-lhes um mapa para que possam sair pelo mundo até onde queiram ir. Não é totalmente prescritivo — não existe uma contagem a se manter ou um tipo a se almejar. O Eneagrama lhe permite descobrir camadas em você mesmo, sejam quais forem, e depois lhe pede para sair numa jornada no seu próprio ritmo. É muito interessante.
>
> Em termos de produzir resultados nos negócios, há um conjunto de intervenções que creio que são importantes. O Eneagrama tem complementado muito bem o trabalho com a atenção plena, o programa de excelência pessoal que desenvolvi, a ideia de múltiplos centros de inteligência em nosso

corpo e como integrar tudo isso. Tem uma plataforma bem aberta, creio, pois funciona bem com alguns dos outros trabalhos com a consciência que têm me interessado.

É preciso um pouco de prática e dedicação para meditar. Não dá para começar de repente e obter benefícios imediatos. Em sua maioria, as pessoas acham que o Eneagrama é energizante; algumas ficam reativas quando o comparam com outras experiências que tiveram, mas se você consegue fazê-las superar isso, ele se torna muito envolvente. E muito duradouro.

Quantas ferramentas você já viu que são usadas por mais de onze anos por diversas organizações e em diversos contextos? Não muitas. Você se entedia com elas ou elas não parecem funcionar muito bem, mas quando penso "Meu Deus, de quantas aulas sobre o Eneagrama eu já participei?", nem consigo contar. E ainda o acho interessante.

Carol Anderson é presidente da Child Development Inc., que administra 155 creches na Califórnia e desenvolve materiais de educação infantil. Há muitos anos, eles perceberam que tinham uma taxa de rotatividade de 35% e procuraram um meio de reduzi-la. Fizeram uma avaliação em toda a equipe e descobriram, entre outras coisas, que 50% das pessoas não gostavam de seus supervisores. Por isso, desenvolveram um conjunto de valores e um programa de treinamento para todos os seus gerentes chamado "Habilidades Básicas de Supervisão". Então, Carol e sua equipe criaram um instituto de liderança que incluiu o treinamento no Eneagrama. Em cinco anos, cortaram pela metade o índice de rotatividade, de 35% para 18%. Embora diversos fatores tenham contribuído para reduzir esse índice, Carol acredita que sua meta de desenvolver líderes melhores foi um fator importante — e o Eneagrama foi uma boa parte disso. Ela me falou da maneira singular como sua organização integrou plenamente o uso do treinamento e de grupos de discussão do Eneagrama em seus esforços bem-sucedidos para reter professores e equipes de alta qualidade graças ao foco na liderança.

Estamos tentando formar líderes melhores. Então perguntamos: "Qual é a sua história?", "Como você pode ser autorreflexivo sobre o que está acontecendo com você e não responsabilizar outras pessoas?", "Como você pode ser um bom ouvinte?", coisas assim.

Acabamos desenvolvendo três metas para nosso treinamento do Eneagrama. A primeira era a autorreflexão e a autoconsciência. Queríamos crescimento pessoal para as pessoas. A segunda meta era que os grupos trabalhassem juntos de forma colaborativa para gerar sinergia. Compreender os pontos fortes e os desafios uns dos outros e o que trouxeram para o grupo, além de identificar suas fraquezas ou coisas que não gostavam de fazer. E a terceira meta era tornar os supervisores mais eficientes.

Uso o Eneagrama para acompanhar nossos supervisores. Em nossas reuniões individuais, identificamos os problemas que podem estar tendo com algum funcionário e pensamos em estratégias. Uma supervisora trabalha com uma mulher do Tipo Um com quem teve alguns conflitos. Então pergunto: "Do que você acha que ela, como Um, precisa? O que você pensa que ela acha disso? O que é importante para ela?".

Pessoalmente, creio que uma razão pela qual o Eneagrama tem sido tão eficaz para nós é que ele não é um programa enlatado que pode ser implementado num processo passo a passo, que depois de chegar ao décimo passo já está funcionando. Não é assim. Digo às pessoas que se trata de uma ferramenta sofisticada, complexa e profunda e que você pode estudá-lo a vida toda sem chegar a conhecer tudo que ele tem para mostrar. Mas o verdadeiro sentido de aprender e crescer vem de sua disposição para se manter aberto, para ser autorreflexivo, criar seu observador interior.

Teresa Roche é CEO da Roche Consulting, ex-vice-presidente e diretora de treinamento da Agilent Technologies. De todos os líderes com quem conversei, Teresa vem estudando o Eneagrama há mais tempo, desde finais da década de 1980. Durante sua longa carreira como executiva, ela tem usado o Eneagrama para seu próprio desenvolvimento pessoal e profissional e em seu trabalho de muitas maneiras diferentes.

Nunca vou me esquecer de quando o CEO da Agilent estava conversando com todos esses líderes emergentes e ex-alunos. Ele disse que uma das coisas mais poderosas que ele aprendera foi entender que ninguém é como ele.

Não precisei fazer rastreamento de evidências para poder dizer que o processo de autopercepção que usamos com nossos líderes (que incluía o estudo de seus tipos no Eneagrama) levou ao aumento da fidelidade dos clientes ou a uma receita mais alta. Acredito, porém, que, se você analisar o sucesso da Agilent, verá que um dos motivos é o nível de consciência que muitos executivos têm.

Em um de meus formulários de avaliação de desempenho, eu falava sobre o retorno total para acionistas, que era maior que o das empresas da S&P 500. Nosso índice de lealdade de clientes subiu. E ampliamos nossa participação no mercado. Não podemos dizer que uma única coisa fez tudo isso, mas creio que há uma linha de mira. Minha equipe ficou unida durante doze anos simplesmente porque fomos crescendo e aprendendo. Senti-me como se fôssemos os SEALs da Marinha — pediam-nos para lidar com diversos desafios, e tínhamos uma reputação maravilhosa.

Li recentemente um artigo no qual se falava do tempo gasto nos negócios por pessoas que tentam esconder quem são. Perdemos muito tempo nos defendendo, preocupados com a maneira como nos apresentamos. Uma das coisas que eu disse ao meu CEO é que não se trata apenas de um espaço "esotérico" baseado no coração. Trata-se de aproveitar rapidamente as oportunidades. Trata-se de velocidade, pois, quando você se compreende, pode fazer uma reunião de cinco minutos, em lugar de uma de vinte minutos da qual ainda sai sem entender algumas coisas. Creio que há evidências reais de que o Eneagrama poupa tempo e cria soluções melhores quando pessoas que conhecem os próprios tipos trabalham juntas.

Como usar o conhecimento recém-descoberto

Embora este livro tenha detalhado os benefícios do uso do Eneagrama no desenvolvimento da liderança e em relacionamentos no ambiente de trabalho, é importante lembrar que ele não é necessariamente a ferramenta certa para todas as pessoas ou para todo tipo de empresa. Creio que o Eneagrama funciona melhor quando existe uma necessidade real, sentida nos negócios — uma plataforma ardente ou um motivo forte —, das pessoas se conhecerem e compreenderem aqueles com quem estão trabalhando. O modelo de personalidades do Eneagrama é a abordagem ideal quando as pessoas têm o desejo e a capacidade de autorreflexão e permitem um grau de vulnerabilidade ao falar sobre si mesmas com os colegas para melhorar as relações de trabalho.

Como o Eneagrama lida com crescimento e desenvolvimento, você pode usá-lo para desenvolver um repertório maior de pontos fortes e para manifestar seus potenciais mais elevados. Se a liderança de uma organização não dá prioridade ao crescimento de seu pessoal como um valor — se não considera relevante uma autopercepção maior para práticas, processos ou produtos de sua empresa —, talvez o Eneagrama não seja o investimento adequado. No entanto, se você quer encontrar maneiras de aumentar o sucesso dos negócios por meio do apoio ativo a uma maior autopercepção e inteligência emocional, como atestam muitos dos líderes citados aqui, provavelmente não haverá maneira melhor de fazê-lo do que o Eneagrama.

Com isso em mente, eis algumas sugestões sobre o modo de aplicá-lo em seu programa de desenvolvimento de lideranças ou em sua organização.

Indivíduos e líderes

Trabalhar com um coach

Uma das maneiras mais fáceis de usar o Eneagrama para o desenvolvimento individual ou de lideranças é trabalhar com um psicoterapeuta ou um coach que conheça o modelo. Um coach especializado no Eneagrama pode ajudá-lo a conhecer seu tipo, estruturar um plano para continuar a aprofundar seu autoconhecimento usando o modelo e ajudá-lo a alavancar seus pontos fortes e expandir suas capacidades.

A principal ressalva a se ter em mente é escolher seu coach com cuidado. Existem muitos "especialistas instantâneos" no mundo dos "profissionais do Eneagrama" — pessoas que dizem que trabalham com o modelo, mas que não o conhecem suficientemente bem ou não têm uma base ampla o bastante para apoiar seu trabalho. Portanto, procure obter referências de pessoas de confiança sempre que possível, analise as credenciais do coach e não se iniba em lhe fazer perguntas, como há quanto tempo vem estudando o Eneagrama e quais são suas qualificações para usá-lo na prática.

Treinamentos e programas de desenvolvimento de liderança

Chamar um treinador ou consultor do Eneagrama para ensinar os indivíduos em sua organização pode ser outra maneira de apresentar o modelo para seu pessoal. Uma sessão introdutória de um dia inteiro ou meio dia com um especialista pode ser uma ótima maneira de dar aos líderes e colaboradores individuais uma pincelada sobre o que o Eneagrama pode fazer e como funciona, tornando-o uma ferramenta familiar de autopercepção e permitindo-lhe começar outras iniciativas de treinamento ou desenvolvimento individual. Muitos programas de desenvolvimento de liderança valem-se do Eneagrama como elemento central, pois ele ajuda a guiar um processo de autoconsciência e crescimento profissional.

Autonomia

Helen Palmer, autora de livros sobre o Eneagrama, lembra que os tipos propostos pelo modelo são "autoverificáveis". Uma das coisas interessantes sobre o Eneagrama é que, por meio de livros, vídeos, conteúdo da internet e treinamentos, as pessoas interessadas em descobrir seu tipo de personalidade podem investigar várias coisas por conta própria. Este livro foi pensado para ser uma referência e pode ser aplicado por qualquer um ou tendo um coach como guia.

Relacionamentos profissionais individuais

O trabalho individual como apoio ao desenvolvimento de relacionamentos

Trabalhando com um coach, com um consultor do Eneagrama ou sozinho, você pode usar cursos e materiais para compreender seu estilo de comunicação, tendências em relacionamentos, reações a situações de conflito e o impacto geral que causa nos outros. De modo geral, combinar o trabalho com o Eneagrama e uma avaliação 360 graus pode ser um modo excelente de identificar áreas de força e desafios. Dessa forma, os indivíduos podem atuar para compreender suas tendências de comunicação e os filtros perceptivos de outros estilos, identificando como trabalhar bem com eles antes de manter conversas sobre desenvolvimento com os colegas.

Conversas mediadas por um coach ou consultor do Eneagrama

Depois que os indivíduos compreenderem seu estilo no Eneagrama e suas tendências ao se relacionar, comunicar, oferecer feedback e outros elementos específicos de interação com outras pessoas, pode ser uma boa ideia manter uma conversa mediada. Valendo-se de um coach ou consultor como mediador, vocês podem discutir proativamente diversos aspectos de seu trabalho e de seu relacionamento para melhorar a maneira como trabalham um com o outro.

Equipes

Desafios da empresa e compreensão da dinâmica da equipe

Um consultor do Eneagrama especializado no trabalho com equipes pode ser uma maneira ideal de introduzir o modelo em seu grupo de trabalho. Há várias maneiras de se usar o método como base de formação de equipe ou apenas pensar em um evento de dia inteiro. Apresentando o modelo e os tipos e mostrando depois como podem ser aplicados para explicar os relacionamentos e a dinâmica entre pessoas, você pode obter muitos conhecimentos e percepções sobre o funcionamento de sua equipe, além de entender como ela pode alcançar um desempenho ainda mais alto.

Geralmente, as equipes se beneficiam quando primeiro aprendem o Eneagrama e depois o aplicam a funções e cenários de negócios específicos, como comunicar, dar e receber feedback, gerenciar conflitos e negociar mudanças. Dependendo das necessidades específicas de sua equipe, você pode incluir o Eneagrama em uma discussão sobre como gerenciar ou abordar uma variedade de questões de negócios.

Integrando o Eneagrama a tarefas e iniciativas de negócios

Quando trabalho com equipes, cada vez mais tenho integrado as diversas perspectivas e padrões de tipos do Eneagrama com diferentes conceitos ou questões de negócios com que equipes específicas precisam lidar. Por exemplo, combinei os nove tipos com tarefas como tomada de decisões, obtenção de excelência e avaliação e enfrentamento de riscos. Compreendendo que pessoas com estilos de personalidade diferentes tendem a ver o mesmo problema com lentes também diferentes, e podendo destacar quais são essas diferenças em torno de uma área específica, você pode se concentrar, realçar e esclarecer as discussões da equipe, tornando as interações mais eficazes, bem-sucedidas e agradáveis.

Organizações

Treinamentos com o Eneagrama

Assim como você pode pedir que um consultor experiente do Eneagrama desenhe treinamentos introdutórios e de acompanhamento voltados ao desenvolvimento da liderança individual ou à melhoria da dinâmica e da coesão da equipe, também pode oferecer treinamentos focados em grupos maiores ou em toda a organização. Aqui, dependendo dos desafios ou das necessidades específicas da organização, você pode contratar um consultor do Eneagrama com experiência para desenhar treinamentos, intervenções ou programas contínuos, de modo a esclarecer, trabalhar e solucionar diferentes problemas organizacionais ou tirar proveito de oportunidades específicas de negócios.

Em geral, é melhor começar com um treinamento introdutório, no qual as pessoas se acostumem com o modelo, conheçam seus tipos e depois comecem a aplicá-los a diversos aspectos dos relacionamentos de trabalho. Após um treinamento inicial, você pode oferecer acompanhamento para ampliar seu aprendizado, integrando os tipos de personalidade com os assuntos importantes e oportunos para a organização e as equipes.

Eventos permanentes

Uma preocupação manifestada pelos líderes após um treinamento introdutório é o que fazer para conseguir adesão. Como dar continuidade ao Eneagrama e fazê-lo funcionar com líderes, equipes e organizações?

Há muitas maneiras de ajudar a enraizar o Eneagrama e suas percepções numa organização. Eis algumas ideias sobre ofertas permanentes que podem torná-lo útil de modo mais ativo, integrando-o à cultura organizacional:

- Conversas programadas e recorrentes sobre diferentes assuntos de negócios ou de desenvolvimento.

- Painéis de pessoas do mesmo tipo do Eneagrama, de modo que aprofundem seus conhecimentos sobre tipos específicos (e sobre os colegas), observando grupos afins debatendo sobre como o seu tipo opera. Faço isso quando tenho um grupo misto, inclusive com pessoas que já conhecem o Eneagrama e outras que são novas.
- Encontros fora do escritório: as pessoas se reúnem na hora do almoço para discutir tipos ou assuntos do Eneagrama. Ou uma reunião uma vez ao mês numa tarde de quinta ou sexta-feira, às 17h, na qual um orador fala sobre um tema ou facilita uma discussão em grupo.
- Programas de desenvolvimento contínuos sobre liderança ou coaching.

Treinamentos, tarefas e oportunidades de negócios

O Eneagrama é uma ferramenta flexível que pode ser usada em conjunto com diversas tarefas e oportunidades organizacionais de negócios. Por exemplo, se a organização está passando por um período de mudança ou enfrentando um desafio específico, como tornar-se global ou mudar suas prioridades, o Eneagrama pode ser usado como uma linguagem comum para ajudar a proporcionar uma compreensão mais clara sobre como pessoas diferentes estão enfrentando as mudanças. Discussões focadas em temas específicos podem ser seguidas de discussões abertas sobre como o estilo de cada pessoa está afetando sua visão da situação. Um consultor qualificado pode ajudar a desenhar e implementar esse tipo de intervenção.

Criando uma cultura consciente

Como Arash Ferdowsi e Tod Tappert já descreveram, o Eneagrama é uma excelente ferramenta para inspirar ou se somar a esforços formais de construção de uma cultura organizacional mais consciente. Empresas de diversas indústrias estão, cada vez mais, dando prioridade à percepção e à inteligência emocional, e o Eneagrama é um elemento ideal para catalisar e ajudar a implementar práticas, oportunidades de desenvolvimento e programas que podem apoiar a evolução deliberada de uma cultura mais consciente, flexível e alinhada.

Espero que este livro tenha permitido entender todas as maneiras positivas do uso do modelo para apoiar o desenvolvimento de líderes, equipes e organizações emocionalmente mais inteligentes. Também espero ter contribuído para a compreensão de como líderes mais conscientes abrem caminho para um ambiente de trabalho mais animado, produtivo e de sucesso. Gostaria que as descrições dos estilos de personalidade e as histórias dos líderes pudessem demonstrar que o Eneagrama é um guia poderoso no mapeamento de um caminho de desenvolvimento consciente ao longo de sua vida. Seja você CEO, gerente, colaborador ou apenas um indivíduo, creio que o Eneagrama pode apoiá-lo em sua aventura de acesso a um nível mais profundo de percepção pessoal, de modo a libertá-lo dos limites de seus padrões habituais e manifestar seu potencial mais elevado. E quando líderes e as pessoas que eles lideram trabalham juntos para se tornarem tudo que podem ser, podemos realmente mudar o mundo!

Agradeço por se juntar a mim nessa jornada, em que apresentei o que considero ser uma incrível ferramenta de crescimento. Nos últimos vinte anos, tive a honra de testemunhar meus clientes usando o Eneagrama para se tornarem mais felizes, saudáveis, eficazes e bem-sucedidos no trabalho e na vida. Espero que ele o ajude tanto quanto ajudou a mim e a muitos de meus amigos, clientes e colegas.

BIBLIOGRAFIA

COLLINS, Jim. *Good to Great: Why Some Companies Make the Leap... and Others Don't.* Nova York: Harper Collins, 2001.

DETHMER, Jim; CHAPMAN, Diana; KLEMP, Kasey Warner. *The 15 Commitments of Conscious Leadership*. Chicago: Cnscious Leadership Group, 2014.

GOLDBERG, Michael. *Travels with Odysseus: Uncommon Wisdom From Homer's Odyssey*. Tempe, AZ: Circe's Island Press, 2006.

GOLEMAN, Daniel. *Emotional Intelligence: Why It Can Matter More Than IQ.* Nova York: Bantam Books, 1994.

GOLEMAN, Daniel. *Working with Emotional Intelligence*. Nova York: Bantam Books, 1998.

GOLEMAN, Daniel; BOYATZIS, Richard; MCKEE, Annie. *Primal Leadership: Unleashing the Power of Emotional Intelligence.* Boston: Harvard Business Review Press, 2013.

HANSON, Rick. *Buddha's Brain: The Practical Neuroscience of Happiness, Love and Wisdom.* Oakland, CA: New Harbinger Publications Inc., 2009.

LAPID-BOGDA, Ginger. *Bringing Out the Best in Yourself at Work: How to Use the Enneagram System for Success*. Nova York: McGraw-Hill, 2004.

PALMER, Helen. *The Enneagram: Understanding Yourself and the Others in Your Life.* São Francisco: Harper Collins, 1988.

SCHWARTZ, Tony. Seeing Through Your Blind Spots, *Harvard Business Review*, 15 ago. 2012.

SIEGEL, Dan. *Mindsight: The New Science of Personal Transformation.* Nova York: Bantam Books, 2011.

NOTAS

Capítulo 1

1. Daniel Goleman escreveu muito sobre o tema da inteligência emocional e como ela pode ajudar as pessoas a serem mais eficazes no trabalho. Ele é o autor do livro seminal sobre quociente emocional, *Inteligência emocional: A teoria revolucionária que redefine o que é ser inteligente* (Rio de Janeiro: Objetiva, 1996. Trad. de Marcos Santarrita), e também dos livros *Inteligência social: A ciência revolucionária das relações humanas* (Rio de Janeiro: Objetiva, 2019. Trad. de Renato Marques) e *Liderança: A inteligência emocional na formação do líder de sucesso* (Rio de Janeiro: Objetiva, 2015. Trad. de Ivo Korytowski), além dos artigos na *Harvard Business Review* "What Makes a Leader" e "Teams at Work: Emotional Intelligence".
2. Jim Collins, *Empresas feitas para vencer: Porque algumas empresas alcançam a excelência e outras não* (Rio de Janeiro: Alta Books, 2018. Trad. de Maurette Brandt), pp. 12-13.
3. Dethmer, Chapman e Klemp, *The 15 Commitments of Conscious Leadership*, p. 14.
4. Ibid., p. 15.
5. Dan Siegel, *Mindsight*, pp. xi-xii.
6. Rick Hanson, *O cérebro de Buda: Neurociência prática para a felicidade* (Rio de Janeiro: Alaúde, 2012. Trad. de Bianca Albert), p. 42.
7. Ibid.

Capítulo 2

1. Em seu livro *Travels with Odysseus*, Michael Goldberg relaciona em termos simples os temas e lições de cada uma das nove terras míticas que Odisseu visita. Embora não mencione o Eneagrama, é possível ver que esses temas se encaixam nos tipos de personalidade estabelecidos pelo modelo.
2. As descrições dos 27 subtipos de personalidade detalhados neste livro são derivadas e adaptadas da obra (livros e treinamentos) de Claudio Naranjo.

Capítulo 3

1. Tony Schwartz, Seeing Through Your Blind Spots, *Harvard Business Review*, 15 ago. 2012.
2. Ibid.
3. Ibid.
4. Ibid.

Capítulo 4 (Tipo Um)

1. Ginger Lapid-Bogda, *Bringing Out the Best in Yourself at Work*, 2004, p. 32.

Capítulo 5 (Tipo Dois)

1. Ginger Lapid-Bogda, *Bringing Out the Best in Yourself at Work*, 2004, pp. 33-34.

Capítulo 7 (Tipo Quatro)

1. Ginger Lapid-Bogda, *Bringing Out the Best in Yourself at Work*, 2004, pp. 38-39.
2. Claudio Naranjo costuma usar essa frase em seus workshops para destacar a natureza do hábito dos Tipos Quatro Sociais de acreditar em sua própria inadequação — quando a única coisa que há "de errado" com eles é acreditarem que há algo errado com eles.

Capítulo 10 (Tipo Sete)

1. Ginger Lapid-Bogda, *Bringing Out the Best in Yourself at Work*, 2004, p. 45.
2. Claudio Naranjo, citado por Beatrice Chestnut, O *Eneagrama completo: o mapa definitivo para o autoconhecimento e a transformação pessoal*. São Paulo: Goya, 2019. Tradução de Simone Palma.

Capítulo 11 (Tipo Oito)

1 Ginger Lapid-Bogda, *Bringing Out the Best in Yourself at Work*, 2004, p. 48.
2. Frase usada por Helen Palmer para descrever a personalidade do Tipo Oito em *The Enneagram: Understanding Yourself and the Others in Your Life*, 1988.

Capítulo 12 (Tipo Nove)

1. Ginger Lapid-Bogda, *Bringing Out the Best in Yourself at Work*, 2004, p. 52.

AGRADECIMENTOS

Gostaria de agradecer a todas as pessoas que me ajudaram a tornar este livro real. Sou especialmente grata a meu agente, Peter Steinberg, por seu papel como iniciador deste projeto e por tudo que fez para me ajudar a criar este volume, guiando-o até a publicação. Um grande agradecimento a Lisa Lipson Canfield, por ser minha editora pessoal e uma dedicada caixa de ressonância, ajudando-me em todas as etapas do processo de escrita para que o livro acontecesse (e dentro do prazo). Quero agradecer também a Anthony Ziccardi e à Post Hill Press por correrem esse risco comigo, e a Billie Brownell na Post Hill Press, por seu trabalho em conduzir o livro ao longo do processo editorial. E sou grata a Claudio Naranjo, por ser o autor seminal da substância dos tipos e subtipos de personalidade do Eneagrama, tal como apresentados nesta obra.

Muita gente apoiou o trabalho que criou as bases deste livro. Ginger Lapid-Bogda foi uma grande professora e amiga, e sou grata a ela pela enorme contribuição que fez para integrar o Eneagrama aos negócios em seus livros e treinamentos. Meu bom amigo e colega Uranio Paes ajudou-me tanto de forma tangível quanto intangível para trazer ao mundo meu trabalho. Quero agradecer a meus amigos e associados que trabalham com o Eneagrama: Valerie Atkin, Deborah Egerton, Julie Jackle, Joni Minault, Diane Ring e Jane Tight. E também sou muito grata a Matt Ahrens, Claire Barnum, Elizabeth Cotton, Kyle Corsiglia, Marianne Dray, Helen English, Kathleen Gallagher, Linda Pino, Stacy Price, Lynn Roulo, Vicky Rybka, Roxanne Strauss e Barbara Whiteside. A todos eles, por serem meus amigos no trabalho com o Eneagrama, ouvindo minhas ideias, lendo as primeiras versões dos capítulos e muito mais.

Finalmente, agradeço aos líderes que compartilharam suas histórias comigo, apresentando exemplos práticos e compreensíveis do mundo real sobre o impacto do Eneagrama no desenvolvimento da liderança e de práticas de negócios, e também pelo incrível trabalho que estão fazendo para trazerem mais empatia e consciência ao mundo profissional. O sucesso deles prova que líderes que investem no "talento das pessoas" também são os mais eficientes.

SOBRE A AUTORA

Beatrice Chestnut, MA, PhD, é psicoterapeuta, coach e consultora empresarial sediada em São Francisco, Califórnia. Tem mestrado em psicologia clínica e doutorado em estudos de comunicação. Também é autora do livro *O Eneagrama completo: o mapa definitivo para o autoconhecimento e a transformação pessoal* (Goya, 2019). Foi presidente da International Enneagram Association (IEA) entre 2006 e 2007 e, em 2008 e 2009, fundou e coeditou o periódico *Enneagram Journal*. Chestnut oferece treinamentos sobre o Eneagrama em vários países, concentrando-se em seu uso como ferramenta de transformação pessoal.

TIPOGRAFIA	Freight Pro [TEXTO] Nagel VF e Freight Pro [ENTRETÍTULOS]
PAPEL	Ivory Slim 65 g/m² [MIOLO] Supremo 250 g/m² [CAPA]
IMPRESSÃO	Rettec Artes Gráficas e Editora [JULHO DE 2025]